叢書・ウニベルシタス　983

再配分か承認か？

政治・哲学論争

ナンシー・フレイザー／アクセル・ホネット

加藤泰史 監訳

高畑祐人・菊地夏野・舟場保之・中村修一・遠藤寿一・直江清隆 訳

法政大学出版局

ナンシー・フレイザーから、なくてはならない論争相手のセイラ・ベンハビブへ
アクセル・ホネットから、二五年来の批判的な同僚のハンス・ヨアスへ

謝辞

いかなる著書もそうであるように、本書も、著者の尽力だけでなく多くの人々の協力のおかげで出版の運びとなっている。著者であるわれわれ二人は、本書の完成までに長い時間がかかったにもかかわらず、ズーアカンプ社のアレクザンダー・レスラーとベルント・シュティーグラーがわれわれのプロジェクトをたえず信頼してくれたことに感謝したい。コメントや批判を通してわれわれに示唆を与えてくれた研究者諸氏については、各章の注の中で謝意を表しておいた。さらに、ナンシー・フレイザーは、その担当する章を生産的な雰囲気のなかで研究できたことを、社会研究所（フランクフルト）、ベルリン社会研究学術センター（WZB）、ロンドン・スクール・オブ・エコノミックス（LSE）のジェンダー研究所、人間科学研究所（ウィーン）といった招聘先のさまざまな研究機関にも感謝したい。そのうえナンシー・フレイザーは、ニュー・スクール・フォー・ソーシャル・リサーチの大学院には組織としてバックアップしてくれたこと、そしてブルクハルト・ヴォルフとクリスティアーネ・ヴィルケには英語とドイツ語の翻訳に関する問題に辛抱強く慎重に協力してくれたこと、しかしとりわけエリ・ザレツキーには執筆の間じゅう何かと手を差し伸べてくれて忍耐強く付き合ってくれたことを感謝したい。アクセル・ホネットは、とくにモニカ・デンツとノラ・ズィーファーディングが研究の最終段階でおおいに補助してくれたことに感謝したい。また、クリスティーネ・プリースが果てしのない議論に辛抱強く付き合ってくれたことは、アクセル・ホネットにとってはきわめて貴重であった。

目次

第3章
承認できぬほどゆがめられた承認
――アクセル・ホネットへの応答
ナンシー・フレイザー

序文

ナンシー・フレイザー／アクセル・ホネット

「承認」はわれわれの時代のキーワードになっている。この概念はヘーゲル哲学の由緒あるカテゴリーであったが、近年では政治理論によって息を吹き返されており、アイデンティティと差異をめぐる今日の闘争を概念的に把握する営みにとって中心的な意義を持っているように思われる。コンフリクトの原因になっているのが先住民の土地所有権であろうと、あるいは女性の家事労働であろうと、同性愛結婚であろうとイスラム教徒のスカーフであろうと、道徳哲学はそうした政治的要求の規範的基礎を特徴づけようとして「承認」という用語をますます使用するようになっている。このように承認概念が転用されていることの本質的な根拠は、主体の自律を相互主観的な同意に関係づけるカテゴリーだけが現代の多様なコンフリクトの道徳的問題点を捉えることができるという確信のうちにある。したがって、急速にグローバル化する資本主義が文化横断的な接触を加速させ、これまで使い慣れてきた解釈図式を打ち破り、価値の視点を多元化してアイデンティティと差異とを政治問題化している時代にあって、ヘーゲルにおける古典的な形態の「承認をめぐる闘争」が新たな生命を吹き込まれているとしても意外ではないのである。

「承認」概念が中心的な位置を占めていることは自明になってきているとしても、承認と「再配分」との関係は十分に理論化されていないままである。再配分というカテゴリーは、資本主義が「フォード方式」時代を迎えた頃の道徳哲学と社会闘争とにとって重要であった。配分的正義のパラダイムは第二次世界大戦後の平等志向のリベラリズムが大いに構想される中で体系的に展開されて、当時の労働運動や下層階級の目標設定を定式化するのに最も適しているように思われた。国民に支持されていることが明らかだった民主的な福祉国家ではコンフリクトは主に資源の配分に関係し、普遍的な規範に関連づけて配分のカテゴリーを用いて展開された。差異の問題が等閑にされるなかで、平等志向の配分政治の目標設定によって「正義」の意味は汲み尽されているように思われた。簡潔に言えば、再配分と社会的承認の問題の関係を詳しく吟味する必要性はなかったのである。

しかし今日では、再配分と承認との関係はまさにカテゴリー論的な観点からの吟味を必要としている。九・一一が痛切に明らかにしたように、宗教・国籍・ジェンダーをめぐる闘争は、いまや承認の問題を無視できなくするような仕方で交叉し合っている。入り組んだ差異の境界線は、承認の問題が今後しばらくの間は中心的な位置を占め続けると思われるほど極度に政治化されている。しかし同時に、配分の不正義が意味を失ってしまったわけではない。むしろ、新自由主義的な勢力が企業のグローバリゼーションを推し進めて、これまで国民国家の内部である程度の再配分を可能にしていた統治能力を弱めるほどにまで、経済的不平等が拡大している。こうした状況のもとで配分的正義の問題があっさりと払い除けられることはありえない。結論的に言えば、承認も再配分もどちらも今日の状況のなかで見逃されてはならない。社会的・政治的な動向に強要されてどちらのコンフリクト領域とも取り組むようになってきた政治哲学者たちは、両者の関係を精査する必要に直面していると自覚しているのである。

したがって、承認と再配分の関係を詳しく検討することが本論集の意図である。本論集は、北アメリカとドイツの哲学者が、再配分と承認との関係がいかにすれば正しく理解できるのかという問題に関して展開している論争を提供する。この論争において二人の哲学者の間ではいくつかの前提が共有されている。すなわち、「正義」の適切な概念は今日少なくとも、二種類の政治的要件——一つは「フォード主義」時代に配分をめぐる闘争として把握された要件、もう一つは目下のところ承認をめぐる闘争と見なされている要件——を含んでいなければならないという前提にほかならない。さらに二人とも両方のコンフリクト領域の関係に関する従来からのある説明は不適切であるという点でも意見が一致している。言い換えると、承認をめぐる闘争が配分をめぐるコンフリクトの単なる副産物あるいは付随現象だと見なす経済主義的パースペクティヴはどちらの哲学者にも無縁なのである。

しかし、二人の意見が一致するのはここまでである。かたやアクセル・ホネットは「承認」というカテゴリーを配分に関する目標設定がそこから導き出されうるような基礎的で決定的な道徳概念として定式化しようとしている。したがってホネットは、再配分という社会主義の理想が承認をめぐる闘争における従属的意味しか持たないと解釈する。かたやナンシー・フレイザーは配分という目標が承認というカテゴリーに包摂されうることに疑念を持つ。したがってフレイザーは、承認ならびに再配分、そのどちらのカテゴリーも正義にとって等根源的でそれゆえ相互に還元不可能な次元として理解されることになる「パースペクティヴ的二元論」を提唱する。それぞれの立場を交互に章立てて説明する試みのなかで、われわれは道徳哲学・社会理論・政治分析の中心問題を論じ合うであろう。

本論集はナンシー・フレイザーが担当する章によって幕が開く。この章はフレイザーが一九九六年のカリフォルニア州スタンフォード大学におけるタナー講義をさらに拡張したものである。フレイザーは、承認の目標と再配分の目標とが分離する傾向にあると現在では診断したのだが、そのことがらを把握しなおすために、承認と再配分のどちらをも他方に還元することなくその両方の目標を包括する二次元的な正義概念を提案する。こうした概念を資本主義の理論と結びつけることによってフレイザーは、配分と承認という分析的には異なった二つの次元を統合する概念枠組みだけが現代社会における階級の不平等と社会的地位序列との絡み合いを分析しうることを示そうとする。こうした統合の試みの結果は、不平等な配分が承認の欠如に還元されうることなくそれと交叉しているような構想である。

第2章でアクセル・ホネットはフレイザーの提案に代わりうる構想を展開する。フレイザーによる再配分と承認の「パースペクティヴ的二元論」とは対照的に、ホネットは承認の「規範的一元論」を主張する。ホネットは承認を、配分の問題をも扱いうるような仕方で「愛」だけでなく「法的尊重」や「社会的評価」をも含む差異化された承認概念から出発する。こうした承認概念の拡張の結果を示すのは、「承認」概念が正しく理解されるならば、そうした概念は、第1章でフレイザーも想定しているような、経済的再配分のマルクス主義的パラダイムを変形したヴァージョンをも統合しうるというテーゼである。

後半の二つの章（第3章・第4章）はこうした論争をさらに一歩先へと進める。われわれはお互いの批判に相互に反論しつつ、三つの異なった理論領域の上を動いている。道徳哲学の領域では、規範的二元論に対する規範的一元論の相対的メリット・「善」に対する「正」の優位およびその概念と結びついているさまざまな含意についてわれわれは議論してゆく。社会理論の領域では、経済と文化の関係・両者を概念的に対立させることが持つ特色・資本主義社会の構造について論争が繰り広げられる。最後に政治分析の領域では、平等と差異の関係・経済的闘争とアイデンティティ・ポリティクスの関係・社会民主主義とマルチカルチュラリズムの関係が吟味される。それぞれの段階で、理論的な目標はそのつど一定の形を取る。なぜなら、双方がそれぞれ他方の議論への反論においてみずからの省察を深めて精確にしていかざるをえなくなるからである。

われわれの繰り広げた論争の一つの結果が相互の差異のうちのいくつかを先鋭化したことにあるとするならば、他方での成果は、われわれの共有していることがらの自覚が強まったということである。そのことがらとは、とりわけ、これまで切り離されてきた道徳哲学・社会理論・政治分析を資本主義の批判理論のなかで統合しようという努力にほかならない。この点では、批判理論の伝統に棹さしていると自認している研究者仲間たちとわれわれ二人は一体感を持っている。今日、学問の世界の大多数は学問分野が分業体制を取ることを自明の前提としているように思われ、道徳理論を哲学者に割り当て、社会理論を社会学者に割り当て、政治分析を政治学者に割り当て、これらの領域のそれぞれがいわば他の領域に対して自由に動くものとして扱おうとする。それに対してわれわれは、資本主義社会をいま一度一つの「全体」として概念把握しようと試みている。したがってわれわれは、「大きな理論（grand theory）」が認識として無根拠であり政治的には時代遅れになってしまったという今日しばしば支持される考えには与しない。それとは反対に、われわれは二人とも依然として、ある社会批判が理論的な妥当性請求ならびに政治的な目標設定を成し遂げうるのは、いま起こっている闘争を診断できるような、そうした現代社会の体系的理解によって形作られる規範的な概念をその社会批判が使用する場合だけであるという信念を持っている。

さらにわれわれ二人に同意できるのは、右に述べた分析のために不可欠の基本的カテゴリーを資本主義社会の適切な概念が形作らなければならないということである。したがって、再配分と承認の関係を論じることによって、あらかじめ答えるのは困難だが道徳理論・社会理論・政治分析の統合にとって決定的に重要なもう一つの問題にわれわれはそれとは気づかずに導かれた。その問題とは、今日現存している資本主義は、もはや制度化された文化図式によって直接には規制されない経済秩序を他の社会領域から差異化する一つの社会システムとして理解されるべきなのか、あるいはむしろ、資本主義的経済秩序はその構造全体から見て承認のある非対称的な形態と結びつけられている文化的価値を実現した結果として理解されるべきなのか、という問いである。本論集は、その最も根本的なレベルではこの問いに対するわれわれ二人の相互に異なる回答を評価可能にする共通の枠組みを、対話において展開する試みとして理解されうるのである。

第1章

アイデンティティ・ポリティクスの時代の社会正義

——再配分・承認・参加

ナンシー・フレイザー

序論

現代の世界では、社会正義への要求はより明確な形で二つのタイプに分類されつつあると思われる。第一のタイプは、非常になじみ深い再配分に関する要求であり、それは資源と富のより公正な配分を求める。たとえば、北から南への再配分・富者から貧者への再配分・経営者から労働者への（近年まで存続していた）再配分の要求である。たしかに、近年の自由市場主義イデオロギーの再燃によって再配分の支持者は守勢に立たされている。それにもかかわらず、過去百五十年間にわたり社会正義を理論的を考察するときにはほぼたえず、平等主義的再配分の主張はパラダイムとして機能してきた（1）。

だが今日では、われわれは「承認の政治」という第二のタイプの社会正義の要求に直面することがますます多くなっている。承認の政治が目指す目標をきわめて簡潔に定式化するとすれば、それは差異を肯定的に扱う世界、すなわち、対等な敬意を受ける代償としてマジョリティや支配的文化規範への同化がもはや求められることのないような世界である。たとえば、ジェンダーの差異のみならず民族的マイノリティ・「人種」的マイノリティ・性的マイノリティに特有なパースペクティヴの承認への要求である。近年このタイプの要求は、政治哲学者の関心を引いているだけではなく、承認を中心に置く正義の新しいパラダイムを発展させようとする人たちの関心をも引いている。

一般的に言って、われわれは新しい状況に直面している。かつては配分を中心においていた社会正義の言説は、いまや一方では再配分に対する要求と他方における承認に対する要求へとますます引き裂かれている。そのうえいよいよ承認の要求が優勢になりつつある。共産主義の退場・自由市場イデオロギーの高まり・原理主義的形式と進歩主義的形式の両方における「アイデンティティ・ポリティクス」の登場、これらすべての展開が相重なって、平等主義的再配分の要求を根絶するまでには至っていないにせよ、それを脱中心化してきた。

この新たな状況において、二種類の正義の要求は実践的観点でも知的観点でもしばしば相互に無関係なものとして掲げられている。たとえば、フェミニズムのような社会運動の中で男性支配に対する改善策として再配分に注目する政治的動向は、その代わりにジェンダーの差異の承認を強調する政治的動向からますます孤立化している。そうした傾向は理論的次元においてもほぼ同様である。やはりまたフェミニズムを事例として挙げれば、アカデミズムの世界ではジェンダーを社会関係の一つと理解する学者は、ジェンダーをアイデンティティあるいは文化的コードと解釈する学者と距離をおいて不安定なまま共存を維持している。こうした状況は、あらゆる領域で社会的政治から文化的政治を切り離し、平等の政治から差異の政治を分離するという、広範に見られる現象の一つの例証にすぎない(2)。

さらにいくつかの事例ではこうした分離は二極化へと先鋭化している。一方では承認の政治を完全に拒否する平等主義的再配分の提唱者も存在する。そうした提唱者たちは、最近国連によって発表された不平等の世界的な増加を引用して(3)、差異の承認の要求を「誤った意識」と見なし、社会正義の追求にとっての障害と位置づけている。その反対に他方では、再配分の政治を軽視する承認の提唱者も存在する。この提唱者たちは、差異を無視してマイノリティや女性に公正／権利[1]を確約する経済的平等主義の過ちを引き合いに出して、配分の政治を、不正義の重要な経験を分節化することも、それに挑戦することもできない時代遅れの唯物論と見なしている。このようにしてわれわれは、再配分か承認か、階級の政治かアイデンティティ・ポリティクスか、多文化主義か社会民主主義かといった二者択一の選択を迫られているのである。しかしながら、これらは間違ったアンチテーゼである、と私は主張したい。今日の正義は再配分と承認の両方を必要としているというのが、私の包括的な見解である。どちらか一方だけでは十分ではない。しかしこうした主張を採用するや否や、その両者をどうやって統合するのかという問いが、最大の問題になってくる。これら二つの問題領域に内在する解放に関わる側面が、一つの包括的な枠組みに統合されるべきであることを、私は示してゆきたい。その作業を通して構築できるのは、理論的には社会的平等の正当な要求と差異の承認の正当な要求との両方を調停できるような、二次元的[2]な正義構想であり、実践的には、再配分の政治の最良の部分と承認の政治の最良の部分とを統合できるようなプログラムの政治的姿勢にほかならない。

　私の議論は四つの部分に分かれる。第1節では、再配分だけでも承認だけでも今日の不正義を克服するためには十分ではないこと、したがって両者は何とかして調停され統合される必要があることを述べる。第2節と第3節では、再配分と承認を社会正義において包括的に説明する一つの枠組へ統合しようとするときに生じる道徳哲学と社会理論とのいくつかの問題を検討する。そして、不正義を改善するために改革を行なう場合に、そのような統合されたパースペクティヴを制度化しようとすると、いくつかの政治的問題が生じるが、最後の第4節ではそうした問題を考察したい。

第1節　再配分か承認か――切り詰められた正義の批判

まず用語上の問題から始めたい。本論文で私が使用している「再配分（*redistribution*）」と「承認（*recognition*）」という用語は、哲学的であるとともに政治的な含意を帯びている。両者は、哲学的には政治理論や道徳哲学によって展開された規範的パラダイムを意味し、政治的には、公共圏において政治家や社会運動によって提起された一連の要求を指示している。ここでこれら両者の指示内容を明確にしておく必要があろう。

哲学用語としては、「再配分」と「承認」は異なる起源を持っている。「再配分」はリベラルな伝統、特にその二〇世紀後期のアングロ・アメリカの思想潮流に由来する。一九七〇年代から八〇年代にかけてこの伝統は円熟期を迎え、ジョン・ロールズやロナルド・ドゥオーキンのような「分析的」哲学者が配分的正義の精緻な理論を発展させた。伝統的なリベラリズムによる個人の自由の強調と社会民主主義の平等主義とを統合することを目指して、これらの分析的哲学者たちは、社会経済的な再配分を正当化する新しい正義の概念を提出した(4)。

それとは対照的に、「承認」という用語はヘーゲル哲学、特に『精神現象学』から由来している。この伝統では承認とは、各人が相手を対等であると同時に独立した存在と見なすような主体間の理想的な相互関係を意味している。この関係は主観性にとって不可欠の構成要素だ、と考えられている。つまり、他の主体を承認しつつその主体から承認されることによってのみ、人は個人という主体となる。このように「承認」は、リベラルな個人主義に対立すると見なされることの多いヘーゲル哲学のテーゼ、すなわち、社会関係が個人より優先し、相互主観性が主観性より優先するというテーゼを含意している。そのうえ再配分と異なって、承認は通常「道徳」に対立する意味での「倫理」に属しているもの、すなわち、自己実現ならびに善き生という実質的な目的を促進するものであり、それゆえに手続き主義的正義の「正しさ」に対立するものと見なされている。すでに二〇世紀半ばの実存主義思想家たちによって入念に練り上げられたのに続き、チャールズ・テイラーやアクセル・ホネットのような新ヘーゲル主義哲学者たちが、「差異の政治」を擁護することをねらった規範的社会哲学の中心に承認理論を据えようとして、承認理論は現在ルネッサンスの只中にある[5]。

したがって哲学的観点から見ると、「再配分」と「承認」という用語は奇妙な対をなしている。どちらの用語も他方の支持者からは拒否される運命にある。配分的正義を追求するリベラルな理論家の多くは、承認の理論は受け入れ難いコミュニタリアンの信念にもとづいていると主張し、他方で承認の哲学者たちの何人かは配分の理論を個人主義的および消費者主義的であると見なしている。さらに、これら両陣営はその他の陣営からも反論を誘発している。マルクス主義の伝統に掉さしている思想家は、配分のカテゴリーが生産関係を無視しており搾取・支配・商品化を問題化することに失敗しているがゆえに、資本主義的不正義の根源を把握し損ねている、と主張する[6]。同様にポスト構造主義の思想を奉ずる人々は、承認という構想が主観性の中心化という仮定を規範化し、それはよりラディカルな批判を妨げる、と主張する[7]。

以下では、再配分と承認は哲学的に異なる起源を持つにもかかわらず、ともに歩みを進めることができ、ることを示したい。そして両概念は、それぞれに対する批判の難点を免れる方法で理解できることをも示唆したい。しかしながら、私はこれらの哲学的論争を一時的に括弧に入れて開始することを提案する。その代わりに、「再配分」と「承認」を政治的文脈から考察することで議論を始めたい。そこで両概念を公共圏で現在論議されているさまざまな主張の理念型的な組み合わせとして考察する。この意味では、「再配分」と「承認」の用語は正義の哲学的なパラダイムではなく、むしろ正義の日常パラダイムを指し示しており[3]、それによって現代の市民社会で起きている闘争について知ることができる。正義の日常パラダイムは、社会運動や政治に関わる人たちによって暗黙のうちに前提とされており、不正義の原因と改善策に関する一連の仮説の集合である。再配分と承認に関する日常パラダイムを再構築することによって、これらの両パースペクティヴが現代の政治的論争において相互にアンチテーゼと見なされてきた、その理由および経緯を明らかにしたい。

1　間違ったアンチテーゼのアナトミー

正義の日常パラダイムでは、再配分と承認はしばしば特定の社会運動と結びつけられている。たとえば、再配分の政治は一般的に階級の政治と等値されるのに対して、他方で承認の政治は「アイデンティティ・ポリティクス」と同一視され、それはさらにセクシュアリティ・ジェンダー・「人種」[4]をめぐる闘争に等値される。しかしながら、これから考察するように、これらありふれた連想は誤解を招きやすい。一例を挙げてみよう。そうした連想によって、フェミニズム運動・反ヘテロセクシズム運動・反人種主義運動の内部に見出される承認志向の潮流は、それ自体で完結した物語として論じられる。ところが、それらの運動の内部には、ジェンダー・「人種」・セクシュアリティに特有な形式であるがゆえにこれまで伝統的な階級運動が無視してきた経済的不正義を是正しようとしたもう一つの隠れた潮流が存在する。しかし、そうした潮流が見逃されてしまうのである。それ以外にも、そうした連想によって、階級闘争がたんに富の再配分だけを目指していたわけではないにもかかわらず、階級闘争における承認の次元が覆い隠される。最後に、承認の政治をアイデンティティ・ポリティクスと等値することは、われわれが目の当たりにしていることの本質、すなわち、さまざまなタイプの承認要求の複数性をただ一つのタイプの要求、換言すれば、集団の特異性を肯定せよという要求へと切り詰めてしまう。

　したがって以下では、これらの通俗的な連想を括弧に入れようと思う。再配分と階級の政治および承認とアイデンティティ・ポリティクスをそれぞれ組み合わせる代わりに、私はそれぞれの日常パラダイムを、社会正義に特有のパースペクティヴ[5]を表現しているものと見なしたい。しかもこのパースペクティヴは、原則としていかなる社会運動の状況にも適用できるものである。

　このように考えると、再配分のパラダイムは（ニューディール型リベラリズム・社会民主主義・社会主義のような）階級中心の政治的志向だけではなく、ジェンダーや人種‐民族に関わる不正義の改善策として、社会経済的な構造変革ないし改革に期待するフェミニズムや反人種主義の形式をも包含することができる。このように再配分のパラダイムは、伝統的な意味での階級政治よりも適用範囲が広い。同様に承認のパラダイムは、（たとえば文化派フェミニズム・黒人文化ナショナリズム・ゲイのアイデンティティ・ポリティクスのような）不当に低く評価されたアイデンティティの再評価を目指す運動を含むだけでなく、クイア・ポリティクスや批判的「人種」ポリティクス、あるいは脱構築派フェミニズムのように、伝統的なアイデンティティ・ポリティクスの「本質主義」を拒否する脱構築的傾向をも包含することができる。このようにして、承認のパラダイムも伝統的な意味でのアイデンティティ・ポリティクスよりも適用範囲が広くなるわけである。

このように理解すると、再配分の日常パラダイムと承認の日常パラダイムは四つの重要な観点から対比されうる。第一に、二つのパラダイムはそれぞれ不正義に関する異なる概念を前提としている。再配分のパラダイムは、不正義を社会経済的なものと定義し、社会の経済構造に根ざしていることを自明視して、そうした不正義に焦点を当てる。たとえば、搾取（ある人の労働の成果が他者に占有されること）、経済的周縁化（非人間的な仕事、あるいは低賃金の仕事に追い込まれたり、収入源となる労働へのアクセスを完全に否定されること）、貧困化（十分な物質的な生活基準が否定されること）などである。それとは対照的に承認のパラダイムは、不正義を文化的なものであると理解し、表象・解釈・コミュニケーションの社会的パターンに根ざしていることを前提として、そうした不正義にねらいを定めている。たとえば、文化的支配（自文化以外の文化と結びつくと同時に、自文化にとって異質的で敵対的であるか、あるいはそのいずれかであるような説明やコミュニケーションのパターンに従属させられていること）、承認拒否[6]（自文化において権威を持った表象・コミュニケーション・解釈の実践によって排除されていること）、侮蔑（ステレオタイプの大衆的な文化表象においてと同時に日常生活の相互行為においても、あるいはそのいずれかの場合において繰り返し中傷されたり非難されたりすること）が承認パラダイムにおける不正義に含まれる。

第二に、二つの日常パラダイムは不正義に対する異なった種類の改善策を提案する。再配分のパラダイムでは、不正義の改善策はある種の経済的再構築にほかならない[7]。それには所得と富、あるいはそのいずれかの再配分・労働の分業の再組織化・土地所有構造の変革・投資決定手続きの民主化、あるいは他の基本的な経済的構造基盤を変革することが含まれるだろう（これらのさまざまな改善策は重要な点で相互に異なっているが、私はこの再配分パラダイムを採用することによって、そうした改善策全体を「再配分」という上位概念の下に包含する(8)。それとは対照的に承認のパラダイムでは、不正義の改善策は文化的あるいは象徴的な変革である。これには、侮蔑されたアイデンティティや中傷された集団の文化財を高く再評価すること・文化的多様性を承認し肯定的に維持させること・あるいはあらゆる人の社会的アイデンティティを変化させるようなやり方で、表象・解釈・コミュニケーションの大規模な社会的パターンを構造的に変革させることが含まれるだろう（これらの改善策も重要な点で相互に異なっているが、やはりそれらの改善策全体を「承認」という上位概念の下に包含するために、私はこの承認パラダイムを採用する(9)）。

第三に、これら二つの日常パラダイムは、不正義を蒙っている集団に関しても、異なった概念を前提としている。再配分パラダイムでは、不正義の集団的主体は階級あるいは階級に類似した共同体である。そうした集団的主体は、市場ないし生産手段への特有の関係によって経済的に定義される(10)。マルクス主義のパラダイムの古典的な事例で言えば、それは生存維持手段を手に入れるためにみずからの労働力を売らねばならないような、そうした搾取された労働者階級である(11)。しかし、集団的主体の概念は、それ以外の事例にも同様に当てはめることができる。つまり、労働者階級に加えて、人種ごとに階級化された移民集団や民族的マイノリティもその集団的主体の概念に含まれる。両者は、低賃金のつまらない仕事の労働者集団として定義されたり、あるいは正規雇用の仕事から大幅に排除され「余剰」と見なされて搾取にさえ値しない広範な「下層階級」として定義されたりする。そのいずれであるにせよ、従来の労働者階級とは異なっている。さらに経済の概念が非雇用労働を含むほどに拡張されると、女性も非雇用のケアワークを過重に負担しその結果として雇用において不利な立場に置かれるジェンダーとして、この拡張された経済概念に含まれる。最後に、政治経済を階級・「人種」・ジェンダーを横断した形で理論化する結果として複合的に定義される集団もまた、集団的主体の概念に含められる。

以上とは対照的に承認の日常パラダイムでは、不正義の犠牲者はマルクス的な階級よりはヴェーバー的な社会的地位集団に近い。生産関係ではなく承認関係によって定義すれば、そうした犠牲者は、その人たちの受けている尊敬・評価・名声が他の社会集団と比較して相対的に低いということによって特徴づけられる。ヴェーバー的パラダイムにおける不正義の犠牲者の古典的な事例は、社会的地位の低い民族集団である[12]。そうした集団は、文化的価値の支配的パターンによって、異質で価値の低いものというレッテルが貼られ、集団のメンバーが社会的位置や社会的評価を得る機会が損なわれている。しかし、こうした犠牲者集団の概念は、それ以外の事例にも同様に当てはめることができる。現在の政治的局面では、その概念は制度化されたスティグマの全面的な影響を蒙っているゲイ・レズビアンや、異質でより低級とレッテルを貼られた人種化された集団、瑣末な存在とされ、性的な対象と見なされ、数え切れないほどの仕方で侮蔑されている女性にまで拡張されてきた。さらにまた最終的には、交錯し合う文化的コードとしての人種・ジェンダー・セクシュアリティによって同時に、承認関係を理論化する結果として複合的に定義される集団もまた、そうした犠牲者に含まれる。

以上から第四の論点として、これら二つの日常パラダイムが集団の差異に関して異なった理解を前提にしているということが帰結する。再配分のパラダイムは、そのような差異が不当に差異化されたものと見なされる。そうした差異は、集団の本質的な特性であるどころか、不当な政治経済が社会的に構築された結果にすぎない。したがって、このパースペクティヴからすると、集団の差異を承認するのではなく解消するように努力すべきである。それとは対照的に、承認のパラダイムは、差異が次の二つの方法のどちらかの仕方で論じられる。一方の解釈では、差異はより以前から存在していた文化的変差であり、それを不当な解釈枠組みが価値のヒエラルヒーへと悪意をもって変形したにすぎないという。もう一つの解釈によれば、集団の差異はそうしたヒエラルヒー的な再評価に先立って存在していたのではなく、そうした再評価と同時に構築されたのであるとされる。前者の場合に正義は、低く評価された特性の再評価を要求する。したがって、われわれは集団の差異を消去するのではなく祝福すべきなのである。しかしながら後者の場合には、祝福は逆効果であり、むしろ現在そうした差異を作り上げた基盤となっている概念を、われわれは脱構築すべきであろう。

冒頭に指摘したように、再配分と承認とはますます相互に排他的なオルタナティヴとして描かれている。リチャード・ローティや、トッド・ギトリンのような再配分の支持者は、[9]アイデンティティ・ポリティクスは現実の経済的問題からすると逆効果となる策略にすぎず、集団を「分断」し普遍的な道徳規範を拒否している、と主張する。[13]そうした支持者にとっては政治的闘争の唯一適切な対象は経済なのである。それとは反対に、アイリス・マリオン・ヤングのような承認の支持者は、差異を無視した再配分の政治は、支配的な集団の規範を誤って普遍化したうえで、従属的集団に対してそれらに同化することを求め、従属的集団の特徴を承認し損なうことによって不正義を強制することになる、と主張する。[14]そうした支持者にとって第一義的な政治的目標は文化的構造変革なのである。

こうした非難の応酬によってこれらの敵対者は、再配分と承認を相互に排他的なオルタナティヴとして描き出している。その結果、こうした敵対者たちは、われわれに二者択一の選択を迫っているように思われる。階級ヒエラルヒーの撤廃を目指す再配分の政治を選択すべきだろうか、それとも集団の差異を祝福あるいは脱構築することを求める承認の政治を受け入れるべきだろうか。両方を同時に支持することができないのは明らかである。

しかしながら、これは間違ったアンチテーゼなのである。

2　搾取される階級・嫌悪されるセクシュアリティ・二次元的カテゴリー

再配分と承認とのアンチテーゼが間違っている理由を考えるために、思考実験をしてみよう。さまざまな社会的区分の概念的な多様性を想起してみよう。そうした多様性の一方の極には再配分の日常パラダイムに適合する区分があり、他方の極には承認の日常パラダイムに適合する区分がある。両極の中間には、どちらの正義パラダイムにも同時に適合するがゆえに判断の困難な事例が見出される[15]。

最初に再配分の極を考察しよう。この極には、社会の経済的構造に根ざした社会的区分の理念型が位置づけられる。そうすると、その定義によれば、この区分に内在するあらゆる構造的不正義は政治経済に起因するだろう。この場合、不正義の核心は社会経済的に不公正な配分であろう。その一方で、そうした不正義に付随するあらゆる文化的不正義も、究極的には経済構造から生じる。したがって根本的には、不正義を是正するために要求される改善策は、承認に対立するものとしての再配分だろう。

こうした理念型に近いと思われる事例は、オーソドックスな経済至上主義的なマルクス主義が理解しているような階級の分化である（こうしたマルクス主義解釈が十分であるかどうかは保留しておく。またこの場合の階級の捉え方が、現実世界の正義のために労働者階級の名において闘ってきた実際の歴史的集団に適合するかどうかも、さしあたり括弧に入れておこう[16]）。こうした階級理解においては、階級の分化は資本主義社会の経済構造に根ざしている。労働者階級とは、資本家階級が余剰生産を私的な利益に当てることを正当化する契約の下で、労働力を売らざるをえない人たちの集団である。こうした契約の不正義の核心は搾取、言い換えれば、特に深刻な形式の不公正配分である。プロレタリア階級の労働力がプロレタリア階級自身に矛盾するものとなり、資本家を利するシステムを維持するために利用される。もちろんプロレタリア階級は、深刻な文化的不正義、すなわち、「階級の隠蔽された毀損」[17]をも蒙っている。しかし、そうした不正義は、経済と無関係に不当な社会的地位秩序に直接根ざしているどころか、経済構造から生じているのであって、それは階級の劣等性というイデオロギーが搾取をますます正当化するのと同様である。したがって、不正義の改善策は承認ではなく再配分である。階級が搾取されるのを克服するためには、それまで階級に配分されてきた利益と負担のあり方を変えるように、政治経済を再構築することが必要である。マルクス主義の見方では、そうした再構築は階級構造そのものを廃棄するというラディカルな形式を取る。そうすると、プロレタリア階級の役割はたんに分け前を増やすことだけではなく「階級それ自体の廃棄」である。プロレタリア階級としての差異の承認は、要求されるとしても最後になるであろう。それとは対照的に、不正義を改善するための唯一の方法は、特別な集団としてのプロレタリア階級を廃棄することである[18]。

続いて、社会的区分に関する概念的な多様性の他方の極を考察しよう。この極には、承認の日常パラダイムに適合する社会的区分の理念型を位置づけたい。このタイプの区分は経済構造にではなく、社会的地位秩序に根ざしている。そうして、それに内在するあらゆる構造的不正義は、社会的に制度化された文化的価値パターンに起因するだろう。不正義の核心は誤承認であり、一方でそうした不正義に付随するすべての経済的不正義も、究極的には社会的地位秩序に由来することになるだろう。不正義を是正するために要求される改善策は、再配分に対立するものとしての承認だろう。

この典型的なタイプに近いと思われる事例は、ヴェーバー的な社会的地位の概念のプリズムを通して理解された性の差異化である（再配分の場合と同様、さしあたりこのセクシュアリティの見方が現実世界の反ヘテロセクシズム運動に動員されている実際の集団に適合するかどうかは、括弧に入れよう）[19]。この概念によれば、ヘテロセクシュアルとホモセクシュアルとの間の社会的区分は政治経済に根ざしていない。それは、ホモセクシュアルが資本主義社会の中のいかなる階級構造にあっても配分を受けており、労働分業において何ら際立つ位置を占めず、一つの搾取される階級を構成していないのと同様である。この区分はむしろ、制度化された文化的価値パターンがヘテロセクシュアリティを自然で規範的なものとして、その反対にホモセクシュアリティを異常で軽蔑すべきものとして構築するというやり方で、社会的地位秩序に根ざしている。ヘテロセクシズムを規範とする価値パターン構造は、社会のあらゆる領域で制度化されて、社会的相互行為の範囲をおおっている。（家族法や刑法を含む）多くの法の分野で明白に成文化されているように、そうした価値パターンは家族や親密性・プライバシー・平等が法的に構築されていることを表している。その価値パターンはまた（移住政策・帰化政策・難民保護政策を含む）政府の政策の多くの分野や、（医療や心理療法を含む）専門職の実践領域でも定着している。ヘテロセクシズムを規範とする価値パターンは大衆文化や日常的相互行為にも浸透している。その結果としてゲイ・レズビアンは嫌悪されるセクシュアリティとして社会的に構築され、セクシュアリティに特有な形式の社会的地位序列に置かれることになる。こうした社会的地位序列に置かれることで侮辱や暴行をうけ、婚姻や養育の権利や特権から排除され、表現や結社の権利を規制され、メディアのステレオタイプ的な描写で威信を傷つけられ、日常的にハラスメントや軽蔑を被り、完全な市民権とその平等な保護とを否定される。これらの毀損は誤承認という不正義にほかならない。

たしかにゲイとレズビアンも深刻な経済的不正義を蒙っている。すなわち、そうした人たちは公共的な職務や軍務から真先に排除される可能性があるし、異性によって構成される家族をもとにした社会福祉の幅広い恩恵を否定され、税金と相続に関しても過重な負担に直面している。しかしこのような不正義は、社会の経済構造に直接根ざしているというよりも、社会的地位秩序に由来する。ヘテロセクシストの規範の制度化が、従属的な地位に置かれた結果として経済的不利益を被り軽蔑される人というカテゴリーを産み出す。したがって、不正義の改善策は再配分ではなく承認である。承認関係を変えれば、不公正配分は解消するだろう。一般的に、ホモフォビア（同性愛嫌悪）とヘテロセクシズムとを克服するためには、性的地位秩序を変革し、ヘテロセクシズムを規範とする価値パターンを非制度化して、ゲイ・レズビアンに平等な敬意を払うパターンと置き換えることが必要である[20]。

このようにわれわれの概念的スペクトルの両極においてならば、事態はかなりわかりやすい。搾取される労働者階級の理念型に近い社会的集団を取り上げるときは、配分的改善策を必要とする配分的不正義に直面している。この場合に必要なのは再配分の政治である。それとは対照的に、嫌悪されるセクシュアリティの理念型に近い社会集団を取り上げるときは、誤承認の不正義に直面している。このとき必要なのは承認の政治である。

しかしながらこれらの両極から離れると、事態はわかりにくくなる。概念的スペクトルの真ん中に、ある種の社会区分を設定すれば、搾取される階級の特徴と嫌悪されるセクシュアリティの特徴とを結び合わせた混合形態に突き当たる。私はそのような混合形態を「二次元的」と呼びたい。それらは経済構造と社会的地位秩序とに同時に根ざしていて、両方に起因する不正義を含んでいる。二次元的に従属させられている集団は不公正配分と誤承認の両方を被っているのであり、これらの不正義は相互に一方が他方の不正義の間接的な結果なのではなく、両方の不正義はどちらもともに根本的なのである。したがってその場合、再配分の政治のみでも承認の政治のみでも十分ではないだろう。二次元的に従属している集団は再配分の政治と承認の政治との両方を必要としているのである。

ジェンダーはそうした二次元的な社会的差異化の産物であると私は主張したい。ジェンダーはたんに階級であるだけでもたんに社会的地位集団であるだけでもなく、経済構造と社会的地位秩序とに同時に根ざしたハイブリッドなカテゴリーである。したがって、ジェンダーに関する不正義を理解しそれを是正するには、再配分と承認との両方に留意することが求められる。

配分のパースペクティヴから見れば、ジェンダーは資本主義社会の経済構造を基本的に組織化する原理としての機能を持っている。一方でジェンダーは、有給の「生産」労働と無給での「再生産」的な家事労働の基本的分業を構造化し、女性に家事労働の第一次的責任を割り当てている。他方でそれは、有給労働の内部で、給料の高い男性中心の製造業や専門的職業と、より安価な女性中心の「ピンクカラー」の家庭的なサービス業との間の分業を形作る原理ともなっている。その結果、ジェンダーに特有の形式の配分の不正義を生む経済構造ができあがるのであって、そうした不正義には、ジェンダーを理由にした搾取・経済的周縁化・貧困が含まれる。

このようにしてジェンダーが、社会の経済構造に根ざした階級のような差異原理として現れてくる。この側面から見れば、ジェンダーに関する不正義は再配分による是正を要求する一種の配分の不正義として現れる。階級と同じように、ジェンダーの正義は経済からジェンダーによる差別構造を除去するように変革することを求めている。ジェンダーに特有の不公正配分を除去することは労働のジェンダー分業——有給労働と無給労働の間のジェンダー化された分業と、有給労働内部のジェンダー化された分業との両方——を廃棄することを求めている。その改善策の論理は階級に関する論理に似ている。つまり、ジェンダーそれ自体を廃棄することをねらっている。要するに、もしジェンダーが階級のような差異に他ならないとしたら、正義はそうした差異の廃絶を求めるだろう。

だが、それは問題の半面でしかない。じっさい、ジェンダーはたんに階級のような区分であるだけではなく、社会的地位の差異でもある。そうした社会的地位の差異として、ジェンダーは階級よりもセクシュアリティを連想させる要素を含んでおり、そうした要素がジェンダーを明確に承認の問題領域に位置づける。ジェンダーは解釈と評価の全面的な文化的パターンをコード化するが、そうしたパターンは社会的地位秩序全体にとって影響力を持つ。その結果として、たんに女性が軽視されるだけではなく、社会地位の低い集団すべてが女性化され軽視される危険を被る。

こうして、ジェンダーに関わる不正義の主要な特徴は男性中心主義である。それはすなわち規範的に男性性に結びついた特性を特権化する一方で、たんに女性を貶めるだけでなく「女性性」としてコード化されるあらゆるものを貶める、制度化された文化的価値パターンでもある。全面的に制度化された男性中心主義の価値パターンは、社会的相互行為の広い範囲を覆っている。そのパターンは、法の多くの領域（家族法や刑法を含む）ではっきりとコード化され、プライバシー・自治・正当防衛・平等の法的構築に浸透している。それはまた政策の多くの領域（家族政策・移民政策・難民保護政策を含む）や、専門職の実践領域（医療や心理療法を含む）の中にも定着している。男性中心的な価値パターンは大衆文化や日常的な相互行為にも浸透している。その結果として、女性はジェンダーに特有の形式の社会的地位序列に置かれることになる。それは性的虐待・ドメスティックバイオレンス・女性を軽視してたんなるモノ扱いし貶めようとするメディアのステレオタイプ的な描写・日常生活でのハラスメントと軽蔑・公共圏や審議会からの排除や周縁化・市民としての十分な権利と平等な保護の否定を含む。これらの毀損は承認の不正義である。そうした毀損は政治経済から相対的に独立であり、たんに「上部構造」なのではない。したがって、そうした毀損は再配分によってだけでは克服できず、承認という自律的な改善策が付加されることを必要とする。

この点でジェンダーはセクシュアリティに類似した特徴を備えた社会的地位の差異として現れる。この側面から考えれば、ジェンダーに関する不正義は、承認による是正を求める一種の誤承認として立ち現れる。ヘテロセクシズムだけでなく男性中心主義をも克服するためには、ジェンダーの社会的地位秩序を変更し、性差別主義者の価値パターンを脱制度化し、それを女性への平等な敬意を表現するパターンに置き換える必要がある。したがって、ジェンダーに関する改善策の論理はセクシュアリティに関する改善策に似ている。つまり、承認の関係を再構築することで男性中心主義を解体することをねらっている(21)。

ここまでの議論を要約すれば、ジェンダーは二次元的な社会的差異なのである。それは再配分の領域に属する階級に類似する次元を、承認の領域に含まれる社会的地位の次元と結合する。その二つの次元が同じ重みを持っているのかということはまだ未解決の問いである。だが、ジェンダーに関する不正義を是正することは、いかなる場合でも経済構造と社会的地位序列の両方を変革することを必要とする。

ジェンダーの二次元的な特徴は、再配分のパラダイムと承認のパラダイムとの間の二者択一という考えに大混乱を引き起こす。この二者択一的構造は、不正義の集合的主体は階級か社会的地位集団のどちらかであり、両方ではないこと、またその集団メンバーが被っている不正義は不公正配分か誤承認のどちらかであり、両方ではないこと、また問題となる集団の差異は不公正な賃金格差であるか不公正に貶められた変差のどちらかであり、両方ではないこと、また不正義の是正策は再配分か承認のどちらかであり、両方ではないことを前提としている。ジェンダーは、これら一連のアンチテーゼが誤っていることをあばき出す。ジェンダーにおいて社会的地位と階級との両方の混合物であるカテゴリーが発見される。ジェンダーの場合に、差異は経済的格差と制度化された文化的価値パターンとの両方から構築されている。ここでは不公正配分と誤承認のどちらともが根本的である。したがってジェンダーに関する不正義は、再配分の政治と承認の政治との両方を包含するアプローチによってのみ是正されうるのである。

3　正義の二次元性——例外か標準か

ジェンダーの観点から正義が二次元的なものと見なされうるならば、その点でジェンダーはどの程度例外的なのだろうか。われわれは、ジェンダー以外ならば一次元的な正義が通用している世界の中でジェンダーというきわめて特殊なあるいは稀少な二次元性の事例を取り上げているのだろうか。それともむしろ、正義の二次元性のほうが規準なのだろうか。

明らかに、「人種」もまた二次元的な社会的区分であり、社会的地位と階級との混合物である。人種差別主義の不正義は、経済構造と資本主義社会の社会的地位秩序とに同時に根ざしており、不公正配分と誤承認との両方を含んでいる。経済において、「人種」は一方で卑しい有給労働とそうでない有給労働との構造的区分、他方で搾取されうる労働力と「余剰」労働力との区分原理となっている。その結果として、経済構造は人種に特有の形式の不公正配分を産み出す。人種的に固定化した移民と少数民族あるいはそのいずれもは不釣り合いに高い割合の失業と貧困とに甘んじ、やはり異常に高い比率で低賃金の卑しい仕事に就いている。これらの配分的不正義は再配分の政治によってのみ是正されることができる。

それに対して、社会的地位秩序においてはヨーロッパ中心主義的な文化的価値パターンが「白」に結びついた特性を特権化し、「黒」「茶色」「黄色」としてコード化されるあらゆるもの、つまり、典型的には有色人種を――もちろん、それだけではないが――スティグマ化する。その結果として、人種的に固定化された移民と少数民族あるいはそのいずれもが、社会の完全な構成員にはなりえない不完全で劣った他者として構造化される。広く制度化されたヨーロッパ中心主義的規範は人種に特有な形式の従属的な社会的地位を産み出す。それはスティグマ化・身体的虐待・文化的軽視・社会的排除・政治的周縁化・日常生活におけるハラスメントや軽視・完全な市民権とその平等な保護との否定を含んでいる。これは誤承認という究極的な毀損であり、そうした不正義は承認の政治によってのみ是正されうる。

そのうえ、人種差別主義に見られるどちらの次元もまったく他方の次元からの間接的な帰結ではない。たしかに、配分の次元と承認の次元とは相互に影響し合っている。だが、人種差別主義における不公正配分はたんに社会的地位のヒエラルヒーから生じた副産物ではないし、人種主義に見られる誤承認はまったく経済構造から生じた副産物ではない。むしろそれぞれの次元は他方から相対的に独立している。したがって、どちらかにのみ配慮した改善策で他方が間接的に是正されることはない。要するに、人種差別主義の不正義を克服することは再配分と承認の両方とを必要とする。どちらかだけでは十分ではないだろう。

階級も、以前の議論にもかかわらず、二次元的に理解されうる。じっさい、議論を進めるために私が引き合いに出した経済学的な理念型は、いくつかの重要な現実世界の複雑さを不透明にしている。たしかに、階級に関する不正義の究極的な事例は、資本主義社会の経済構造である。[22] だが、結果的な毀損には不公正配分と同様に誤承認も含まれている。また、経済構造の副産物として生じた地位に関する毀損は、一旦生じたあとはそれ自体としてさらに大きくなるかもしれない。今日では階級における誤承認の次元は再配分の次元からは相当に自律的であり、誤承認を解消するにあたって承認による独立した改善策を要求するほどであると言ってよかろう。そのうえ、階級の承認拒否［誤承認］を放置したままにしておくと、不公正配分に対抗する能力が侵害されうる。今日において経済的変換を広い範囲にわたって支援するためには、たとえば、貧者はそれなりにふさわしいものだけ手に入れればよいと示唆する「貧困の文化」イデオロギーのように、貧しい労働者を卑しめる文化的態度に抵抗することが必要である。同様に、貧しい労働者は経済的公正のための闘いを支援するために、承認の政治を必要とするかもしれない。すなわち、貧しい労働者は階級の隠蔽された毀損を中和し自立する自信を身につけるために、みずからの階級共同体と階級文化を築く必要があるかもしれない。こうして、階級のための承認の政治はそれ自身において、また再配分の政治がみずから展開するのを助けるために必要とされるかもしれない[23]。

一般的に言えば、階級のような一次元的に見える経済的カテゴリーでさえ、社会的地位という構成要素を持っている。たしかに、この構成要素は階級にとっては派生的であり、経済的構成要素より比重は小さい。それにもかかわらず、階級の不正義を克服するには承認の政治を再配分の政治に結合させる必要があるだろう[24]。少なくとも、再配分のために闘う過程で、階級闘争における承認のダイナミクスに注意深く留意することが必要だろう。

ではセクシュアリティについてはどうだろう。それもまた二次元的なカテゴリーだろうか。この場合でも、私が前に論を進めるために引用した理念型は、現実世界の複雑さには不十分かもしれない。たしかに、ヘテロセクシズムの不正義の究極的な原因は社会的地位秩序であり、資本主義社会の経済構造ではない[25]。だが、その不正義の結果として生じる毀損は誤承認だけでなく不公正配分を含んでおり、社会的地位秩序の副産物として生じる経済的毀損はそれ自体として否定できない重みを持っている。そのうえ、そうした経済的毀損を放置しておくと、誤承認に対抗する能力が蝕まれてゆく。カミングアウトがゲイやレズビアンに経済的リスクをもたらす限り、従属的地位と闘うそうした人たちの能力は弱くなる。みずからはヘテロセクシストであるが同性愛の理解者の場合も同様である。公然と同性愛者の権利を擁護すれば、ゲイとして（誤って）認知されることの経済的帰結を同様に恐れねばならない。さらに不公正配分はヘテロセクシズムを抑圧する連鎖の中では「弱い環」[10]かもしれない。最近の状況では、ゲイやレズビアンが直面する配分の不平等を変えるほうが、ホモフォビアをあおる根強い社会的地位の不安定に立ち向かうより容易かもしれない。言い換えれば、セクシュアリティに特有な地位秩序の変革を支援してゆくには経済的平等のために闘うことが必要かもしれない。こうして、セクシュアリティという型式にもとづく再配分の政治はそれ自身においても、承認の政治がみずから展開するのを助けるためにも、必要とされるかもしれない[26]。

こうして一般的に、セクシュアリティのような一次元的に見える地位カテゴリーでさえ、配分の構成要素を持っていると言える。たしかに、この構成要素はセクシュアリティにおいては派生的であり、社会的地位の構成要素より比重は軽い。それにもかかわらず、セクシュアリティに関する不正義を克服することは、再配分の政治を承認の政治に結合することを必要とするだろう。少なくとも、承認のために闘う過程で、セクシュアリティをめぐる闘争における配分のダイナミクスに注意深く留意することが必要だろう。

実践的目的から見れば、現実世界に見られる従属の軸は事実上すべて二次元的なものとして扱いうる。事実上あらゆるものが、不公正配分と誤承認との両方を含んでおり、その場合それぞれの不正義は、それが最終的に何に由来するにせよ、相互にいくらかは独立した重みを持っている。たしかに、従属のすべての軸が同じ仕方で、また同じ程度に二次元的であるわけではない。正義のスペクトルは配分から承認までひろがっているが、階級のように、配分の極の方により大きく傾いているものがあれば、セクシュアリティのように承認の極の方により傾いているものもある。同時にさらに他のものはジェンダーや「人種」のようにこのスペクトルの真ん中近くに集中している。経済的不利益と社会的地位序列の正確な比率は、いかなる事例においても経験的に決定されなければならない。それにもかかわらず、事実上あらゆる事例で、問題となっている毀損は誤承認と不公正配分との両方を含んでおり、それらの不正義のどちらも他方の改善策によって間接的に是正されることはありえないが、それぞれを独立して実践的な観点から配慮しなければならない。したがって実践的事柄としては、事実上あらゆる事例の不正義を克服するためには再配分と承認との両方の観点を必要とする。

そのうえ、二方向のアプローチの必要性は、従属の軸を一次元的に考えることをやめ、それらを二次元的に考え始めるや否や、より差し迫ったものとなる。結局、ジェンダー・「人種」・セクシュアリティ・階級は相互に截然と遮断されえない。むしろ、これらの従属のすべての軸は、相互に万人の利害やアイデンティティに影響する仕方で交差している。従属の軸から見て、ただ一つの集団にしか所属していない人はいない。一つの社会的区分の軸に関して従属的である個人も、他の軸から見れば、支配的立場にいるかもしれない。この点から見れば、再配分と承認の二方向の政治への要求は内発的に、いわばどれか一つの社会的区分を二次元的に考えることからばかり生じるのではない。それは外部から触発されて、いわば交差する差異を横断して生じることもある。たとえば、ゲイであり労働者階級である誰もが、それら二つのカテゴリーを単独で捉えてそれぞれのカテゴリーから何を要求しようとも、再配分と承認とをともに必要とするだろう。さらにこの仕方で考えれば、不正義を蒙っているほとんどすべての個人は、再配分と承認の要求を統合する必要がある。そしてそうした人たちの個人的な社会的位置にかかわらず、社会的正義に関心を寄せる誰についても同様であろう。

それゆえ一般的に、再配分と承認とを相互に排他的なオルタナティヴとして構築することは断固として拒否すべきである。むしろ目標は、両方の社会的正義の次元を包含し、調和させることのできる統合されたアプローチを展開することでなければならない。

第2節　再配分と承認の統合——道徳哲学の問題

しかし、再配分と承認とを一つの包括的なパラダイムに統合することは簡単なことではない。そのようなプロジェクトを構想するや否や、探求すべき主要な領域に広がる深刻な難問に投げ込まれるであろう。たとえば道徳哲学においては、社会的平等に関して正当化可能な主張と、差異の承認に関して正当化可能な主張との両方を調和できるような広義の正義概念を考案することが課題となる。社会理論においては、後に論じるように、社会的地位と階級との差異化ならびに相互の重なり合いのどちらとも調和しうる現代社会の説明を考え出すことが課題である。そして、政治理論の課題は、不公正配分と誤承認との両方を改善できるとともに、二種類の改善策が同時に求められるときに生じうる相互破壊を最小限に留めるような一まとまりの制度的取り決めと改革的政策とを構想することである。最後に現実の政治においては、再配分の政治と承認の政治との最良の部分を統合するような広範囲の基盤を持つ綱領の方向を打ち出すために、現時点での立場の違いを越えた民主的な政治参加への関心を育むことが課題である。

本節では、この企図の道徳哲学に関わる側面について検討したい。それゆえここでは、正義の日常パラダイムとしての再配分と承認との政治的理解は後回しにしたい。その代わりに再配分と承認とを規範哲学的カテゴリーとして考察する。

1　正義か自己実現か

再配分と承認とを統合しようとするあらゆる試みは、道徳哲学の四つの重要な問いに取り組まねばならない。第一に、承認は本当に正義に関する問題なのか、それとも自己実現に関する事柄なのか。第二に、配分的正義と承認とは二つの異なった、独立した規範的なパラダイムを構成するのか、それともそのどちらかが他方に包摂されうるのか。第三に、どうすれば承認に関する正当な要求と不当な要求とを区別できるのか。そして第四に、正義は個人や集団を際立たせるものの承認を要求するのか、あるいはわれわれに共通の人間性の承認で十分なのか。

　第一の問いが生じるのは、道徳哲学における標準的な区別を想定するときである。道徳哲学では正義の問いはふつう、「権利」に関する問題として了解され、まさに「道徳性」の領域に属する問題であると理解されている。それとは対照的に自己実現の問いは、「善」に関する問題と見なされ、むしろ「倫理」の領域に属する問題であると考えられている。部分的にはこの対照は視野の範囲の問題である。正義の規範は普遍的に拘束的である。正義の規範は、カント哲学の道徳性の原理のように、行為者がいかなる特定の価値に傾倒していても、それとは独立に妥当性を持つ。一方で自己実現に関する要求は、ふつう、もっと限定的であると考えられている。ヘーゲル哲学の人倫性の規準のように、それは、文化的歴史的に特有で普遍化できない価値の地平に依拠している。こうして多くの点で、承認の要求は正義と自己実現のどちらに関わっているのかということが問題になる。

　ふつう、承認は自己実現に関わる問題として扱われる。これが現代の最も傑出した承認の理論家であるチャールズ・テイラーとアクセル・ホネット両者の見解である。テイラーとホネットの双方にとって、他の主体によって承認されることは歪みのない完全な主体性に到達するための必要条件である。誰かを承認することを否定するのは、その人から人間らしく活発に生きるための基本的な先行条件を奪うことである。たとえばテイラーにとって、「承認拒否や誤承認は間違った・歪みを持つ・矮小化された存在様相に誰かを閉じ込める抑圧の形式になりうる。（…）たんなる尊敬の欠如以上に、人々に悲痛な傷を負わせ、人々に有害な自己嫌悪を抱かせてしまう。正当な承認はたんなる礼儀ではなく、人間が生きるうえで不可欠なものである」[27]。同様にホネットにとって、「私たちは他の人々から肯定や承認を受け取ることで（…）倫理的健全さを手に入れる。誤承認は（…）人を傷つけうる。なぜならそれは人々の肯定的な自己理解――すなわち相互主体的方法によって獲得される理解――を損なうからである」[28]。こうしてこれら二人の理論家たちは、傷つけられた主体性と損なわれた自己同一性との観点から誤承認を解釈する。また両者とも倫理的な観点から、誤承認による毀損を、「善き生」を達成する主体の能力の発展を阻害するものとして理解している。したがってテイラーとホネットにとって承認は自己実現に関わっている。

テイラーやホネットとは異なり、私は承認を正義に関わる問題として考察することを提案したい。それゆえに、「誤承認の何が悪いのか」という問いに、それは主体の「自己」への実践的関係」を歪めることで、自己実現を妨げるからだと答えるべきではない[29]。むしろ、個人や集団がある制度化された文化的価値パターンの構築に対等に参加しておらず、またその価値パターンが個人や集団に特有な特徴や割り当てられた特徴を貶めるだけならば、たんにそうした文化的価値パターンのせいだけでそれら個人や集団が社会的相互行為の完全なパートナーの地位を否定されているのは不当である、と主張するべきである。

説明しよう。承認を正義に関わる問題と見なすとは、承認を社会的地位の問題として扱うことである。

このことは制度化された文化的価値パターンを、それが行為者の社会的に相対的な位置にいかなる効果を及ぼしているのかという点から吟味することを意味している。もしそのような価値パターンが行為者を相互に平等に社会的生活に参加できる対等な仲間として構成しているならば、そのときわれわれは相互承認と地位の平等とについて語ることができる。それとは対照的に、制度化された文化的価値パターンが、ある行為者を劣った者、排除された者、まったくの他者あるいはたんに視野の外部にいる者と見なすならば、誤承認と従属的な社会的地位について語らなければならない。

私はこれを承認の社会的地位モデルと呼びたい(30)。このモデルにおいては誤承認は、倫理的な自己実現に対する心理的な歪曲でもないし自己実現を妨害するものでもない。かえってそれは、制度化された従属関係と正義とに対する侵害の構成要素である。したがって、承認を拒否されるとは、他者に軽視された結果として歪んだアイデンティティや不完全な主観性で苦しめられることではない。それはむしろ、誰かが対等なメンバーとして社会生活に参加することを妨げる仕方で制度化された文化的価値パターンによって構成されている。社会的地位モデルによると、誤承認は不賛成を示す態度また自由に行なわれる討議を介してではなく、社会的制度によって生み出される。より正確には、それは参加の平等を妨げる文化的規範によって制度が相互行為を構造化するときに生じる。たとえば同性間のパートナーシップを違法で間違ったものとして排除する婚姻法や、シングルマザーを性的に無責任でだらしがないとしてスティグマ化する社会福祉政策、人種と犯罪性と結びつける「人種的プロファイリング(racial profiling)」のような政策の実施などが含まれる。このそれぞれの事例において、あるカテゴリーの社会的行為者を規範的として構成し、それ以外の人たちを不完全あるいは劣っているとして構成するような制度的文化的価値パターンによって相互行為が規制されている。具体的に言えば、「ヘテロセクシュアルが正常で、ゲイは間違っている」「男性世帯主の家庭が適切で、女性世帯主の家庭はそうでない」「白人は法を守るが、黒人は危険だ」などのように社会的相互行為が規制される。どの事例においても他者と同等に社会生活に参加することを妨げられた軽視される人たちの階級が作り出される結果となる。

　したがって、それぞれの事例で承認が要求されるのは当然である。しかし、それが意味することに正しく注目しなければいけない。社会的地位モデルにおける承認の要求は心理的な毀損を修復することではなく、むしろ従属を克服することを目指しており、従属させられた当事者を他者と対等に相互行為できる社会生活の完全なパートナーとして確立することを求めている。つまり、当事者たちは参加の平等を妨げる文化的価値パターンを脱制度化し、それを参加の平等を築くパターンに置き換えることを目指しているのである。

2　従属的地位か毀損された主体性か

　社会的地位モデルの政治的・制度的重要性については後で考察するつもりである。ここではテイラーとホネットの自己実現モデルに比べて、社会的地位モデルのほうが概念的に長所を持つことをはっきりさせたい。以下のような四つの長所が特に重要である。

　第一に、社会的地位モデルは承認の要求を、現代の価値多元主義の条件下で、道徳的に拘束力のあるものとして正当化できる[31]。このような条件のもとでは、普遍的に共有され、あるいは権威として確立されうるような自己実現または善き生の単一の概念は存在しない。したがって、自己実現や善き生を根拠にして承認の要求を正当化するいかなる試みも、党派的に偏狭なものとならざるをえない。そうしたアプローチでは、ある倫理的価値の概念を共有しない人々に対して、ある承認要求を規範的に拘束力のあるものとして確立することはできない。

そのようなアプローチとは異なって、社会的地位モデルは義務論的であり、また非党派的である。社会的地位モデルは、近代性の証明である「主体の自由」の精神を受け入れることによって、何を善き生と見なすのかをみずから定義したり、善き生を追求する手段をみずから考案したりすることは、それぞれの個人や集団に委ねられており、しかもそれは他の個人や集団にも同様の自由を保障するという条件つきであることを前提としている。そのため、社会的地位モデルは自己実現や善の概念には訴えない。むしろこのモデルは、異なる善の概念を持つ人たちも受け入れることのできる、また受け入れられるべき正義の概念に訴える。この見方に立つならば、誤承認が道徳的に間違っているのは、それがある個人や集団に、他者と対等に社会的相互行為に参加する可能性を否定するからである。いま言及した参加の平等という規範は、必然的に非党派的である。それは、価値多元主義の条件下で、相互行為の公平な条件を守ることに同意するすべての人たちに対して、承認の要求を規範的に拘束力のあるものとして正当化できる。

さらに、社会的地位モデルは第二の長所を持っている。それは、誤承認を従属的な社会的地位に置かれていることと捉え、悪を個人や個人間の心理学にではなく、社会関係のなかに位置づけるという点にある。その結果として、社会的地位モデルは自己実現モデルが抱える難点のいくつかを免れている。誤承認が抑圧された人の自己意識構造に内在する歪みと同一視されるならば、たとえば心理的なダメージを人種差別されている人自身のせいにするのが、その人の心の傷にさらに侮辱を加えることになるのと同様に、それは誤承認の犠牲者を非難するのとほとんど変わらない。これとは反対に、誤承認が抑圧する人たちの抱いている偏見と同じものと考えられるならば、それを克服するためには抑圧する人たちの信念を取り締まるという非リベラルで権威主義的な方法が必要になるように思われる。それとは対照的に、社会的地位モデルにとって誤承認とは、ある人たちが社会の完全なメンバーであることを外部から公然と確認できる仕方で妨げている障害の問題である。重ねて言えば、それを是正することは従属を克服することを意味する。さらに従属の克服とは、制度と社会的実践とを変えることを意味する。もう一度言えば、参加の平等を妨げる文化的価値パターンを脱制度化し、参加の平等を実現する文化的価値パターンと置き換えることによって制度と社会的実践との変革を目指すのである。

言い換えれば、社会的地位モデルは誤承認の心理学化を避ける。しかし、それが意味することについてはいくぶん説明が必要だろう。このモデルは、誤承認にはテイラーとホネットが描写したある種の道徳心理学的効果があるということを受け入れてはいる。しかしながらこのモデルの主張によれば、誤承認が不正義であるのはそうした道徳心理学的効果があることと関係するからではない。つまり、社会的地位モデルは承認要求の規範性を心理学から切り離し、それによって承認要求の規範力を強化するのである。ホネットが設定するモデルのように、承認の要求が「歪みのないアイデンティティ形成のための相互主観的条件」の心理学的理論にもとづくならば、承認要求は研究の進展によるその条件の変転に左右されることになる。その理論が誤っていたことがある時点で判明したとき、その要求の道徳的拘束力は消えてしまう。それとは対照的に、私が提案しているモデルは、承認を社会的地位の問題として扱うことによって、規範的要求を心理学的事実の問題に丸投げすることを回避する。そうすることによって、制度化された規範が参加の平等を妨げている社会は、被抑圧者の主観性を歪めていようとそうでなかろうと、道徳的に擁護できないことを示すことができる。

第三の長所として、社会的地位モデルは、誰もが社会的評価に対して実質的に平等な権利を持っているという見方を退ける。もちろんその見方が擁護できないのは、評価の概念を無意味なものにしてしまうからである。[32] しかし、そうした見方が少なくとも自己実現の観点から承認を説明するある有力な立場から導き出されるように思われる。ホネットの説明によれば、社会的評価は歪みのないアイデンティティ形成のための相互主観的条件の一つであり、その条件は道徳性によって保護されるべきだとされる。したがって、誰もが社会的評価に対する道徳的権利を持っている。それとは対照的に、ここで提起されている承認の説明はそのような背理法をまったく内包していない。それが実際に内包しているのは、誰もが平等な機会という公正な条件のもとで、社会的評価を追求する平等な権利を持っているということである。[33] そしてそのような条件は、制度化された文化的価値パターンが、たとえば女性性・「非‐白人」・ホモセクシュアリティ・文化的にそれらと結びつくあらゆるものを軽視するときには、満たされていないのである。そのような場合には、女性も有色の人々もホモやレズビアンも、あるいはそのいずれかは、社会的評価の追求において他の人々が直面しないような障害に直面している。またストレートの白人男性を含めた誰もが、文化的に女性性・ホモセクシュアル・「有色であること」としてコード化された目標を追求し、またそうした特性を伸ばすことを決めたときにはさらなる障害にぶつかる。

最後に、地位モデルは第四の長所を提供するが、私の議論にとってもっとも中心的な重要性を持つのは、この第四の長所である。このモデルは、誤承認を正義の侵害と解釈することによって、承認の要求と資源あるいは富の再配分の要求との統合を促進する。言い換えれば、承認は、配分的正義がそうであるように、義務論的道徳性という普遍的拘束力を持つ領域に位置づけられている。承認と配分的正義という両方のカテゴリーをこのように一つの規範的領域に位置づけることによって、その両者は通約可能となり、潜在的に共通の枠組みの中に組み込むことが可能になる。それとは対照的に、自己実現の見方では、両者の概念を統合する見通しは不透明である。そのアプローチは、われわれが見たように、承認を倫理的問いとして扱うが、それは配分的正義との通約を不可能にしてしまう。その結果として、再配分と承認との両方を支持することを望む人は、誰もが哲学的な分裂状態に陥る危険を冒すことになると思われる。

　私は再配分と承認とが哲学的カテゴリーとして、まったく異なる起源を持っていることを指摘することで議論を開始した。そこで言及したとおり、再配分はアングロ・アメリカのリベラルな伝統から来ており、しばしばカント哲学の道徳性と結びつけられる。それとは対照的に、承認は現象学の伝統から由来しており、ふつうヘーゲルの人倫性に結びつけられる。したがって、その二つのカテゴリーがしばしば概念的に矛盾するものとして扱われるのは驚くことではない。しかし、社会的地位モデルはこの矛盾する前提を克服する。再配分と承認との双方を正義に関する問題として扱うことで、両方の用語を一つの規範的枠組みの中に位置づけることを可能にする。その結果として、それは哲学的分裂状態に陥ることなく、両方のタイプの主張を調停する見通しを確保するのである。

　これらすべての理由から、承認については、自己実現の問題としてよりも、正義の問題として論じるほうがより適切である。では、そのことによって正義理論にとって何が帰結するだろうか。

3　還元主義への対抗——正義の二次元的構想

　ここからは、承認は正義に関わる問題だと考えよう。正義と配分とは正確にいかなる関係にあるのだろうか。道徳哲学の問題に取り組んでいるこのコンテクストでは、配分と承認は二つの異なった独自の正義概念を構成することが帰結するのだろうか。それとも両者のいずれか一方が他方に還元されうるのか。

この還元の問題は、二つの異なる側面から考察されなければならない。一方の側面で問われているのは、問題は配分的正義の一般理論が承認の問題を十分に包含できるかどうかということである。私の見方では、答えはノーである。たしかに、多くの配分の理論家は物質的な幸福に加えて社会的地位の重要性を評価し、社会的地位を配分の説明の中に取り入れようとしている。[34] しかし、その結果は十分に満足ゆくものではない。社会的地位に関して、ほとんどの理論家は、経済および法を中心とした観点から承認を配分に還元する見解を前提とし、誤承認を防ぐには資源と権利との公正な配分で十分であると見なしている。しかし実際われわれが考察したように、すべての誤承認が不公正配分の副産物であるわけでも、法的差別を伴った不公正配分の副産物であるわけでもない。ウォール街の銀行家であってもアフリカ系アメリカ人であればタクシーを止めることはできないが、そうした人のことを考えてみよう。こうした事例を論じるためには、正義理論は権利と財との配分だけに留まっていないで、制度化された文化的価値パターンの吟味にまで立ち入らなければならない。[35] つまり、そうした文化的価値パターンが社会生活への参加の平等を妨げているかどうかを問わねばならない。

では、この問題の他の側面は何だろうか。従来の承認理論は配分の問題を十分に包含できるだろうか。ここでも私は答えはノーだと主張する。たしかに、承認理論家の中には経済的平等の重要性を尊重し、その説明の中に取り入れようとしている人もいる。だが、やはりその結果は十分に満足のゆくものではないと言わざるをえない。たとえばアクセル・ホネットは、配分を文化へと還元する見解を示している。ホネットは、あらゆる経済的不平等が労働の中に価値序列を持ち込み、ある労働を他の労働より特権化する文化的秩序に根差していると考え、不公正配分を防ぐためにはそうした文化的秩序を変えることで十分だと信じている。[36] しかし実際われわれが見たように、あらゆる不公正配分が誤承認の副産物であるわけではない。投機的な企業合併の結果として、工場が閉鎖したため解雇された白人の熟練男性工場労働者のことを考えてみよう。そうした事例では、不公正配分の不正義は誤承認とほとんど関係がない。むしろその不正義は、利潤の蓄積を存在意義（raison d'être）とする特殊な経済関係の秩序に内在する規範から帰結したものである。そうした事例を論じようとするならば、正義理論は文化的価値パターンだけでなく、資本主義の構造を検討することを射程に入れなければならない。労働の価値序列構造から相対的に切り離され、ある程度自律的に作用する経済機構が社会生活への参加の平等を妨げるかどうかを問わねばならない。

概して言えば、配分の理論家も承認の理論家も、今までのところそれぞれ他方の中心概念を十分包含することに成功していない[37]。そのうえ実質的な還元を行なわず、たんに言葉の上だけで一方を他方に包摂しても得るところはほとんど役に立たない。たとえば、意味論の問題として、承認も配分されるべき財であると主張しても得るところはない。あるいは反対に、定義の問題としてあらゆる配分パターンは潜在的な承認の基盤を表現していると主張してもやはり何も得られない。どちらの場合も、その結果は同語反復になってしまう。前者の場合ではあらゆる承認を配分によって定義し、その一方で、後者の場合は反対に、配分を承認によって定義しているにすぎない。どちらの場合も、承認と配分とを概念的に統合するという実質的な問題については言及されていない[38]。

実質的な還元が行なわれないならば、配分と承認とを一つの規範的枠組みに統合しようとする場合に、いかなる方法が残されているだろうか。私は、それらのパラダイムのどちらか一方に与して他方を排除するのではなく、私が正義の「二次元的」構想と名づけたものを展開することを提案する。二次元的な構想は、配分と承認とを正義に関する異なるパースペクティヴ、そして異なる次元として扱う。一方の次元を他方の次元に還元することなく、すべてを包含するより広い枠組みの中に両方を含める。

すでに述べたように、私の構想の規範的核心は参加の平等の概念である[39]。この規範によれば、正義は社会の（成人の）構成員すべてに、相互に仲間として交渉することを許可するような社会的取り決めを要求する。参加の平等を可能にするためには、少なくとも二つの条件が満たされねばならないことを私は主張したい[40]。第一に、物質的資源の配分は参加者の自律と「発言権」を保証するようなものでなければならない。このことを、私は参加の平等の客観的条件と呼びたい。それは、参加の平等を妨げるような形式の、またそうしたレベルの経済的従属と経済的不平等とをあらかじめ取り除く。したがって取り除かれるのは、貧困や搾取を、また富や収入・余暇の甚だしい格差を制度化し、それによって他者と仲間として交渉する手段と機会とを、ある人たちに対して認めないような社会的構造である[41]。

それとは対照的に、参加の平等を可能にする第二の条件は、制度化された文化的価値パターンがすべての参加者に対して等しい尊敬を表現し、社会的評価を得るための平等な機会を保証することを要求する。このことを私は、参加の平等の相互主観的条件と呼びたい。それは、あるカテゴリーに属する人たちとその人たちに結びつけられる特性とを、意図的に軽視する制度化された規範を排除する。したがって、制度化されたある価値パターンが、ある人たちに「その特性とは別様なあり方」を過剰に負わせることによってであれ、あるいはその人たちの特性を承認しないことによってであれ、相互行為における完全なパートナーという社会的地位をある人たちに認めないとすれば、そうした価値パターンが参加の平等の第二の条件によって取り除かれるのである。

参加の平等には、客観的条件と相互主観的条件の両方が必要である。どちらか一方だけでは十分ではない。客観的条件は、伝統的に配分的正義の理論に結びつけられた関心、特に社会の経済構造や経済的に定義される階級の格差に属する関心に焦点を当てる。相互主観的条件は、最近になって承認の哲学において強調されている関心、とりわけ社会的地位秩序や文化的に定義される社会的地位ヒエラルヒーに対する関心に焦点を当てる。このように、参加の平等という規範を指向する正義の二次元的構想は、再配分と承認との一方を他方に還元することなく両方を包含する。

このアプローチは再配分と承認という両概念を統合しようとするうえで重要な貢献を果たすだろう。このアプローチは、再配分と承認とを相互に還元できない二つの正義の次元として解釈することによって、正義に関する通常の理解を、客観的パースペクティヴだけでなく相互主観的パースペクティヴをも含むように拡張する。さらに、両方の次元を参加の平等という包括的規範の下に含めることで、このアプローチは両方の次元を一つの統合された規範的枠組みの範囲内に収める。再配分と承認との間の関係を包含したその枠組みの構造は、道徳哲学の残る二つの問題を考察すれば明らかになるだろう。

4　承認要求の正当化

正義に関する私たちの見解を、承認の相互主観的パースペクティヴを包含するように拡張したことによって、正当化可能な承認の主張と正当化できない承認の主張とはどのように区別できるのかという道徳哲学の第三の問題が立てられる。

たしかに、あらゆる再配分の要求が正当化できるわけではないのと同様に、あらゆる承認の要求が正当化できるわけではない。どちらの場合に関しても、正当化できる要求とそうでない要求とを区別する基準と手続きあるいはそのいずれかを説明する必要がある。配分的正義の理論家は、効用を最大化するような客観主義的基準に訴えるにしても、あるいは討議倫理学のような手続き主義的規範に訴えるとしても、これまで長らくそうした説明を提供しようとしてきた。それとは対照的に、承認の理論家はこの問いに正面から取り組むのが比較的遅かった。承認の理論家たちは、正当化できる要求とそうでない要求とを区別する基本的原理をまだまったく提供していない。

この問題は、承認を自己実現に関わる事柄として扱う承認の理論家に重大な困難を負わせる。たとえばホネットの理論は、この点について重大な異議を受けやすい。ホネットによれば、自己評価は（自信と自己尊重とを伴って）歪みのないアイデンティティの本質的要素を構成するが、いかなる人もそうした自己評価を作り上げるためには、それぞれの特性が承認されなければならない[42]。要求を掲げた人自身の自己評価を高める承認要求は正当化され、その反対に低めるものは承認されないということが帰結するように思われる。しかしながら、この仮説のもとでは人種差別主義者のアイデンティティは承認に値すると見なされるだろう。というのも、それは、貧しい「白人」のヨーロッパ人やヨーロッパ系アメリカ人が、自分と自分より劣っていると思われる人とを比較して、その自己尊重感を維持することを可能にするからである。それとは対照的に、反人種差別主義者の承認要求は障害にぶつかるだろう。なぜなら、それは、貧しい「白人」の自己評価を脅かすからである。不幸なことに、このような先入見が心理学的恩恵を与える事例は決して稀ではない。そうした事例は、高められた自己評価ならば何でも、承認要求の正当化基準を提供できるという見方を完全に否定してしまう。

では、どのように承認要求の是非は判断されるべきであろうか。承認要求の是非を判定するための十分な基準を構成しているのは何だろうか。私が提案しているアプローチは、承認要求の評価基準として参加の平等に訴える。先に論じたように、この規範は配分と承認という正義の二つの次元を包含する。このようにして、両方の次元にとって同一の普遍的基準が、正当化可能な要求とそうでない要求とを区別するのに役立つ。論点が配分であろうと承認であろうと、要求を掲げる人は、現行の社会構造のせいで、その人が他者と平等な仕方で社会生活に参加することを妨げられていることを示さなくてはならない。再配分を要求する人は、現行の経済的構造のせいで、その人たちが参加の平等のために必要な物質的条件を否定されていることを示す必要がある。承認を要求する人は、制度化された文化的価値パターンによって、社会参加に必要不可欠な相互主観的条件がその人たちに否定されていることを示さなければならない。こうして、両方の場合において参加の平等の規範は要求を正当化するための基準である。

両方の場合において、参加の平等が役立つのは、不正義を是正するために要求されている改善策が果たして適切かどうかを評価するときである。再配分を要求するのであろうと、承認を要求するのであろうと、要求する人が示さなくてはならないのは、その人の求める社会変化が実際に参加の平等を促進するということである。再配分を要求する人が示さなくてはならないのは、みずからの擁護する経済改革が現在は参加を否定されている人たちにも完全な参加のための客観的条件を提供するということにほかならない。もちろんその際に、言うまでもなく、正当化できない仕方で他の次元の不平等を招いたり悪化させたりしてはならない。同様に、承認を要求する人は、その人の求める社会文化的制度の変化が参加に必要な相互主観的条件を提供するということを示さなくてはならない――この場合でも、他の次元での不平等を弁解できない仕方で生み出したり悪化させたりしてはならない。繰り返すが、どちらの場合においても参加の平等は特定の改革のための提案を正当化する基準なのである。

この基準が承認をめぐる現在の論争に対して、どのように役立つのかを考察してみよう。まず同性婚を取り上げよう。この事例では先に言及したように、ヘテロセクシズムの文化規範にもとづく婚姻法が制度化されていることによって、ゲイやレズビアンは参加の平等を否定されている。したがって、社会的地位モデルから見れば、この状況は明らかに不当であり、承認要求は原則として正当化される。そのような要求は、異性愛を規範とする文化的価値パターンを脱制度化し、平等を促進するオルタナティヴでもって代替することによって、不正義を是正することを求める。しかし、それには複数の方法がありうる。一つの方法は、同性婚を合法化することで同性愛者にも、異性愛のパートナーシップが現在享受しているのと同じような承認を与えることだろう。他の方法は、異性愛の婚姻を脱制度化し、たとえば健康保険といった権利を結婚関係の有無とは切り離し、むしろ婚姻関係以外の根拠、たとえば市民権や／あるいは居住権にもとづいて認めるべきであろう。これらの方法のどちらか一方を他方よりも優先するのはそれぞれ相応の理由があるかもしれないが、どちらの方法ともゲイと異性愛との間で参加の平等を育むのに役立つだろう。したがって、両方とも原則として正当化される——その際に、どちらの方法も正当化できない仕方で他の次元での不平等を生み出したり悪化させたりすることはないだろうということが、前提されている。それとは対照的に正当化されないのは、フランスのＰＡＣＳ法[11]やアメリカ合衆国バーモント州のシビルユニオン法[12]といった方法である。それらは同性婚カップルにも異性婚カップルに準じた二次的な法的地位を認定するものだが、そうした地位も異性婚がもたらす象徴的恩恵ならびに物質的恩恵を同性婚カップルに与えることに失敗しており、その一方で異性愛カップルはそうした恩恵に与る特権的な地位を相変わらず独占している。もちろん、そのような改革は現行法よりも明らかに前進しており、戦略的な根拠から移行措置として支持されるかもしれないが、それにもかかわらず、それらは社会的地位モデルによって理解されたような正義の要請を満たしてはいないのである。

そのような戦略的考察はさておくとして、同性婚の事例は社会的地位モデルにとって何ら概念的困難を示さない。むしろ、その事例は先に言及した社会的地位モデルの長所を表している。このモデルにおいては、参加の平等の規範は倫理的評価に頼らずに義務論的にゲイとレズビアンの要求を正当化する——つまり、正当化の際に同性愛のパートナーシップは倫理的に価値があるというような実質的な判断を下すことはしない。それとは対照的に、自己実現に依拠する正当化はそうした実質的判断を前提せざるをえず、したがってその判断を否定する対立的判断から異議を受けやすい(43)。以上のことから、社会的地位モデルは、同性婚という事例を扱ううえで、自己実現モデルより優れている。

　しかしおそらく、この事例は単純すぎるのもたしかである。文化的・宗教的実践を含む事例はより困難が予想されるので、そうした事例を考察してみよう。こうした事例では、参加の平等が正当化の基準として本当に通用するのかどうかという問題が生じる——それは当該の文化的・宗教的実践の倫理的評価に頼らずに義務論的に当事者の要求を正当化するのに役立つのだろうか。詳しくはこれから論じるが、参加の平等は実際にそれが正しく適用されれば、こうした事例にも十分に通用することが証明されるであろう。

　ここで決定的なのは、参加の平等が二つの異なるレベルでその力を発揮するということである。第一に、集団間のレベルでは、マイノリティ対マジョリティという相対的位置に関する制度化された文化的価値パターンの効果を測定する基準を提供する。たとえば、昔のカナダの規則は騎馬警官隊に同一の帽子着用を命じたが、それによってシーク教徒の男性はその職業に就く機会を事実上閉ざされたわけなので、そうした規則が不公正なマジョリティの共同体主義の構成要素であるのかどうかを考察する際に、参加の平等は役に立つ。第二に集団内のレベルでも参加の平等は、承認を要求しているマイノリティの実践はそれが行なわれている集団内部でどの程度の効果があるのかを測定することにも役立つ。このレベルでは、たとえば正統派ユダヤ教では教育の場では男女を分離するが、そうした慣習的実践はユダヤ教徒の少女を不当に周縁化しているのかどうか、したがってその実践は税の免除や学校の助成という形の公共的な承認を否定されるべきかどうかということを考える際に、参加の平等が判断の基準として引き合いに出される。

要するに、これら二つのレベルは、文化的承認に対する二重の必要条件を構成する。承認を要求している人たちは、第一にマジョリティの文化的規範の制度化によって、そうした人たちが参加の平等を否定されているということ、第二にそのマイノリティの人たちが承認を求めている実践は集団の非構成員はもちろんのこと集団内部の特定の構成員にも参加の平等を否定しないということを示さなければならない。社会的地位モデルにとっては両方の条件が不可欠であり、どちらか一方だけでは十分でない。その両方を満たす要求だけが公共的な承認に値する。

この二つの条件を応用してフラール（スカーフ）に関するフランスの論争を考察してみよう。この事例の問題点は、ムスリムの少女に公立学校でのスカーフ着用を禁じる政策が宗教的マイノリティに対する不公正な扱いであるのかどうかということである。その事例では、スカーフの承認を要求している人たちは二つの論点を確証しなければならない。第一にスカーフの禁止は不公正なマジョリティの共同体主義の構成要素であり、ムスリムの少女の教育の平等を否定していること、第二にスカーフ着用を許可するオルタナティヴ政策はムスリム共同体だけでなく、社会全体においても女性の従属を強化しないだろうということを示さなければならない。これら両方の論点を確証することによってのみ、スカーフの承認を求める人たちはその要求を正当化できる。フランス人マジョリティの共同体主義に関わる第一点は、容易に確証されうる。なぜなら、公立学校においてキリスト教の十字架の着用を禁止するような類似の規則はないからである。つまり、スカーフ着用を禁止する政策はムスリム市民にフランス人と平等な社会的地位を否定している。それとは対照的に、女性の従属を強化しないことに関する第二点は論争を呼ぶことがわかるだろう。というのは、フランスの共和主義者の中にはスカーフ自体がそのような女性の従属のしるしであり、したがって承認を否定されねばならないと主張する人もいるからである。しかしながら、こうした共和主義者の解釈を論駁する多文化主義者もいて、そうした多文化主義者は、スカーフの意味は今日のフランスのムスリム共同体において激しい論争になっており、それはジェンダー関係が社会一般でより広く論じられているのと変わらないと言い返すだろう。スカーフの意味を一律に家父長的に解釈してしまうと、イスラムを解釈する唯一の権威を結果的に男性優位主義者に与えてしまうことになるので、むしろ、国家はその代わりにスカーフを過渡期におけるムスリムのアイデンティティの象徴として扱うべきであり、その象徴の意味については多文化社会における文化横断的な相互行為の結果として論争すべきである。それは、フランス人のアイデンティティそのものについても同様である。このような観点から、公立学校においてスカーフを許可することはジェンダー間の平等から退却することではなく、ジェンダー間の平等に向けた一歩になりうる。

私の見解では、多文化主義者はこの問題に関して共和主義者より優れた議論を展開している（もっとも、それは女性や少女に性的快楽と健康の平等を明らかに否定するいわゆる「少女割礼」――じっさいには性器切除――を承認しようとする人のことではない）。だが、それは私がここで強調したい点ではない。重要なのはむしろ、多文化主義者の議論が参加の平等という観点から正しく展開されているということである。社会的地位モデルにとって、この点こそまさに議論を戦わせるべきところである。同性婚の場合と同じように、文化的・宗教的要求の場合も、参加の平等は要求を正当化する適切な基準である。参加の平等をどのように解釈するかの違いにもかかわらず、参加の平等という規範は問題になっている文化的あるいは宗教的実践の倫理的評価を必要とせず、そうした実践の承認要求を義務論的に測定するのに役立つ。

一般的に言って、社会的地位モデルは承認要求を正当化するための説得力のある基準を設定する。しかし、それは完全に一貫して義務論的である。自己実現モデルと違って、それは価値多元主義という現代的条件のもとでさまざまな承認要求を正当化できるのである。

5　決定理論か民主的熟議か

私が論じてきた参加の平等は、承認要求を正当化する強力な基準を提供する。しかし、先のスカーフの事例は、その基準が決定手続きに従ってモノローグ的に適用されえないことを示している。先の事例では、われわれが指摘したように、最終的に論点は、スカーフが少女の地位にいかなる効果を及ぼすのかという点に向けられる。だが、それらの効果は、決定理論の手法であるアルゴリズムや何らかの測定法によっては測定されえない。むしろ、そうした効果は、対立する判断を吟味し、競合する解釈を比較考量する議論の交換によって対話的にのみ決定されうる。より一般的に言えば、結論に到達したことをすべての人にわかるように告知するような、まったく異論の余地のない明白な記号がはじめから参加の平等そのものに付随しているわけではない。そのような記号と見なされているものはいずれも、それ自体が解釈や論争に委ねられることになるだろう。

したがって、参加の平等という規範は、公共的討論という民主的プロセスを介して言論によって対話的に適用されなければならない。そうした討論の中で参加者は、現行の制度化された文化的価値パターンが参加の平等を妨げているのかどうか、また提案されたオルタナティヴが他の不平等を不当に導いたり悪化させることなく、参加の平等を生み出すのかどうかということを論じ合う(44)。そのとき、社会的地位モデルにとって、参加の平等は正義の問題に関する公共的な論争や熟議を促すキーワードとして役立つ。より強調して言えば、参加の平等は公共的理性の指導原理、配分と承認の問題に関する政治的議論を民主的に進めてゆくのにふさわしい表現なのである。

繰り返すと、この対話的アプローチは承認の自己実現モデルと好対照をなしている。それはアイデンティティ・ポリティクスの擁護者の中にいくらか見られる通俗的見解を排除する。その見解とは、十分に承認されているのかどうか、またどれほど十分に承認されているのかということを決定すべきであるのは、承認を拒否された主体だけであり、したがって、自己評価が危機に陥っている人たちにこそ、その自己評価を保障するために何が求められるのかについて、最終的な発言権が与えられるべきであるというものである。同時にまた対話的アプローチは、自己実現の理論家の中でやはりいくらか想定されている権威主義的観点をも排除する。その見解とは、専門の哲学者こそ人間の繁栄のために何が必要かということを決定でき、また決定すべきであるというものである。通俗的な見解も権威主義的な観点も、正義の必要条件を解釈する権威を単一の主体に帰属させているという意味でモノローグ的である。そうしたアプローチとは対照的に、社会的地位モデルは、参加の平等を公共的熟議という民主的プロセスの中で対話的に適用される基準と見なす。承認を要求する人の考えであれ「専門家」の考えであれ、覆せないことはない。むしろ、まさに承認要求の解釈と判定は避けられないのだから、すべての当事者の完全で自由な参加のみが承認の要求を十分に正当化する。しかしながら、やはり解釈や判定が避けられないという同じ理由で、いかなる合意やマジョリティの決定も誤りを免れえない。原理的に変更可能なものとして、いかなる決定も暫定的であり、将来の論争に対して開かれたままである。

もちろんこの最後の論点によって、私たちは循環論法に陥る。承認要求の是非に関する公平な民主的熟議は、あらゆる人が、現実的にもまた可能性としても、平等にその熟議に参加できることを要求する。すると今度は、その要求が公正な配分と相互承認を要求する。このように、この説明には避け難い循環が見いだされる。承認の要求は参加の平等を条件としてのみ正当化されうるが、その条件そのものが相互承認を含むわけである。しかし、こうした循環は悪いことではない。この循環には参加の平等を概念化した際の欠陥が反映しているどころか、民主主義というパースペクティヴから理解された正義の再帰的特徴が正確に表現されている。民主主義というパースペクティヴでは、正義は、それを課せられた人々の頭越しに決定され外部から押し付けられた要求ではない。むしろ正義は、その名宛人が正当に自分自身をその起草者としても見なすことができる限りにおいてのみ、拘束力を持つのである(45)。

したがって、理論の循環を解消すれば、問題が片付くわけではない。むしろ社会的現実を変えることによって実践においてその循環を解消するように努めることが重要である。そのためにはもちろん再配分と承認の(第一次)要求を提起しなければならない。だがこの第一次要求の提起によって、さらにそれが判定される条件について第二次あるいはメタレベルの要求をも提起せざるをえなくなる。真に民主的な公共的議論のための条件が現在のところ欠如していることを公共的に論じることによって、民主的正義を実際に実現するための闘争の過程の中で民主的正義の再帰性が表現されるのである。

このように、私が提案した対話的アプローチには熟議のプロセスに関するメタレベルの熟議が組み込まれている。その結果として、そのアプローチはラディカルな批判の可能性を保持するというさらなる長所を提供する。正義に関する多くの言説は、保守的な傾向を内包している。正義に関する言説は現存する社会的財への公平なアクセスを確保することに焦点を当てるがゆえに、その社会的財が「正しい財」であるかどうかを不問に付す傾向がある。これとは対照的に、私が提案したアプローチはそうした保守的傾向を打ち消すことができる。先に論じたように、この対話的アプローチを通して、社会的相互行為の現存する形式の枠内で平等を保障しようとする要求を掲げた民主的討議に誰もが平等に参加できるように促される。しかし、そのことだけでこのアプローチの意義が言い尽くされたわけではない。さらに、このアプローチによって、いかなる形式の相互行為が存在するべきかという点に関する熟議を含めて、社会批判を実践するさいの平等も促進される。その上、参加の平等の規範をこうして討議に関する討議に反省的に適用することを通して、このアプローチは新しい規範の創造よりも現状の社会的慣習の維持を好む傾向を含めて、そのようなメタレベルの議論に隠された傾向を明示的に論じるように促そうとする。このようにして、対話的アプローチは他のアプローチとは異なり、歴史的なダイナミズムを考慮しているのである。

6　特殊性の承認？――プラグマティック・アプローチ

先に述べた承認要求の正当化に関する説明は、討議倫理学の精神と民主的プラグマティズムの精神をより一般的に共有している。このプラグマティックな精神はわれわれが先に提示した第四の規範的‐哲学的問いへのアプローチにも適切である。正義はわれわれに共通の人間性の承認だけでなく、個人や集団に関して特徴的なものの承認をも要求するのだろうか。

この問題に関しては参加の平等が二つの意味で普遍主義的な規範であることに注目することが重要である。第一に、参加の平等は相互行為を行うあらゆる（成人の）仲間を包含する。そして第二に、それはあらゆる人間の道徳的価値の平等性を前提とする。しかしこの意味での道徳的普遍主義は、個人や集団に特有な特徴の承認が参加の平等にとって相互主観的条件の一つである正義によって要求されうるのかという問いにはまだ応えていない。

この問いは誰もがつねに必要とする種類の承認をア・プリオリに説明することによっては答えられない。むしろ、その問題には社会理論の認識を十分に具えたプラグマティズムの観点からアプローチする必要がある。この観点から言えば、承認は人間としの普遍的ニーズを充足することではなく、社会的不正義の改善策なのである。したがって正義がいかなる承認形式を要求するのかは、事例によって異なる改善策を求める誤承認の形式に懸かっている。誤承認が当事者の共通の人間性を否定することを含む場合には、改善策は普遍主義的な承認である。たとえば、南アフリカのアパルトヘイトへの第一のまた最大の根本的な改善策は、普遍的で「人種」に囚われない市民権であった。これとは対照的に、誤承認が当事者に特有な特徴の否定を含む場合には、改善策は特殊性を承認することであろう。たとえば多くのフェミニストは、女性の従属を克服することは彼女たちの個性や出産という特徴的な能力の承認を要求すると主張している[46]。誤承認が当事者に特有な特徴の否定を含む場合には、いずれの場合も改善策はいかなる侵害や毀損を受けたのかに合わせ調整されるべきである。

　このプラグマティズム的アプローチは相互に対立する他の二つの見解が陥りやすい傾向を克服している。第一に、このアプローチは、正義が公共的な承認の照準をあらゆる人間が共有する能力に限定することを要求するという主張を否定する。——この主張は一部の配分的正義の理論家[13]によって支持されているものである——。こうした配分的正義の主張は、アファーマティヴ・アクションの反対勢力から賛同されている見解で、承認が参加の平等に対する障害を克服するために特定の場合に必要であるかどうかを考慮せずに、人々を相互に差異化するものの承認ということを独断的に排除しているからである。第二に、このアプローチは、誰もがつねに自分の特徴を承認されることを必要としているという主張を否定する[47]。第一の見解と反対であるように見えるが、具体的文脈を無視している点で第一の見解と同様である。この第二の見解はホネットを含めてたいていの承認の理論家の支持を得ているが、なぜすべての社会的差異ではなく、その一部のみが承認要求を産み出すのかということも、なぜそれらの要求のさらに一部だけが他のものと異なって道徳的に正当化されるのかということをも説明できていない。たとえば、なぜ男性や異性愛者などのような社会的地位秩序における特権的位置を占めている人たちが、たいていみずからの（ジェンダー的・セクシュアリティ的）特徴の承認を避けて、男性や異性愛者としての特殊性ではなく、人間としての普遍性[48]の承認を要求するのかということも、またそうした人たちがこうした承認を求めているときでもなぜその主張がたいていい見せかけにすぎないのかということをも説明できていない。それとは対照的に、私が提案しているアプローチは、差異の承認要求をプラグマティックに具体的コンテクストに即して、先行する特定の不正義の改善を求める応答と見なす。したがって私のアプローチは、従属的な社会的行為者の求める承認は支配的行為者の求める承認とは異なること、および参加の平等を促進するような要求のみが道徳的に正当化されることを正当に評価する。

したがって、プラグマティストにとって重要なのは、まさにいま誤承認されている人間が社会生活への平等な参加を可能にするために何を必要としているのか、ということである。誤承認されているすべての人があらゆるコンテクストにおいて同じことを求めていると想定する理由もない。そうした人たちは、ある場合には過剰に押し付けられた差異を取り除くことを求めるかもしれない。しかし、他の場合には今まで低く評価されていた特徴を考慮してもらうことを必要とするかもしれない。さらに他の場合には支配的あるいは特権的集団に焦点を当てなおし、そうした集団の特徴がこれまで誤って普遍として通用していたことを暴露するように求めるかもしれない。そしてその代わりにこれらの人たちになすりつけられた差異を作り上げている言葉を脱構築するように求めるかもしれない。最後に、いま挙げた要求のすべてか一部を相互に結びつけながら、さらに再配分と結びつけながら求めるかもしれない。いかなる人が、いかなる種類の承認を、いかなるコンテクストで必要とするのかは、その人が参加の平等に関して直面している障害の性質にかかっている。しかし、それは抽象的な哲学的議論によって決定されるのではなく、規範的に方向づけられ、経験的に形成され、不正義の克服という実践的意図によって導かれた批判的社会理論を援用することによってのみ決定されうるのである。

したがって次節では、社会理論に視野を移し、この点に関連するいくつかの側面を考察しよう。しかしその前に、本節で論じた主張の要点を書き留めることによって、この規範哲学的問題に関する議論を締めくくりたい。第一に、承認は自己実現の問題ではなく、正義に関わる事柄として取り扱われるべきである。第二に、正義の理論家は配分パラダイムと承認パラダイムの間での二者択一という考えを放棄すべきである。その代わりに参加の平等という規範を前提とした二次元的な正義構想を採用すべきである。第三に、承認要求を掲げている人はその要求を正当化するために、その人たちが制度化された文化的価値パターンによって不当に参加の平等の相互主観的条件を否定されていること、そうした文化的価値パターンを他の価値パターンで代替することは平等への一歩を意味するだろうということを民主的討議の公共的プロセスにおいて示さなければならない。最後に第四に、正義はわれわれの共通の人間性に加えて、特殊性を承認することをも原理的に要求するだろう。だがいかなる場合にそうであるのかは、それぞれの事例に特有な参加の平等への障害に照らしてプラグマティックにのみ決定されうるのである。

第3節　社会理論の問題——資本主義社会における階級と社会的地位

これまで述べたことによってわれわれは、単一の枠組みの中に再配分と承認とを包括しようとするときに生ずる社会理論の問題に直面することになる。ここで主要な課題となるのは、現代社会における不公正な配分と不十分な承認[14]との関係を理解するということである。後に見るように、これは、後期近代のグローバル化する資本主義における階級構造と社会的地位[15]の秩序との関係を理論化するということを含んでいる。適切なアプローチであるためには、これらの関係の複雑さを最大限に考慮したものでなくてはならない。それは社会的地位から階級が分化することおよびそれらの因果的相互作用の両者を説明せねばならない。またそれは、不公正な配分と不十分な承認（*misrecognition*）とが相互に還元不可能であることおよびこれらが実際に絡まり合っていることの両者を考慮せねばならない。

さらに、そうした説明は歴史的である必要がある。社会構造や政治文化の動きに敏感でありつつ、現在の構造的状況が持つ明確なダイナミズムとコンフリクトの傾向とを同定しなければならない。ナショナルな特性およびトランスナショナルな潜在能力と枠組みとの両方を視野に収めながら、それは社会的コンフリクトの今日的な文法がなぜそのような形態を取るのかを説明しなければならない。これはつまり、次のような問いである。承認をめぐる闘争がなぜ近年こうも激しくなっているのか。これまで社会生活の中心であったような平等主義的な再配分の闘争が、なぜ近年周辺へと後退しているのか。最後に、社会正義への二種類の要求が、なぜ分かたれて敵対的に対立するようになったのか。こうした問いである。

しかし、まずはいくつかの概念的な明確化が先である。ここで私が使っている「階級」と「社会的地位」という用語は、社会的に固定された従属の秩序を意味している。ある社会が階級構造を持っているという場合、その社会の成員の一部に対し、その他の成員と同等な権利を持って社会生活へと参加するために必要な手段と機会とを体系的に拒むような、そうした経済メカニズムが制度化されているということを意味している。同様に、ある社会が社会的地位のヒエラルヒーを持っているという場合、一部の成員に対し、社会的相互作用において完全に同等の権利を持ったパートナーとなるために必要な承認を強く拒否するような、そうした文化的価値パターンが制度化されているということを意味する。階級構造もしくは社会的地位のヒエラルヒーの存在は、参加の平等への障害物を作っているのであり、つまりは不正義を作り出しているのである。

こうした理解は、社会的地位と階級とに関するよりなじみのある定義とは異なっている。たとえば、戦後アメリカ社会学の階層化論とは異なり、私は社会的地位を、個人に帰属させることができ、収入といった経済的指標を含む、量的に測定可能なさまざまな要因の混合体であるような威信の指数とは考えない。それとは対照的に私の考えでは、社会的地位とは相互主観的な従属の秩序を示している。その秩序は、社会の一部の成員を相互作用における完全なパートナーとして認めないような、そうした制度化された文化的価値パターンから引き出されるものである。また同様に、マルクス主義の理論とは異なり、私は階級を、生産手段への関係のあり方とは考えない。むしろ私の考えでは、階級とは客体化された従属の秩序なのであり、それは一部の行為者に対して平等な参加のために必要な手段と資源とを拒むような、そうした経済編成に由来するものである。(49)

さらに私の考えでは、社会的地位と階級とは、社会運動のなかでなされてきたような広く流通している日常的な区分とは一致しない。たとえば、性差別や人種差別に対する闘争は、たんに社会的地位秩序の変容を目指しているわけではない。というのも、ジェンダーや「人種」は階級構造も含意しているからである。同様に、労働闘争も経済的階級の問題のみに還元されるべきではない。というのも、それはまったくもって社会的地位のヒエラルヒーにも関わっているからである。さらに一般的に言えば、前にも述べたように、実質的にすべての従属の軸は、社会的地位秩序も階級構造も同時に——その両者の比率は異なるのであるが——分け持っている。日常的な区分とは対応することなく、社会的地位と階級とは分析的に区別された従属の秩序なのであり、たいていは社会運動を横断して貫いているものなのである。

しかし、社会的地位と階級とがそれぞれ実際上対応しているのは、不十分な承認と不公正な配分である。両者はそれぞれ、参加の平等への障害のうちで分析的に異なるタイプと結びついている。それゆえ、それぞれは正義の分析的に異なる次元に結びついている。社会的地位は承認の次元に対応しており、それは制度化された意味および規範が社会的行為者の相対的な序列に及ぼす効果に関連するものである。これとは対照的に、階級とは配分の次元に対応しており、経済的な資源や富の割り当てに関連するものである。つまり一般的に言って、パラダイム的な意味での社会的地位の不正義は不十分な承認であり、しかしそこには不公正な配分が伴うこともありうる。他方、本質的な意味での階級の不正義は不公正な配分であり、しかし逆にそこには不十分な承認が伴うこともありうる。

このように概念を明確化したところでようやく、前節で見た道徳理論に対して、社会理論における対応物を示すことができる。鍵となるポイントは、正義の二つの次元がそれぞれ、社会秩序の分析的に異なる側面に結びついているということである。承認の次元は社会的地位序列に対応しており、それゆえ社会的に固定された文化的価値パターンを通して、社会的行為者の文化的に定義されたカテゴリー、すなわち、社会的地位の構成に対応している。そうした社会的地位は、他者と向かい合った際に受け取る相対的な尊敬・威信・名誉によって区別される。これに対して配分の次元は、社会の経済構造に対応する。それゆえ、所有の体制と労働市場を通して、行為者の経済的に定義されたカテゴリーの構成、すなわち、階級に対応している。そうした階級は、資源の異なる与えられ方によって区別される。またそれぞれの次元は、分析的に異なる従属の形式にも対応している。承認の次元は、制度化された文化価値のパターンに根ざした社会的地位の従属[16]に対応する。これに対して配分の次元は、経済システムの構造的特性に根ざした経済階級の従属に対応している。

こうした対応関係によって、われわれは再配分と承認を統合するという問題を、幅広い社会理論的枠組みのなかに位置づけることができる。この見方からすれば、社会は少なくとも分析的に区別される二つの社会的秩序づけの様式を内包した複雑なフィールドとして立ち現われる。一つは経済的様式であり、そこでの相互作用は戦略的な命法の機能的絡まり合いによって制御される。もう一つは文化的様式であり、そこでの相互作用は制度化された文化的価値パターンによって制御される。後に見るように、経済的な秩序づけは典型的には市場の中に制度化される。文化的秩序づけは、親族・宗教・法などを含めて、さまざまな異なる制度を通して作動するであろう。あらゆる社会において、経済的秩序づけと文化的秩序づけは相互に重なり合っている。しかしながら、前提となっている社会構造のなかでそれらはどれほど明確に相互連関しているのかという疑問が立ち上がってくる。経済構造は制度的に文化秩序から分化しているのか、あるいは実際上融合しているのか。階級構造と社会的地位のヒエラルヒーは互いに異なっているのか、それとも一致するのか。不公正な配分と不十分な承認は互いに転化してゆくのか、それともそのような変換は実際上食い止められるのか。

これらの問いへの答えは、考察対象となっている社会の性質による。たとえば、民族誌的な正確さの問題はカッコに入れるとして、古典的な人類学の文献で描かれていたような理念型的な前国家的社会について考えてみよう。そうした社会では、社会関係の支配的なイディオムは親族関係である。親族関係は結婚や性関係を組織化するだけでなく、労働のプロセスや財の配分、権威・互酬性・義務の関係、社会的地位や威信の象徴的ヒエラルヒーなどをも組織化する。もちろん、そのような社会が純粋な形では存在しなかったということもありうるだろう。しかしわれわれは、明確に区別しうる経済制度も、明確に区別しうる文化制度も存在しないような世界を想像することはできる。そこでは社会関係の単一の秩序が、（われわれが呼ぶところの）社会の経済的統合と文化的統合の両方を保証しているのである。したがって、階級構造と社会的地位の秩序は融合する。親族関係が配分の包括的な原理となるため、親族関係の社会的地位が階級的位置を支配的に決定することになる。いかなる準自律的な経済制度もないため、社会的地位の従属は直ちに（われわれが考えるところの）配分の不正義へと変移する。不十分な承認が直接的に不公正な配分を引き起こすわけである。

では次に、経済構造が文化価値を支配的に決定するような完全に市場化された社会という反対の極限を考えてみよう。そうした社会では、支配的な決定審級は市場である。市場は労働のプロセスや財の配分を組織化するだけでなく、結婚や性関係、権威・互酬性・義務の政治的関係、社会的地位や威信といった象徴的ヒエラルヒーなどをも組織化する。たしかにそのような社会はこれまで存在しなかったし、これからも存在しえないであろう[50]。しかし発見的目的のために、社会関係の単一の秩序が社会の経済的統合のみならず文化的統合をも保証するような世界をわれわれは想像することができる。ここでも前の例と同様、階級構造と社会的地位の秩序は実際上融合している。しかし相互の関係は逆方向に走っている。市場がすべてを包括する唯一の価値づけメカニズムを構成しているがゆえに、市場での位置が社会的地位を支配的に決定することになる。いかなる準自律的な文化的価値パターンも存在しないため、配分の不正義が直ちに社会的地位の従属へと変移する。不公正な配分が直接的に不十分な承認を引き起こすわけである。

　これら二つの社会は実際上、互いの鏡像であり、一つの主要な特徴を共有している。その特徴とは、いずれにおいても経済的秩序づけが文化的秩序づけから分化しておらず、戦略的行為を優先させる制度が、価値によって規制された相互作用を優先させる制度から分化していないということである。したがって両方の社会において、(われわれが呼ぶところの) 階級と社会的地位は完全に重なり合っている。そして同様に、(われわれが呼ぶところの) 不公正な配分と不十分な承認も完全に重なり合っており、両者は残りなく完全に相互に他方へと変移する。その結果としていずれの社会についても、社会生活の単一の次元のみに留意するだけでかなり理解しうることになる。完全に親族が支配的な社会については、従属の文化的次元から直接、従属の経済的次元を読み取ることができる。社会的地位から直接的に階級を導き出し、不十分な承認から直接的に不公正な配分を導き出すことができるのである。また逆に完全に市場化された社会については、従属の経済的次元から直接、従属の文化的次元を読み取ることができる。階級から直接的に社会的地位を導き出し、不公正な配分から直接的に不十分な承認を導き出すことができるのである。それゆえ、完全に親族が支配的な社会に特有の従属形式を理解するためには、文化主義が完全に適切な社会理論だということになる。[51] もし逆に、完全に市場化された社会を理解しようとするならば、経済主義よりも適切なものはないであろう。[52]

しかし他のタイプの社会に目を向ければ、そのようなシンプルで洗練されたアプローチではもはや十分ではない。われわれ自身の社会は、戦略的な行為が優勢な市場化された領域と、価値志向的な相互作用が優勢な非市場的領域の両方を含むが、この社会にとってそうしたアプローチは明らかに不適切なのである。ここでは、経済的秩序づけの圏域が文化的秩序づけの圏域から分化し、経済的構造が文化的秩序から分化している。その結果として、配分の経済的メカニズムが威信の構造から部分的に切り離され、社会的地位と階級とのギャップが生じているのである。したがってわれわれの社会では、階級構造と社会的地位秩序が相互に影響しているとしても、階級構造は社会的地位秩序の鏡像では完全になくなっている。市場は包括的で唯一の価値づけメカニズムではないため、市場での位置は社会的地位を支配的に決定しない。部分的に市場に抵抗する文化的価値パターンによって、配分の不正義が社会的地位の毀損へと残りなく完全に変移してしまうのが防がれているのである。不公正な配分は直接的に不十分な承認を引き起こさない。たしかに前者が後者の一因となるとしてもである。それとは逆に、親族関係のような単一の社会的地位原理が唯一の包括的な配分の原理とならないため、社会的地位が階級的位置を支配的に決定することもない。相対的に自律的な経済制度が、社会的地位の毀損が配分の不正義へと残りなく完全に変移してしまうのを防いでいるのである。不十分な承認は直接的に不公正な配分を引き起こさない。これもまた、前者が後者の一因とはなるにしても当てはまる。したがって、社会生活の単一の次元のみに注意を払うのでは、この社会を理解することはできない。従属の文化的次元から直接、従属の経済的次元を読み取ることはできないし、また従属の経済的次元から直接、従属の文化的次元を読み取ることもできない。同じように、社会的地位から直接的に階級を導き出すことはできないし、階級から直接的に社会的地位を導き出すこともできない。そして最後に、不十分な承認から直接的に不公正な配分を推論することはできないし、不公正な配分から直接的に不十分な承認を推論することもできない。

ここから帰結するのは、文化主義も経済主義も、いずれもそれ単独では現代社会を理解するためには不十分だということである。その代わりに、あらゆるレベルでの社会分化や分岐、相互作用に適合したアプローチが必要となる。しかしそうしたアプローチを素描してみる前に、少し立ち止まってここまでの議論が含んでいた暗黙の前提を明らかにしておくことも価値あることだろう。

2　文化的近代性と社会的地位の不平等――ハイブリッド化・差異化・異議申し立て

この節を通して私は、社会的地位のカテゴリーが現代社会にとってもまだ有意味なものであると前提してきた。つまり、社会的地位のヒエラルヒーは、「契約」が前面に出てくるとともに消えてゆくようなものっぱら前近代的な現象ではなく、同様に、今日も残っている社会的地位の従属は、たんに古代的な前資本主義社会の痕跡なのではないということである。その反対に私のアプローチの前提にあるのは、社会的地位の不正義は近代資本主義の社会構造に内在的なものであり、現代のグローバル化する局面も含めてそうなのだということである。以下でこうした前提を説明し、それが正しいことを示してゆこう。

社会的地位の概念はもともと「伝統」社会を説明するために展開されてきたわけだが、ここで説明が必要になるのは、現代社会がそうした社会とは非常に大きく異なるからである。その差異を十分理解するために、われわれは、完全に親族関係が支配するような社会を想定してしばらく考えてみよう。先に見たように、そうした社会では文化的秩序づけが社会統合の主要な様式であり、社会的地位のヒエラルヒーが従属の根本形式であった。さらに振り返ってみれば、そうした社会を描いた人類学者たちは、その文化的秩序は五つの主要な特徴を持っていると暗に前提していたことがわかる。第一に、それは非常に強く境界づけられていたということである。文化間の接触が周辺部に限られているため、そこでは顕著な文化的ハイブリッド化もなく、ある文化がどこで終わり別の文化がどこから始まるのかを明確にするにもたいして困難ではなかった。第二に、文化秩序は制度的に分化していなかったということである。単一の包括的秩序、すなわち、親族関係が社会的相互作用のすべての形式を制御しているため、単一の文化的価値パターンが社会的地位秩序の雛型を与えていた。第三に、その社会は倫理的に一元論的であったということである。すべての成員は彼らが共有していた単一の価値づけの地平の中で動き、その地平は全体に浸透し一様に広がっていた。そこではオルタナティヴな倫理的地平の後ろ盾となるような、独自の世界をなす島宇宙的サブカルチャーは存在しない。第四に、文化秩序は異議申し立てから免除されていたということである。いかなるオルタナティヴな価値評価の地平もないため、そこから制度化された文化的価値パターンを批判しうるようなパースペクティヴはなく、また異議申し立てを支持するいかなるパースペクティヴもない。そして最後として第五に、そこから帰結するヒエラルヒーは社会的に正当性を持っていたということである。そこでいかに多くの個人が身を擦り減らそうとも、権威に対抗するためのいかなる原理的土台も存在しない。つまり完全に親族関係が支配するようなわれわれの仮説的社会では、文化秩序は非常に堅固に境界づけられ、制度的に未分化で、倫理的に一元論的で、異議申し立てを受けず、社会的に正当なものであったということである。その結果として社会的地位の秩序は単一で固定され、すべてを包括する社会的地位ヒエラルヒーという形式をとることになる。

これらの条件はどれも現代社会には当てはまらない。第一に、この社会の文化秩序は堅固な境界を持っていない。異文化間の交流はもはや周縁に制限されることなく、社会的相互作用の中心的な「内部」空間にまで浸透している。大量の移民・ディアスポラ・グローバル化した大衆文化・ナショナルなものを超え出る公共空間などによって、ある文化がどこで終わり別の文化がどこで始まるのかを正確に示すことは不可能となっている。むしろ、すべては内的にハイブリッド化しているのである。第二に、現代社会の文化秩序は制度的に分化している。親族関係のような単一の支配的制度が、あらゆる社会的相互作用を実際上支配するような文化的価値の雛型を与えるといったことはない。むしろ制度の多様性が、さまざまな文化的価値パターンに従って行為領域の多様性を制御してゆくのであり、またその文化価値のパターンのうち少なくともいくつかは互いに相容れないものとなっている。たとえば、セクシュアリティを解釈し評価する大衆文化の図式は、婚姻を規定する制度化された法の図式とは異なっている(53)。第三に、現代社会の文化秩序は、倫理的に多元的である。すべての成員が、均質に広がった共通の価値評価の地平を共有しているわけではない。反対にさまざまなサブカルチャー、あるいは「価値のコミュニティ」が、さまざまなそしてときに相容れない価値の諸地平の後ろ盾となっている。内的に均質でもなく、堅固な境界を持っているわけでもないが、これらのサブカルチャーはハイブリッド化および制度的分化に加えて、文化的複雑性の三つ目の源泉となっているのである。第四に、価値のパターンと価値評価の地平は、非常に強く異議申し立てを受ける。相互文化的ハイブリッド化・制度的分化・倫理的多元性の結合は、支配的な価値を批判するために依拠しうるオルタナティヴなパースペクティヴを可能にするのである[17]。文化的異議申し立てから逃れうる場はどこにもなく、現代社会は文化闘争という紛れもなく危険な状態となっている。実質的にあらゆる語り・言説・解釈図式のうちで、異議を免れているものは何もない。社会的行為者たちはそれぞれみずからの価値地平を権威あるものとして制度化しようと闘争するがゆえに、すべては異議申し立てを受けることになる。そして最後に、社会的地位のヒエラルヒーは現代社会では正当性を持たない。この社会での正当性の最も基本的な原理は自由な平等であり、それは等価交換・才能に開かれたキャリア・メリトクラシー的競争といった市場の理想にも表現されているし、平等な市民権や社会的地位の平等といった民主的理想にも表現されている。社会的地位のヒエラルヒーは、これらの理想すべてに違背することになる。社会的に正当であるどころか、それは市場と民主主義の正当性の基底的規範に矛盾するのである。(54)

つまり、現代社会は、完全に親族関係が支配するようなわれわれの仮説的社会から、何光年も遠ざかっている。安定して一枚岩的ですき間なく制度化された価値パターンを伴うような、そうした社会の文化秩序とは異なり、今日の文化は近代性のあらゆる特徴を帯びている。ハイブリッド化して分化し、多元的で異議申し立てを受け、反ヒエラルヒー的規範に満ちている。それに対応して、今日の社会的地位秩序は、完全に親族関係が支配するような社会のそれとは似つかぬものとなっている。そうした社会が固定的で異議申し立てを受けず、すべてを包括するような社会的地位ヒエラルヒーを据えているのに対して、われわれの社会は横断的に走る社会的地位の区別からなる変わりやすいフィールドを生み出している。ここでは、社会的行為者はあらかじめ決められたいかなる「場所」も占めることはない。むしろ社会的行為者は、承認をめぐって持続する闘争のダイナミックな体制へと活動的に参加してゆくことになる。

しかし、すべての人が同等の条件でこの闘争に参加するわけではない。それどころか一部の競争者は、不正な経済構造のせいで、他者と対等に参加するための資源を欠いている。そしてここでさらに重要な点として、不公平な制度化された文化的価値パターンのせいで、一部の者は社会的な敬意を欠いている。文化的な矛盾や複雑性にもかかわらず、平等を妨げる価値パターンは、たとえば宗教・教育法など最も重要な社会制度の中で相互作用を規制し続けているのである。たしかにそうした価値パターンは、完全に親族関係が支配する社会のようには、継ぎ目なく一貫してすべてを包括する破りえない網の目を構成するわけではない。またそうした価値パターンは、もはや自明のものとも言えない。それにもかかわらず、白人・ヨーロッパ人・異性愛者・男性・キリスト教徒などに有利となる規範は、世界中の多くの場で制度化されている。それらは参加の平等を妨げ続けており、そうして社会的地位の従属の軸を規定しているのである。

つまり、社会的地位の従属は、形を変えてではあるが、現代社会でも存続している。抹消されるどころではなく、それは質的変容を遂げたのである。現代の体制では、団体や社会的身分の安定したピラミッド的構造は存在しない。またすべての社会的行為者が、全面的にその社会的位置を決定するような単一の排他的「身分集団（Statusgruppe）」に割り当てられているといったこともない。そうでなく個人は、多様で横断的に走る従属の軸が収束する結び目となっている。ある軸に沿えば不利となり、同時に別の軸に沿えば有利となるといったことが頻繁に起こりつつ、個人は現代の社会体制の中で承認をめぐる闘争を行なってゆくのである。

二つの大きな歴史的プロセスが、社会的地位の従属を近代化することに力を貸した。一つは市場化であり、それは社会的分化のプロセスであった。もちろん市場はつねに存在してきたが、その広がりと自律性および影響力は、近代資本主義の発展によって質的に新たなレベルを獲得することになった。資本主義社会では、市場は経済関係という専門化された領域で中核的制度をなしており、法的に他の領域から区別されている。この市場化された領域においては、相互作用は文化的価値パターンによって直接的には制御されない。それよりも個人が自己利益を最大化しようとするような戦略的命法の機能的絡まり合いによって規定される。したがって市場化は、以前から存在していた規範的パターンを壊し、伝統的価値を潜在的に異議へと開かれたものにすることで、文化秩序に裂け目を持ち込むことになる。しかし資本主義の市場は、マルクスとエンゲルスが予言したように[55]、社会的地位の区別をたんに「蒸発させる」のではない。一つには、市場は社会空間のすべてを占めるわけでも、社会的相互作用の全体を支配するわけでもないわけでもないからである。むしろ市場は、とりわけ家族や国家など[56]、社会的地位の区別をコード化するような価値に従って相互作用を制御する制度と共存し、実際それらに依拠している。さらに市場は、みずからの力が及ぶ範囲内でも、社会的地位の区別をたんに溶解させるわけではない。それよりも、以前から存在していた文化価値のパターンを資本主義の目的へと向け直してゆくことで、社会的地位の区別を道具化してゆくのである。たとえば、資本主義よりもずっと古くからある人種的ヒエラルヒーは、新世界の奴隷制やさらにはジム・クロウ制度[19]の廃止によっても消えることはなく、市場社会に適合するよう変形させられた。もはや明示的な形で法にコード化されるのでもなく、社会的に正当なものでもないが、人種差別的規範は資本主義労働市場のインフラのなかに組み込まれたのであった[57]。このように市場化の純粋な結果は社会的地位の従属の近代化であり、その廃棄ではなかったのである。

　社会的地位を近代化する歴史的プロセスの二つ目は、複雑で多元的な市民社会の生成である。これもまた差異をもたらすが、しかし別のあり方においてである。市民社会によって、法・政治・文化・教育・共同組合・宗教・家族・美・行政・職業・学知など、幅広い範囲で市場化されていない制度が差異化する。これらの制度がある程度の自律性を得ると、それぞれは相互行為を規制するための比較的独自の文化的価値パターンを発展させる。たしかにこれらのパターンは重なり合うが、しかし完全に一致することはない。それゆえ市民社会では、相互作用のさまざまな場がさまざまな文化的価値パターンによって制御されることになる。そして社会的行為者は、さまざまな場でさまざまに位置づけられる。ある状況でいかなる区別が他の区別よりも優位となっているのかによって、ときに平等が否定されるのである。さらに市民社会の生成は、寛容さの出現と結びつけられることが多い。それはさまざまなサブカルチャーの共存を許容し、価値の地平をよりいっそう多元化する。そして最後に、近代市民社会は相互文化的接触を促進する傾向がある。貿易・旅行・コミュニケーションの国家間ネットワークなどをうまく取り入れながら、市民社会は文化的ハイブリッド化のプロセスを生み出し、あるいは促進する。総じて市民社会は価値の地平を多元化しハイブリッド化するのであり、それゆえ市場化と同じく社会的地位の従属を近代化するのに力を貸すことになる。

ここからわれわれが引き出すべき教訓として、現代社会の批判理論は社会的地位の従属を無視しえない。むしろ批判理論は、古典的な社会学の概念を現代のダイナミックな社会体制に向けて再構築しなければならない。[58] 批判理論は、単一で包括的な文化価値のパターンというデュルケム学派の前提を避けなければならない。[59] さらに批判理論は、伝統的な多元主義者の前提、すなわち、内的に同質の文化が別個に並んで共存しているが、しかし互いに本質的に影響を及ぼしてはいないという前提も避けなければならない。そして最後に批判理論は、すべての個人を単一の「身分集団(Statusgruppe)」に帰属させるような従属の「安定したピラミッド」図式も避けなければならない。それらに代わって、ここで提起しているように、社会的地位従属の現代的形式を捉えうる概念を発展させなければならない。[60]

最後に現代社会の批判理論は、社会的地位従属と階級従属との関係、そして不十分な承認と不公正な配分との関係についての説明を含まねばならない。とりわけ、承認をめぐる闘争がますます平等主義的再配分のための闘争から切り離されてゆく時代、しかも正義がその二つの結びつきを要求しているにもかかわらず切り離されてゆく時代に対して、解放的変化の見通しを明確化しなければならないのである。

3　パースペクティヴ的二元論をめぐる議論

いかなる種類の社会理論がこの課題を扱いうるだろうか。いかなるアプローチが、後期近代のグローバル化する資本主義に特徴的な社会的地位の従属のダイナミックな形式を理論化しうるだろうか。またいかなるアプローチが、この社会における社会的地位と階級、不十分な承認と不公正な配分との複雑な関係をも理論化しうるだろうか。いかなる種類の理論が、それらの概念の相互還元不可能性・経験的差異・現実的諸条件を同時に摑みうるだろうか。そしていかなる種類の理論が、再配分の政治から承認の政治を切り離す現在の傾向を強めることなく、このすべてを成しうるのだろうか。

経済主義も文化主義もこの任務をなしえないことは前に見たとおりである。現代社会は、社会的地位を階級に還元したり、階級を社会的地位に還元するようなアプローチによっては理解されえない。同じことは、私が「ポスト構造主義的反二元論」と呼ぶ第三のアプローチにもあてはまる。ジュディス・バトラーやアイリス・マリオン・ヤングをも含むこのアプローチの主唱者たちは、経済的秩序づけと文化的秩序づけの区別を、「二分法的」だとして拒否する。その主張によれば、文化と経済は非常に深く結びつき、互いに構成要素となっているがゆえに両者を区別することはまったく無意味である。また現代社会は非常に一枚岩的にシステム化されているため、ある一つの側面に対する闘争が必然的に全体を脅かすことにもなるともバトラーたちは主張する。それゆえに承認への要求と再配分への要求を区別することは、分裂を生み悪い結果をもたらす。したがって、社会的地位と階級の関係を理論化するかわりに、ポスト構造主義の反二元論者たちは区別自体をまったくもって脱構築しようとするのである。[61]

経済主義や文化主義よりファッショナブルに見えるとはいえ、ポスト構造主義的反二元論は、現代社会を理論化するにはもはや適切ではない。すべての不正、およびそれを正そうとするすべての要求が同時に経済的でもあり文化的でもあるとたんに主張することは、すべての牛が灰色であるような闇夜の絵を描くことにほかならず、したがって、階級と社会的地位との実際に存在する違いをあいまいにすることで、このアプローチは社会的現実を理解するのに必要な概念的ツールを放棄しているのである。同様に、現代の資本主義を完全にかみあった抑圧の一枚岩的システムとして扱うことは、現実の複雑さを覆い隠してしまう。承認の闘争と再配分の闘争をつなぐさらなる努力をするどころか、このアプローチは差し迫った政治的問題を考えることを不可能にしてしまう。その問題とは、両タイプの闘争が目下のところ分裂し衝突しているいま、いかに両タイプの闘争を協働させ調和させられるのかという問題である[62]。

総じて、ここでこれまで考察した三つのアプローチのうちのどれも、現代社会の満足な理論を提供できていない。文化的秩序づけと経済的秩序づけ、社会的地位従属と階級従属、不公正な配分と不十分な承認との間にある今日の複雑な関係を、どれも概念化できていないのである。経済主義も文化主義もポスト構造主義的反二元論もどれもこの任を果たせないとすれば、いかなる代替的アプローチが可能だろうか。

まず二つの可能性が姿を現わすが、それらはいずれも二元論の亜種である。最初のアプローチは、私が「実体的二元論」と呼ぶものである。それは再配分と承認を、二つの異なる社会領域に関わる、二つの異なる「正義の領域」として扱う。前者は社会の経済的領域、すなわち、生産関係に関わる。後者は文化的領域、つまり、承認関係に関わる。労働力市場の構造といった経済的問題を考える際には、われわれは経済構造と制度とが社会的行為者の相対的な経済的位置に与える影響に留意しつつ、配分的正義の観点をとるべきである。それに対してＭＴＶにおける女性のセクシュアリティの表象といった文化的問題を考える際には、制度化された文化的価値パターンが社会的行為者の相対的位置に与える影響に留意しつつ、承認の観点をとるべきである。

実体的二元論は、経済主義や文化主義、ポスト構造主義的反二元論よりはいいかもしれないが、しかしそれでもやはり不適切である。経済と文化を二つの区別された領域として扱うことで、それらの相互浸透を見逃してしまうことになる。実際われわれが先ほど見たように、経済は文化から自由な領域ではなく、文化を道具化し文化を新たに意味づけしてゆく領域である。したがって、「経済」としてみずから現出するものには、つねにすでに特定の文化を背景とした解釈と文化的規範が浸透している。たとえば、歴史的に作られた資本主義にとって非常に根本的であるような「働くこと」と「ケアすること」・「男の仕事」と「女の仕事」の区別などである。このような場合、ジェンダーの意味づけと規範は文化的秩序づけから持って来られ、資本家の目的に合わせてねじ曲げられており、配分と承認の両方にとって重大な帰結をもたらすのである。同じようにみずからを「文化的領域」として現出するものには、「利益計算とでもいったもの」が深く浸透している。たとえば、グローバルな大衆娯楽・アート市場・トランスナショナルな広告などであり、すべて現代文化にとって根本的なものである。実体的二元論の見方に反して、名目上経済的に見える問題はふつう、社会的行為者の経済的位置のみではなく、社会的地位やアイデンティティにも影響を及ぼしている。同じように名目上文化的に見える問題も、社会的地位のみではなく経済的位置にも影響を及ぼしている。したがっていずれの場合も、われわれは切り離された別個の領域を扱っているわけではない[63]。

さらに実践的な面でも、実体的二元論は文化的政治を社会的政治から分離する最近のあり方に異議を突きつけるのにも失敗している。その反対に、分離を強めてさえいる。経済と文化とを相互浸透しない堅固な境界を持った別個の領域とすることで、それは再配分の政治を前者の経済に、承認の政治を後者の文化に割り当てている。結果は事実上、二つの別個の政治闘争を必要とするような二つの別個の政治課題を作り出すことになる。文化的不正義を経済的不正義から切り離し、文化的闘争を社会的闘争から切り離すことで、まさにわれわれが乗り越えようとしているその分離を生み出している。実体的二元論はわれわれの問題にとって、解決ではなく一つの徴候である。それは近代資本主義の制度文化を批判的に問いただすのでなく、それを反映しているのである。

それとは対照的に、真に批判的なパースペクティヴは、別個の領域という外見をそのまま額面通りに受け取ってはならない。むしろそれは、配分と承認の隠れた結びつきを明らかにするために、その外見の背後へと探りを入れなければならない。名目的に経済的なプロセスが持つ文化的サブコンテクストと、名目的に文化的な実践が持つ経済的サブコンテクストの両方を見えるものとし、批判しうるものとしなければならない。それはあらゆる実践を、必ずしも同等の比率ではないとしても、経済的でもあると同時に文化的でもあるものとして扱い、二つの異なるパースペクティヴからそれぞれを評定しなければならない。配分の視点と承認の視点の両方を、どちらも他方に還元することなく引き受けねばならない。

そのようなアプローチを私は「パースペクティヴ的二元論」と呼ぶ。ここでは再配分と承認は、経済と文化という二つの実体的社会領域に対応するのではない。そうではなく、それらはいかなる領域についても取りうるような二つの分析的パースペクティヴを構成している。さらにこれらのパースペクティヴは、支配的なイデオロギー的傾向に対して、批判的に展開されうる。承認のパースペクティヴは、一般に再配分の経済政策として見られるものが持つ文化的次元を同定するのに用いることができる。たとえば、収入補助プログラムにおける解釈と規範の制度化に焦点を当てることで、女性や移民の社会的地位に対するその影響を評定できる。[64] 逆に再配分のパースペクティヴは、一般に承認の問題として見られるものが持つ経済的次元に焦点を合わせるのに用いることができる。たとえば、カミングアウトせずに生きることがもたらす高い「取引コスト」に焦点を当てることで、ゲイやレズビアンの経済的位置に対して異性愛者が不十分な承認しか与えないことの影響を評定できる。[65] パースペクティヴ的二元論によって、いかなる社会的実践の正義についても、それが制度的にどこに置かれているのかに関わりなく、二つの分析的に異なる規範的に有利な視点から評定することができる。問題となっている実践は、参加の平等の客観的条件も相互主観的条件も保証するように働いているのか、あるいは逆にそれを掘り崩しているのか、と問いながら評定できる。

このアプローチの利点は明らかである。ポスト構造主義的反二元論とは異なり、パースペクティヴ的二元論は、配分と承認の区別を可能にし、そうして両者の関係を分析しやすくする。しかしまた、それは経済主義や文化主義とは異なり、これらのカテゴリーの一方を他方に還元するのを回避し、その結びつきの複雑さを短絡化することを回避する。そして最後に実体的二元論とは異なり、それは経済と文化を二項図式化して相互の結びつきを曖昧にすることも回避する。これらのアプローチとは対照的に、パースペクティヴ的二元論は、概念的な相互還元不可能性・経験的差異・実践的絡み合いを一度に摑みつつ、従属の二つの秩序の複雑な結びつきを理論化することを可能にする。パースペクティヴ的に理解すれば、配分と承認の区別はたんに現代のイデオロギー的分離を再生産するのではない。そうでなくそれは、この分離を問いただし調べ尽くし徐々に乗り越えるために欠かせない概念的道具を与えてくれるのである。

4 予期せざる影響への対抗

パースペクティヴ的二元論はまた他の利点ももたらす。ここで考察したすべてのアプローチのうちでこれだけが、政治闘争のプロセスのなかで持ち上がりうるいくつかの実践的困難を概念化させてくれる。経済的なものと文化的なものを、分化しているが相互浸透する社会的秩序づけの様式だと考えることで、パースペクティヴ的二元論は、再配分への要求も承認への要求もいずれも別個の領域に押し込められることはできないのだということを理解する。それどころか、予期せざる影響を引き起こしうるような形で、それらは互いに影響し合っているのである。

まず最初に、再配分が承認に影響を与えることについて考えてみよう。実質的に、再配分へのいかなる要求も、意図されたものであるにせよそうでないにせよ、承認への何かしらの影響を与える。たとえば、社会福祉を通した収入の再配分の提案は、他に還元しえない表現的次元を持っている[66]。それは「子育て」対「賃金労働」といったような異なる活動の意味や価値の解釈を伝達する。そして「ウェルフェア・マザー」対「納税者」といったように、主体の持つ異なる位置を構成しランクづけする[67]。このように、再配分の要求は社会的行為者の地位(Rang)やアイデンティティに、そして同様に経済状態に影響を与える。こうした社会的地位への影響は、不公正な配分を正そうとするプロセスが不十分な承認を強める結果に終わらないよう、テーマ化され精査されなければならない。

古典的な事例は、再び「福祉」である。特に貧困層を対象とした収入調査による給付は、社会福祉における最も直接的な再配分の形式である。しかしそうした給付は、受給者を逸脱者・たかり屋として描き、

「借金なしでやっている」ような「賃金稼得者」や「納税者」から差別的に区別し、受給者にスティグマを与えてしまう傾向がある。このタイプの福祉プログラムは、物質的援助のためのみならず世間一般の敵意のためにも、貧困層を「標的」とする。最終的な結果はしばしば、物質的に剝奪された傷に加えて不十分な承認という侮辱をも与えることとなる。背景にある文化的価値パターンが経済的改革の意味を歪める場合、すなわち、たとえば女性のケアワークに対して一般的に流布している価値貶下が、AFDC（要児童扶養家族扶助）を「タダで何かを得ようとすること」だと曲解させてしまう場合などでは[68]、再配分政策は不十分な承認という効果を伴うのである。このコンテクストにおいて、ケアワークやそれをコード化している女性性の連想を新たに価値づけるような文化的変化への闘争なくして、福祉改革は成功しえない。つまり、承認なくして再配分なしである。

次に、承認が配分に影響を与える逆のダイナミズムを考えてみよう。実質的に、承認へのいかなる要求も、意図されたものであるにせよそうでないにせよ、配分への何かしらの影響を与える。たとえば、男性中心的な評価パターンを正そうとする提案は経済的な含意を伴い、そこで意図された受益者の損失をもたらしうる。たとえば、女性の社会的地位向上のための売春やポルノグラフィ禁止キャンペーンは、セックスワーカーの経済状態への否定的効果をもたらすかもしれない。女性の社会的地位を向上させようとするフェミニストの努力とかみ合うように見えた破綻主義への離婚改革は、一部の離婚女性の経済状態に否定的影響を与えた。その程度については現在も論争中ではあるけれども[69]。そのように承認への要求は、社会的地位への影響を超えて経済的位置に影響しうる。こうした影響もまた、不十分な承認を正そうとするプロセスが不公正な配分を強める結果に終わらないよう、十分に精査されなければならない。さらに承認の要求は、「たんに象徴的なもの[70]」にすぎないという非難を受けやすい。経済状態における大きな不平等によって特徴づけられるコンテクストでそれが追求される場合、区別（Unterschiedlichkeit）を肯定しようとする改革は空虚なジェスチャーに終わりやすい。たとえば、女性を祭り上げ深刻な害悪を正すのでなくて黙殺して嘲るような、そういう類の承認である。そうしたコンテクストでは、承認の改革は再配分の改革と結びつかない限り成功しえない。つまり、再配分なくして承認なしである。

あらゆる場合において必要なことは、近年の「同一価値労働同一賃金（vergleichbare Wertschätzung）」キャンペーンのように、統合的に考えることである。ここでは男女の賃金を再配分することへの要求が明確に、ジェンダーコード化された文化的価値パターンを変えることへの要求と結びついていた。その基盤には、配分と承認におけるジェンダーの不正は非常に複雑に絡み合っており、もう一方と独立に他方を完全に正すことはできないという前提があった。ジェンダーの賃金格差を縮める努力が成功するためには、そこで完全に「経済的なもの」にとどまることなく、低賃金サービス業を多くは知性とスキルに欠けた「女性労働」としてコード化するようなジェンダーの意味づけに異議を突きつけることができなければならない。同様に、対人的繊細さや愛情を込めた養育など女性らしさにコード化された特徴を価値づけ直す努力が成功するためには、完全に「文化的なもの」にとどまることなく、こうした特徴を依存や無力さと結びつけるような構造的経済条件に異議を突きつけることができなければならない。「女性性」に対する文化的価値貶下を経済（やその他の場）の内部で正すようなアプローチだけが、真剣な再配分と真の承認をもたらしうるのである。

同一価値労働同一賃金の原則は、パースペクティヴ的二元論の利点を要約的に示してくれる。これまで見たようにこのアプローチは、配分と承認を、経済的なものと文化的なものという別個の領域でなく、分化してはいるが相互浸透しているような社会的秩序づけの二つの様式に関連づける。その結果、現代社会における階級従属と社会的地位従属、不公正な配分と不十分な承認との関係を、その完全な複雑さにおいて把握することを可能にしてくれる。さらにパースペクティヴ的二元論は、再配分と承認への政治闘争が陥りやすい罠に対する実践的洞察を与えてくれる。それは両タイプの要求を両者の規範的観点から吟味することをわれわれに課すことで、欠陥のある政治戦略の歪んだ効果を予期し、願わくばそれを避けるための助力となりうるのである。

5　概念的省察の結論

次の第4節で私は、このアプローチが孕む政治理論的含意へと真剣に向かってみたい。しかし最初に、これまでの議論が持つ概念的意義をいくらか明らかにしておきたい。とりわけ三つの論点が注意を払うに値する。

最初は、階級・社会的地位・経済と文化・不公正な配分と不十分な承認といった区別に関わることである。ここでの議論では、これらは存在論的区別として扱われていなかった。ポスト構造主義の批評家に抗して、私は配分を物質的なものに、そして承認を「たんに象徴的なもの」につなげはしなかった[71]。むしろ私は、社会的地位の不正義は階級の不正義と同じく物質的でありうると考えた。たとえば、ゲイバッシング・集団レイプ・ジェノサイドなどである。区別を存在論化するどころか、私はそれを社会組織の歴史的発展へとたどることで、歴史化したのである。文化的秩序づけと経済的秩序づけとの区別を、価値によって制御された社会制度から市場が歴史的に分化したことへと跡づけた。同じように、私は社会的地位と階級の区別を、文化的に規定された権威構造から経済的配分の特別なメカニズムが歴史的に切り離されたことへと跡づけた。そして最後に私は不公正な配分と不十分な承認との区別を、参加の平等への文化的障害物から経済的障害物が分化したことへと跡づけた。つまり、私は三つの区別すべてを資本主義の勃興、すなわち、不正義の区別された二つの次元を前提として、従属の区別された二つの秩序を、体系的に精緻化した歴史上はじめての社会形式へと跡づけたのである。[72]

二つ目の論点は、この説明が概念的に開かれたものであることに関わる。先の議論で私は、従属の二つのタイプと参加の平等への障害物の二つのタイプに対応させつつ、経済的なものと文化的なものという社会的秩序づけの二つの様式を考察した。しかし、私はさらなる様式の可能性を排除しなかった。それどころか、従属の他のタイプや正義の他の次元に対応した社会的秩序づけの他の様式が存在するかどうかという問題に、私は気がついてはいたものの、それを主題化しなかっただけである。こうした第三の次元として最もありそうな候補が「政治的なもの」である。参加の平等に対する「政治的」障害物は、不公正な配分や不十分な承認がないところでさえも、一部の人々を体系的に周縁化するような意思決定プロセスを含むであろう。たとえば、一人区で勝者が総取りするという選挙規則で、それが半永続的なマイノリティの声を否定するような場合である。[73]これに対応する不正義は「政治的周縁化」あるいは「排除」であり、それに対応する対策は「民主化」であろう。[74]

次節で私は、この第三の次元に関わる考察を取り込んでゆくことにする。これが前に述べた異議に対して私の答えの見通しを示してくれるということだけ、ここでは記しておく。この異議として私が言及するのはマルクス主義的アプローチであり、それによれば、本章で私が提案しているアプローチは、不公正な配分と不十分な承認のみならず搾取や労働へのコントロールの欠如をも含むような、そうした階級抑圧の問題を適切に扱いえないという。しかも、そうした異議によれば、これは資本主義の所有形態に由来するものであるから、再配分と承認によっては正されえず、その所有形態の廃止によってのみ正されうるのだとされる。この異議に対しては、資本主義の所有形態という観念のなかで束ねられた次の三つの差別的な不正義を切り離すことで答えることができる。まず第一の不正義は、剰余価値を不当に多い割合で専有し正しい分け前から労働者を排除する資本家の権利であり、次に職場で労働を命令し仕事の条件や組織に関わる意思決定から労働者を排除する資本家の権利である。さらに三番目に、社会的剰余がいかに投資されるのかを一方的に決定し、そうした意思決定から市民を排除する資本家階級の権利である。このように切り離すことでこれらの不正義は、「政治的」次元を含めるまでに広げられたこの枠組みにうまく収まりうるものとなる。最初の不正義は不公正な配分の事例であり、二つ目と三つ目の不正義は「政治的なもの」で、一つは職場での民主主義の欠如であり、もう一つは経済生活の全体的方向に対する市民のコントロールという広い意味での経済民主主義の欠如である。したがって、その不正義を正すのに必要な改善策は、再配分と民主化、そしておそらく同様に承認も含む。そうした改善策において資本主義の所有形式で残るものについては、もしそれがあるとするならば、いずれさらに検討してゆくべき問題であろう。

最後の三番目の論点は、現在の政治的な構造的状況の解釈に関わる。承認の政治と再配分の政治を切り離す現在のあり方は、たんなるミスの結果ではないということがここで展開された議論の意味するところである。むしろそのような切り離しの可能性は、近代資本主義社会の構造のなかに埋め込まれている。われわれが見たように、この社会では文化秩序はハイブリッド化され、差異化し、多元的となり、社会的地位のヒエラルヒーに正統性がないと考えられるときには異議申し立てを受ける。同時に、階級が社会的地位から分化し、不十分な承認が不公正な配分から分化するように、経済的秩序づけも文化的秩序づけから制度的に分化する。総じて、われわれの社会のこうした構造的特徴は、今日いかに政治的境界線が引かれうるのかというその仕方をあらかじめ形作っている。そうした構造的特徴は承認の闘争が広がるのを促すが、他方でそれが再配分の闘争から切り離されることも可能にしてしまうのである。

しかしながら、同時にここでの議論は、近代社会の構造が、階級従属も社会的地位従属も一方を他方から切り離しては適切に理解しえないものだということを含意している。それとは反対に、不十分な承認と不公正な配分は今日非常に複雑に絡み合っており、もう一方をも包摂するようなより大きな統合的パースペクティヴからどちらも把握されねばならない。要するに、社会的地位と階級を一緒に捉えることができる場合にのみ、現在のわれわれの政治的分離は乗り越えられるのである。

第4節　政治理論の課題——民主的正義を制度化する

ここからは、再配分と承認とを単一の枠組みの中に包含しようとするときに生じる政治理論の問題に目を向けよう。本節での主要問題は以下のとおりである。参加の平等にとっての客観的条件と相互主観的条件とを保証するのは、いかなる制度設計であるのか、また社会的地位と階級の不正義を同時に改善しうるのはいかなる政策や改革であるのか、さらに再配分と承認とに対するそれぞれ正当な要求を同時に満たそうとするや否や生じる否定的な相互の衝突を最小限にしつつ、同時にそれらの要求を満たしうるのはいかなるプログラムを持った政治的姿勢なのか、といった問いである。

これらの問題を考察する前に、いかなる種類の回答をわれわれは求めているのか、言い換えると、いかなる種類の認識関心が問題設定を導くべきなのかという点について論じておこう。一つの可能性は、正義の必要条件を操作主義的に定義することに腐心した近代の哲人王（neuzeitliche Philosophenkönige）の態度をまねることである。その場合、回答は包括的な制度設計のようにユートピア的に見えようと、漸進的改革のための政治的要求という現実主義的な形であろうと、青写真といったようなものに類似してくる。第二の可能性は、正義の必要条件を充たす最善方法に関して市民の熟議を促しつつ、民主的正義の立場を取ることである。この場合、回答は対話の形式をとった道標に、つまり、民主的な討議を組織化するための発見的方法に類似してくる。プラトンとアリストテレス以来、政治理論家は、ある理論家は第一の可能性により傾き、その他の理論家は第二の可能性へとより傾くというように、これら二つの態度の間で落ち着きなく揺れ動いてきた。どちらのアプローチの方が現代にはふさわしいのか。

もちろんプラトン的立場にも長所はある。というのも、この立場は内容空虚な形式的手続き主義[20]に逃避しないで、実質的な政治的解決を生み出すからである。さらに言えば、これらの政治的解決は、理性的に考える人なら誰もが妥当と評価する論証によって支持される可能性が高いからである。しかし、このアプローチはそのつどのコンテクストで問題になる事柄にはほとんど柔軟に対応できない。その第一の理由として、規範的原理はそれらが適用される事例をみずから決定できると素朴に想定していることにより、規範的原理の実行には政治的判断が不可欠であることを捉え損なっているからである。さらに第二の理由として、プラトン的アプローチは「多元主義の事実」をも見落としているからである。すなわち、正義の必要条件を解釈する最善の方法に関して、その理性的なパースペクティヴが多元的でありうるにもかかわらず、その事実を無視して、対話的熟議が不適切なモノローグ的な決定手続きに置き換えられるのである(75)。最後に第三の理由として、プラトン的立場は民主的正当性が重要であることを無視しているからでもある。言い換えると、熟議のプロセスによってこそ、正義の必要条件に従っている人は、みずからがそうした条件の起草者であるという自己理解を持ちうるにもかかわらず、プラトン的立場はこの市民の役割を事実上うばうことにより、理論的専門家が熟議のプロセスを回避することに正当性を与えているからである。

こうしたすべての理由からすると、一見したところ政治理論にはアリストテレス的なアプローチがふさわしいように思われる。特にアリストテレス的アプローチは現在のグローバル化している時代によく適合する。というのも、グローバル化時代においてこそ「差異」が集中的に政治問題化され、政治的構成員の境界がますます争いを引き起こし、民主的な正当性に対する探究があらたな緊急の問題として浮上しているからである。こうしたコンテクストでは、手続き主義的なアプローチのほうが説得力を持つのに対して、モノローグ的なアプローチは逆効果である。しかし、そうした手続き主義的なアプローチもある深刻な反論には耐えられない。すなわち、手続き主義的なアプローチは民主主義と結びついているがゆえに、いとも簡単に内容空虚な形式主義に陥りやすいという反論である。時にこの形式主義は市民の役割を奪うことを過度に恐れて、実質的な内容を性急に投げ棄ててしまう。その結果、民主的な手続きに対する形だけの固執が残るかもしれないが、それは正義についてほとんど何も言わないのである。

こうして考察してきた結果、プラトン的モノローグ主義もアリストテレス的手続き主義も十分とは言えないと言うべきであろう。むしろ必要なのは、これらの両極端の間で適切なバランスを保つようなアプローチである。そうしたアプローチは、権威主義的に市民の役割を奪うことにも内容を表面に出さない空虚さにも陥らずに、理論家と市民（*demos*）との間の役割分担を認めなければならない。このアプローチは、哲学的理論家の裁量範囲と市民の裁量範囲とを区別することによって、理論的論証が確信を持ってたどり着くとともに対話による決定が開始される地点を探し当てなければならない。しかし、その地点がどこに見いだされるのかは直ちに自明ではない[76]。結局、理論家による論証が市民による議論に持ち込まれることがしばしば生じる。しかし一方で、理論形成を促すことができまた促すべきであるのは、実際のコンテクストに即した考察である。したがって、政治理論と民主的な市民によって共同で遂行される熟考とを分け隔てる明確な境界は存在しない。それでもやはり、大まかな規則を提示することは可能である。すなわち、制度に関する問題が考察されているときは、正義の必要条件と両立可能な政策プログラムの範囲を明確にするのに理論が役立ち、その反対に、その範囲内でどの政策を選ぶのかを比較考量するのは市民による熟議が取り組む事柄である。こうした役割分担は決して絶対的なものではないが、以下のとおりに根拠づけられる。つまり、容認される政策の選択肢の範囲を区切ることは、規範となる尺度に照らして制度的要求を評価することを含意しており、これはほとんど概念的分析の仕事である。その一方、受け入れることができる政策の選択肢の中からどれかを選ぶことは、コンテクストに固有である事柄に対してそのコンテクストに即した解釈学的反省を行なうことを含意しており、そうした反省には、市民がみずからの歴史や伝統そして集団的アイデンティティをも考慮に入れつつ、正義以外にも肯定的に評価するものが含まれている。政治理論家は理論家として前者の問題を解明することに寄与し、市民自身は後者の事柄に関わることになる。

以下では、この大まかな規則に従うことにしよう。モノローグ主義というスキュラと手続き主義というカリュブディスのどちらをも避けるために、私は民主的正義の観点を少し変容したヴァージョンを採用する。したがって、再配分と承認とを統合するための綱領的シナリオを考察するにあたり、私が意図するのは制度的設計図を構想することではない。むしろ私は、公共的な論争のパラメーターを明確にすることを基本的な目標としたい。しかし同時に、私は実質的な結論を無視するようなことはしない。それどころか、正義の両次元の内部で同時に参加の平等を促すことに役立つ政策プログラムの選択肢の範囲を特定したい。そして、民主的議論においてそうした選択肢の相対的な長所を評価しうる発見的方法を提案しよう。

1　肯定的是正か構造変革か

その観点を踏まえて、いかなる制度的改革によって社会的地位と階級の不正義は同時に是正されうるのか、再配分と承認とが同時に追求されるときに生じる相互妨害を軽減しつつ、その両者をうまく統合しうるのはいかなる政治的戦略であるのか、という問題に取り組もう。

ここで再び、参加の平等の阻害要因を除去するというもっとも一般的な形で表現された不正義の改善策を考察しよう。その表現が意味していることは一見したところ明確である。不公正配分を是正するためには、再配分によって経済的障害が取り除かれなければならない。したがって必要なのは、参加の平等のための客観的条件を保証するように意図した経済の再構築である。同様に、誤承認を是正するためには、承認によって文化的障害が取り除かれなければならない。そのために求められるのは、参加の平等を阻害している文化的価値パターンの制度を解体し、参加の平等を促す文化的価値パターンに置き換えることによって、承認にとっての相互主観的な必要条件を提供しうる政策である。最後に、この図式を「第三の次元」に適用して、政治的排除や政治的周縁化を是正するためには民主化によって政治的障害を除去しなければならない、と言うことができるだろう。この理念には後で再び言及するつもりである。

しかしながら、こうした表面的な明確さは、それが再配分と承認のためであってさえミスリーディングである。どちらの事例においても、参加の平等のために障害を除去するという一般的な定式は、複数の制度の適用に左右される。先に言及したとおり、経済の再構築は収入と財あるいはそのいずれかの再配分・分業体制を組み立て直すこと・所有権をみとめる規則と資格の変更・社会的余剰の投資方法を決定する手続きの民主化を意味しうるであろう。やはり先に述べたように、誤承認も複数の方法でもって是正されうる。たとえば、今は上層の集団に対して確保されている特権を普遍化すること、あるいは反対にこれらの特権をすべて排除すること、また支配的な行為者と結びついた特性の優遇から制度的保証を奪うこと、支配的行為者の傍らに従属していた人々に有利な規範を確立すること、差異を私事化することあるいは差異を高く評価することないし差異の根底に存在する対立を脱構築することが挙げられる。あまりに多くの解釈の可能性を目の当たりにすると、制度的な取り組みといってもその含意はもはやそれほど明確ではない。正義を支持する人は不公正配分と承認拒否とに対していかなる改善策を目指すべきなのであろうか。

この問いに答えるには、他に可能な選択肢がないかどうかを整理し評価する方法を取る必要がある。不正義の改善策として、再配分と承認という区分を横断する二つの広汎な戦略、すなわち肯定的是正 *Affirmation* と構造変革 *Transformation* とを区別して認識することを私は提案する。[77] まず一般的にこれら二つの戦略をスケッチした後で、それらの戦略が再配分と承認へのアプローチを分類するためにいかに使用されうるかを示そうと思う。それにもとづいて、最後に正義のこれら二つの次元を単一の政治的戦略のなかに統合するという問題を再定式化してみたい。

そこでまず肯定的是正と構造変革を相互に区別することから始めよう。この両者の区別は、根底にある社会構造と、そこから生み出された社会的帰結との対比へと目を向けさせる。不正義を是正するための肯定的是正戦略は、社会的取り決めにおける不平等を生み出している基盤的な社会構造には手をつけずにそうした不平等な結果だけを修正しようとする。それとは対照的に、構造変革戦略はそうした不平等を生み出す基盤的な枠組みを再構築することによって不当な結果を修正することを意図している。しかし、この区別は改革と革命の対立と同じではないし、漸進的改革と急激な改革の対立でもない。むしろ、肯定的是正と構造変革の区別の核心は、不正義をどのレベルで捉えているのかという点である。肯定的是正が最終結果に照準を合わせているのに対して、構造変革は根本原因に狙いを定めている。

肯定的是正と構造変革の区別は何よりもまず配分的正義のパースペクティヴに適用されうる。このパースペクティヴにおいて肯定的是正戦略の典型的な事例は、リベラルな福祉国家である。リベラルな福祉国家は収入の移転を通して不公正配分を是正することを目指している。[78] この肯定的是正アプローチは公的な援助に過度に依拠しつつ、不利益を被っている人々が消費に占める割合を大きくしようとする一方で、基盤となっている経済構造には手を触れない。それとは対照的に、構造変革的戦略の古典的事例は社会主義である。社会主義においては、不当な配分を生み出している枠組みを構造的に変革することによって不当な配分を根本的に是正することが目指される。たんに消費に占める割合の最終的な配分状況を変えるのではなくて、この構造変革アプローチは、分業体制・所有権のあり方・経済システムのその他の深層構造を改革しようとしたのである。

もちろん社会主義の伝統的な制度内容がきわめて広範に問題であることが明らかとなった今日では、経済構造の変革は時代遅れである。[79] しかし、われわれは基盤的な経済構造の再構築という考えをあっさりと捨て去るべきだと結論づけるのも間違いである。基盤的な経済構造の再構築という考えと不公正配分の根本原因をそのままにしておく肯定的是正による再配分との対比はいまなお有意味である。現在の新自由主義的な状況においては特に、経済的構造変革という一般的な考えを保持することが――そうした構造変革の厳密な制度的内容について今はまだ確信を持てないとしても――重要なのである。

たしかに肯定的是正と構造変革との対比は直感的には配分のパースペクティヴと結びつきやすい。しかし、この対比は不十分な承認に対する改善策にも適用されうると言えば、より驚かれるかもしれない。[80] 承認パースペクティヴにおける肯定的是正戦略の一つの事例は、私が「主流のマルチカルチュラリズム（Mainstream-Multikulturalismns）」と呼んでいるものである。このアプローチは、不当に低く評価された集団のアイデンティティを再評価することによって、そうした集団に向けられた軽視を是正することを要求する。その一方で、低く評価された集団のアイデンティティの内実にも、そのアイデンティティの根本にある集団の差異にも手を触れない。こうしたアプローチと対比されうるのは、私が「脱構築[81] Dekonstruktion」と呼んでいる構造変革戦略である。この第二のアプローチは、現在において制度化されている文化的価値パターンの基礎に存在する象徴的対立を脱構築することによって、社会的地位に関する従属関係を是正しようとした。たんに承認されていない人たちの自己評価を高めるのではなく、既存の社会的地位の差異を揺るがし、すべての人のアイデンティティを変えようとしたのである。

脱構築的な承認という考えは、ヘーゲル的な問題とデリダ的な主題を混合したようなもので、矛盾した表現のように聞こえるかもしれない。それにもかかわらず、脱構築的承認という考えは現代政治の中で正確にして有効な意味を持っている。その意味を説明するために、異性愛主義を是正する二つのオルタナティヴな戦略を考察してみよう。一つはゲイ・アイデンティティ・ポリティクスであり、それはゲイとレズビアンのセクシュアリティを再評価しようとしている。他の一つは、「クイア・ポリティクス」である。これは異性愛と同性愛という二元的対立を脱構築することを要求している[82]。前者の肯定的是正アプローチがゲイやレズビアンといった既存の性的志向の評価を高めようとするのに対して、後者の構造変革アプローチは、相互に排除し合う性的地位という現存の区分を揺さぶろうとする。脱構築戦略はフェミニズム運動や反人種主義運動においても見いだされうる。そうした運動において脱構築戦略は、男性／女性ならびに黒人／白人という堅固な対立に対して、多様な差異が交替する性の領域を導入しようとする。もちろん、そうした戦略は、当該の地位の区別がそれ自体で抑圧的であることを前提としている。しかし、社会的地位の区別がただ偶然的に抑圧的である場合には、脱構築ではない他の変革の形式が優先されるかもしれない[83]。

こうして考察してくると、肯定的是正と構造変革の区別は再配分にも承認にも等しく適用される。この区別は、再配分においても承認においても不正義の改善策として考えられうるような多様な方法を分類するために使用できる。もちろん、そうした分類が究極的に目指しているのは、何がなされるべきかということに関して結論を引き出すことである。しかし、そうした結論を引き出すためには肯定的是正と構造変革の長所を相互に比較して、それぞれに評価しておく必要がある。肯定的是正と構造変革のどちらのアプローチが不公正配分と不十分な承認を同時によりよく是正しうるのであろうか。

具体的なコンテクストから離れて抽象化して考えると、肯定的是正戦略には少なくとも二つの欠点が見いだされる。第一に、不十分な承認の問題に適用された場合に、肯定的是正的な改善策は集団のアイデンティティを物象化する傾向がある。肯定的是正的な改善策は、集団のアイデンティティを単一の基準に則って評価することにより、人々の自己理解を根本的に単純化し、人々の生活の複雑さ・人々のアイデンティティの多様性・人々の所属の対立関係を否定してしまう。さらにもっとも重大なのは、肯定的是正アプローチがある特定のタイプの集団へ順応させようと個人に圧力をかけやすく、意見の相違や実験的な試みを妨げるということである。意見の相違や実験的な試みは結果的には背信行為と見なされる。集団内部の差異を見えなくすることによって、肯定的是正アプローチは優勢な勢力がその集団を支配していることを覆い隠し、その集団内部を貫いている従属関係を強化してしまう。こうなると、不十分な承認を是正するはずの肯定的是正戦略自身が、差異を横切る相互行為を促すのではなく、あまりにも容易に分離主義と抑圧的なコミュニタリアニズムに手を貸してしまうのである(84)。

同時に、肯定的是正的な改善策は第二の理由で問題を抱えているということがわかる。すなわち、不公正配分の問題に適用されると、肯定的是正的な改善策はしばしば誤承認という反発を誘発するからである。たとえば、リベラルな福祉国家における公的援助プログラムは、貧者に対する支援に資金を注ぐが、一方では貧困を生み出す深層構造には手を付けない。したがって、そうしたプログラムは表面的な再配分を繰り返さなければならない。その結果、不利な立場に置かれた人たちはもともと欠乏していて貪欲なのであり、つねにより多く欲しがるとレッテルを貼られることになる。そうした事例では、肯定的是正アプローチは不公正配分を是正できないだけでなく、さらに誤承認を強めてしまう。その結果として、肯定的是正アプローチは欠乏という不正に軽視という侮辱を付け足すことになる。

それとは対照的に、構造変革的アプローチは肯定的是正アプローチが抱えているこれらの問題点をはるかに免れている。誤承認という問題で考えてみると、脱構築的な改善策は不公平な社会的地位の区分を揺るがそうとするのだから、原理的にそうした区分を物象化しない。脱構築的改善策はアイデンティティの確認方法が複雑で多様であることを承認することによって、（黒人／白人や同性愛／異性愛といった）過度に支配的な二分法を、中心のない小文字の差異の寄せ集めに変換しようとする。そうした改革が成功すれば、主流のマルチカルチュラリズムにしばしば伴う、ひと括りにしてしまうような順応主義を防ぐことになる。そうした改革は分離主義と抑圧的なコミュニタリアニズムを促進するどころか、差異を越えた相互行為を助長する。

一方で構造変革的アプローチが不公正配分に適用されると、そのアプローチは連帯主義的である。構造変革的アプローチは、配分総額を増やし労働の一般的条件を再構築することに焦点を当てているので、普遍主義的な用語で権利要求を表現する傾向にある。したがって、構造変革的アプローチは、特別な贈与の受益者と見なされた脆弱な人々という烙印を捺された階級を生み出さずに、不平等を減らしてゆく。要するに、構造変革的アプローチには誤承認という反発を引き起こさずに連帯を促進してゆく傾向がある。このように、不公正配分を是正しようとする方法には、誤承認、いやむしろ社会の経済構造から直接に生じる誤承認の形式を修正することにも役立つものもある。(85)

したがって、他のあらゆる事柄が等しいならば、構造変革的アプローチのほうが望ましい。しかし、構造変革的アプローチもまったく問題がないわけではない。二元的対立を脱構築せよとの要求は、誤承認されている人が抱いている直接的な関心からかけ離れている。なぜなら、そうした人は、社会的地位区分をぼやけさせることによってではなく、むしろ低く評価された自己のアイデンティティを肯定されることによって自己尊敬を手に入れたがっているからである。同様に、経済構造の変革への要求は、不公正な配分に直面しているほとんどの人にとって経験的にきわめて縁遠いものである。なぜなら、そうした人は社会民主的な計画経済からよりは、収入の移転から直接の利益を得ようとしているからである。より一般的に言えば、構造変革戦略は集団的行為の問題にはうまく対応できない。構造変革戦略は、少なくともそのもっとも純粋な形式においては、通常でない状況でのみ展開するのがふさわしい。つまり、多くの人々が同時にその利害関心およびアイデンティティにかんするその時点での解釈を捨てなければならないように事態が動いてゆくような異常な状況のもとにおいてのみである。

構造変革戦略は原理的には望ましいが、実践の中で結果を出すのがかなり困難であるとすると、明らかに原理と実践のどちらかが譲歩しなければならない。原理を犠牲にして現実という祭壇に捧げるべきなのであろうか。

2　非改革主義的な改革という中道

幸運なことに、先のジレンマは一見したほど手に負えないものではない。実際に肯定的是正と構造変革との区別は絶対的なものではなく、コンテクストに制約されている(86)。抽象的には肯定的是正的に見える改革も、それがラディカルかつ一貫して実行されるとすれば、何らかのコンテクストの中で構造変革的な結果をもたらすこともありうる。たとえば、無条件なベーシック・インカムの交付は、労働に携わっているか否かにかかわらず、生活の最低水準をすべての市民に保証するが、一方で資本主義的な所有権という深層構造には手を付けない[87]。したがって、抽象的理論的には無条件なベーシック・インカムの交付は肯定的是正的である。さらにこの肯定的是正的な外見は、そうした交付で低賃金のパートタイマーの雇用主を効果的に援助し、それでもって全体の賃金レベルをできるだけ抑制するような新自由主義的体制の実態とも一致すると言えるかもしれない。しかし、社会民主主義体制では結果が大きく異なってくるであろう。社会民主主義の支持者によれば、交付のレベルが十分高く設定されるとすれば、ベーシック・インカムは資本と労働との間の権力バランスを変え、さらなる変化を追求するのに好都合な基盤を生み出すであろう。長期的には労働力の商品化を掘り崩すという結果になるかもしれない[88]。こうした事例がありうるとすれば、不公正配分に対する明らかに肯定的是正的な改善策が、深層では経済的な階級の従属関係に関して構造変革的な効果をもたらすことになるであろう。

同じ理由から、無条件なベーシック・インカムの交付はジェンダーに関しても抽象的理論的には構造変革的ではないであろう。もちろん、無条件なベーシック・インカムの交付によって第一次的なケア提供者は、他の条件も加われば、他の人々と同様に労働市場から定期的に撤退することができるようになるであろう。しかし、無条件なベーシック・インカムの交付は、それ自体では、無給のケア労働を圧倒的に女性に割り当て、その一方で男性の受益者がただ乗りしているという性別役割分業をほとんど変更しないであろう[89]。実際にあるコンテクストでは、「マミー・トラック」[21]と呼ばれる流動的かつ断続的でほとんど女性によって占められている労働市場がベーシック・インカムによって強化され、それによってジェンダーよる不公正配分が構造変革されるどころか強化されている。[90] それとは反対に、ベーシック・インカムが社会民主的でかつフェミニズム的な体制の多くの要素の中でその一つとして制度化されるならば、それは徹底的に構造変革的である。たとえば、同等の価値という考え方ならびに質の高い公共的な幼児保育と結びつくと、ベーシック・インカムは異性夫婦の家庭内部での権力バランスを変えることができ、性別役割分業に変化を引き起こすのに役立つであろう。

そうした事例は、選択の余地がない状況をうまく切り抜ける道を示唆してくれる。つまり、それらの事例は、政治的に実行可能ではあるが、その内容から見ると不十分な肯定的是正戦略と、プログラムとしては正しいが政治的には実行不可能な構造変革戦略との間の中道の可能性を指摘する。この第三の選択肢となる戦略を特徴づけるのは、「非改革主義的改革」への信頼である。[91] これらの改革はヤウスのように二つの顔を持つ政策と言えるかもしれない。つまり、一方ではそれらの改革は人々の既存のアイデンティティに依存し、それらの改革がその人々のニーズのいくぶんかを満たすとしても、承認と配分に関する既存の枠組みのなかで解釈されたものとして満たすにすぎない。他方でそれらの改革は、よりラディカルな改革を長期的に実行可能にするような変化のきっかけを作る。非改革主義的改革が成功すれば、それが明示的に標的にしている特定の政治的制度が変化するだけにとどまらない。その改革は、その後の闘争が繰り広げられるであろう領域までも変更する。インセンティブならびに政治的機会が与えられる構造を変えること[22]によって、その改革は未来の改革が標的にしうる選択肢の範囲を広げる。長期的にその改革が蓄積されていったならば、不公正を生み出す基礎的構造を変革するという結果をもたらしうるであろう。

最もうまくゆけば、非改革主義的改革の戦略は肯定的是正戦略の実行可能性を、構造変革戦略のラディカルな推進力と結びつけ、そうすることによって不公正を根本から攻撃できる。フォード主義の時代にはそうした戦略がある左翼的な社会民主主義理解の特徴となっていた。この観点からは、社会民主主義が一方の肯定的是正戦略を採るリベラルな福祉国家と、他方の構造変革戦略を採る社会主義国家との間の単純な妥協であるとは理解されなかった。むしろ、社会民主主義は、長い目で見ると後から構造変革的であったとわかるようなダイナミックな社会体制と考えられていた。社会民主主義の理念は、明らかに肯定的是正的な一まとまりの再配分的改革をまずは制度化してゆくことにある。そうした改革には、普遍主義的な社会福祉への権利・高所得者の課税率をかなり高く設定した累進課税・完全雇用の創出を狙ったマクロ経済政策・巨大な非市場型の公共セクター・大幅な公的所有と集団的所有あるいはそのいずれかが含まれている。これらの政策のいずれも資本主義経済の構造それ自体を変えることはないにもかかわらず、それらがいっしょに作用して権力のバランスを資本家から労働者に移動させ、長期的に構造変革を促すことが期待されていた。[92] そうした期待にはたしかに議論の余地がある。もちろん、実際には新自由主義が事実上それらの政策の実験に終止符を打ったので、そうした期待は十分には検証されなかった。あるいは、現在の経済的グローバリゼーションという条件のもとでは非改革主義的改革はもはや単一の国家内部では可能ではないから、この問題は意味を失ってしまったと言うこともできよう。しかしそれでも、漸進的に自己を構造変革してゆく社会秩序という一般的着想は、決して信頼に値しないわけではない。むしろ、非改革主義的な経済改革は今日、トランスナショナルな規模で追求するに値するのである。

承認の政治に関してもそうした中道をゆくアプローチが考えられうるであろうか。たしかに、アイデンティティ・ポリティクスの論者の中には遠い将来における構造変革戦略的な効果を先取りして肯定的是正戦略を支持する人もいる。たとえば、文化派フェミニストは女性性と結びつけられた特性の再評価を目指す承認の政治を追求する。しかし、すべてのフェミニストが「女性の差異」の肯定を本来の目標と見なしているわけではない。女性としての差異の肯定を、男女二元論の非固定化に最終的には行き着く過渡的戦略と見なすフェミニストもいる。そうした戦略の一つとして、社会的役割の不当なジェンダー化に対抗して闘う力を女性に与える方法こそ女性性にほかならないとして高く評価することが考えられるだろう。また別の戦略があるとすれば、それは、女性が伝統的に担ってきた活動を男性も積極的に引き受けるように促すために、社会的に高く評価するという戦略である。「戦略的本質主義[93]」論者は、どちらの場合でも肯定的是正戦略が長期的に構造変革戦略的な効果をもたらすと期待している[93]。しかし、この期待が妥当かどうかは、コンテクストに含まれる要素にかかっている。たとえば、承認の政治に内在している物象化傾向に対抗するのに十分な力が存在しているかどうかにかかっている。ジェンダーの差異を自然本性的と考える新伝統主義的文化においては、戦略的文化派フェミニズムは物象化の圧力に屈する傾向にある。それとは対照的に、すべての分類と同定とが事後的に構成されたものであり偶然的であることを生き生きと自覚しているポストモダン文化のほうが、文化派フェミニズムが構造変革を促進するのにより適している。最後に、新伝統主義とポストモダニズムが相争う文化的潮流として共存しているコンテクストでは、戦略的本質主義の効果が考えられるとしても、それを正確に評価することは困難である。もちろん、この最後の事例こそわれわれが今日直面しているものの一つであり、多くのフェミニストがなぜこの戦略に懐疑的であるのかということの理由でもある[94]。

いずれにせよ、承認との関係で非改革主義的改革を考えるにはまた別の方法がある。先に述べた戦略は、ジェンダーの差異化は抑圧であり、最終的には脱構築されるべきであると想定している。しかし、差異化それ自体が抑圧的でない場合には、社会変革の望ましい目的は差異化の脱構築ではないかもしれない。ジェンダーの区別が偶然的に制度化された参加の不平等と結びついているような事例では、目標はむしろ何よりもその不平等を取り除くことであり、そうしたジェンダーの区別が続くか消滅するかは、後続世代の選択に委ねればよいだろう。

再びスカーフの事例を取り上げよう。この場合、誤承認に対する改善策はキリスト教とイスラム教の区別を脱構築することではない。先に論じたように、同化を強制したり女性の従属を強化せずに、むしろマイノリティを包含する肯定的是正戦略を採ることによって、マジョリティの習慣が制度的に優先されている状況を排除することこそがこの場合の改善策である。たしかに短期的にはこのアプローチは肯定的是正的と見なされる。というのも、このアプローチは公教育へ完全に参加する権利を既存の集団に認めるからである。しかし、長期的にはこのアプローチは構造変革的結果をもたらしうるだろう。たとえば、フランス国民のアイデンティティを多文化主義社会にふさわしく再構築すると同時に、リベラルで多元主義的な体制ならびにジェンダーが平等である体制に合わせてイスラム教を作り直すか、または一般的にそうした宗教的文化の差異をありふれた些事と見なすことによって、あるいはその両方によって宗教が政治的に突出するのを避けるといった結果である。ただし、先に述べたのと同じように、こうした構造変革が起こるかどうかはコンテクストに依存している。

いずれにせよ、キーポイントをまとめると以下のようになる。社会的地位の区別が従属とは切り離して考えられる場合には、非改革主義的改革はその究極的な運命をあらかじめ決定しておく必要はない。むしろ、既存の社会的地位の区別が維持するに値するかどうかの決定を後続の世代にまかせることができる。必要なのはその決定が、制度化された従属によって制限されずに、自由になされうることを保障するように努めることだけである。しかし、そのためには一定の制度的抑制が必要である。非改革主義的改革の戦略は、集団の権利を憲法に組み込んだり、変更が困難な形で社会的地位の区別を固定化したりすることを避けるべきである[95]。

承認に関して非改革主義的改革を考える方法はもちろんほかにも存在する。しかし、ここでの私の意図は特定の改善策を擁護することではなく、非改革主義的改革の利益を一般的に示唆することにある。非改革主義的改革が何を目指そうと、それは社会的地位秩序に構造変革を起こそうとする。ただし、その際には制度に直接的に介入するだけではなく、承認をめぐる闘争が将来闘われる領域を変えることによって政策的にも介入する。したがって、承認に対しても配分に対しても、この非改革主義的改革アプローチは肯定的是正と構造変革の中道を歩み、その両者の長所を結合するのである。

3　統合の基本姿勢——改善策の組み換えと境界戦略

一般的に、非改革主義的な改革の戦略は正義の両次元に対していくつかのことを約束する。しかし、その改革は二つの戦略を継ぎ足す形では実現されえない。したがって、ある戦略を再配分のために展開し、別の戦略を承認のために展開するという仕方では十分ではない[96]。先に論じたように、不公正配分に対する完全に納得のゆく改善策は、それ単独で考えると、誤承認を悪化させうるし、逆に、誤承認に対する完全に納得のゆく改善策も、それ単独で考えた場合には、不公正配分を悪化させうる。そして、それぞれの次元では不正義を正すことに成功した個別の改革も、それらが合わせて追求されると、相互に傷つけ合う可能性がある。それゆえに、必要なのは、不公正配分と誤承認を同時に是正しうるような統合されたアプローチなのである。

それでは、そうしたアプローチはいかにして展開されうるのであろうか。すでにわれわれは「パースペクティヴ的二元論」の効用を指摘しておいた。すなわち、このパースペクティヴ的二元論は、承認をめぐる改革が配分を含意しており、配分に関わる改革が承認を含意しているのを、誰もがつねに留意できるようにすることによって、配分と承認の統合を促進する。そのためにはさらに二つの基本的な考え方が同様に役に立ちうる。

その一つを私は改善策の組み換えと名づける。このことが意味しているのは、正義のある次元に関わる改善策を正義の他の次元に関わる不正義を正すために用いるということ、したがって、配分に関わる改善策を誤承認を是正するために使用し、不公正配分を是正するために承認に関わる改善策を使用することである[97]。改善策の組み換えは社会的地位と階級という二つの従属関係の形態を同時に和らげるために、社会的地位と階級との重なり合いを利用する。たしかに、この方法は全体的かつ一律に使用されることはできない。したがって、再配分によってすべての誤承認を是正できるという還元主義的な経済中心主義の見解に私は先に反論しておいた。同様に、承認によってすべての不公正配分が是正できるという通俗的な文化主義的見解にも反対した。ところが、改善策の組み換えはより限定された規模でならば完全に実行可能なのである。

まず再配分が誤承認を和らげるといった事例をいくつか考えてみよう。合理的選択（*rational choice*）論者たちは、女性の所得増加は結婚生活から女性が離脱するという選択の可能性を高め、家族内部での女性の交渉力の位置づけを改善し、それゆえに、（ドメスティックバイオレンスや夫婦間のレイプといった）結婚生活におけるその地位の損傷は女性の高収入によってさらに避けられるようになると主張する[98]。こうした根拠にもとづいて、発展途上国において貧困女性の社会的地位を向上させる最も確実な方法は、賃金労働へのアクセス権を与えることだと主張する政策アナリストさえいる[99]。こうした議論はなるほど、ときに承認をめぐる改革に対する要求を完全に見失わせるほどにまで拡張されることもあり、そうなってしまえばその議論は明らかに間違いである。しかし、控え目に言えば、この議論の核心は説得力を持っている。いくつかの事例においては再配分が社会的地位に関する従属関係を緩和しうるということなのである。

この結論は私が先に論じた構造変革的な再配分によっても支持される。先に述べたように、構造変革的アプローチは、貧困者に照準を合わせた援助を超えて、社会福祉への普遍的参加権というものを支持する。したがって、このアプローチは貧困者にそうした烙印を押すのではなく、社会的連帯を促す。実際に不公正配分に対する構造変革的改善策は、人種差別を止めさせるためにとりわけ有効である仕方で、誤承認を減少させる潜在的な力を持っている。こうした政策は、経済的な取り分の全体を大きくすることによって経済的な不安定を和らげ、特に民族間の対立を典型的に強めるゼロサムゲームのコンフリクトを和らげる。また、その政策は、経済的格差を縮めることによって共通の物質的生活基盤を創り出し、それによって人種間の境界を保とうとする動機を弱める。(100) こうした事例においては、再配分に関わる政策が誤承認を、あるいは経済的条件と密接に結びついた形の誤承認を減少させることができるのである。

改善策の組み換えが反対方向に働くような事例についても考えてみよう。先に述べたように、ゲイやレズビアンは従属的な地位関係の結果として深刻な経済的不利益を被っている。したがって、ゲイやレズビアンにとって、承認に関する改善策は不公正配分を和らげることができる。ゲイ同士の結婚や家庭内のパートナーシップを合法化することは、いまのところ社会福祉を受ける権利・税法・相続権に関して固定されてしまっている経済的不利益を結果的に取り除くことができるであろう。また、就職や軍事奉仕におけるヘテロセクシズム的な差別を非合法化することは、ゲイやレズビアンがより高い収入と付加給付を得られることを意味するであろう。この点は軽視された集団にいっそう広汎に当てはまる。つまり、そうした集団に対する尊敬が高められることは、雇用の面だけでなく住居やクレジットカード利用権においても差別が減少することにつながり、それゆえに経済状況の改善につながる。不公正配分が従属的な地位関係と強く結びついているこうした事例においては、承認がそうした従属関係を正すのに役立っているわけである。

したがって、一般的に言えば、改善策の組み換えは再配分と承認とを統合するのに有効な手段を表わしている。改善策の組み換えは、非改革主義的な改革という広汎な複合的戦略の一部分として適切に展開されれば、再配分か承認かという選択によって後味の悪いトレードオフに陥ることは回避されうるのである。

配分と承認との統合を促進する第二の基本的な考え方を、私は境界戦略と名づける。境界の自覚ということで私が言いたいのは、集団の境界に対するさまざまな改革のインパクトを自覚することである。先に論じたように、不正義を是正しようとする努力のなかには、社会集団の差異化に奉仕するものもあれば、脱差異化に奉仕するものもある。たとえば、不公正配分を是正しようとする努力はその公の意図として、経済的格差の解消ないし縮小を掲げる。そのために選ばれた戦略が肯定的是正的であろうが、構造変革的であろうが、いずれにしても、目標は階級の分裂を緩和するか撤廃するか、したがって階級の境界を緩めるか取り除くかのどちらかになる。それとは対照的に、承認に対する肯定的是正的アプローチは集団の特殊性を高く評価することを意図している。すなわち、そうしたアプローチは結果的に集団の差異を妥当なものとすることで、現存する境界を肯定することになるであろう。最後に、承認問題への構造変革的な戦略は二分法による分類の脱構築を要求する。この戦略は、最終的には鮮明な社会的地位の区別をかき消すことによって、集団の境界を不安定化しようとするであろう。

再配分と承認とを統合しようとする努力は、これらのさまざまな意図を考慮に入れなければならない。

集団と集団との境界が孕んでいるダイナミックな力学を自覚していないと、相互に相反する目的を追求する改革を行なうことになりかねない。たとえば、「肌の黒さ」を評価し直すことによって人種差別による誤承認を是正しようとする肯定的是正戦略は、人種の差異を強化する傾向がある。それとは対照的に、人種による分業を撤廃することによって人種差別による不公正配分を是正しようとする構造変革的な戦略は、人種の境界を解消してゆくことになるかもしれない。したがって、この二種類の改革は正反対の方向へ向かっているのであり、それらの改革を同時に行なうと、相互に妨害し合うかあるいは反作用し合うかもしれない。境界戦略はこうした矛盾を先取りして知ることができる。つまり、改革の組み合わせによっては自滅的な性格を帯びかねないことを明らかにすることで、より効果的な改革の選択肢を見いだすことができるのである[101]。

そのうえ、意図せぬ結果が生じる可能性を考慮に入れると、境界戦略はますます必要になってくる。結局のところ、どのタイプの改革もその公の意図を実現できない可能性がある。たとえば、不公正配分に対する肯定的是正的な改善策がしばしば誤承認という反動を生み出している、すなわち、社会的地位の区分を縮減しようとしてかえってそれを先鋭化してしまっている。したがって、そうした改善策は、表面的には集団間の境界を緩めようとして、実際にはその境界を固定することに奉仕しているかもしれない。これらの事例においても境界戦略は望まない結果を先取りして知り、それを防ぐのに役立ちうる。パースペクティヴ的二元論および改善策の組み換えと結びつくことで、境界戦略は再配分と承認とを統合するアプローチを案出する努力を促進するのである。

しかし、改善策の組み換えと境界戦略という概念は、それら単独では再配分と承認を統合するための実質的な行動計画を伴った戦略にはならない。むしろ、これらの概念は、実質的な戦略を編み出す媒体となる反省の基本的な考え方を表わしているにすぎない。誰が再配分と承認との統合という目的のために、これらの基本的な考え方を正確に使用するのかという点に関して問題が残されているわけである。

4　熟議のためのガイドライン

統合された戦略を展開することは、理論家個人に課された課題ではない。むしろ、生起しつつある反主流派的な社会運動体の連合にとっての課題である[102]。したがって、私は計画を網羅した基本構想を提案するのではなく、統合された戦略を展開するという政治的課題の前進を意図した公的な熟議の一般的なガイドラインを示唆することで、この章を結ぶことにしよう。これまでの議論から三つの論点が帰結する。

第一の論点は、正義を制度化する仕方についての熟議において再配分が果たす役割に関係する。今流行りの文化主義的イデオロギーに対抗して言えば、配分は正義の基本的次元である。したがって、配分が承認の随伴現象に還元されることはありえない。さらに本質主義的二元論に対抗して言えば、この基本的次元は公式的な経済において決定的に重要ではあるが、そこにだけ限定されはしない。むしろ、この基本的次元は、ふつう文化的なものとして考えられる関係も含めて、社会関係の全体に行き渡っている。最後に、すべてを経済に還元しようとする立場に対抗して言えば、不公正配分は伝統的な意味での階級にのみ関わる不正義ではない。むしろ、従属的位置に置かれているジェンダー・「人種」・性・ナショナリティもまた組織的な経済的不利益を被っている。そこで、配分問題は正義を制度化するためのあらゆる熟議にとって中心的位置を占めるにちがいないということが帰結する。もちろん、再配分だけではすべての従属関係を是正するのに十分ではない。しかし、再配分はいまだに社会を変えるためのあらゆる正当なプログラムの不可欠の側面なのである。配分に関わる次元を無視ないし矮小化する社会運動は、その意図が他の点ではどれほど進歩的であろうとも、経済的不正義を強化することになりやすいのである。

第二の点は、正義を制度化する仕方についての熟議において承認が果たす役割に関係する。配分の場合と同様に、承認は正義にとって基本的で他の要素に還元できない次元であり、社会領域の全体を貫いている。それゆえに、承認もまたプログラム形成のためのいかなる議論にとっても中心的役割を担っている。ところが、たいてい誤承認は価値を低められたアイデンティティだと解釈され、したがって承認に関わる政策は、問題となっている集団のアイデンティティを容認するアイデンティティ・ポリティクスを意味する。しかし、そうした解釈は疑わしい。というのも、そうした解釈はアイデンティティを物象化し分離を促進して、集団内部の支配－被支配関係を隠蔽してしまうからである。したがって、そうした解釈は政策に関する熟議を促進することにならないであろう。むしろ、誤承認は社会的地位の従属関係として解釈されるべきであり、そうした関係において制度化された文化的価値パターンがいくつかの集団の参加の平等を妨げている。それゆえに、平等を促進する代案でもってそうした文化的価値パターンを置き換える改革だけが、成功の見込みのある改善策と見なされるべきである。さらに今では政策議論はすべての個人に固定した位置を割り当てる安定した地位ピラミッドを想定してはいけない。かえって、政策論議は承認をめぐる進行中の闘争というダイナミックな体制を想定するべきである。どの個人も社会を縦横に横切る従属的地位関係によって多様な仕方でみずからの位置を定められているような、そうした体制においては、改革は複雑さと歴史的変化を考慮しなければならない。またそうした改革は、誤承認のさまざまな現場やあり方に合わせて、互いに仕切られた強固な集団アイデンティティをさらに強めるようなこと、特定集団の権利を合憲とするようなこと、将来の解放的な構造変革を先取りするようなことを避けるべきである。

最後の第三の論点は「政治的次元」に関わる。正義を制度化するための熟議は「枠組み」問題を明確に考慮しなければならない。すべての問題に対して、誰がそれぞれの問題に重要な関連をもつ正義の主体であるのかということが問われなければならない。参加の平等が求められている社会的行為者とは誰なのか。グローバリゼーションが現在のように加速する以前には、こうした問いに対する答えはほとんど自明であった。たいていは明確な議論を経ずに、正義の及ぶ領域は国家の範囲と同一の広がりを持ち、したがって正義の主体として考慮される資格を持つのは国民だと想定されていた。しかし今日では、その答えはもはや判りきったことだと主張することはできない。トランスナショナルなプロセスとサブナショナルなプロセスがますます顕著になっていることを考えると、ウエストファリア体制に由来する主権国家はもはや正義を担う唯一の単位として機能しえなくなっている。むしろ、国家はこれからも重要であることに変わりはないが、新たに生じてくる多層的構造の一つの枠組みにすぎない。こうした状況において正義を制度化するための熟議は、どれがほんらい国家に関わる事柄・地方に関わる事柄・広域に関わる事柄・グローバルな事柄であるのかを決定して、それぞれ適切なレベルで問題を提示するよう心がけなければならない。正義を制度化するための熟議は、それぞれの領域で平等が正当に認められる参加者の範囲を明確にするために、さまざまな参加領域の境界を定めなければならない。たしかにこの問題は私のこの論文では十分に議論されてこなかった[103]。しかし、この問題が正義の必要条件を充足するために決定的であることに変わりはない。したがって、枠組みに関する議論は正義を制度化するための熟議において重要な枠割を果たすべきなのである。

これら三つの論点は、現在広がっている流れとは相反するものである。今日では不幸なことに、承認をめぐる政策はアイデンティティの問題として議論されることが多く、配分の次元や枠組みの問題は、大きく無視されている。そうしたわけで、これら三つのガイドラインは、現在の状況に対する結論的省察へと導いてくれる。

第5節　危機的状況についての結論的省察
――ポストフォード主義・ポスト共産主義・グローバリゼーション

本章の冒頭で私は、この研究が特殊な政治状況に由来することを述べておいた。すなわち、承認をめぐる闘争があらたに突出し、しかもそれが配分をめぐる闘争から切り離され、さらに配分をめぐる闘争は少なくとも階級に焦点を当てた平等主義的な形においては相対的に衰退してしまったという状況である。いまや私は本章における議論の総括に取りかかろう思うのであるが、その前にこうした政治状況を詳しく検討しおきたい。

第一に、承認をめぐる闘争が現在目を見張るほど増大していることを考察してみよう。今日では承認に対する要求が、世界中で起こっている多くの社会的コンフリクトの原動力である。つまり、承認の要求は、マルチカルチュラリズムをめぐる争いからジェンダーやセクシュアリティをめぐる闘争に至るまで、あるいは国家主権に対するキャンペーンやサブナショナルな集団の自律に対するキャンペーンから、いま再び活性化している国際的人権に対する運動に至るまで関わっている。もちろん、これらの闘争は種類が異なり、明らかに解放に関わる領域から非難されてしかるべき領域にまで及んでいる。それだからこそ私は、規範的な基準が必要だと主張しているのである。それにもかかわらず、承認という共通の文法に対してこのように広く依拠する傾向は著しく、政治動向において、地位をめぐる政治を再燃させるといったような画期的な変革を示している。

次に階級政治の衰退について考えてみよう。政治論争の支配的文法であった経済的平等という言葉が、少し前に比べると聞かれなくなっている。かつては平等主義的な再配分というプロジェクトと同一視されていたような政党は、今日では捉えどころのない「第三の道」を進んでいる。第三の道が解放に関わる内実を本来持っているときは、むしろ、再配分より承認に関係しているというわけである。いつの間にか、最近まで大胆に資源と富の平等な配分を要求していた社会運動は、もはや時代精神を表わすものではなくなった。もちろん、そうした再配分を掲げた社会運動がまったく無くなったわけではない。しかし、そうした運動のインパクトは大幅に衰えた。そのうえ、再配分をめぐる闘争が承認をめぐる闘争にとって背反的ではないような最善の場合でさえ、再配分をめぐる闘争は承認をめぐる闘争から切り離される傾向にある。

そうしたわけで一般的に言えば、われわれは政治文化の新しい状況に直面している。この状況においては、政治の重心が再配分から承認へ移っている。こうした重心の移行はどのように説明できるのであろうか。地位をめぐる闘争の近年見られる再燃とそれに伴う階級闘争の衰退を説明してくれるものは何なのか。また配分をめぐる闘争と承認をめぐる闘争が相互に分離したことは何によって説明されるのか。

先に論じたように、このような展開の潜在力は現代社会の構造のなかに組み込まれている。資本主義が階級を社会的地位から部分的に分離したこと、ならびに近代性に内在するダイナミックな文化的基盤によって、結果的に現在の状況がありうるシナリオとして可能になっているのである。しかし、構造的な由来を持つ可能性は、特殊な歴史的な条件の下でしか実現しない。なぜこの可能性がいま現実化されたのかを理解するためには、最近の歴史を振り返る必要がある。

最近における階級から承認への移行は、いくつかの歴史的展開が集中したことを反映している。簡潔にするために、そうした展開を「ポストフォード主義」・「ポスト共産主義」・「グローバリゼーション」といった一連の相互に連関した用語を使って要約しよう。もちろんこれらの展開はどれも極めて複雑であり、ここで再現するのは困難である。しかし、それらが重なり合って政治文化に与えた影響は明らかである。これらの歴史的展開によって、配分が優位を占めていた政治的文法の内部で、承認への関心を二次的な位置に引き下げていた戦後のパラダイムが粉砕されたのである。経済協力開発機構の加盟国では、フォード主義のパラダイムが、政治的要求を一国レベルのケインズ主義的福祉国家という再配分の媒体を求める方向に向けた。フォード主義パラダイムにおいては、承認問題は配分問題の脚注にすぎないとされた。ポストフォード主義はこのフォード主義のパラダイムを解体して、まず最初に（アメリカ合衆国における）「人種」に対する主張、次にジェンダーとセクシュアリティに関する主張、そして最後にエスニシティと宗教に関する主張といった、地位に関する主張を解放した。一方で、その間に共産主義は、資本主義陣営と並行するような形で「第二世界」における承認の要求を封じ込めた。ポスト共産主義はその封印を解いて、いたるところで経済的平等主義の正当性を否認し、承認——特にナショナリティと宗教——をめぐる新たな闘争に火をつけた。最後に「第三世界」ではブレトン・ウッズ体制と冷戦に守られて、若干の国が「発展途上国」の地位を確立した。そこでは配分問題が最も重要な位置を占める。ポストフォード主義とポスト共産主義とが、発展途上国のそうした計画を終わらせ、それによって承認——特に宗教とエスニシティ——をめぐる闘争を激化させた。こうして、これら三つの歴史的展開が結果的に戦後の配分パラダイムを打ち負かしてしまった。こうして地位政治が世界中で再燃する余地を切り開いたというわけである。

さらにこうした結果は、グローバリゼーションの加速化が同時進行することによって増幅されている。

グローバリゼーションという長期的な無限のプロセスは、経済的であると同時に文化的・政治的であるといった具合に多面的である[104]。グローバリゼーションがいま文化に及ぼしている結果は、「他者」がこれまでとは違った仕方で近く感じられるようになったことであり、「差異」に対する関心が高まったことである。このことが承認をめぐる闘争を激化させたのである。同様に重要なのは、グローバリゼーションによって近代の「ウェストファリア条約」以後の国家システムが不安定化したということである。国家を超えるプロセスが累積した結果、ウェストファリア条約以後の国家システムが前提していたような、国籍と居住地、あるいはそのいずれかによって決定される排他的で不可分な市民権が、疑問視されている。その結果、すでに解決されたと思われていた問題が少なくとも原理的なレベルで再び問題視されることになった。すなわち、政治的決定への参加者である資格が何に由来しその参加者の範囲はどこまでなのかという問題である[105]。より一般的に言えば、グローバリゼーションは、焦点となっていたのが社会的地位であれ階級であれ正義に対する闘争の範囲を定めていた国家という枠組みの中心的な役割を相対化しているのである。

もちろん、こうした問題状況のスケッチはあまりに図式的すぎて、問題となっている歴史的展開を正当に評価することはできない。しかし、ポストフォード主義・ポスト共産主義・グローバリゼーションに関連づけて再配分から承認への重点移動を整理することは、今日の政治状況を解明するのに役立つのであり、特に、もし放置しておいたら再配分と承認との統合を脅かす可能性のある三つの政治的傾向に光を当てるのである。

第一に、承認をめぐる闘争は、異文化間での相互行為とコミュニケーションの増加にもかかわらず（あるいは、それゆえに）増大している。つまり、承認をめぐる闘争の生じ方は、移民の加速やグローバルなメディアの氾濫がそれまでは「無傷」だと経験されていた文化形態を含め、あらゆる文化形態を解体し交配させるのとまさに同じである。そこで、承認をめぐる闘争のなかにはそうした事態に適切に対応して、複雑性の増大に制度の方を合わせようとしているものも見られる。しかし、承認をめぐる他の大多数の闘争は、集団のアイデンティティを大胆に単純化し物象化する共同体主義の形態を取っている。そうした形の闘争では、承認をめぐる闘争は、今後ますます多文化主義の度合いを増してゆくコンテクストのなかで、差異を超えて敬意に満ちた相互行為を促進させることはない。むしろ、そうした大多数の闘争には分離主義・集団の相互孤立化・狂信的国粋主義・不寛容・家父長主義・権威主義を助長する傾向がある。私はこの傾向を物象化の問題と名づけたい。

第二に、再配分から承認への移行は、経済のグローバリゼーションにもかかわらず（あるいは、それゆえに）起こっている。したがって、社会的地位をめぐるコンフリクトが典型的に優勢になるのは、過度に広がる新自由主義的な資本主義が経済的不平等を急激に強めているまさにそのときである。こうしたコンテクストでは、社会的地位をめぐるコンフリクトは、再配分をめぐる闘争を補完し重層化し活発化させるのではなく、再配分をめぐる闘争を周縁化し消滅させ追放してしまう。私はこのことを排除の問題と名づける。

第三に、現在の状況は、国家という枠組みが中心的な役割を果たさなくなっているにもかかわらず（あるいは、それゆえに）生じている。すなわち、国民国家を社会正義の唯一の担い手・舞台・調整機関として設定することは、ますます説得力を持たなくなって来ている。こうした条件のもとでは問いを適切なレベルで立てることが至上命令である。すなわち、先にも論じたように[23]、いかなる問題が本来、国家に関わり、いかなる問題が地域に関わり、いかなる問題が地方に関わり、いかなる問題がグローバルな事柄に関わるのかを決定しなければならない。しかし、現在のコンフリクトはしばしば不適切な枠組みを想定している。たとえば、まさに住民のさらなる混交によってエスニック集団の相互孤立化を守ろうとする計画が非現実的なものにされているにもかかわらず、大多数の運動は、そうした計画を実行しようとする。再配分を擁護する人の中には、経済のグローバリゼーションが一国におけるケインズ主義を不可能にしているまさにそのときに、保護主義的に振舞う人もいる。そうした事例では結果的に参加の平等は促進されない。むしろ、もともとトランスナショナルな性格を持つプロセスに、国家の枠組みを無理やり押し付けることによって、参加の不平等が強化されることになる。私はこれを枠組み間違いの問題と名づける。

物象化・排除・枠組み間違いというこれら三つの問題はきわめて深刻である。承認の政治は、それが集団のアイデンティティを物象化している限り、人権侵害すらもあえて正当化し、承認の政治が調停しようと自称しているまさにその対立を固定さえしてしまう。承認の政治が再配分の政治を排除している限り、承認の政治は実のところ経済的不平等を助長してしまうであろう。最後に、承認をめぐる闘争も再配分をめぐる闘争も、それが国家を超えたグローバリゼーションのプロセスを間違った枠組みで捉えようとしている限り、正義が妥当する範囲を矮小化し、闘争に関係する社会的行為者を排除さえしてしまう。要するに、これら三つの傾向は包括的な政治的枠組みの中で再配分と承認とを統合するという計画の実行を脅かすのである。

これらの脅威を取り除くのに役立ついくつかの方策を提示するアプローチを、私は本章で提案したのであった。再配分の政治と承認の政治との間であれかこれかの選択を提示するのは間違ったアンチテーゼを定立することだと私は論じた。その反対に今日では、正義は再配分と承認の両方を必要としているのである。したがって、私は再配分と承認の両方の最前線で起こっている不正義に立ち向かうために、両方をともに含む包括的な枠組みを提案した。第一に道徳理論の領域では、承認の地位モデル、さらに参加の平等という規範的原理に重心を置いた二次元的な正義概念が提案された。このアプローチは、一方を他方に還元してしまうことなく再配分と承認の両方を包括できると私は論じたのであった。それと同時に社会理論の領域では、パースペクティヴ的二元論にもとづく再配分と承認との理解を提案した。私が示そうとしたのは、このアプローチならば現代社会における階級と社会的地位との差異化および階級と社会的地位との因果的相互関係を――従属的な地位関係の特に現代的な形式をも理解できるような仕方で――考慮できるということであった。最後に政治理論の領域では、制度的変革を考える一つの方法として非改革主義的改革という戦略を私は提案した。そして、不公正配分と誤承認とを同時に是正できる具体的な改革を考案する省察のための基本姿勢を二つ見定めたのであった。

　こうした考え方を合わせれば、物象化・排除・枠組み間違いによる脅威を取り除く助けとなる。第一に、私がここで提起したアプローチは、より親しみはあるが不完全なアイデンティティ・モデルを承認の社会的地位モデルに取りかえることによって、集団アイデンティティの物象化を避けることができる。第二に、社会的地位と階級との相互の重なり合いを理論化することによって、再配分が問題解決の視野から排除されるのを食い止めることができる。そして最後に、参加の平等を規範的基準として据えることで、枠組みの問題を政治的アジェンダに乗せることができる。結局のところ、平等の権利を正当に与えられた参加者たちの集合を明確にする形で、参加の範囲を境界づけることなくしては、そうした基準は適用されえない。その点で、それは間違った枠組みに対抗する力強い手段となるかもしれない。

　総じて、ここで提起したアプローチは、私が考えるところ、今日の鍵となるような政治的問題に答えるために、概念的手段を提供してくれるものである。再配分と承認とを統合する一貫したプログラム的見通しを、いかにして発展させうるのか。社会主義のヴィジョンのなかで未だ説得力を持ち、乗り越えられていないものと、マルチカルチュラリズムの明確に「ポスト社会主義」的な見方の中で擁護できるし惹きつけられるようなものと、その両者を統合する枠組みをいかに発展させようるのか。もしこうした問いを立てることができず、偽の対立やミスリーディングなあれか／これかの二項図式にしがみつくならば、経済面と地位面の双方の従属を是正できる社会的取り決めのヴィジョンを抱くチャンスを逃すことになるだろう。再配分と承認とを結びつける統合的アプローチに目を向けることによってのみ、われわれは万人にとっての正義の必要条件を満たすことができるのである。

第2章

承認としての再配分

——ナンシー・フレイザーに対する反論*

アクセル・ホネット

ここ数年、ナンシー・フレイザーは一連の論説や応答のなかで、あるテーゼの輪郭を示そうとしてきた。このテーゼは、フレイザーが時代診断を行いながらあるべき方向を示しえているがゆえに、注目に値するだけではない。私の理解が正しければ、むしろフレイザーは、その論考によって次のような試みのために必要とされる基本概念上の前提を作り出そうともしている。その試みとは、批判的社会理論の古い要求をもう一度新たに引き継ぎ、同時代の解放運動を反省によって概念化するとともに、設定された目標が首尾よく実現できるように展望する試みである[1]。概念化と展望という二つの課題をまとめることで要求されるのは、すでに「社会研究所」創設時の論文が示しているように、現代の社会的な対立のうちに潜在的に含まれている規範的な要求に対して、社会学的に内容のある解釈を施すことだけではない。さらにこれらの課題は、社会理論的な分析において示された道徳的な目標設定がどれほど間接的に正当化されるとしても、その正当化によって、これらの目標設定が同時代のコンフリクト状況にとって決定的であること、あるいはそれらが典型的であることを示すことにほかならない。こうした事情の中、これまで出版された論文とは異なり、ここに再録されているナンシー・フレイザーの「タナー講義」は、こうした二つの課題をただ一つの議論のなかで克服しようとする特別な挑戦である。今日さまざまな社会運動によって、どちらかと言えば散漫に、そしてたいていは潜在的な形で追求される規範的な目標設定を概念的に明瞭にする試みのなかで、同時に道徳的な基準が彫琢されることになり、この基準に照らしてわれわれは、これらの目標設定が公共的に正当化されうるかどうかを知ることができ、さらにこれらの目標を政治的に実現する可能性を高めることができるようになる。

　この途上でなされる批判理論の広範な要求を更新しようとするナンシー・フレイザーの試みには、社会学的な目配りが行き届き、また理論的なオリジナリティも見出されるので、フレイザーの「タナー講義」を徹底的に取り扱うこともたしかに理由のないことではない。いずれにせよフレイザーはまた、その議論の中で、少なくとも西側の先進国では今日とりわけ盛り上がりを見せている社会的なコンフリクトの枠内で、同時代の一連の政治理論的アプローチが持つ意味を明らかにすることに成功している。しかしフレイザーの論考をきわめて慎重に吟味する理由は他にもあり、私にとってはこちらが本質的である。それは、導きの糸としてフレイザーが前述の更新の試みの根底に一つの特別なテーゼを置いていることにある。つまり、批判的社会理論のキーワードを承認論の用語へと置き換えることが、マルクスに遡る理論の伝統の規範的な核心部分をかつてなしていた経済的な再配分の要求をなおざりにするにちがいない、とフレイザーは確信し懸念さえしているのである。そしてその際、フレイザーがこのような承認論的転回の典型的なヴァージョンと見なしているのが、チャールズ・テイラーの関連する文献[2]と並んで、承認をめぐる闘争についての研究以来企ててきた私自身の理論的営為[3]なのである。

　ナンシー・フレイザーのテーゼが出発点とするのは、今日非常に容易に目にすることができる次のような事情である。それは、数多くのアクチュアルな社会運動は、その運動を動機づける要求が「アイデンティティ・ポリティクス」の典型として、したがってそれぞれの集団的なアイデンティティの文化的な承認を要求する訴えの典型として解釈されない場合には、規範的に適切に理解することができないという事情である。フェミニズムやエスニック・マイノリティ、ホモ・セクシュアルもしくはレズビアンのサブカルチャーに代表される最近の解放運動が特に闘争の目標としているのは、もはや経済的な平等あるいは物質的な再配分ではなく、自分たちの文化的な紐帯をなしていると考える特性に対する敬意なのである。しかし、一定のタイプの社会運動が持つ政治的要求を批判的社会理論の枠内でこのように判定することによって、規範的な中心概念がことごとく承認の要求へと置き換えられることになるのだとすると、フレイザーによれば、増大しつつある貧困化と経済的な不平等に関して道徳的な重要性をまだ保持している問題が、必然的に視野から抜け落ちてしまうにちがいない。この抜け落ちてしまう問題とは、「ポストモダン」の姿をしたアイデンティティ・ポリティクスの向こう側では相変わらず、そしてとりわけ新自由主義によって資本主義の箍がはずれた状況下において、経済的不正義の経験と連関する社会的な闘争やコンフリクトが存続しているということである[4]。つまり、批判理論が今日もなおそれぞれの時代ごとの典型をなすような解放運動を理論的に反省したものとして理解されるべきだとすると、この理論は新たに作られた承認の概念装置に早まって飛びついてはいけない。むしろ批判理論は、承認と再配分という二つの競合する目標設定がそれぞれにとってそのつど適切な地位を保つような関係にあるように、規範的な枠組みを作り出すことに対して興味を寄せなければならないのである。ナンシー・フレイザーにとってこのことは、以下のことを帰結する。それは、道徳性を徹底すれば、「物質的な資源を公正に配分すべし」という観点を引き続き優先すべきであり、文化的な承認の要求はこの視点によって定められた限界内でなされなければならないということである。今日のアクチュアルな目標設定をこのように新たに位置づけながら、さらにフレイザーは、反省的に媒介する審級が介入しなければバラバラになる怖れのある解放運動のこの二つの翼、すなわち、再配分と承認とに調和をもたらすことを、やはり望んでいるのである。

さて、このような一般的な結論について言えば、社会の状態に関して先進資本主義国間に限ったとしてもナンシー・フレイザーと私との間に意見を異にするところはほとんどないだろう。人口の過半がますます貧困化する傾向があり、経済的な資源も社会的な資源もあるいは文化的な資源もほとんどままならない新たな「下層階級」が成立している一方で、社会の少数派がますます富を増やしている。このようなまさに箍のはずれた資本主義の恥ずべき姿の全体を目にすれば、生きるうえで重要な財を「公正に配分すべし」という規範的な観点を最優先することは、今日自明のことのように思われる。したがって政治的‐道徳的課題をこのように位置づけてみせるレベルでは、「承認」と「再配分」という二つの基本概念の対立によって示されるようなコンフリクトが確固として存在しているわけではない。私見によれば、われわれの論争はむしろこのレベルのいわば根底をなすレベルにおいて、「哲学的」な問題が問われているところで行われている。この「哲学的」な問題とは、二つの概念とそれぞれ結びついている理論言語のうちのどちらが、日常の政治的要求を批判的社会理論の枠内で首尾一貫性を持たせて再構成し、そして同時にこれを規範的に正当化するうえで今日より適切であるのかという問題である。規範的な目標設定の優先順位をどうするのかという皮相な問題ではなく、批判理論の広汎な要求を通じて作り上げられているカテゴリーの枠組みにおいて、それぞれがどこに位置するのかという問題が、このようにわれわれの議論の核心部分を形成するのである。つまり、私が数多くの帰結に関してナンシー・フレイザーと決定的に相違するのは、まさしくこの核心部分によって特徴づけられる点においてである。批判的社会理論の規範的な目標設定を、今日「物質的」かつ「文化的」正義論の総合の産物として思い描こうとするフレイザーの提案とは異なり、私は承認の概念装置がこのような産物のために統一的な枠組みを呈示するにちがいないと確信している。私のテーゼでは、批判理論の包括的な要求を現在の状況においてもう一度更新しようとするいかなる試みも、十分に細分化された承認論が持つカテゴリーの枠組みに定位することで今日よりよく行われるのである。というのも、このカテゴリーの枠組みにおいて、広い範囲で見受けられる不公平感を生み出す社会的な原因と解放運動の持つ規範的な目標設定とが概念的に結びつけられるからである。さらにこのようなやり方をとれば、社会現象の持つ「シンボリック」なアスペクトと「物質的」なアスペクトとの間に理論的に橋渡しが困難な溝を作ってしまうというナンシー・フレイザーが冒したような危険な目にあうことはない。なぜなら、承認論を前提することで、両アスペクトの関係は文化的な制度化のプロセスがもたらす歴史的に変更可能な結果と見なすことができるからである。

いずれにせよ、この最後の問題とともに掲げられる社会理論の根本的な問いは、ナンシー・フレイザーと私との間の論争では従属的な地位しか持たない。それに対して中心に位置するのは、つねに、どのようなカテゴリーを用いれば、〈社会運動の掲げる規範的要求を適切に分節化すると同時に道徳的に正当化すべし〉という批判的社会理論の要求を、今日（もう一度）再生させることが成功を約束されるのかという問題である。もちろん私の議論の第一歩目は、この主要な問題の定式化においてもなお自明のことのように想定されているように思われる、一つの理論的な前提を問題化することから始まる。それはつまり、批判理論の更新に関心があるのなら、社会運動という形ですでに公けに知られるようになっている規範的要求にたえず定位することが望ましいという前提である。これに対して、社会問題や道徳的不正と認定される一歩手前の状態——日常的に経験されるけれどもいまだテーマ化されておらず、しかしだからこそ少なからず切迫しているような状態——が無視される限り、フランクフルトの「社会研究所」の当初の構想を覚えている者であれば、すでに公けに分節化されている目標設定へとこのような社会運動という仕方でつながりを持つことには、抽象的な誤謬推理が付きまとっていることがすぐにわかるにちがいないだろう。

だが、このような日常の局面で感じられる道徳的不正を想起することによってはじめて明らかとなるのは、数多くの最近の研究と一致して、理論の言葉で言えば「不正義」と呼ばれることを、当事者たちは承認に対する正当な要求が社会的に毀損されることとして経験するということである（第1節）。やや大げさに言えば、社会的不正の経験の「現象学」と呼びうるような性格を持つこれらの序論に続けて、第二歩目では承認のカテゴリーを細分化し、承認の要求が社会的に毀損されるさまざまなアスペクトを明らかにするつもりである。もちろん、この途上で、もちろん配分に関する不正義も、社会的な承認拒否、あるいはより適切に言えば、正当化されない承認関係を制度的に表現したものとして理解しなければならないという、私の強いテーゼの証明ができることを望んでいる（第2節）。もしこれを示すことができ、そのことを通してナンシー・フレイザーによって立てられた「承認」と「再配分」の二元論が疑わしいものであることを説明できていたとしたら、その場合最後にして決定的な問題として依然残っているのは、どのようにして承認の要求を規範的に正当化するのかという問いである。そしてここでも私は、ナンシー・フレイザーに対するアンチ・テーゼを展開するつもりである。私は善き生の構想を先取りしなければ現在の不正義はまったく適切に批判できないことを証明したいのだが、フレイザーはこの不正義をマルクス主義的に把握しようとしており、それに対して私は承認論的に理解しようと試みているのである（第3節）。

第1節　社会的不正の経験の現象学について

いまではもうほぼ二五年前からのこととなるが、批判的社会理論のアプローチがなされるところでは、現在の規範的な目標設定に関してその裏づけを与えるには、そう呼ばれる以上はあらゆる過去との断絶を示すはずであるような社会現象に定位するのがほとんど自明になっている。発展した社会において道徳的な不快さが何に関して生じるのかということについて経験的な情報を得ようとしても、労働運動やあるいはそれと類似した事情にある抵抗運動からはもはや何も手にすることはできない。むしろ、こうした情報は、「新たな社会運動」という総称で性急にひと括りにされてしまった最近の一連の散発的な抵抗運動や散発的な運動を行う活動グループから得られる。たしかにはじめから、こうしたさまざまな社会運動の「新しさ」のそもそも一体どこに共通性があるのかということについては不透明なところがあった。そこで、さしあたり平和運動およびエコロジー運動に定位すると、その場合には「物質的」価値から文化的に方向変換することがもたらす効果にコミットしなければならないし、これに対応してわれわれの生活形式の質に関する問いにますます関心を寄せなければならないという見解が支配的であった[5]。他方、今日ではむしろ、マルチカルチュアリズムの現象に集中して「アイデンティティ・ポリティクス」の理念が支配的となり、この理念に従って文化的なマイノリティは、ますます自分たちが共通に持つ価値観の承認をめぐって闘っている[6]。しかしいずれにしても、「新たな社会運動」に定位する仕方にはこのようにさまざまなヴァージョンがあるが、その背後に隠されている理論的な動機は、資本主義の伝統的な問題状況がまさにもはや現在の道徳的不快さを解明するための鍵として理解されるべきではないという点で、つねに変わらない。むしろ示唆されるのは、新たに成立した社会運動だけが規範的な目標設定についてわれわれに情報を与えることができるのであり、そうした社会運動に批判的社会理論は定位しなければならないということである。

このように間接的に要求される批判的社会理論とアクチュアルな社会運動とを結びつけることが、ナンシー・フレイザーとの論争のこの第一ラウンドで私の興味を引いている事柄である。私はこのような結びつけには危険性が伴うと考える。つまり、その危険性とは、社会的苦痛および道徳的不快さを断片化してしまうことにある。しかもそうした断片化は政治的な公共圏において公衆に影響力を持つ組織によってすでに顕著になっている。社会運動においてすでに公共的に分節化されている規範的な目標設定だけに依拠するいかなる批判的社会理論も軽率なことに、所与の社会においてそのつど支配的な政治的‐道徳的コンフリクトの水準を是認してしまう。道徳的に重要な苦痛の経験として認められるのは、マスメディアによってすでに見たり聞いたりできるようになっている事柄だけであり、これまで公共的に注目を浴びることがなかった社会的不正の事実が、さらに当事者に代わってテーマ化されることも告発されることもありえない。もちろん、マルクス主義的思想の伝統においてはすでにかなり以前から十分明らかになっていることでもあるが、資本主義社会における道徳的不快さを分節化する際に、あらゆる経験的な検証に先立って労働者階級に特権的な地位が与えられたのであれば、それはたんに形而上学的な歴史的思弁の残滓が克服されていないだけのことにすぎない。そしてかつての「社会研究所」に集まった思想家たちの偉大な功績は、言うまでもなく、こうした歴史的‐哲学的ドグマにダメージを与える道を開いたことにあったのであり、コンフリクトの孕むシステムを超越する潜在的な可能性を探究する課題は、綱領として経験的な社会研究のもとに置かれた[7]。しかし、たんに対立的なパースペクティヴを引き受けるという今日流布しているやり方はそのつど「新たな」社会運動において道徳的不快さとして分節化されている事柄だけしか理論を導く目標設定として妥当性を持たず、したがって、批判的社会理論のプロジェクトにとって少なからぬ危険性をはらんでいる。このときあまりにも容易に、次のような社会問題や社会的不正の経験が捨象されるからである。それは、市民的公共性というフィルターの働きによって、政治的なテーマ化や組織化という段階にまでまだまったく達したことがないような経験のことである。

さて、ここ数年の論考が示しているように、ナンシー・フレイザーはこうした危険性を完全に認識しているように思われる。たしかに「タナー講義」もフレイザーの思想傾向全体を反映して、一つのタイプの社会運動だけを選び出して注目することで重要だと見なされるような政治的目標設定へと、われわれの規範的な用語法を性急に収斂させてしまうことに対してまさに警鐘を鳴らそうとしている。それにもかかわらず、以下で明らかにしたいところであるが、フレイザーの思考プロセスの論じ方や実例の選択、そして論拠の配置においては一つの確信が支配的であり、それは今日流布しているような「新たな社会運動」に対する理想化とほとんど変わらない確信である。というのもナンシー・フレイザーにおいても、批判的社会理論の規範的な用語法が正統なものであるかどうかは、それが社会運動の持つ政治的目標設定を適切に表現できているかどうかによって測られようとしているからである。したがって、フレイザーはその限り、どの程度今日もなお「物質的な再配分」に対する要求が政治的に組織化された運動の目標設定と関係しているのかを、たえず新たに示すことに価値を置かざるをえないわけでもある。このような議論戦略の根底にある表象モデルを私が敬遠する点は、とりわけ次のようなレトリカルな問いによってもっともよく際立たせることができる。仮りにいつか偶然的な状況によって配分の問題が政治的な公共性においてもはやいかなる役割も持たないとしたら、批判的社会理論のカテゴリーの枠組みはどのような具合にならざるをえないのだろうか。この場合、規範的な基本概念は本質的に、社会運動の目標設定を反映していなければならないという原則の帰結として、再配分に関する要求は理論に含まれる道徳に関係する語彙からはことごとく消えなければならないのだろうか。この問いに対してまっさきに思い浮かぶ「「消えてはならない」という」回答から明らかになるのは、批判的社会理論において規範的な主要概念を導入するとき、「社会運動」への厳格な定位が必要不可欠であるわけではないということである。社会運動においてどのような政治的分節化もなされておらず、またこうした分節化とは無関係な形で実在するような、そうした制度的に引き起こされる苦痛や悲惨さを同定することが重要であるかぎり、むしろ必要なのは、社会運動からは「独立した」言葉づかいである。この課題を克服しようとすれば、批判理論の伝統において省みられてこなかったタイプの道徳心理学的問いをどの程度掲げることになるのかを第二歩目において示そうとする(第2項)前に、第一歩目においてはなぜナンシー・フレイザーまでもが、社会運動の偶然的な状況へと無反省に関係してしまうことから完全には逃れられないでいるのかを簡潔に解明したい。

1 「アイデンティティをめぐる闘争」の脱神話化について

ナンシー・フレイザーは現代政治の「ポスト社会主義的」条件について考察し始めるときにあるイメージを示しているが、そのイメージは一定のタイプの社会運動の中心的立場によって完全に規定されている。つまり、われわれが今日、批判的社会理論という枠組みにおいてまず関わりを持つべきものは、文化的集団によって行われる数多くの政治的に組織化された運動であり、それはそれぞれの価値観と生活スタイルに対して社会的承認を求めるということである。ナンシー・フレイザーがこうした診断を出発点とする際に注目しているものが、どのような経験的現象であるのかは明白である。西側の先進諸国では現在ますます、ヘテロセクシュアルの白人男性という理想化された特性に合わせて構成され制度化された価値体系に起源を持つ承認拒否や周縁化に対して、女性運動や少数民族、性的マイノリティーが抵抗している。したがって闘争は、ステレオタイプおよび決めつけを克服して、固有の伝統と生活形式も最終的に社会的な承認を見出しうるような仕方で、一国の多数派の文化が変更されることを目標としている。たしかにまさしくこのタイプの社会運動をポスト社会主義的なコンフリクトのシナリオの典型とする傾向に関しては、ナンシー・フレイザーの基礎診断はすでにアメリカ合衆国の経験を過度に一般化したことによるのではないかという一定の嫌疑をかけてもよかろう。というのも、フランスやイギリス、あるいはまたドイツ連邦共和国のような国々では、「アイデンティティ・ポリティクス」のようなタイプの社会的闘争はこれまで二次的な役割しか果たしておらず、それに対して政治的公共性における争いをはるかに強力にリードしているのは、労働政策や社会保障、あるいはエコロジーといった「伝統的」な問題なのである。しかし、ポスト社会主義的な新しい時代の始まりを暗示するイメージに関して私が興味を抱くのは、まったく別の問題である。それは特定の経験の過度の一般化という傾向よりも、ある種の還元主義という傾向に関係している。今日われわれは本質的に「文化的」承認をめぐる闘争と関わりを持たねばならないという診断に至るために、いかなる道徳的に重要な形態を持った現代の社会的不自由や苦痛をフレイザーはそもそも捨象する必要があったのか。私の見るところ、このような還元によってフレイザーが捨象した事柄は三つあり、これらを次々と捨象することなしには一定の社会運動による「アイデンティティ・ポリティクス」はわれわれの時代の中心的なコンフリクトとはなりえないであろう。

a) 高度に発達した資本主義諸国において、社会的に引き起こされる典型的な苦痛の形態について大まかに概観しようとする場合に、ピエール・ブルデューおよびその協力者たちによる「世界の惨状（*La misère de monde*)」に関するインパクトのある研究を頼るように勧めることは助言として悪くない。というのも、この研究[8]には、日々の惨状の大部分の事例がいまだ政治的な公共性から注目を集されるに至っていないということを明らかにする数多くの報告と議論が含まれているからである。これらの社会的不自由の現象がどのような特性を今日典型的に持ち合せているのかを大まかに捉えるには、いくつかのキーワードを挙げれば十分である。この研究から読みとることができるのは、もともとシングルマザーで、かつ職業に就くための資格を持たない女性たちが被る一連の貧困の「女性化」であり、社会的孤立と家庭の崩壊を伴う長期にわたる失業経験である。また、身につけた仕事の能力が、瞬時にして無駄になってしまうという人の心を萎縮させる体験である。この能力は、仕事に就き始めたころにはまだ高い信望を集めていたのだが、加速するテクノロジーの進歩によってもはや役に立たなくなってしまったのである。あるいは、農業における窮乏化の傾向である。省くことのできないきわめて過酷な労力を要するにもかかわらず、小規模の農家では十分な収益をあげることができない。そして最後に、子だくさんの家族が被る日常生活における不自由な経験である。こうした家族では、両親がともに職に就いていても報酬が少ないため子供を十分に扶養できない。このような社会的な困窮状態のリストには、さらに多数の事例を含めることが容易にできるだろうが、これらのいずれもが、「社会的闘争」という概念がぴったりと当てはまるような一連のすさまじく激しい政治活動を伴っている。つまり、このような窮乏化の傾向に対して当事者たちはつねに抵抗の形で闘うのであり、こうした抵抗は、国家当局との争いに始まって、心や家族をそっくりそのまま守ろうとする絶望的な試みや親類および友人たちによる援助を求めることにまで至る。しかしこれらの社会的な奮闘はすべて、ブルデューが後書きで執拗に繰り返すように、政治的な公共性からは重要な形態の社会的コンフリクトとしては承認されない。ここにはむしろ注目を集めるうえで一種のフィルターが機能しており、このフィルターのせいですでに組織としての体裁を整えた政治的な運動だけが、道徳的に真剣に受けとめられるべき問題として承認されているのである。「定式化されていない不自由さや定式化されえない不自由さを政治的な組織は認識することができず、したがって適切にその責任を引き受けることもできないが、これらの組織は『社会的なもの』という手垢にまみれたカテゴリーを介さないことにはこうした不自由を考えることができないのである。このような役割、すなわち、認識と責任を果たしうるには、政治的な組織は、まず昔から温存してきたきわめてせまい『政治』理解そのものを拡張し、とりわけエコロジーや反人種主義やフェミニズムに定位したさまざまな社会運動によって公衆に伝えられている要求に対して、その理解を開くのみならず市民たちが持つバラバラな期待や希望をも同じように考慮に入れなければならないだろう(9)」。

ナンシー・フレイザーは、ブルデューのこうした激烈な異議申し立てを、ポスト社会主義的コンフリクトのシナリオに関する議論を始める際に構想しているイメージと関係づける。そのとき、そのシナリオが完成するために必要とされる修正の及ぶ範囲全体が初めて見通し可能となる。ナンシー・フレイザーの場合は、作為的に光を当てることによって、数多くの日常的な闘争の中から、すでに「新たな」社会運動として正式な承認を手にしている比較的無意味なものだけが際立たせられる。これは政治的な公共性において、社会的な注目が向く方向を定める排除のメカニズムと不本意にも一致しており、こうしてまずミスリーディングなイメージができあがる。それは、あたかも先進資本主義社会が、今日では主として文化的な承認に対する要求を糧とする社会的なコンフリクトによって刻印されているかのようなイメージである。そして、この種の目標設定だけが道徳的に顧慮されるとき、批判的社会理論の枠内で生じるであろう規範的な諸帰結に抗して、第二歩目で配分的正義の要求を（相変わらず）行う周縁化された社会運動が必然的に想起されることになる。ここでは、議論を始めようとして暗黙のうちになされている想定がすでに誤っているのだが、この想定によれば、批判的社会理論の「社会運動」は規範的に重要な問題領域を診断するために、経験の中で目にすることのできる一種の導きの糸として用いることができる。そのようなやり方において完全に見過ごされるのは、「社会運動」としての公認がすでに承認をめぐる闘争の結果であり、この闘争は、社会的な苦痛を被るグループや個々人が、公けにならないところでそれぞれの問題が公共的な注目を集めてそれらが認知されるようになることをめぐって、行ってきたのである。しかし、「社会運動」という名称にすでに含意されている捨象による線引きをこのように行なうことだけが、基礎診断に到達するためにナンシー・フレイザーが企てる必要のあった唯一の修正箇所ではない。

b）文化的グループにますます頻繁に見られる傾向であるが、どんなに一面化したうえで集団的アイデンティティを訴えたり、高度に発達した社会において新たなコンフリクトの火をつけるとしても、もちろんそれが全面的に誤っているわけではない。実際アルバート・ヒルシュマンも、たとえば次のような想定から始める。すなわち、われわれは現在「割り切れる明瞭な」コンフリクトから「割り切れない不明瞭な」コンフリクトへの移行プロセスと関係せざるをえず、この「割り切れる不明瞭な」コンフリクトの特徴は、まさしく論争の的になっている「集団的アイデンティティ」という善が配分的正義という視点に従っては配分不可能であるということにあるという想定から始める。したがって、ヒルシュマンの想定によれば目下のところ、その解決が国家のあらゆる成員の規範的な同意を得られそうにはないような社会的な対立の危険性が増大している[10]。しかし、このような傾向のなかで高度に発達した社会における中心的なコンフリクトのシナリオを実際に見出しうると考える者は、第二歩目をも踏み出さねばならない。そうした文化的なグループの多くがその経験的な診断において顧慮しなければならないのは、各々の集団的アイデンティティをあらゆる「異質なもの」を排除する攻撃的な手段でのみ貫徹しようとすることにほかならない。というのも、今日それぞれ自分たちが価値を確信している事柄を承認するように訴える社会運動は、フェミニズムや周縁化されているマイノリティのような平和的な集団だけでなく、イスラム国民運動のファラカーン派やドイツ人のスキンヘッドたちのような人種主義的でナショナリズム的なグループによっても行われているからである。そうである限り、ナンシー・フレイザーがポスト社会主義的な新たなコンフリクトのシナリオを描くための出発点として企図したにちがいない第二の修正点は、「アイデンティティ・ポリティクス」の運動が持つゆるがせにできない部分を絞り込むことにある。民主的に方向づけられ非‐排他的な仕方で文化的承認を訴えるという共通の目標のもとにさまざまな運動を結びつけることができるのは、それぞれのそのつどの「特殊性」を暴力の脅威のもとで戦闘的に主張しようとするような集団が、規範的な基準を暗黙のうちに適用することによって前もって捨象されている場合だけなのである。「新たな社会運動」のための同時代的なアプローチと論争を繰り広げる論文のなかで、クレイグ・キャルホーンは「アイデンティティ・ポリティクス」の構想に含まれるこのような規範的理想主義という傾向に対して明確に注意を向けた。「しかし新たな社会運動の思想は問題含みであり、アイデンティティ・ポリティクスの持つより大きな意味を覆い隠す。大した理論的根拠もなく、この思想では、研究者たちにとって相対的に

「魅力的な」ものに映る運動が［新たな社会運動として］一つにまとめられるが、しかし宗教的なニューライトや原理主義、有色人種に対する白人共同体の敵対運動やさまざまな形のナショナリズムなどのような同時代の運動は無視される。だが、これらの運動も同じくアイデンティティ・ポリティクスの表明であり、新たな社会運動（NSM）の理論家たちが作成するリストからこれらの運動を除外することを明確に説明するような原則は何もない[11]」。

したがって、ナンシー・フレイザーがその特徴づけとともにみずからの分析を開始する社会運動に対して時代診断のうえで特権性を与えてもよいのは、今日政治的な公共性の影響下で行われる多数の社会的闘争が絞り込まれているからというだけではない。現在あらゆる社会的な対立の中心に位置するのはフェミニズムと反人種主義的運動と性的マイノリティであるという考えに至るには、むしろ、社会における線引きという攻撃的な手段でもって排除の目標を追求する「アイデンティティ・ポリティクス」の運動［宗教的ニューライトなどの運動］が、また前もって捨象されていたにちがいないのである。もちろん、これら二つの修正ではまだ十分なわけではない。ナンシー・フレイザーの描く出発点が明確な形をとるには、つまるところ最後の一歩として、これまでに挙げられた運動との類似性を示すことのできるあらゆる歴史上の先行事例がさらにむりやり抹消されてしまうことになる。そうすることによってのみ、われわれは今日「文化的」な承認をめぐる闘争において歴史的にはまったく新しい現象と関わっているのだというようにほのめかされている印象が強調されうるからである。

c）すでにチャールズ・テイラーが、そのたちまちのうちに知れ渡った著作において——この著作によって「承認の政治」はそもそもはじめて同時代の問題として幅広く知られるところとなったのだが——そうした承認の系譜学を一定の仕方で想定しているが、それはきわめてミスリーディングである。自由で資本主義的な社会の歴史はこれまで法的な平等をめぐる闘争を伴ってきたが、今日では文化的に定められる差異の承認を訴える社会的なグループの闘争が平等をめぐる闘争にとって代っているというのが、テイラーの歴史に関する中心的なテーゼである。(12) 私はここではまだ、あまりにも狭すぎる概念——テイラーは図式的には一種の均質化を目指す同等の処遇といったものへと平等概念を収斂させるのだが——を法的承認の根底に置いていることは問題にしない。それは後ほど概念を明確にする際にもう一度詳しく扱わねばならないだろう。というのも、ナンシー・フレイザーにも同一の傾向があるように思われるからである。そして目下のところ、テイラーのテーゼに関して興味があるのは、テーゼに含まれる直線的な系譜学を可能にする歴史の様式化と一面化とである。承認をめぐるアクチュアルな闘争のうち、法の形式をとるものはすべて前もって横取りされておかなければならないように、また逆に、過去における法的な争いからは「アイデンティティ・ポリティクス」の持ついかなる文化的要素も取り除かれなければならない。その結果として、二つの相異なるタイプの社会運動が歴史上行われてきたとする主張ができあがるのである。したがって、「われわれは今日とりわけ文化的な差異の承認をめぐる闘争と関わらなければならない」というテーゼにおいては、伝統的な社会運動についての一定のイメージが暗黙の想定として前提とされている。つまり、伝統的な社会運動はもっぱら法的な平等ばかりを追及し、自分自身の価値づけや生活形式に対する社会的承認を請求するような目標設定とはまったく無関係であったかのように前提されているのである。このような性格づけがいかに不適当な、それどころか誤ったものであるのかを見抜くために歴史に関する詳細な知識を多く必要とするわけではない。「要するに、アイデンティティ・ポリティクスは新しい現象であるとする見解が、誤りであることは明白である。女性運動のルーツは、少なくとも二〇〇年の歴史を持っている。コミューンを形成することは、一八〇〇年代初期においても一九六〇年代と同じくらいに重要であった。十九世紀のヨーロッパのナショナリズムはアイデンティティ・ポリティクスの一例ではなかったのか。奴隷制に対するアフリカ系アメリカンの闘争や反植民地主義の抵抗運動はどうであろうか。要求されるものにはある程度はっきりとした序列があり、明確に定められた物質的利害関心が、物心両面において文化や利害関心の本性を構成するものに関する闘争に先立つかのように、アイデンティティ・ポリティクスは（インゲルハートが「ポスト唯物論者」と呼ぶような）比較的富裕な人々に限られた話でもないのである(13)」。

現在の「アイデンティティ・ポリティクス」の運動をただ文化的な目標設定に還元することが難しいように、十九世紀末あるいは二〇世紀初めの伝統的な抵抗運動も、たんに物質的あるいは法的目標に固定することはできない。クレイグ・キャルホーンがリストアップの際に触れずにすませてしまったもっと重要な実例を挙げれば、労働運動でさえ、つまるところ運動の本質的な部分において、資本主義的な価値地平の中で自分自身の伝統および生活形式に対して承認が得られるように方向づけられていたのである(14)。したがって、テイラーは歴史に関する診断を行なう際に、その根底に歴史的経過に関する図式を置いているのだが、その図式は全体はミスリーディングである。この図式では、現代の社会運動の歴史は二つの位相を持っていることが、それとなく示されているものの、そこではただ単にニュアンスや力点の与えられ方が異なっているにすぎない。そして、考察の出発点を描く際にこの示唆された時代区分に影響されている限り、一方に利害政治あるいは法の政治、他方に「アイデンティティ・ポリティクス」を、歴史上それぞれ対置するというように誤った想定をすることにより、ナンシー・フレイザーはそうした誤った想定を引き受けざるをえない。したがって、ナンシー・フレイザーはさらにまた、文化的な承認をめぐる闘争は歴史上新たな現象であるという主張ができるためには、第三の、そして最後の修正を施し、伝統的な社会運動からあらゆる文化的な構成要素を消し去らなければならなかったのである。

取り上げた三つの捨象のプロセスをもう一度レジュメの形で要約すると、ナンシー・フレイザーの基礎診断は社会学的な人工物にちがいないことが十分に明確になる。まず、数あるアクチュアルな社会学的コンフリクトのうち、「アイデンティティ・ポリティクス」という公認の称号のもとで今日社会運動として（アメリカにおける）政治的な公共性の注意を引くようなものだけが選び出されている。次に規範的な基準を暗黙のうちに用いることによって、このような「アイデンティティ・ポリティクス」の運動のなかから、社会的な排除および社会的な抑圧という非合法な手段を用いて目標を追求するような［宗教的ニューライトなどの］運動が排除される。そして最後に、その結果として残されたわずかな社会運動だけがポスト社会主義の時代における鍵を握る新たな現象へと様式化されるのであるが、そのときやはり、歴史的に先行する運動が消し去られているのである。もっともこうした現象に対しては、批判的社会理論はその規範的な概念構成の点で少しは責任があると感じざるをえない。こうした議論の進め方のうち、この論争の第一ラウンドにおいて私にとって興味深いのは、次々と段階ごとに運動が消し去られてゆくその第一歩目で起きている事柄である。そこでは「批判的社会理論はつねに社会運動に定位していなければならない」という疑わしい想定のもとで、社会的な不快さと苦痛全体とが小さな断片へと切りつめられたうえで、こうした断片が政治的な公共性において公共の承認を手にしているのである。テーマが一面化されるこうした歩みを正当化する場合、潜在的にはたいてい、その誕生から最近に至るまでマルクスの理論に繰り返し紛れ込んできたような致命的な誤りを見いだすことができる。マルクスやマルクスの後継者たちには、プロレタリア階級のうちにのみあらゆる社会的な不快さを見届けようとする歴史哲学的想定があったけれども、今や逆にいかなる独断的な決めつけも避けられるべきであって、社会運動がそのような不快さを経験的に指し示すものとされた。(15)この方法には、ただなおテーマ上の先決を受け継ぐという疑わしい傾向があって、この先決によって政治的な公共性において選別のプロセスにもとづき一定の形式の社会的不快さが中心的な注目を浴びるのである。政治的な支配とのこうした――きっと意図してはいない――共犯関係を今日解消できるのは、社会的不快さをあらゆる公共的な承認から独立して同定できるような規範的な用語が導入される場合に限られる。もちろん、ナンシー・フレイザーがその議論において使用せずに済むと考えている、まさしくそうした類の道徳的‐心理学的考察が必要とされる。

2 侮辱と承認拒否としての不正

これまで私がナンシー・フレイザーに対して示したことは、批判的社会理論が公共的に耳目を集めることのできる社会運動の諸要求に、規範的に定位しなければならないのであれば、それは意図せざる帰結を招き政治的な排除を引き継がなければならなくなるということにすぎない。これだけでは、ナンシー・フレイザーが展開する議論に関してまだあまり多くを示したことにはならないように思われる。というのも、ナンシー・フレイザーは彼女なりに第二歩目において、「アイデンティティ・ポリティクス」の目標設定というヘゲモニーに対して配分問題の規範的な重要性を訴えることに取りかかるからである。いずれにせよ、議論を展開するうえでナンシー・フレイザーの基礎診断が持つ役割を想起するなら、すでにこの箇所において、些細とは言えず、それどころか最終的には決定的でもあるナンシー・フレイザーと私との差異が認められる。ナンシー・フレイザーが承認という用語を批判的社会理論の概念的な枠組みへ導入することを正当であると見なすことができるのは、その用語がポスト社会主義的な新たなコンフリクトのシナリオの持つ規範的な要求をどの程度表現しているのかに応じてのみである。それに対して私の場合、これまで論じてきたことに従えば、そうした歴史的な制限が重要性を持ってはならない。すなわち、「アイデンティティ・ポリティクス」という表象全体が社会学的な人工物であるように見えがちであることはまったく無視して、私は承認概念の正当化をむしろ社会運動とは完全に無関係に企てる必要があると思う。ナンシー・フレイザーとは異なり、私が出発点としているのは、批判的社会理論の根本概念を承認論の用語に変換することの正当性を今日において明らかにするのは、時流となっている「アイデンティティ・ポリティクス」の要求やマルチカルチュアリズムの目標ではなく、社会的な不快さと抵抗感を抱くようになる動機の源泉に関するより優れた洞察であるということにほかならない。言い換えれば、私の場合、「承認論的転回」は、理論に内在する問題に対して解答を与える試みを示しているのであって、現代社会の発展傾向に対するリアクションを示しているのではない。したがって、こうした体系的な差異にもとづくと、議論を先へ進める中で私はまた以下のことも明らかにしなければならないだろう。それは、配分的正義の問いでさえ、十分に洗練された承認論に由来する規範的なカテゴリーを用いて、今日よりよく解明することができるということである。そして最終的には、批判的社会理論をどのように規範的に正当化できるのかという問題さえも、全体としてこの差異の影響を被らないわけにはいかないだろう。

しかしまずは、承認概念の導入が一種の解決を用意することになるような問題連関の解明が必要である。その際に私は、批判的社会理論の枠内において「新たな社会運動」が持つ厄介な役割を考察した時に設けておいた議論の道筋をさらに進んでゆくしかない。そうした私の考察によって十分明らかになったと思われるように、マルクス主義の歴史哲学的な想定が崩壊して以来、そのつど支配的な社会運動に規範的に定位することとは、理論の伝統の中でますます差し迫ったものとして立てられざるをえなかった問いに対して、たんに誤った解答を提示するだけである。つまり、理論はかつては学問に先立つ審級に自明のことのように依拠することができ、プロレタリア階級がそうした審級を必然的に代理表象するとされたが、もはやそれができないとすると、批判を経験のレベルで正当化しようとするときに、基準点を形成することになる社会的な不快さは、どのようにすれば突きとめることができたのか、という問いである。だがおそらく、この問いは解釈学的コンテクストにもとづいて解決し、まずは批判理論における特別な役割とは独立させてこの問いを定式化し、問いそのものの核心部分をできる限り明確なものにする方が賢明である。社会の現実において主体によって社会的不正として経験される事柄が何であるのかということについて、一つの社会理論が判定できるために用いる手段——そう呼んでもよいだろうが——それはどのようなものであるのか。

（経験的な）社会調査を手段として潜在的な当事者たちがどのように現実的なリアクションを引き起こすのかを調べてしまわないことには、不正の感覚についてのこの問いに対していかなる決定的な解答もまったく与えることができない。それにもかかわらず、この種のすべての探究には、基礎的な「カテゴリー」やそれに関連した観点を介していつでもすでに理論的な先行理解が流れ込んでおり、こうした先行理解のため、問題を概念のレベルでも取り扱うことが必要である。ここで議論の対象となるのは、主体が社会に期待を持ってもかえって失望させられるかもしれないような観点についてわれわれに前もって以下のような観点について情報を与えてくれるような根本概念である。そうである限り、ここでは次のような規範に関する期待についての概念上の先行理解が問題となる。その規範に関する期待とは、そもそも社会的な不快さと苦痛の形態がどのようなものであるのかを探究しようとするのであれば、社会の成員たちが抱くことを想定しなければならないような期待のことである。このように輪郭を与えられた問題に関しては、これまで言及されてきた二つの立場においてそれぞれ働いていた二つの思考様式を、以前よりやや厳密にもう一度想起することがまずは役に立つかもしれない。つまり、そうすることにより、道徳的な傷つきやすさをカテゴリーとして規定するという未解決の次元は、原理的な先行決定によっては手が届かないか、あるいは触れられないまま踏み越えられたので、これらの思考様式においてはまだまったく扱われるはずがなかったということが明らかになる。

マルクス主義的な歴史哲学の前提にずっととりつかれたままであった批判的社会理論の伝統に対しては、こうした証明を行うことは比較的容易である。こうした批判理論の場合には、初めからルカーチにならったりせずプロレタリア階級に絶対精神の特徴を装備させることがなかったような場合にはつねに、数量化可能な利害関心という社会学的な思考様式を用いて議論が行われ、この思考様式にいわば史的－唯物論的転回が託された。この思考様式によれば、集団的主体としての労働者階級に目的合理的な考え方を基準にして統一した利害関心が帰属させられることになり、その利害関心に関して、分析の第二歩目においてそれは資本主義的な諸関係によってたえず裏切られざるをえなかったことが示された。労働者階級に「帰せられた」利害関心の内容がその背後にある立場に応じてそのつどすっかり変わりうるものであったとしても、そしてそれどころかその利害関心が規範に関する目標設定をも含意することができたのだとしても、それでもなお理論的な探究は、われわれがここでもともと取り組んでいる次元を前にして当然中断することができた。なぜなら、道徳的な見地に代わって完全に目的合理的に形成されうる利害関心が扱われていたので、主体が道徳的な観点から社会に対して抱く期待について行うべき特別な解明は、まだまったく必要がなかったからである。つまり、社会的な不快さの持つ規範的な次元がまだまったく視野に入れられていなかったことに対するマルクス主義の責任は、それが結合している人間学の潜在的な諸前提から生じた。それは多かれ少なかれ功利主義的であり、社会化された主体は根本概念上、前もって一連の規範的要求および相応の傷つきやすさによって特徴づけられているような道徳的な行為者ではなく、目的合理的な行為者と見なされ、この行為者にはそれに応じて一定の利害関心が帰されることになるのである(16)。

さて、このように誤謬に陥ったマルクス主義的歴史哲学の思考の伝統に対して、すでに言及した二つの立場のうち第二のフレイザーの立場は――それは規範的にはたえず「新たな」社会運動という経験的なインディケータにのみ定位しているのだが――、私の視点からすれば、たんに正反対の誤りを犯しているにすぎない。すなわち、第一のマルクス主義の立場では主体に対してすでに確定された利害関心についていわば過度の要求がなされるが、後者のフレイザーの立場では先行する定位について要求されるところが過少であり、そもそも当該の規範的な期待について知ることができないのである。より新しいこのフレイザーのヴァージョンの批判的社会理論においては、あらかじめ社会運動の掲げるそのつどの目標設定が現に存在する社会的不正の形態についてわれわれに十分知らせてくれるので、いま述べたような特別の解明はこれ以上必要ないという確信が支配的である。このように社会運動によって公共的に分節化された不快さのほかにさらにそれに付随する苦痛の経験にかんして推測されるかもしれないが、それらすべてのことは、むしろもはや理論的思弁の領域の問題であり、そこでは経験的なインディケータに代わって社会学的な記述が支配的なのである。社会運動から社会的不快さの全体へのこのような短絡的な推論は、政治的にそのつど確立される社会的コンフリクトの水準を結果的にたんにもう一度理論的に確認しているにすぎず、それはすでに批判されたとおりである。それだけではなく、このことに関して、私は次のような事情の方がより重大であると確信している。それは、社会的苦痛の可能な形態について概念的に先取りするようないかなる理論的な営為も、このような短絡さでもってすでに初期段階で破綻しているという事情である。すなわち、マルクス主義においてはつねに功利主義的な人間学への一定の愛着が支配的であり、その愛着によって一つの社会的階級を一かたまりとして、これに統一した利害関心を帰してしまうのに対し、こうしたフレイザーの立場には社会的不正を感じ取る潜在的な原因が何であるのかということに関する仮説に到達するための概念的な手段が、そもそも欠けているのである。この場合の主体は、社会運動へと一纏まりになるまさしくその時点まではいわば認知されることのない顔の無い存在者であり、当の社会運動の掲げる政治的な目標設定によって、自らの規範的な定位がどこにあるのかを公共的に認識するような存在者である。

このような理論史的な考察によって、もちろん素描にすぎないけれども、いまやなぜ批判的社会理論の伝統において社会的不快さの規範的な源泉について概念的に先取りする試みが実際にはまったく行われなかったのかが明らかとなる。ユルゲン・ハーバーマスは――ひょっとしたらアントニオ・グラムシの名前も挙げることができるかもしれない――その例外中の例外として、この伝統においてはさまざまな理由から一定の反‐規範主義の傾向がたえず優勢だったのであり、主体に初めから社会に対する規範的な期待を持たせるようなことは根本概念のレベルで禁止されていた。したがって、社会的な不快さの可能な形態についてカテゴリー化して考察を深めなければならないとき、一種の社会理論的前提として妥当性が与えられなければならない事柄をまだまったく視野に収めることができなかったのである。つまり、いかなる社会も、その基盤は社会的な相互作用の連関に関して行なわれる根本的な諸要求にもとづいており、その限りで一連の規範的な基準を満たしうるのでなければならず、どの社会もその成員の観点にもとづいて正当化が要求されるということである。社会的な苦痛と不快さは、「社会的」という形容詞を付加することでそれらがたんに社会において経験されるものであるということ以上の意味を持たせようとするとき、規範的な核心を含意している。それは、社会に向けることが正当であると当事者たちによって見なされる規範的な期待が裏切られたり、あるいは傷つけられたりすることにほかならない。したがって、そのような苦痛ないし不快さの感覚は、それが「社会的」なものとして描かれる限り、何らかの不正または何らかの正当化されえない事柄が社会の側から加えられるという経験と一致している。

いまやもちろん、あの規範的な期待のる核心について、正当化そのものの概念が持つ形式的な基準にすでに含まれている以上のことを形造ることができるのかどうかという問いが重大である。このミニマリスト的解釈に従うとすれば、社会的な不正の経験はつねに以下のことを基準にして測定されうるだろう。それは、公共的な正統化または正当化のためにそのつど確立された原理に含まれる手続き的な基準が、制度の規則において十分に顧慮されるかどうかということである。ここでつまり規範的な期待に関して参加者たちが当然持つとされることは一種の正統性の確信であり、この確信は、政治的決断を基礎づけるというそのつど行なわれてきた手続きの持つ道徳的含意に定位している。このような手続き主義的な表象モデルの提案は、どのような形の政治的正統化も、討議的合理性の持つ一定の基準を満たしていなければならないとするハーバーマスの構想のうちに、まず今日たしかに見いだされる。[17] しかしまた近頃は、ジョシュア・コーエンもロールズに従って、歴史的な解明による検証という形態で、制度として期待されうる基礎づけが毀損されると、それが道徳的に動機づけられた抵抗に必然的につながってゆくことを示そうと企てた。[18] 社会学的に言うと、この種の考察は一般的に次のような経験的な仮説に帰される。つまり社会的な不正が感じられるのはまず、制度的な特定の措置あるいは規制に関してその実施理由を個人が理解できない場合であるとする仮説である。そして、個人が対応可能なこうした理由に関して再び、こうした道徳的な社会化のプロセスを通して既存の社会の中でそのつど妥当性を持つに至った公共的な正当化という実践の要素をこれらの理由が形作っているということがさらに仮定される必要がある。換言すれば、社会的な不正が経験されるのは、制度的な規制が一般的に受容されている理由に従ってなぜそれへの賛同を当てにできることになるのかが、もはや合理的には理解できない場合である。こう推察してみると、社会的な出来事に対して個人が行なう価値評価は形式的には一つの構造を持つにもかかわらず、それは公共的な正当化の実践が持つ構造とは完全に無関係ではありえないという事情が、たしかに考慮されている。つまり、公共的な正当化の実践においてほとんど異論の余地のないものとして一般的な承認が得られる議論内容は、個人の価値評価においても遅かれ早かれ妥当性を持ち、その結果として主観的な価値基準を形成することになる。しかし、他方このようにたんなる基礎づけの形式に着眼点を制限することによって、個人が公的な正当化一般のために確立された原理にどの程度まで従うことができるのかを、個別に測定する規範的な観点が完全に見落とされてしまうように思われる。この場合、一般的に受容される理由はあたかもそれ自身、社会的な秩序に対して主体がある程度まで自発的に抱くようになる規範的な期待に合致する必要がないかのようである。社会学的に転回した手続き主義には、このように個人的な要求および傷つきやすさを告発する存在が欠けているが、こうした告発者が当事者として、制度的な規則の正統性を再び問題化する道徳的主体を形成する。すなわち、制度的な規則の正統性に関して妥当性を持ちうる「善き」理由は、したがって、たえずまたもう一度、社会に対するそれぞれの期待は期待として適切に顧慮されていたのかどうかに関して個別的に測定されるのである。それゆえ、社会的不正の経験はどのようにすればカテゴリーとして適切に捉えられうるのかという問題においては、あらゆる公共的な正当化のプロセスの「実質」となるような期待の実質的で具体的な地平もまた顧慮される必要がある。というのも、社会的不正として経験されるのは、一般的に容認される理由という点では制度的と見なされるが、他方で社会的な秩序に対する個人の根本的な要求を毀損するような規制ないし措置だからである[19]。

社会学的に方向づけられた手続き主義に反対するこのような転回とともに、まさしく適確な要求が掲げられる。この要求によれば、個人的主体が社会的秩序に対して一般的に持つ規範的な期待に関して、理論的に説得力のある議論を展開することは可能である。もちろんその際に、数多くのさまざまな要求を把握し、可能な限りそれらの規範的な核心部分を定めるために十分抽象的であるような規定に到達することが、明らかに最も重要な問題である。いうまでもなく、このような大胆な企ては今日また完全に見込みがないというわけでは絶対にない。それはここ二、三〇年の間にさまざまな分野において、すべて同一の方向を指しているような一連の該当する研究が企てられたからである。そして、これまで論じてきたことに従えば、これら一連の研究に共通する目標が「共同体の主体はとりわけそれぞれのアイデンティティの要求が承認されることを期待している」という理念のうちに表現されることも、もはや驚く必要のないことである。このように輪郭を与えられる理念がより明確なものとなるのは、まず簡潔に個別の段階が示されてからであるが、こうした個別の段階を経てこの理念は研究の中で次第に姿を見せるようになったのである。

まず、次第に社会に浸透していった形成プロセスの資本主義において下層に位置した民衆の社会的な抵抗を承認という目標がすでにどの程度まで築き上げていたのかをはじめて明らかにしたのは、労働問題に関する歴史的研究であった。依然として経済的な利害関心の状況だけを顧慮する傾向に反対して、エドワード・P・トンプソンや、あるいはバリントン・ムーアといった歴史家が示すところによれば、その地域固有に伝承されてきた名誉への要求が毀損されるような経験は、抵抗運動や異議申し立てを動機づける源泉が問われた場合には、経済的利害関心とは比較にならないほど大きな意味を持った[20]。こうした研究動向と驚くほど近いものとして、直ちに社会学においても一定の研究分野が開拓された。そこで注意が払われた問いは、社会的に下層に位置する民衆にとって、その人たちがこうむった抑圧と不正の経験が持つ核心部分はどこにあったのかというものである。ここでもまた明らかになったのは、自分たち自身の視点からは敬意を払うに値するように見える生活形式や業績（Leistungen）に対して、社会の他の成員たちからは承認を得られないことが、動機面から言えば物質的な窮乏よりもはるかに重大だったということである。(21)このように二つの領域、すなわち、歴史学および社会学から、その固有の統合性、名誉ないし尊厳の社会的毀損が不正を経験する場合の規範的な核心部分を示しているということに対してはじめて証拠が提出されたとしても、こうした成果はいずれにせよ、当分の間は資本主義社会のプロレタリア階級という下層の民衆にのみ限定的にあてはまることだった。それは、したがって、これまで明らかにされた証拠がより大きな連関のうちに移し置かれ、まったく異なる生活状況や経験のあり方とも一致することが視野に入るようになってはじめて、一般化可能な考察となりえたのである。被植民地のグループによる社会的な抵抗運動や女性たちの現前化しない異議申し立ての歴史と比較することによって今や明確となったのは、自らの名誉に対する要求について敬意を払うように求めるプロレタリア階級の闘争は決して歴史的に特別な事例を示していたわけではなく、それは広く見て取られた経験のパターンの特別に際立った事例にすぎなかったということである。すなわち、主体は、承認されることを要求できると確信しているその人格性のさまざまな側面が制度的な手続きによって承認拒否されていると見なすとき、こうした制度的手続きを社会的不正として感じ取るのである。

このような経験的な証拠によっても、たんなる直観的な材料以上のものはまだほとんど与えられることはなく、この材料が一般化可能なテーゼの安定した土台として妥当性を持ちうるには、やはりまずこれを概念化することが必要であった。ここで議論にのぼっている問題と関連づけると、相互に支持し合う研究成果が含意していたことは、社会的不正を感じ取るにはそのつど確立されている正統化の原理だけでなく、社会的承認に対するさまざまな期待のあり方にも注目する必要がある、ということ以上ではなかった。しかし、一つの社会的秩序が持つ公共的な正当化の基準は個人の比較的安定したこれらの要求とどのように交差していたのか、したがって、道徳的な基礎づけの形式は尊厳の内実であり統合性の内実である質料とどのように連関させて考えるべきなのかということについて、経験的かつ歴史的に営まれる議論においてはまだまったく解明されなかった。それゆえに、それにもかかわらず研究を先へ進めることができたのは、この間に集められた研究材料からインパクトを受けつつ、社会理論および政治哲学もがこのテーマを取り扱い始めたことによる。ヘーゲルの承認論を頼りに構想を練り上げる仕事と並んで、ここではとりわけツヴェタン・トドロフ、マイケル・イグナティエフ、およびアビシャイ・マルガリットによる研究をそうした典型として挙げることができる(22)。方法や目標設定はまったく異なっているけれども、社会的承認が奪われたり尊厳が毀損されたり承認拒否されたりする経験が、社会的に引き起こされる苦痛と不正を有意味に概念化したものの中心になければならないという前提から出発する点で、彼らの営為は一致している。こうした前提によって、これまでは経験のレベルにおいて一般化される研究成果という地位しか持てなかった事柄が、規範的に内容のある社会理論の段階へと高められたのである。社会理論において社会的な不正の次元を明らかにする根本概念は、それぞれの人格としての統合性を社会的に承認されることに関して主体が持っている規範的な期待を、表現できるように形成されていなければならない。

さてその場合に、社会的に実践されている正当化の討議を介して主体の価値評価の基準へと浸透してくる基礎づけの形式によって、そのような主体が根本的に掲げる承認の要求がどのような仕方で影響を及ぼされているのかという問いが残されたままであるが、右に述べた社会理論および政治哲学の成果も、その問いに対する満足のゆく回答にはなりえていない。さらに、社会の側から承認されることを成員が一般に期待する人格としての統合性ということで何が理解されているのかも、まだしかるべく明らかにはされていない。とはいえ、いま描写した探究のプロセスにおいてもスケッチの形で提示されるのは、ナンシー・フレイザーに対する私のかつての異論にやがて重要性を与えることになるテーゼである。すなわち、承認概念が今日中心的な意味を持つのは、それが新しいタイプの社会運動の目標設定を表現しているからではなく、社会的不正の経験全般をカテゴリー化して読み解くうえで承認概念が適切な手段であることが明らかになったからにほかならない。「差異」によって特徴づけられようと、あるいは「文化的承認」によって特徴づけられようとも、承認論の持つ規範的な概念性に定位する理由を現時点で与えるはずのものは、抑圧された集団を導く一定の理念でもなければ新しい理念などでもない。むしろ今日、カテゴリーに関してこのように修正するきっかけを与えるもの、それどころかわれわれにまさに修正するように強いるものは、名誉や尊厳といった道徳的な源泉に関する、さしあたり相互に支持し合った探究の成果である。そして社会における社会的不快さの経験はこうした道徳的源泉に根を持つのである。プロレタリア階級による反抗についてのバリントン・ムーアの先駆的な研究、植民地の民衆の毀損された自尊心の意味に関する散発的な研究、女性の抑圧された経験との連関で承認拒否の持つ中心的な役割についての増加しつつある研究文献、われわれの正義観念において「尊厳」が担っている中心的役割に関するアビシャイ・マルガリットの体系的な論文、これらはすべて承認という用語を必然的に適用しているという点で同一の方向を指し示している。すなわち、われわれが今日手にしている知に従えば、当事者が現実社会の中で不正と見なす事柄は、これらの人々が社会的に承認されることを正当であると考えているその要求において、自分たちが傷つけられていると考えずにはいられない制度的な規制あるいは予防措置なのである。

ナンシー・フレイザーにとっても私にとっても同程度に実現することが重要である批判的社会理論のプロジェクトに対して、これまでの考えの道筋から導かれる帰結は、ナンシー・フレイザー自身の戦略からはかなり逸脱したものになる。ナンシー・フレイザーが理論の規範的な基準枠をカテゴリーに関して拡張し、そこで解放運動の持つ古い目標設定も新しい目標設定もともに適切な表現を見出しうるように試みているのであれば、自らが考えているよりも多くの理論的な刷新を行うことが現時点で求められる。この試みに際して、現にあるコンフリクトの水準をたんに是認してしまうことにはすでに言及したリスクが伴うが、そのことをまったく度外視すると、日常的な不正の経験に対して体系的に誤った接近をしてしまうという問題が、こうしたナンシー・フレイザーのやり方では完全に残されたままだからである。この難点は、かつてのフランクフルト学派においてもなお支配的であった社会学的な反-規範主義という遺産にほかならないので、批判的社会理論を刷新するときにはいつでも最初に取り組まねばならない。なぜなら、主体が社会秩序を価値評価する際に用いる規範的観点をカテゴリー化して解明しないと、理論には社会的不快さの次元が完全に閉ざされたままなのだが、理論は同時にいつでもこの次元を拠り所とすることができなければならないからである。マルクス主義を起源とする数量化可能な利害関心という発想も、理論を欠いたままたえず「新たな」社会運動と連帯することも、どちらもこの難点に関していかなる仕方でも有効ではない。むしろここでは、侮辱および承認拒否の現象という社会的な承認が毀損される場合において、あらゆる不正の経験の核心を構成する承認論の規範的前提を表現するものへと根本概念を変換することが必要とされる。しかもその場合に、私が手短にまとめたように多方面に分岐した探究と一致していることも必要である。その限りで、私が批判的社会理論に対して推奨している「承認論的転回」が、ナンシー・フレイザーが議論を展開しているレベルの基礎の段階で行われることになる。すなわち、こうした根本カテゴリーの変換は、これまで不十分にしかテーマ化されてこなかった解放運動を考慮に入れることに役立つのではなく、社会的不正そのもののテーマ化と密接に関わるような現実問題を解決することに役立つであろう。もちろん、このより包括的な戦略を採る者は、承認論的な根本概念への変換から帰結する第二歩目をも踏み出さなければならない。つまり、ナンシー・フレイザーが本来コミットメントの理由としていた「物質的」な不平等さえも、さらに承認に対する正当な要求が毀損されていることを表現するものとして解釈できなければならない。

第2節　資本主義的な承認の秩序と配分をめぐる闘争

ナンシー・フレイザーとの論争の第一ラウンドで私は、ナンシー・フレイザーが承認のコンフリクトと再配分のコンフリクトとの関係を見定めるうえで、暗黙のうちに根底においている相互に結びついた二つの前提を問題化しようとした。第一に、かなり疑わしく思われるのは、資本主義社会内部における政治的コンフリクトの歴史を、次のような推移の図式に従って解釈することである。その図式によって主張されるのは、社会運動が利害関心に導かれたものからアイデンティティに定位したものへと移行するということであり、したがって規範的な意味論の対象が「利害関心」から「アイデンティティ」へ、「平等」から「差異」へと転換したということである。過去の道徳的不快さや社会的抵抗の事例を知るとき、むしろ直ちに明らかなのは、そうした道徳的不快さや社会的抵抗を言い表そうとする場合に、毀損された承認や尊敬ないし名誉についての感覚が意味論的に中心的な役割を果たす言語を、たえず使用してきたということである。十九世紀の労働者や二〇世紀初めの解放された女性たちのグループ、あるいは一九二〇年代のアメリカの大都市における「アフリカ系アメリカ人たち」が抵抗を表現するその道徳的な語彙は、社会的侮辱や承認拒否が認知されるようになることを目指していた。これではまだたしかに、当事者たちがそれぞれどの点に関して自分たちが承認拒否されてきたのか、言い換えると承認されていないと思ってきたのかが、まったく述べられてはいない。しかし、これらの事柄によって逆に、不正義はつねに不当にも承認がなされない次元と関係づけられてきたということが誤解の余地なく明らかになる。その限りにおいて、すでに記述的なレベルで不正義の経験を二つの正反対のクラスに分類し、一つ目のクラスで配分の問題を、それに対して二つ目で「文化的な承認」の問題をとりまとめようとすることは、私にはあまり得策とは思えない。この単純な対置では道徳的不快さの多様性が完全に見えてこないだけではない。このことによってむしろ同時に示唆されるのは次のことである。すなわち、「物質的」不利益の経験は、個人ないし社会的グループが社会の中でそれぞれ社会的に承認されることに関して抱えている問題から独立させて記述できるということにほかならない。したがって、私にとってよりいっそう説得的に思われるのは、不正義の経験を承認留保の一連の形態、したがって承認拒否として理解する考え方であり、それぞれの不正義の経験は当事者たちが自分たちのどの特性ないし能力がそれぞれ不当に尊重されなかったりあるいは承認されなかったりしていると見なすかによって異なってくる。ここでさらに考察すれば、さまざまな不正義の経験は客体に関してだけでなく、承認が拒否される仕方に関しても確認できることがわかるだろう。それゆえに、文化的集団が一種の社会的価値評価を求めているのか、それともその集団としてのアイデンティティが法的に承認されることを求めているのかは、たとえばナンシー・フレイザーによって強調される「アイデンティティのコンフリクト」において本質的に異なるのである。いずれにせよこれら二つの選択肢に言及しただけですでに、「再配分」と「文化的承認」という対立を固定化するナンシー・フレイザーは、カテゴリーとして、ちょうどいま「法的」という特徴づけを与えられた形態の承認をまったく考慮に入れることができていないのではないか、という疑念が私には生じる。ナンシー・フレイザーの議論では、社会的集団は本質的に物質的資源かあるいは文化的承認をめぐって闘争するかのようであり、法的な平等をめぐる闘争には驚くべきことに体系的にまったく言及されることがない。(23)

この先取り的考察からすでに――この考察については反論のなかでさらに詳しく述べたいと思うが――、私がナンシー・フレイザーの構想において疑問視している第二の想定が何であるのかがわかる。私がちょうどいまスケッチして示唆したように議論する人は、承認という概念装置の導入を社会的な「アイデンティティのコンフリクト」という新しい局面へと歴史的に制限することはできないだろう。むしろこの概念装置と結びついた概念を次のようなことに役立たせようとする。それは、道徳的に動機づけられたコンフリクトの深層を社会において見えるようにすることであり、批判的社会理論の広範に枝分かれした伝統においては、この深層は利害関心の概念に固定化することによって非常にしばしば誤承認されてきたのである。もちろん、このように承認論的に構想を組み立て直さないと、社会の現実は概念的にうまく把握されないまま放置されてしまう。したがって、承認論的な構想の建て直しは放置されたままの社会の現実に対して、潜在的には社会的なコンフリクトへとつながりうる一連の承認の期待をいわば社会の外部から対置させる以上のことを要求する。しかし、このようにいわば社会の外部から対置させようとする者は、どのような社会の現実においてもつねにすでに一定形式の相互承認が制度化されており、これらの承認が本質的に不十分であったり非対称的である場合に、そもそも初めて一種の「承認をめぐる闘争」に火が点きうるということを十分には理解していなかった。したがって第一歩目では、社会の道徳的秩序を、それが対等ではない承認関係にもとづいて構成された脆いものであることがわかるような仕方で、説明する試みが求められる。そしてそれからようやく第二歩目において、どの程度このように確立されている承認の秩序において、さまざまなレベルで通常根拠のないものと見なされる承認拒否という道徳的経験に帰される社会的コンフリクトに、火が点きうるのかを示すことができる。そのうえ、主体は自らが承認されるという期待を持つと想定されるとしても、それは一種の人間学的なものとして扱うことはできないということはナンシー・フレイザーがそれに関していくつかの箇所で私に対して異論を突きつけているように思われるが、初めから明らかである。それゆえにむしろこの種の期待は、基本的で潜在的な要求を社会的に構成した産物であり、この期待の規範的な正当化は、歴史のなかでそのつど確立される承認の秩序のうちに制度として係留されている原理と関係づけることによってつねに遂行される。承認の期待、あるいは否定的な言い方をすれば、承認拒否の経験と、歴史のなかで制度化されている承認の原理とがこのように内的に交差していることを見抜いているのであれば、これまで説明されないままであった社会における承認と正当化討議の連関はどのようなものでなければならないかが最初の概略として示される。

ナンシー・フレイザーに対する私の反論の第一部から帰結する事柄に関して、こうして手短に要約してきたが、そこに含意されていた理論的な先取りから、いまやすでに、議論を続けるにあたって私が取らなければならない方向が指し示されている。私は、承認をめぐる闘争という「道徳的文法」に即して配分のコンフリクトを解決する試みを行う前に、まず制度化された承認の秩序としての資本主義社会について語ることが何を意味しうるのかを簡潔に解明する必要がある。この目的のために、第一歩目で、どの程度ブルジョワ的–資本主義的社会形態の形成が三つの社会的承認の圏域が分化した結果として理解できるのかを示すつもりである（第1項）。その後でようやく私は、ナンシー・フレイザーの解釈に反対して、配分のコンフリクトを承認をめぐる闘争の表現形式として解釈するという課題に向かうことができる。この道徳的に動機づけられた闘争がここで取る特別な形式は、「業績」という承認の原理の解釈と価値評価をめぐる闘争の形式である（第2項）。

1　三つの承認の圏域（愛・法・業績）の歴史的分化

議論の第一歩目を踏み出すためのたんなる準備をするつもりで、私は以下においてただ大雑把な議論のスケッチを行うだけで満足しなければならないだろう。その際私は、本質的に次のような研究文献に依拠する。それは、少なくとも潜在的には、ブルジョワ的‐資本主義的社会形態を制度化された承認の秩序として解釈する試みを企てていたような文献である。このような方法で明らかにしようとしているのは、慣例的にそして短縮して「配分のコンフリクト」と呼ばれる事態が出来する特別な承認の圏域はどこなのかということだけではない。さらに私にとって重要なのは、以下のことを証明することでもある。つまり、人間の生活形式を特徴づけている相互主観的承認への人間に固有の依存関係は、社会においてそれぞれ承認を相互に承諾し合うことが制度化されているその特別な仕方でつねに形成されている。方法論的には、このような考察とともに主観的な承認の期待は人間学的に理解された人格論から単純に導かれるのであってはならない、ということが帰結する。むしろ逆に、人間には相互主観的な「本性」という特性があると回顧的に考察するうえで鍵となるのは、それぞれ最高度に承認の圏域が分化しているということである。その分化に応じて人間の実践的自己関係も、したがって再帰的に自己自身の権限および権利を確かなものとする能力も、承認によって可能となり、しかもそうした自己関係と能力は何か一度きりだけ与えられるようなものではない。主観的な承認の期待と同様にこの能力も、社会が発展してゆくなかで人間として人格性を一定程度分かち持っていることに対して社会的承認を与えるために、分化していった圏域の数に応じて成長するのである。[24]

このような先取り的考察に従えば、ブルジョワ的‐資本主義的社会形態の出現を三つの承認の圏域が分化した結果として捉えることは、有意味であることがわかる。プレモダン社会が持つ身分制の社会秩序においてすでに、そもそも子どもたちの社会化のプロセスを可能にするために、特別な形態の承認として未発達なままではあるが形成されていたにちがいないものは、それがないと子どもたちの人格形成がまったく可能でないようなケアと愛という態度である[25]。しかしこの種の情念的な承認は、成長しつつある人間が身体と結びついた自己自身の欲求の持つ価値に対して信頼を寄せることを可能にするが、子ども時代というものが、制度上特別にケアを必要とする局面として個人の生活のプロセスから切り離される限りは、ただ潜在的な形態で遂行される行為実践に留まるのみである[26]。そして社会の内部でようやく、身体が有機体としてまったく未発達な状態から自律できるように成長する道を子どもに準備するために両親が、発達史的にはしかしまずは母親が、子どもに対して引き受けなければならなかった特別なケア義務をめぐる意識が成立しうる。両性間の関係のありようが次第に、経済的および社会的に強いられる行動の仕方から自由になり、それとともに相互に惹かれ合う感情に開かれることを通じてまた、愛の承認形式は一定程度自立化を果たす。もちろん階層によって遅くなることもあるが、結婚が特別な種類の相互主観性の制度的な表現形式として捉えられるのも、そう遠いことではない。この相互主観性の特性は、ここでは男女が相互にそのつどの欲求の本性の中で愛を捧げ合うことにあるとされる[27]。この二つの制度化の事象、すなわち、子どもの自立化と「ブルジョワ的」恋愛結婚の形式によって、非常に徐々にではあるが一つの特別な種類の社会関係をめぐる一般的な知が成立する。この社会関係は、他の相互作用とは異なり、相互に惹かれ合いケアし合うという原理によって特徴づけられる。社会の成員同士がこの種の関係の形式において相互に捧げ合う承認は、パートナーがそれぞれの欲求の状態に関して満足できるように愛情深く気遣うという形態での承認にほかならない。

資本主義的社会形式の核となるような制度を形成することにとっては、もちろんもう一つ別の発展のプロセスがさらに比較にならないほど大きな重要性を持っている。というのも、そのプロセスはこの社会形式の道徳的秩序の基盤を創ったからである。封建主義による身分制の社会体制においてだけでなく、あらゆるプレモダン社会において、個人の法的承認は、したがって社会の成員として承認され一定の権利を保障された個人の身分は、社会的な価値評価と直接結びついており、個人はこの価値評価を出生や年齢あるいは職務にもとづいて享受することができた。個人が正統に手にすることのできた権利の範囲は、確立された威信の秩序の枠内で、社会の他の成員たちによって認められた「名誉」や身分の高さに応じてある程度直接決まっていた。法的な尊敬および社会的な価値評価のこのような合体は、つまるところあらゆる伝統的な社会の道徳的基盤であるが、こうしたものはブルジョワ的－資本主義的社会秩序が形成されるとともに打ち砕かれる。というのも、市場における関係が広がりを見せるなかで同時にポスト伝統的な思想の力によって法的関係が規範的に改造されることにより、法的承認は、いまや社会の個々の成員が原理的に他のすべての成員に対して法の下での平等を享受すべきである限りにおいて、階級的な価値秩序からは切り離されるからである。(28) あまり過小評価すべきでないのは、法的平等という理念のこのような制度化を伴う規範的な構造転換である。なぜなら、この構造転換は二つのまったく異なる承認の圏域を確立し、そのことによって社会の道徳的秩序に対して革命を起こすからである。いまや個人は、たしかにまだ事実的な実践によってではないにしても、いずれにせよ規範的な理念に関しては、自己が法人格として他のあらゆる社会の成員が行うのと同様の要求について尊重されていることがわかる。他方で、その社会的な価値評価は、なお階級ごとに区分された価値基準に負ってはいるが、これもいずれにせよ同様にして、新しい基盤の上に築かれるのである。

つまり、ブルジョワ的－資本主義的社会形式への移行に際して社会的身分秩序の変容として起きている事柄は、法的尊重という自律化した圏域において同時に発展として出来した事柄と比較して、少なからず構造改革的であり、それどころか革命的でさえある。後者の場合、法のもとの平等という規範的な理念の制度化が実現し、前者の場合、職業労働の宗教的な価値づけの影響のもとで、「個人の業績」という文化的な基本理念が形成される。(29) 経済活動に励む市民階級が貴族に対して強いる、こうした新しい種類の価値基準が次第に確立されるとともに、逆に身分制にもとづいた名誉原理はその妥当力を失い、個人の社会的名声は出生および所有地からいまや規範的に独立する。個人が社会において正統な仕方でどの程度の価値評価を得られるのかについて決定することになるのは、もはや名誉を定めるそれ相応の法典を備えた身分集団の成員であることではなく、産業として組織化された分業体制において一個人として行った業績である。(30) 法的身分と威信の秩序における規範的な変革[1]によって押し進められる構造改革プロセスの全体は、したがってはっきりと次のようにも描かれる。すなわち、プレモダンの名誉の概念は二つの相対立する複合体へと分裂し、階級によって保障されたこの名誉の一方の部分は、いわば民主化され、社会のどの成員に対してもいまや法的人格としてその尊厳あるいは自律性を等しく尊重することが是認される。他方、もう一方の部分は、いわば「業績主義化」され、社会のどの成員も同時に「労働する市民［勤労市民］」としてその業績に応じて社会的な価値評価を享受することになる。

もちろんこの後者の種類の社会関係は、愛および新たな法原理と並んで、発展しつつある資本主義社会において第三の承認の圏域を示しているが、それは当初より明確にイデオロギー的性格を担う仕方で階級的に組織化されている。というのも、何がどの程度「業績」として協同作業への貢献と数え入れられるかは、一つの価値評価のもとに決められるのだが、この価値評価は、経済的に自立した市民階級の男性の経済活動を規範的な準拠点としているからである。すなわち、いまや社会に対する一定の数量化が可能な効用によって、「労働」として讃えられる事柄は、たんに集団に固有の価値設定を施した結果なのであり、（たとえば家事のように）他の同じように再生産にとって必要な活動の領域はすべてこの価値設定の犠牲となる。さらに、社会秩序のこのように変容した原理は、一定の業績の価値を一面的かつイデオロギー的に構造化することにおいて、社会の個々の成員がどの資源をどの程度正統にそのつど個人的に手にするのかを測定できるようになる限り、同時に物質的な暴力のエレメントをも示している。新たな身分秩序、したがって産業資本主義的な価値によって定められる社会的な価値評価の段階づけと、資源に関する物質的な配分の不平等性との間には、その限り「上部構造」と「下部構造」、「イデオロギー」と客観的現実といった、たんなる表面的な関係以上の関係が成立していることになる。言い換えれば、ヘゲモニーによって貫かれ徹頭徹尾一面的になされる業績の価値評価は、むしろ制度的な枠組みを示しており、その枠組みの中でブルジョワ的‐資本主義的社会において資源がどのように配分されるべきかを定める基準ないし原理が、規範的な賛同を手にしうるのである[31]。このように考察を深めることによって、リヒャルト・ミュンヒが正当にも資本主義の経済圏域における「支払いと尊重」の交差と名づけた事態[32]も明らかになる。すなわち、ルーマンあるいはハーバーマスとともに、資本主義に関して、経済プロセスのシステムが「規範から自由である」という言い方をすることは誤りであろう。なぜなら、資本主義においてはたしかにさまざまに闘争は行われるものの、しかし一時的にではあってもたえず確立されている価値原理によって物質的な配分は行われ、この物質的な配分が社会の成員の尊重および社会的な価値評価と関係しているからである。したがって、以下のことを見て取るのは困難ではない。それは、この種の考察から、伝統的な用語において「配分をめぐる闘争」と名づけられる事態が何であるのかを規定することにとって、射程の長い結論が導き出されるということである。

これまでブルジョワ的－資本主義的社会形式による社会道徳の形成について費やしてきた、簡潔な説明を要約することによって明らかになるのは、三つの承認圏域の分化ということがそれなりに説得的に主張できるということである。それを言い換えると、暴力を伴なうこの構造変革プロセスにおいて実現されていることは、三つの異なる形式の社会関係の確立であり、これら三つの形式の社会関係において社会の成員はそのつど異なる仕方での相互承認を、その承認のそれぞれの原理に従って当てにすることができるということにほかならない。それと同時になされる承認の秩序の革命によって個人の新たな種類の自己関係が可能になる。そうした自己関係に狙いを定めれば、このことは次のことを意味している。つまり、主体はいまや次第に、そして性別および階級によって早い遅いはあるが三つの異なる態度で自己自身と関係を持つことを学ぶということを意味している。相互にいつくしみ合いケアし合うことを内包する親密な関係において、主体は自己をそのつどそれ自身の欲求をもった個人として捉えることができる。平等の権利（および義務）を相互に認め合うという基準に従って展開される法的関係において、主体は他のあらゆる社会の成員に対する場合と同様に、同一の自律性が認められる法的人格として、自己を了解することを学ぶ。そして最後に、一方的に設定された業績の原理が支配するもとで、非親密で職業による身分をめぐって競争するようになる社会関係において、原理的に主体は、社会に対して価値のある能力および才能を所有するような主体として、自己を捉えることを学びうる。もちろんこのことは、資本主義の新たに展開されつつある社会秩序が、また他の形式の社会関係を――この他の形式の社会関係によって個人は、自己自身との関係においてこれまでは知らなかった経験をできるようになるのだが――導出しないということを意味するわけではない。したがって、たとえば急速に成長しつつある大都市において人々の相互行為が匿名で行われるようになることで、個人にはサンクションを与えられることなく新たな行為のパターンを試みたり、そのことによって試しに自身の経験の地平を拡張したりするチャンスが増えるのである。[33] しかしこのような新たに成立するコミュニケーションのパターンとは異なり、取り上げたあの三つの種類の社会関係は、相異なる形式の相互承認を基礎づけるような規範的な原理をそれぞれ内的に含んでいることが特徴的である。親密な関係を方向づける理念としての「愛」も、法的関係の規範としての平等原理も、そして社会的な階級を定める基準としての業績原理も、それぞれ規範的な観点を呈示しており、これらの観点に関して主体は理性的に、すでになされている形での（それぞれの）承認は適切ではないとか、あるいは十分ではないとか、したがって拡張される必要があると主張することができる。その限りで三つの承認圏域は、新たな社会形式において構造的にもたらされる他の社会関係とは異なり、規範的に内容のある相互行為のパターンを形成するのだが、それは、それぞれの基盤をなす原理を何らかの仕方で尊重しなければ、これらの相互行為のパターンは実現しえないからである。さらに他の社会関係と異なっているのは、結局、相互承認という態度を要求するあの社会関係だけが、ポジティヴな自己関係という局面の形成に貢献するという事実である。というのも、一定の承認原理に相互に定位することが規範的な前提であるような相互行為に参加することでのみ、個人は、個人として持つ特別な能力が他の主体たちにとって価値を持ち続けることを繰り返し経験できるからである。したがって、承認の圏域が制度的に分化することによっても、個人性が増大するチャンスは高くなる——チャンスということで、個人自身の人格の唯一性が社会的な賛同のもとでますます確保されるようになる可能性が理解されるのなら。つまり、どのような相互承認の圏域が新たに成立する場合でも、同時に人間の主体性が持つ新たな局面が開かれ、個人はいまや相互主観的な仕方でこの局面を肯定的に自らのものにすることができる。

このように説明を付け加えているうちに、三つの承認圏域の社会的分化という発想がどれほどヘーゲルの「法哲学」を社会理論的に読み換える試みに負っているのかということが十分明らかになっただろう。[2]すなわち、ヘーゲルがその法哲学において近代社会の「人倫」の秩序を視野に入れて三つの制度的な複合体（家族・市民社会・国家）――それぞれの内部構制は、承認の圏域として個人が能動的に参加する場合には最高度の個人的自由を享受できるようになっているのだが――について論じていたのだとすれば、私自身の論考においては、三つのそれぞれ相異なる構制を持つ相互承認の圏域の分化という形で、根本的にはヘーゲルと同一の思想が再現されているのである。ナンシー・フレイザーに対する反論のなかで、ナンシー・フレイザーとは異なる仕方で「配分をめぐる闘争」を捉えるために反論とともに切り開かれた議論の道筋をたどる前に、私自身の企てをヘーゲルの企てから原理的に区別する差異のうち、少なくとも二つの差異を示唆しておきたい(34)。

a）ヘーゲルの「法哲学」にはたしかに、ヘーゲルが区分する三つの制度的な複合体に対して、複合体内部に設定された一種の承認のコンフリクトを主張する傾向が見出されるが、しかしこのコンフリクトは、本質的にそれぞれ次の段階の人倫の構制を持った制度へと移行することを動機づける機能しか持っていない。それに対して私は、資本主義とともに成立する三つの承認圏域を理論に導入しようとしたが、この試みははじめから、これらの圏域が、それぞれの承認原理を正統化して適用することをめぐって内的に引き起こされるコンフリクトによってそれぞれどの程度特徴づけられていなければならないのかを明らかにするような仕方で行われたのである。私の見解によれば、資本主義的な社会形式が持つ道徳的秩序の方向を定める三つの新たな形の社会関係とともに、そのつど相異なる承認原理が形成され、この原理に照らして主体は、基礎づけも正当化もできない承認拒否という特別な経験を一般に認めさせることができ、それゆえに拡張された仕方での承認を求める理由を申し出ることができるのである。親密な関係においては、この内的なコンフリクトは典型的には次のような形態をとる。それは、相互に認め合う愛に依拠して新たに展開された欲求、あるいはこれまでは顧慮されてこなかった欲求を申し立て、これまでとは異なった種類の愛情の認知、あるいは拡張された種類の愛情の認知を求めるという形態である。[35]それに対して、近代法における承認の圏域では、この承認のコンフリクトは通常、次のような形をとる。それは、これまで排除されてきた集団がどれほど基礎づけられた仕方での法的承認に値するのか、あるいはこれまで無視されてきた事実がどれほど有意味な仕方で法の原則を分化させるのかということを平等原理に依拠して認めさせようとする、そうした形である。[36]そして最後に第三の承認の圏域においては、承認をめぐる闘争は一般的に次のような形態をとる。それは、個人あるいは社会的な集団が業績原理に依拠して、これまでは無視されたりあるいは過小評価されてきた活動および能力に妥当性を持たせ、これまでよりも高い社会的評価を手にするのと同時に、（物質的）資源の再配分を求める、という形態である。これらのわずかな言及をもとに、すでにテーマ化された連関が――それは、主観的な承認の要求と、社会のなかでなされている正当化の討議との間にきわめて明確に成立している連関だが――どのようなものでなければならないのかを、いまやはじめて、また一層はっきりと見てとることができる。このような根本的な要求が、その要求に含まれる期待の内容はそれぞれ制度に係留する承認の原理によって影響を受けているという意味で、社会的に形成されているのであれば、圏域ごとに異なって背景を問い合わせたり正当化したりする討議の合理的なネットワークを形成する実践的理由の数々は、たえずこのような原理にもとづいて生起する。したがって、承認の圏域が規範的に内容のある相互行為のパターンを呈示しており、そこには人間の相互主観的な本性がそのつど普遍化可能な仕方で表現されているのである。このときそのつど相互承認の形式において社会的に確立されている事柄は、根本にある原理のために、公共的に正当化された基準という性格を持っており、この基準を社会のなかで用いることによって、それに応じて合理的な異議や問題提起は確固たるものとなりうる。ヘーゲルは、「人倫性」が持つ合理的な内容に関するその論考が示すように、このような洞察からさほど遠くはなかった。しかしそれにもかかわらずヘーゲルは、人倫の総体性というよ圏域ごとに異なる予定調和的な帰結のために後退し、ヘーゲル自身が区別した承認の圏域には、それぞれ構造的に圏域を超越する闘争が設けられているのを見落としたのである。

b) 人倫的なものの内部でいかなる内的な緊張関係があろうとも、人倫的なものにおいて「法哲学」をいわば体系的に完結させようとする後期ヘーゲルのこうした傾向は、[37]私の提案がヘーゲル本来のアプローチから区別される第二の観点においても姿を見せている。ヘーゲルは実際、ヘーゲルによって区別された三つの承認の圏域をそれぞれ特徴づけている構造的に設定されたコンフリクトを認めようとしなかっただけでなく、さらにこれらの三つの圏域をヘーゲルの時代には典型的であった制度的な複合体と等置しようとさえした。したがってヘーゲルは、無分別にも愛という承認の圏域をブルジョワの小家族という制度と同一視し、近代法という承認の圏域を「市民社会」という組織体と同一視し、そして最後に私の場合はこれまで「社会的な価値評価」という名のもとに現れてきた圏域が、ヘーゲルの場合には「国家」という制度における政治的な名声あるいは名誉という発想に見出されるのである。このような制度主義的な考え方の欠点は、制度があまりにも一面的に、一つの承認原理からしか解釈されないということだけにあるのではない。この欠点はたとえば、「家族」ないし「国家」には法的承認の連関が奇妙なことに欠けてしまう点に現れている。ここでは、こうした具体化をよしとする圧力のもとで、一方の制度的複合体と他方の承認圏域との間にある境界線がまったく見えなくなっている。しかしネガティブな意味ではるかに大きな重要性を持っているのは、ヘーゲルがヘーゲル自身の議論の進め方によって取り上げた三つの制度のほかに、さらに承認原理を制度化して具体化したものを、ヘーゲル自身の分析のなかへ体系的に考え入れる自由をみずから奪っているという事情である。したがって、ここでは最も顕著な事例だけを挙げるとすると、「友情」の持つ社会的意味に言及することは、ヘーゲルが古代の見本に定位する際にはきっと真っ先に心に浮かんでいただろうが、しかしヘーゲルが「愛」という人倫の関係を解釈する際には「友情」の持つ社会的意味に言及されることはまったくない。こうしたつじつまの合わない事態を避けるために、すでに社会的になじみのある制度、あるいは法的な構制を持つ制度について論じられている具体的な段階の上に、さまざまな承認の圏域を導入する方が、私には本質的により真実に近いと思われる。すなわち、こうした圏域が意味するものは、社会的に確立された相互行為の関係が持つ形式と結びついており、このような相互行為の関係は相互承認が持つさまざまな原理に係留している限り、規範的内容を持っている。「法哲学」の根本理念が今日このように変形した仕方で再び受容されるのなら、はじめから明らかなのは、社会的な「人倫性」の概念によってそのつど意味されうるものが、歴史ごとに異なる承認の圏域をひとまとめにしたきわめて抽象的な表象にすぎないということであり、[38] するとまた、制度的な複合体がただ一つの承認原理だけを具体化したものであることはきわめてまれな事例にすぎず、この複合体は通常さまざまな承認原理が交差した結果であるということも自明である。したがって、再度すぐに思いつく事例だけを挙げると、近代的な「ブルジョワ」小家族は、家族内の相互行為の関係が徐々に法的に規制されることで愛という承認原理が補完されてきた制度にほかならない。法的な承認原理の導入、つまり家族の成員相互を法的に尊重するへの外的な強制の導入は、ここでは典型的に、相互的な愛やいつくしみという唯一の原理だけを

「純粋」に実践することから帰結しうる危険を、予防する機能を持っているのである。[39] われわれがこのような制度的交差の可能性を視野に入れるなら、私が導入した第三の承認圏域、言い換えれば、社会的な価値評価が具体的になされる「業績原理」にもとづく承認の圏域が、資本主義社会全体の歴史においてたしかにすぐに、法的な承認の連関に関して補完されてきたことも視野に収まる。すなわち、福祉国家的な方策をとることは、最小限の社会生活およびそれとともに最小限の経済的資源が社会の個々の成員に、もちろん業績主義的な承認原理からは独立して保証されるべきであることを意味し、それ相応の要求がここで社会権へと構造変革されるのである。こうした言及とともに、議論の筋道を、ヘーゲルの「法哲学」について手短な補論を行ったその前の段階へと再び戻すことができる。「配分をめぐる闘争」が承認論の枠内で意味する事柄は、社会的な価値評価の圏域を福祉国家的に囲い込むとどのようになるのかを、まず簡潔に描いた後でなら、適切に分析できるからである。

身分制の秩序が解消された後、社会的な価値評価の新たな基準として形成される個人主義的な業績原理は、はじめからきわめて両義的な正統化の審級にほかならない。一方でこの原理は、すでに言及したように、資本を所有しているがゆえに経済的な再生産のために資本主義的に組織を新しくするうえで必要となる手段を手にしている、そうした支配的な社会集団のたんなる一面的な価値地平を表現しているだけである限り、強力なイデオロギーの一つのエレメントとほとんど変わるところがない。したがって「業績」とは何であり、それとともに資源の公正な配分を保証するものが何であるかのは、直ちに評価を与える基準に照らして測られるが、この基準の最高の準拠点は一定の活動に対してあらかじめエリートたちによって用意されている。しかし、すでにこのような特徴づけにはミスリーディングなところがある。というのも、たとえば個人の危機意識を資本所有者の投資の際の危機に固定する点に見出されるように、[40] ここで背後関係が知られないまま用いられるようになる基準のうちのどれ一つとっても、一面的な価値設定からはほどんど自由ではないからである。さらに、どのような種類の業績評価もすべて、はじめから包括的な解釈の地平の影響を受けており、資本主義のエリートたちが行う価値設定さえこの地平の源泉ではなく、源泉はさらに過去に遡った世界像にあるが、それにもかかわらず、なお長い間、この地平はそもそも何が個人の活動の表現として妥当性を持ちうるのかを規定するのに、一役買っているのである。ここではとりわけ、自然主義的な表象群が大きな役割を果たしている。この表象群によって、社会の部分集団に一定の特性が「本質主義的」に帰せられ、その特性が実際に発揮されると、それは「業績」あるいは「労働」としてではなく、たんに「生まれつき持っている」本性の実現と見なされることになる。すなわち、主婦ないし母親の活動は、この自然主義の社会存在論的地平においては、何らかの形で社会的な価値評価を正当化して、社会を再生産するための「生産的」な貢献と見なされることは決してなく、他方、正式に組織化された領域における女性の労働には、男性の労働と同一の生産性は期待されないが、それは女性には女性の本性上、身体的にあるいは知的に男性ほど力を発揮できないことになっているからである。[41] 資本主義的な業績原理にはじめから内在しているこれらの何重にも張り巡らされた過重な負担や歪みを明らかにすれば、ここにそもそも相互承認の規範原理を見出すことは困難である。にもかかわらず、実際に身分制の形態をとった社会的な価値評価を解消することになる新たな理念が社会的に実現される場合には、「社会のあらゆる成員の活動による貢献は、その業績によって適切に価値評価せよ」という要求が、少なくとも規範としては維持される必要がある。

つまり他方で、個人主義的な業績原理は、人生のチャンスあるいは財の極端に不平等な配分を道徳的に正当化するために、ブルジョワ的‐資本主義的な社会形式が真っ先に手にすることのできる唯一の規範的な資源でもある。すなわち、社会的な価値評価の程度に応じて経済的特権および法的特権の範囲をも正統化して定めるものが、もはや一定の身分への帰属性であってはならないとき、労働の倫理的－宗教的再評価や資本主義的な労働市場の確立によって、個人があげた業績に応じて社会的な価値評価を行うという考え方には十分にうなずけるものがある。そうである限り、これからはこの業績原理が規範的な正統化の背景をなし、疑わしい場合には合理的な理由を用意しなければならず、金銭や証明書のような一定の資源を特権的に自分のものとすることを公共的に正当化するのである。そして、社会的不平等という事実に対して多かれ少なかれ合理的な賛同が得られるのは、ただ次のような理由による。すなわち、賛同が得られるのは、この事実を正統化する原理があらゆる事実的な歪みを超えて、「相互的な価値評価という形で公正かつ適切に社会のあらゆる成員の個人的業績を顧慮せよ」という規範的要求を含んでいるからである。また別の側面から見ると、もちろん資源の不平等な配分には、さらに資本主義的社会秩序を広範にわたって構造変革〔3〕する突破口にもなりうるような規範的なよりどころが見出される。なぜなら、構造的に優遇された集団は、国家に依拠し、その限りで法的な制裁規定によって保証された仕方で資源を独占し、しかもそのことは法的に正当なこと見なされるが、こうした不平等な配分を、新たに創り出された業績原理と並んで、平等な取り扱いに対する内的な要求を持った近代の法秩序も正当化するからである(42)。そして、平等な法的取り扱いというまさしくこの原理こそが、またとりわけ労働者階級による数多くの社会的闘争および社会的対立において動員できたものでもあり、その結果として社会権がはじめて確立されるに至るのである。それとともに、業績原理にもとづく承認の圏域がある程度福祉国家的に囲い込まれ、いまや最小限の社会的価値評価と経済的扶助が事実的な業績からは切り離され、個人的な権利要求へと構造変革されることになる(43)。

このような社会福祉国家的な構造変革プロセスにおいて資本主義的な承認秩序の内部で起きている変化とは、平等な法的取り扱いという原理がこれまでは自律的であった社会的価値評価の圏域への浸透のことだと理解するのがおそらく最もよいだろう。というのも、社会福祉国家的に一貫した保証を一定程度「合理的」に命じる規範的な議論は、その核心部分に関して次のような反論困難な主張に帰着するからである。すなわち、社会の成員が法的に保証されたその自律性をまた事実としても用いることができるのは、所得からは独立して最小限の経済的資源が成員に保証されている場合だけだからであるという主張にほかならない(44)。ここでは、特にわかりやすい事例に即して、歴史的な変化がどれほどその源泉を説得力以外には持たないような革新によって引き起こされうるかが、例示されている。この場合の説得力とは、よりよく言えば、それぞれ拒絶することができない道徳的理由にほかならない(45)。社会的承認の圏域は、全体としてブルジョワ的‐資本主義的社会の社会道徳的秩序を形成するが、その根底にある原理のために、当事者が事実的な承認関係に反対して合理的に異議申し立てできるような妥当性のあり方をしている。したがって、このような仕方で少なくとも欧米資本主義国家で行なわれている社会福祉国家的な刷新を通して、いま述べたように改良された道徳的基盤のうえに社会階層の形成が行われるが、それは、業績原理ならびに法的原理といういわば規範的に区別された二つの異なる原理に従ってある集団に特有な資源の獲得が行われる限りのことである。社会的に獲得できる財のうちごく一部は、社会権という形式でいまや法的人格としての個々の社会的成員の所有であることが保証されるけれども、大部分は変わることなく規範的には資本主義的な業績原理に従って配分されることになる。しかしこのことによって、「配分をめぐる闘争」と呼ばれる社会的な対立は、いわば二重の形態をとる。というのも、この争いは法的な議論を動員することを介してか、あるいは支配的な業績の定義を価値変換することを介して行われるからである。

2　承認をめぐる闘争としての配分のコンフリクト

すでにマルクスは、周知のように、配分をめぐる闘争を政治的に描くことに対して——このように描くことは、マルクスの時代にはとりわけ社会民主主義者たちによって行われたが——、一連の重要な留保を行なった。本質的にマルクスの反論は、経済資源のたんなる再配分だけを目標とすることは、社会的不平等の本来の原因である資本と労働との構造的な非対称性を手つかずのままにする、という確信に依拠している。[46] さて、私はナンシー・フレイザーに対してこれに類似した批判をたとえ一度だけ繰り返せと言われても新たに行おうとは思わないが、それは、私としては他の数多くの書き手たちとともに、マルクスがその資本主義的社会形態の分析においていくつかの重要な誤りを犯したという確信を共有しているからである。ここでの私の中心的な反論は、平等原則ないし業績原理の持つ道徳的な秩序形成の力を文化的な上部構造として片づけるのがあまりにも性急にすぎるというマルクスに明白に認められる傾向と関わっているが、この力は新たに成立した市場社会に対してはじめて正統化のための枠組みを調達するのである。[47] それにもかかわらず、ナンシー・フレイザーが今日（ナンシー・フレイザーの言葉によれば）支配的であるアイデンティティをめぐる闘争に対して、配分をめぐる闘争の役割を政治的に再評価しようとしているのを目にするとき、私の場合にはマルクスように反射的に留保にしたくなる。この後者のカテゴリー、すなわち、配分をめぐる闘争によってナンシー・フレイザーが示そうとする社会的出来事は、社会理論的にはまったく不透明な現象ではないだろうか。というのも、この現象の道徳的動機の背景もこの背景と内的に結びついている正統化の標準も、どちらも適切に把握されていないからである。たしかに、言うまでもなく、ナンシー・フレイザーもたきつけ役だった論争においては、新たに成立した九〇年代の文化コンフリクトと比較して、配分をめぐる闘争という事実は自明な所与の事柄とみなす傾向が強かった(48)。しかしこの闘争によってそのつど考察されている内容は、配分論的な正義の原則を社会的現実へとたんに投影することに帰される場合がほとんどであり、ここではそのような道徳的思考が当然のことのように動機づけの役割を持つかのようである。したがって結局、配分をめぐる闘争という現象として残るのは通常、公共的な賃金闘争と税制改正をめぐる議会での討論とにおいて再配分の仕方に関して交渉された事柄くらいしかない。しかしこの場合もちろん、本来的な語義での社会的な闘争、したがって当事者が不正であると感じる配分秩序をみずからの象徴的で実践的な手段を用いて変更しようと試みる日常的な闘争は、もはや重要ではない(49)。そうである限り、まず必要なのは配分をめぐる闘争という概念の再構築であり、この概念は国家のレベルでの再配分の仕方に合わせて設定されているのではなく、支配的な配分秩序を脱正統化する最初の試みが企てられるような、国家に先立つ活動のそうした空間を含みこんでいるのである。こうしてはじめて、これらの配分をめぐるコンフリクトといわゆるアイデンティティをめぐる闘争との間に橋渡しのできない深淵を成立させることに、ナンシー・フレイザーが成功しているのかどうかが明らかになるだろう。

私が資本主義的な承認秩序を説明するにあたり、これまで歩みを進めてきた途上で、十分明らかになっただろうと思われることは、私は承認概念を一つの形式の社会的承認だけに、つまり「文化的」承認だけに制限することをきわめてミスリーディングだと考えている、ということである。少なくとも欧米社会の資本主義の根底にある道徳的秩序には、三つの圏域の相互承認が少なくとも埋め込まれており、それぞれが社会の成員に正義に反した承認拒否あるいは基礎づけられない形での承認拒否というさまざまな経験を引き起こすような妥当性のあり方をしている。このときこれらの社会のコンフリクトの歴史にとっては、ナンシー・フレイザーがその批判的な時代診断において驚くべきことにすっかり消し去ってしまった次元が、間違いなく完全に中心的な役割を果たす。今日現在まで、法的な平等原理の適切な解釈をめぐる闘争の力学が資本主義の歴史を貫いており、この歴史は、マルクスによって描かれた木材泥棒の合法性をめぐる議論に端を発し、現在ではたとえば、妊娠に関して労働法の特例を適用するように女性たちが求めるような事例において継続している。(50) この種の社会的闘争が行われる際に用いられるメディアは近代法というメディアであるが、これは社会のあらゆる成員相互にそれぞれの個人としての自律性に対する等しい敬意を約束する。(51) ナンシー・フレイザーが法的な形式の承認を消し去る際には、チャールズ・テイラーの有無を言わせないような説明によって幻惑されたということがありそうだが、チャールズ・テイラーによれば、平等をめぐる闘争は文化的な「差異」の承認に対する要求とは無関係なまま、歴史のなかでいわば克服された局面にすぎない。しかしこうした見解はすでに言及した理由に加えて、次のような理由から私には誤った発想であると思われる。それは、法的な承認を闘い取る場合も、平等原理を規範として、これまではまだまったく法的に顧慮されてこなかったそれぞれ特別な生活状態の「差異」に妥当性が与えられる以外に、これは行われないという理由である。承認をめぐるあらゆる闘争は——先鋭化して言えば——普遍と特殊との道徳的な弁証法を解決する形で進められてゆく。というのも、相互承認という普遍的原理を適用する際に、それぞれ特別で相対的な差異がつねに新たに訴えられうるのであり、この差異がなじみのある承認関係の拡張を規範的に強いるからである。(52)

ところで、承認の圏域は資本主義社会における社会的階層の根底に規範として存在しているが、そうした圏域において、この道徳的な弁証法をコンフリクトとともに解決するその仕方は独自の形態をとり、見通すのが困難である。というのも、より高い社会的な価値評価とともにより多くの資源を闘い取るという目標を持ち、それぞれの生活状態あるいは人格の特殊性を訴えるために、ここでは主体に対して今日ほぼ二つの方法が開かれているからである。一方で、社会のそれぞれの成員に対して生活するうえで重要な財を業績とは無関係に最小限保証するような社会権を持ち出すことは、そのつど政治的な交渉がなされる一定の範囲まで可能である。このことによって開かれた道は、法の平等性の原理に従うことになるが、それは議論を通して平等原理が動員されることで規範的理由が成立し、そうした理由によって、最低限の経済的な扶助が法的承認にもとづく命令になりうるからである。しかし他方、広く資本主義における社会的コンフリクトの日常的な姿となっている側面では、ヘゲモニーによって確立された支配的な業績概念が適用されて、みずからの業績が適切に顧慮されなかったり、あるいは社会的な価値評価を得られないという意味で、その業績そのものがすでに何か「差異的なもの」として訴えられる可能性が含まれている。[53] この種の承認をめぐる闘争に関して十分詳細なイメージが成立するのは、もちろん、職業の社会的区分でさえ、それどころか社会的分業体制の形態全体が、業績をあげる特別な能力を文化的に価値づけた結果であるという事実を考慮に入れる場合のみである。こうした事情が今日、とりわけ明白になっているのは、職業における活動領域が社会的に構成される場合、女性の能力の特色や負荷に対する限界についての先入見がいたるところで決め手となっている点に関してである。

　したがって、関係する研究文献に目を通すことによって直ちにわかるのは、とりわけ女性の活動領域に対する低い価値づけは実際の仕事内容に関連させられているわけではない、ということである。むしろ逆に、職業化されたどのような活動も、その担い手の過半数が女性になるや否や社会的な身分秩序のなかで自動的に価値を失うのであり、当該の女性と男性の数の変動が逆の方向に進めばその活動領域も逆に地位を獲得するようになる。[54] 女性と男性というジェンダーは、この社会的分業体制においては文化的な基準として機能し、この文化的な基準が労働内容の特性とは無関係に、いかなる社会的な価値評価が一定の活動に対して規範的にふさわしいのかを決定する。女性の業績をあげる能力を（自然主義的に基礎づけて）割引くこのような文化的なメカニズムによってようやく、次のことが説明できる。つまり、ブルジョワ的‐資本主義的社会がみずからの前提について了解する場合に、なぜ女性たちによって実際に行われる家事や子育てという活動が、当初はまったく概念的に「労働」として登録されなかったということが可能であったのかを、説明することができる。そして同じメカニズムは、職業における女性と男性の数の変動に際して男性から女性へという方向で多数派が移ると、なぜいつも決まって当該の職業の地位が著しく低下するのかを説明しようとする場合にも、引き合いに出されるにちがいない。これらすべてのことによって、さまざまな地位の集団や階層が社会の再生産に際してどれだけ貢献しているように見えるのか、ということに関する文化的理解が、社会の配分秩序の正統化――それが社会的に効力を持つのである――にどの程度混在しているのかが十分明らかになる。さまざまな活動、あるいは行為の遂行一般において何が「労働」と評価されうるのか、そしてそれとともに職業と見なされうる可能性があるのかということだけではなく、いったん職業となった活動性が社会において手にする収入は、それぞれどのくらいであるべきなのかということも、ブルジョワ的‐資本主義的社会の文化のうちに深く係留した決定基準および価値づけの図式によって確定される。さて、こうした所見に関してさらに付加的に、一般に不正義の経験というものが、支配的な正統化の原理を不十分にあるいは不完全に用いることでくすぶり始めるということを顧慮するとき、資本主義における配分をめぐる闘争に関する解釈にとって私には適切だと思われるテーゼが姿を見せる。さてこのような対立は、ここでは典型的に次のような形式をとる。すなわち、社会集団はその実際に行った業績が承認拒否される経験に反応して、確立されている価値づけの基準を問題化しようとし、その社会的貢献をより高く価値評価されるように求めて闘争し、それとともに経済的再配分を勝ち取ろうとするのである。したがって再配分をめぐる闘争は、社会権の動員という道をとらないところでは、業績原理がそのつど実際に用いられる際の正統性をめぐる定義上の争いとなる(56)。

さてここで、このように輪郭を与えられたテーゼが普遍性を要求すれば、それは思いがけないことであるかもしれない。というのも、私はこれまでジェンダーに着目した分業体制の実例においてのみ、そのつどの地位の配分に際して文化的価値づけの基準がもつ影響がどれほど強いのかを証明しただけだからである。「女性」の家事の社会的再評価をめぐるフェミニズムの闘争は、資本主義的な業績原理が妥当し続ける中で、とりわけ支配的な業績の価値づけの脱正統化が進行すると、どの程度まで社会的な再配分が勝ち取られるのかを、最も明瞭に例示しうる実例なのである。ラインハルト・クレッケルの書くところによれば、女性たちは地位を失う脅威に対抗するために、今日みずから労働市場へ向かうか、あるいはまた「家事におけるみずからの再生産的な活動に対して、きわめて重要な社会的労働として社会的承認を勝ち取る(57)」ように試みることしかできない。現在特に目立っているこの一例が、社会的に普遍化され、配分をめぐる闘争のパラダイムとして選ばれるとき、この種の対立の多数が模範とする議論のための論理がここに示されている。すでに職業化された活動、あるいはまだまったく社会的に認知されていない活動は、つねに象徴的に他の光のもとで、すなわち、新たな価値地平において呈示されなければならず、こうして制度化されている価値づけのシステムは一面的ないし限定的であり、したがって確立されている配分の秩序はそれ自身の原理によっていかなる十分な正統性も持たないということが明らかにされるのである。いずれにせよこの種の闘争の射程全体は、活動についていかに適切な価値評価を行うのかという問いが、資本主義的分業体制そのものの再生産をめぐる日常的なコンフリクトの材料の一部をなすことが同時に顧慮されることによってはじめて明らかになる。工業においてであろうと、あるいはサービス業においてであろうと、官庁においてであろうと、あるいはますます家族においてさえも、「公正」な価値づけだけでなくそれぞれの活動をどのように切り離しどのように結びつけるのかということも、コンフリクトが伴う交渉プロセスのもとにたえず置かれたままでなければならない。なぜなら、これらの問いに直ちに答えを出すような、いわば価値中立的で純粋に「技術的」な機能連関は存在しないからである。そしてこのような対立の結果と直接間接を問わず物質的な財の再配分もが結びついているまさしくその程度において、ここではさしあたりまったくセンセーショナルなこともなく、まだ政治以前の意味で、配分をめぐるコンフリクトが問題となる。しかし、十分な数の当事者たちがみずからの要求活動を相互に次のような目標、つまりみずからの事例が持つ普遍的で範例的な意味をより多くの公衆に納得させ、それとともに支配的な地位関係全体を問題化するという目標と結びつけるや否や、普遍的に行われるこうした対立は、もちろんはじめてより多くを求める政治的な意味での「闘争」と化すのである。

このたったいま輪郭を与えたテーゼは二つの社会理論的な含意を内包しているが、この含意はナンシー・フレイザーの立場の中心的な前提に直接反対するものであるから、もう一度先鋭化させて概略を示しておきたい。どちらの場合も、われわれの反対は、経済と文化、資本主義的な経済秩序と文化的価値との関係はどのように適切に規定されるべきかという問いと関わっている。

a) これまで呈示してきた私の論考は、以下の確認に帰着する。すなわち、資本主義的な社会秩序について申し分のない概念を形成するために必要なのは、主体が相互承認に対する正統な期待をその規範的な原理と結びつけることのできる、三つの社会的承認の圏域を考慮に入れることだけではない。むしろ同じように必要なのは文化的価値に対する顧慮であり、この文化的価値は、業績原理のそのつどの解釈を介して経済的圏域の持つ制度的な構造へと流れ込み、その構造に分業体制と地位の配分という形式でそのつど特別な形態を付与するのである。その限りで、資本主義的な経済秩序に関しても、言うまでもなくジェンダー二元論の構成的役割に関するフェミニズムの研究が示していたように、またまずはすでに一連の人類学の書き手たちも示していたように[58]、文化的な影響力に対して、純粋に経済的な行為連関ないしシステム連関を理論的に切り離すことはあまり得策ではない。何と言っても、この圏域の限界内で職業編成あるいは報酬規定が変更される場合はすべて効率性が考慮されるのだが、この種の考慮は社会的世界を文化的にどのように理解するのかということと区別できない仕方で融合しているのである。このような概略が与えられる文化と経済との「相互浸透」の事実を、「パースペクティヴ的二元論」という手続きによって視野に入れることは、もちろんナンシー・フレイザーの自由である。この手続きによって、経済的な効用の力学というパースペクティヴか、あるいは文化的なヘゲモニーのパースペクティヴかいずれかを選択して、同一の対象領域を分析することが方法的に可能になる。しかしこの提案には非常に偶然的な事柄が付随している。というのも、なぜ二つのたんに分析的に理解されるにすぎないパースペクティヴのコンビネーションにおいて、まさしく「経済」のパースペクティヴと「文化」のパースペクティヴが問題となるべきであるのか、その論拠が見いだされないからである。「方法的二元論」のあらゆる古典的なヴァージョンにおいて、それはたとえば、ディヴィッド・ロックウッドの有名な区別に倣えばハーバーマスの初期の著作に見いだされるが[59]、二つの補完的なパースペクティヴを方法的に認めることは、対象領域の構造そのものと結びついている考察によって正当化される。ハーバーマスの場合であれば「社会統合」という視点も「システム統合」という視点もそれぞれ社会的行為の統合というアスペクトを含んでおり、このアスペクトは後期資本主義的社会の再生産にとって本質的であるか、あるいは構成的であると見なされなければならないのである。このようなハーバーマスの論証の成否がどうであろうと、目下のところこの件に関して注目すべきなのは、何か類似的なものがナンシー・フレイザーの考察には見いだされないという事情だけである。ナンシー・フレイザーの場合、同一の対象領域を他の関係を方法的に捨象して、たとえば「道徳」ないし「法」の視点の下で分析することも同じ程度に可能であるように思われるのに、なぜ資本主義的社会秩序が今日厳密に「経済」および「文化」という二つのパースペクティヴのもとで探究されうるべきであるのか、まったく不明なままである。要するに、どのような種類の方法的なパースペクティヴ論も、それが、資本主義社会の社会としての再生産は事実どのように表象されうるのかということに関する社会理論的な理解に係留されていない限り、内容は空虚なままである。ところで、この最後の問いに関して言えば、私は（この点で）はっきりしないナンシー・フレイザーの構想とは反対に、たとえば「文化論的」なものではなく（毒を食らわば皿までで）「道徳理論的な一元論」に帰着するような立場を主張する。資本主義社会の再生産も、その中心にある制度は相互承認という普遍化可能な原理における合理的な正統化を必要としているので、道徳的な合意の基盤に依存しているが、この基盤は他の統合のメカニズムに対して現実的に優越している。というのも、この基盤において、規範的な期待とともに社会の成員がどれだけコンフリクトに対する準備ができているのかも測られるからである。

b）　この第二部での説明において明らかになったように、私は社会の成員自身によって正統なものと見なされる相互承認の原理とつねに関連させて、資本主義的な社会編成における社会的コンフリクトおよび闘争を導入している。支配的社会秩序を疑問視したり実践的に抵抗したりするように個人あるいは社会的集団を動機づけるのは、正統と見なされている承認の原理を用いることが、自らの状態ないしそれぞれの特殊性に関して誤っていたり不十分であったりするという道徳的確信である。このことからナンシー・フレイザーに反対してまず帰結するのは、あらゆる社会的闘争の動機となる基盤は、「承認拒否」の経験として記述するのが有意味であるような道徳的経験に見出されるということである。主体ないし集団は、みずからの能力あるいは特性という一定のアスペクトにおいてみずからが承認拒否されていると考えるが、それは、正統と見なされる承認の原理が制度化されたものが、不当にもその主体や集団の能力や特性といった素質を適切には反映してしないと確信したからである。(60) これに対して、「経済的」コンフリクトと「文化的」コンフリクトという対置が意味を持つとしても、それはせいぜい二次的な意味だろう。この対置は、承認拒否の経験がそのつどそのもとでなされるアスペクトを、道徳的に動機づけられた闘争においてより詳細に描くのである。しかしこのような言い方も、いまや文化的解釈および価値づけの問題は一定のタイプの社会的闘争においてのみ決定的な重要性を持っているということを示唆する限り、やはり誤解を招くであろう。私が「配分をめぐる闘争」を新たに解釈し直して明らかにしようとしたように、そうした主張はしかし、物質的資源の再配分を目標にする関与者の視点から見られたコンフリクトに関して、もはや妥当しない。社会的な業績および貢献についての支配的な価値づけの図式は、実際の職務の分担に関して事実公正であるのかどうかがまさしく問われているのだから、ここでも文化的解釈が構成的役割を果たしているのである。ところがこうした考察はさらに、配分をめぐる闘争という狭い枠組みを超えて、次のような意味で一般化することができる。すなわち、承認原理は、つねに欲求ないし要求そして能力についての文化的解釈に照らしてそのつど使用される限り、「承認」をめぐるあらゆる闘争において文化的問いは内在的に重要なのである。愛の社会道徳的含意をめぐる現在のコンフリクトにおいてであろうと、法的平等原則を適切に実現することをめぐる闘争においてであろうと、あるいは最後に業績原理の公正な解釈をめぐるコンフリクトにおいてであろうと、これらのコンフリクトないし闘争においてはつねに、伝統的価値づけの標準を問題化することが目指され、このことが実に中心的な役割を果たしているので、ここでただ一つのタイプの社会的コンフリクトに対してだけ「文化」の影響力を確保することはミスリーディングであろう(61)。さらに私は、ナンシー・フレイザーが少し前に書き多大な影響を持った論文について、その論文では「欲求をめぐる闘争」という中心概念のもとで、文化的な先入見と解釈図式の持つまさしくこうした構成的な意味が、あらゆる社会的コンフリクトに対して強調されるべきだと主張されていると、長いあいだそのように理解してきた(62)。

社会的コンフリクトへの社会理論的に適切な接近の仕方は、正統化を可能にする制度化された承認原理を出発点とし、道徳的な失望の経験ないし不正の経験が視野に収められる場合にのみ見いだされるということが、私の希望する通りこれまでの考察によって明らかになったとすれば、ナンシー・フレイザーとの論争においては、いまやなお二つの問題領域が手つかずのままであり、それが第3節を構成することになっている。まず、「配分をめぐる闘争」が持つ道徳的内容についての私の解釈案に関してなお問われるべきなのは、今日一般的には「アイデンティティの闘争」として描かれるコンフリクトが、私の解釈案によってスケッチされた多様な社会的闘争へとどのように接合されるべきであるのかということである。ナンシー・フレイザーと私は、「文化的承認」をめぐるこの闘争の新しさと社会的重要性については異なる見解を持っているけれども、この闘争の現代的な意義についてはほとんど争うところがないので、問題の焦点は、この意義をどのように適切に解釈するのかという問いに収斂するのである。ここでは私のこれまでの論述を背景にすると、原理的に二つの解答を与えることが可能であろう。これら二つの解答は、承認原理からなる支配的なシステムとそれぞれ異なった仕方で関係することによって相互に際立っている。一つ目の解答は、法の平等性という承認原理の地平における解釈によってこれらの「文化的」コンフリクトが概念化されるもので、その結果、そこでは本質的に個人の自律性というものに関するわれわれのリベラリズム的な理解を拡張することが問題となる。また二つ目の解答はこうである。すなわち、グループあるいは集団の文化的な特殊性に対して相互に敬意を払うことをめぐる、新たな、いわば第四承認の原理がリベラリズム的資本主義的社会において画期的な仕方で形成されつつあるという意味で、実際に何か新たな事態として文化的承認をめぐる闘争が記述されるのである（第3節、1）。

ナンシー・フレイザーに対する反論の中でこれまで論じてこなかった第二の問いは、社会的闘争において掲げられる要求が道徳的に判定されることになる際に使用される、そうした規範的な基準の問題と関わる。もちろん私は、社会的な不正の経験が、その経験とそれぞれ内的に結びついている要求を正当化するものと同じ言語で記述されうることを、それ相応に洗練された承認論の大きな長所だと見なしている。当該の要求を道徳的に正当化するために規範のレベルで引き合いに出される承認原理が用いられる際に、基礎づけられていない一面化がなされるという経験が、抵抗および社会的コンフリクトの動機として想定されているのである。しかしこのことによってもちろん、これらの承認原理を道徳的に（正しく）実現することについても、それどころかこれらの原理の道徳的な正統性そのものについても、すでに何かが述べられているというわけではない。このような歩みの概略を、私はナンシー・フレイザーとの論争の最後の箇所で示したい（第3節、2）。その際に私は、これまで展開してきた考察を、承認論的な正義概念のうちに規範的に統括することを試みなければならないが、この概念について、これがいかなる点で「参加の平等」という理念からは区別されるのかが十分明確に認識されるべきである。

第3節　承認と社会正義

フレイザーは「再配分」と「文化的承認」を対置するが、それに対して私がこれまで留保と疑念を示してきた。しかしそれにもかかわらず、私は、フレイザーの枠組みに代わる私自身の構想のなかで、「アイデンティティ・ポリティクス」のごく最近の傾向をどのように考えているのかということについて、依然としてまだ何も述べているわけではない。たしかに私の議論の第一歩から、次のことは明らかになったと思われる。それは、私の見解からすると文化的マイノリティによって今日提起される要求だけに「承認」の概念が独占的に当てはまることには大きな問題が含まれているということである。その場合、支配的社会秩序に対する抵抗は、正当と見なされる承認がある特定の観点では拒否されているという道徳的経験につねに突き動かされているが、そうした事態が体系的に隠蔽されてしまう。そこで私は、社会的承認拒否を引き起こすその観点がどのようなものなのかを、現在の社会について三つの承認原理を手がかりに解明しようと試みた。私の信じるところによれば、その三つの承認原理は近代資本主義に制度的に係留している。この解明の過程で、社会的承認拒否の経験は歴史的に作り出される承認規範に相対的であるということが明らかにされただけではなく、とりわけまた、配分のコンフリクトは、それが適切な業績原理の解釈に関連を持つ限り、はっきりと承認をめぐる闘争として理解されなければならないということも明らかにされたと言えよう。しかしながら、これまでの議論では、私自身依然として、次のような問いに対して何も主張してこなかった。その問いとは、分化された承認概念に従うなら、今日（集団的）アイデンティティの「承認」を求めて文化的マイノリティによって提起される政治的——道徳的要求は、どのようにして理解されるべきなのかという問いである。ナンシー・フレイザーがその「文化的承認」という概念を独占的に当てはめようとしているのは、まさにそうした政治的目標設定の形式なのである。私は反対に、その概念は、「再配分」というフレイザーの中心的概念がそうであったのとまったく同様に、規範に関して説明を要する概念であると考える。私はこれから、「アイデンティティ・ポリティクス」の多様な現象を念頭に置きつつ、さまざまな集団が「文化的」承認を求める要求を公共的に基礎づけるためには、どのような規範的原理を用いることができるのかということを問題にしてゆきたい。その際、「文化的」という形容詞はここではほんのわずかな説明能力しか持たないということが示される。なぜなら、その形容詞を用いても、そうしたアイデンティティ・ポリティクスの要求を満たす手段が、法的なものなのか、政治的なものなのか、もしくは文化的なものなのかということについては何も解明されないからである。

1　文化的アイデンティティと承認のコンフリクト

「アイデンティティ・ポリティクス」という概念によって、一般的権利を行使する際に生ずる差別の除去に尽力するだけではなく、集団に固有な優遇・承認・参加の形式を訴えるという、冷遇されている多くの集団の傾向が今日、表わされている。アイデンティティ・ポリティクスを集団的アイデンティティの公共的承認を求める要求へと変換することによってはじめて、社会的コンフリクトの「文化化」が生じ、それは特定のマイノリティ「文化」に所属することだけが政治的抵抗運動を道徳的に動員するために使用できるということ意味している。政治的抵抗のそうした形式は、その公共的な主要な位置づけがマスメディアの表現のみに強く支配されているという理由で、今日社会学的には決して過大評価されてはならないということをわれわれはすでに第1節で見てきた。とはいえ、しかしその形式は、規範的に構造化された社会理論にとって、少なからぬ挑戦であり続ける。というのも、文化的アイデンティティの政治化に伴って以前に概略を示した別種の承認のコンフリクトだけが現われるのか、あるいは逆に、自由資本主義社会のコンフリクトの歴史における新たな入り口が確保されたのかどうかということは、なお疑問だからである。「アイデンティティ・ポリティクス」に結びつけられた挑戦をこのように整理するならば、それは、私が新たな第四の承認原理の形成の可能性を資本主義社会の規範に関するインフラ構造の内部で問題にすることを意味するようになる。その問題とは、従来とは異なった価値地平と社会的要求とが今日複雑に交錯しているなかで、承認原理の規範的輪郭は明確化されるのかというものである。その承認原理を、すでに確立された原理へとそう簡単に置き換えることはできない。なぜならそれは、かけがえのない欲求主体の社会的承認（愛）でも、自律的法人格の社会的承認（法）でも、協同的社会成員の社会的承認（価値評価）でもなく、ある文化的集団に属していることの社会的承認を求めるからである。先の問題を言い換えるならこうなる。集団的アイデンティティの公共的承認の要求は、それが平等原則の適用としてか、もしくは支配的な業績原理の改釈として理解されねばならない限り、現存する承認文化の規範的地平において有効な回答を得られるのだろうか。

こうした一連の問題への適当なアプローチをウィル・キムリッカの考察が提供してくれる。キムリッカの考察によれば、「アイデンティティ・ポリティクス」のアクチュアルな傾向は、過去数十年間に、社会的マイノリティの緩やかな再定義へとつながった文化的変容に基礎を持つ。同性愛者あるいは障害者のようなマイノリティ集団がそれら自身のアイデンティティを、以前には性的逸脱もしくは生物学的逸脱の概念によって定義し、その結果、自らを個人の偶然的集まりとして理解しなければならなかった。それが今日、それらの集団は、共通の歴史・言語・感受性を有する、非常に強く文化的に統合された共同体として特徴づけられるのである。(63) 文化的アイデンティティをこのように捉えることではじめて、社会的に差別された集団が自己理解を形成した。その自己理解によって、そうした集団は、自らの文化的固有性に敬意を払うことを求めて闘争を繰りひろげる民族的集団とともに、みずからがいわば戦いの最前線に立つと理解することが可能となる。同じことは、もちろん女性運動の各グループについてもまた主張できる。女性運動の各グループは、「女性性」を共通の文化の源泉にすることによって、性が異なるという事情を踏まえたうえでの文化的再定義の準拠点を勝ち取ることを求めている。ここでも、いわば、今日依然として共通の由来・言語・日常文化を有する民族的マイノリティという範例に同化することで、集団的自己理解の文化的構造変革がなされている。ただし、その構造変革が終わったあとでも、独自の文化の承認要求は存続し続けるであろう。最近、集団の共通性をまずは社会的差別という否定的経験だけにみる多くの社会的集団が、排除されることを通して固有の文化を構築するという緩やかな再定義のプロセスを終了した。(64) こうした集団的アイデンティティの形態が変化した結果、「ゲイ共同体」から障害者の運動を超えて、さらに民族的マイノリティにまで達するような、文化的に規定される多様な共同体が生じた。そして、「アイデンティティ・ポリティクス」の概念によって、次のことが確認される。それは、こうした新たに生じた集団、言い換えるなら、新たに「構成された」集団はすべて、文化的に規定されるそれぞれの固有性の承認をめぐって闘争するということである。

ところでもちろん、こうした共通のレトリックの背後には、つまり文化的アイデンティティの承認の要求の背後には、多くの異なった目標設定が隠されている。それらの目標設定を区別することは、その規範に関する価値づけにとって中心的意味を持つ。最上位の段階では、そのような承認要求は、承認要求において表明される目的設定がどちらかといえば個人主義的性格を持つのか、もしくは本来のコミューン的性格、すなわち、集団的性格を持つのかということによって区別される。ここでバーナード・ピータースの提案に依拠するなら、集団の各成員の地位向上に関わる集団的に提起された承認要求は、「個人主義的」という意味を持つべきである。その一方で、本質的な意味において集団内部の共通の生に関係するような要求は、「コミューン的」と呼ばれるべきである。(65) このような区別に従うと、文化的集団によってその共同的アイデンティティに関して提起される一連の要求は、潜在的に個人主義的性格を持っているということが、直ちに明らかとなる。というのは、それらの要求は、個々の成員の状況に関わるからである。そうした承認の訴えは、特殊な集団の一員としての成員が一般的基本的権利を行使することを妨げる社会的差別を除去するという目標にのみおおいに役立つ。集団的に提起される目標設定のこうしたタイプが問題となる場合、「アイデンティティ・ポリティクス的」要求は法的平等をめぐる闘争の規範的枠組みにおいてなされるという点についてはいかなる疑問もありえない。平等原理を引き合いに出すことで訴えられているることは、障害の除去、もしくは冷遇の除去である。除去されるべき障害もしくは冷遇とは、社会的集団の文化的特性に向けられているものであり、そのためにそうした集団の成員は国民の大半からなおざりにされている。(66) そうしてみると、ここでは自由資本主義社会の規範的承認秩序においていわば止揚されている要求が問題なのだから、われわれの問題設定にとってはるかに興味深いのは、本来的にコミューン的性格を持つ目的設定のはずである。

すでに述べたように、このタイプの目標設定においては、社会的集団の安寧それ自体が、集団的に提起される要求の準拠点となる。自己自身を文化的に理解する共同体が、自らの文化的固有性の承認を求める場合に訴えるのは、それに属する人々の地位の向上ではなく、共通の集団生活の確保と改善である。この点についても、バーナード・ピータースは、われわれの目的に役立つ一連のさらなる区分を再び提案した。ピータースの考察に従うならば、社会的集団が承認概念をレトリックとして使用することで訴えることができるのは、コミューン的性格を持つ三つの異なる目標設定である。(67) そうした要求の第一のタイプでは、集団の文化的再生産に否定的な影響を与えるかもしれない外的介入を防ぐという目標が問題となる。これについては、危険のない場合では、言論の自由・集会の自由・宗教の自由という基本的権利だけが念頭に置かれるだけでよい。つまりこれは、こうした権利が民主的法治国家においてふつうに確保されているような場合にあてはまる。その一方で、概して、文化共同体の特定の措置をとり続けること（服装規定、戦いの取り決めなど）が支配的法則からの例外として認められなければならない場合には、深刻なコンフリクトが生じる。しかし、このような複雑化を踏まえても、この第一の事例においては、社会的集団の闘争が、法的承認という平等原理によって定められている規範的枠組みの内部で行われるということは揺らがない。集団が文化的統合を守るために求める例外規則は、それがメジャー文化に現実に保証されているのと同等の権利保護をマイノリティに要求するものである限り、法的平等を引き合いに出すことで基礎づけられる。文化的アイデンティティの承認要求が集団生活の統合の保護を目的とする場合には、そうした要求は、平等原理という針の穴を潜り抜けなければならない。というのも、そうした目標設定が規範的に拠り所としうるものはすべて法的平等には文化的差異の除去が必要である、という考えにのみ最終的に由来するからである。

以上によってスケッチされた要求のタイプが、文化を危険に晒す介入を防ぐことに関わるので一種のネガティヴな目標設定として理解されうるならば、われわれは、ピータースが明らかにした第二のタイプでは、ポジティヴな性格を持つ目的をはっきりと問題にしなければならない。共同体の結束が促進され更なる展開を遂げることを可能にする資源や予防措置を求めることによって、社会的集団がその文化的アイデンティティの承認を訴えるという点が、ここでは重要なのである。この関連において原理的に要求されている多様な手段は、経済的援助の認可から、母国語の授業の確保を超えて、さらにマスメディアにおける適切な代表の保証にまで達する。しかしいずれにせよ、当該の集団は、次のことを前もって公共的に示さなければならなかった。すなわち、そうした集団は、そのような資源ないし予防措置がなければ、将来、生活に密着した固有の生活形式および文化を維持することはできなくなるということである。この点についてもまた、規範的正当化の可能性の一つは、過去もしくは現在の社会的冷遇に注意を喚起することによって法的平等の原理を要求するという点に再び本質を持つ。既述の手段の要求において訴えられているのは、ある社会的集団が文化的生活を行う際に、その集団をメジャー文化と比較して不正に冷遇している、もしくは冷遇していた障害を、国家として除去することである。もっとも、これでは、そうした要求は冷遇を首尾よく除去することでその規範的力を失う以上、時代に制約された性格を持つ要求としてのみ妥当性を認められることになる(68)。したがって、共同体文化を促進する持続的な手段が要求されるや否や、別の論拠が表に出てこなければならない。その論拠の規範的特性はすでに、「コミューン的」タイプの目的設定の第三の場合を指し示している。

すなわち、社会的集団がその共通の安寧を目指して、集団として提起可能な要求の第三のタイプとして、ピータースは、社会のメジャー文化から承認もしくは尊敬されるという目的を挙げる。この場合に「承認」は、文化の実行への不介入ないし文化の実践の促進によって該当する共同体の存続を確保するというたんなる間接的意味を持つのではなく、それぞれの共同体の目標設定あるいは価値志向そのものの受容、さらにはその価値評価というまったくもって直接的な意味を持つように思われる(69)。この第三段階ではじめて、今日文化的差異の承認という構想によって重点的に考えられていることと、ナンシー・フレイザーが差しあたり「文化的承認」という概念によって考えていることとが登場することになろう。別の言葉を用いるならば、ここでは、差異を考慮しないことの要求から差異の考慮の要求へと移行したとも言い表わすことができる。ところで、こうした目標設定とともに文化共同体の存続を間接的かつ法的に確保するための既述の手段が考えられえないならば、そもそもどのような意義がそうした目標設定に認められるべきなのかということを明確にするにはもちろん少なからぬ困難が伴う。最後にここで、バーナード・ピータースは「承認」をそのように直接的に用いる際の一連のアスペクトを区別しようとするが、その提案に従ってみることにする。まず、この目的設定には、文化的マイノリティの成員として、同等の政治的権利を手にすべしという要求だけでなく、集団に固有の価値観に公共的に耳を傾けさせる現実的なチャンスを手にすべしという要求も含まれているだろう。それが意味しうることは、民主主義的制度の手続き主義的徳という意味において最もよく説明できる。その徳は、どの程度に文化的マイノリティと敬意をもって交流することができるのかということによって判定される(70)。さらにもう一つの意味は、承認の直接的要求を持っているだろう。その要求によって集団を文化的誹謗・承認拒否・侮辱から守るという目標が考えられる場合である。この点については、例えば次のような事例が考えられる。フェミニズム組織がポルノの禁止もしくはポルノの制限に肩入れしたような場合である。というのも、フェミニズム組織は、ポルノを、女性の地位を誹謗する表現形式であると考えたからである。しかし、この事例をより精査することで、次のことが明らかになる。すなわち、こうした目標設定においては近代法の平等原則を規範的に再動員するという試みがあらためて問題となるということであり、それは、平等原則を用いることで、たえず繰り返される誹謗の経験を、集団に固有の冷遇の原因として提示できるようにするためである。その際、当事者には、体制秩序しだいで一般に二つの可能性が開かれている。文化的辱めという冷遇作用を、彼(女)らの尊厳の毀損という状況に結びつけるか、もしくは自由の制限という状況に結びつけるかの二つである[71]。

もっとも、そのような承認の要求が、集団に固有の誹謗を防ぐというたんにネガティヴな内容を持つのではなく、それが独自の目標もしくは独自の価値評価の要求へと移行するや否や、法的平等原理の規範的枠組みは最終的には乗り越えられている。いまやわれわれは、文化共同体の側に立ち、次のような考えを問題にしなければならない。それは、文化共同体の根本的な措置・生活形式・価値志向は、平等の理念からは派生しえない評価の特殊な形式を持つに値するという考えである。独自の文化は、メジャー文化と比較してそれにいかなる欠点もあるはずがないという理由からではなく、それが、社会から評価されるべき財をそれ自身で表わしているという理由で、社会的価値評価を受けることになる。もちろんこの点についてもまた二つの選択肢が考えられる。その二つの選択肢の違いは、社会的価値評価の要求に際してそれぞれ別の基準が主張されるという点から生じている。つまり、一方では、一般に自由資本主義社会における個人もしくは集団の価値評価の基準となる規範的理念との関連で、すなわち業績正義の理念との関連で、独自の文化の価値を鼓吹することあるいは訴えることは、原理的には可能であろう。こうした道を進んでゆくならば、当該の文化共同体にとっては、もちろん次のような帰結が生じるだろう。すなわち、当該の文化共同体は、社会の再生産にとって本質的貢献をなし、その意味において放棄できない「業績」を含むものとして、その文化共同体独自の措置と生活形式を提供することが可能でなければならないだろうという帰結である。しかし、提供しなければならないという心理的強迫には、集団の考えに矛盾する可能性のある不当な要求がすでに結びついているかもしれないということは別として、価値評価のそのような形式は、業績原理の「実質的」な内容を不当に超えてゆく業績原理の拡張を前提とするだろう。それゆえに文化的マイノリティにとってはるかに有望であると思われるのは、妥当する承認原理に対し相対的にではなく、一切の確立されている価値関連から独立に、「絶対的」という意味において独自の文化価値を要求することが可能となる、文化的マイノリティの要求を基礎づけるためのもう一方の道をとることである。だが、それが意味しうることは、ここまでの議論からではまだまったく解明されてはいない。

マイノリティ共同体文化をそれ自身のために社会的に価値評価すべしという要求によって、平等原則の規範的地平とともに業績原理の規範的地平も完全に乗り越えられるであろう。というのは、生活目標の実現に際してあらゆる主体に割り当てられる機会の平等をできる限り価値中立的に確保すること、あるいは個人的貢献をできる限り公正に「業績」として価値評価することがもはや問題なのではなく、マイノリティの文化的措置を社会的にそれ自体で価値があるもの、社会的財として尊重するという度を過ぎたことが問題だからである。文化的差異の承認の理念をこのラディカルな要求に結びつけるなら、一切の基礎づけ問題の前には、どのような政治的措置がそうした要求と並行して個別的にとられるべきなのかが、完全に明らかであるとは言えないだろう。この点について考えられる選択肢としては、公的な顕彰を実践することから、文化に固有の業績を教育において伝えることを超えて、政治共同体の公的カレンダーに儀式上重要な祝日を許可することにまで及ぶだろう。――それはそうと、それに独自の措置と儀式とが価値的に結びつけられていることに対して社会が釈明することのできるその程度において、社会は前述したようなアレンジを通して制度的ファンタジーを高めることができるという点は排除されるべきではないけれども、いま述べた程度にまで及ぶのである。しかしこの関連における中心的問題は、間違いなく、制度的実行の適当な形式にあるのではなく、要求それ自体の規範的性格にある。ある文化を価値あるものとして承認するということに含まれているような社会的価値評価は、訴えたり要求したりする際の公共的なリアクションのパターンを表わしてはいない。なぜならそれは、価値を検証する基準に応じて、自生的にないし自発的に生じるものと考えられるからである。[72]業績正義という制度化された原理によって規範的に求められる価値評価とは反対に、文化的生活形式のポジティヴな価値づけにおいては、規範的要求のいかなる可能性も消失する。その場合は、せいぜいのところ、別の文化をその文化が一般にそれ自身の価値にもとづいて検証されるように、その文化の特性を無視することなく心に留めよという心構えについて語られるにすぎない。

こうした最近の状況は、固有の文化の社会的価値評価を求める「要求」について有意味に語ることはできないということを明らかにする。特有の言語および特有の価値志向が形成されているという事実のうちに示される業績に対して、たしかに文化的マイノリティはメジャー文化からいつかは特別に評価されたいという期待を抱いたり、あるいは希望を持ったりすることはできる。しかし、そのような価値評価の正統な要求は、そうした価値評価は共感や好意の発生と同様に、他者にとってはどうすることもできない判断プロセスの結果でしかありえないという理由からすでにありえない。とはいえ、これに関連して、メジャー文化から好意的に聞き入れられ、心に留めてもらうことにまで及ぶ間接的で二次的な要求について語ることは、きわめて有意味であるだろう。その結果として、相互文化的コミュニケーションのプロセス一般がはじめて軌道に乗ることができる。それどころか、おそらく、ここでは弱い意味でなら、「完全性の先行把握」（ガダマー）の態度で、それ自身の価値にもとづいて判定されるという文化的マイノリティに認められる権利についても話題にされるだろう。しかし、こうした言い回しも、社会のいずれの文化にも潜在的には注がれねばならない社会的価値評価を受ける者としてマリノリティを扱うべしという手続き主義的徳を自由民主主義的社会は所有できなければならないということ以上の何かを最終的に意味するわけではない。大変厄介な問題は、「文化的」価値評価を受けるものという地位に、今日すでに制度化されている原理に徐々に組み込まれ始めている新たな第四の承認原理がすでに結びついているのかどうかということである。もし結びついているのであるなら、現代の文化的コンフリクトは、次のような規範的原則を生み出すことになろう。すなわち、その原則の道徳的帰結が、これまでの寛容であれという提案を補充するのではなく、それを乗り越えるような原則である。というのも、そうした第四の承認原理は、それぞれの価値の判定のために必要な好意的心づかいを受けるに値する生活形式を持つ文化共同体の成員としても、われわれは相互に承認し合わなければならないということを意味するであろうからである。

ところで、こうした思弁的考察によって、文化的差異の承認の理念をわれわれがシステム的に検証した際の結果はネガティブなものであったという点が忘れられてはならない。そうしたレトリック的定式を用いることで今日提起される圧倒的多数の要求が、支配的な承認秩序の規範的地平を超えることは結局のところない。たしかに、関与者集団は、独自の目標設定についての非常にラディカルな自己理解をしばしば持つかもしれない。しかしより冷静に考えると、その規範的内容は、たいていは平等原則の革新的適用という意味において理解されうる。今日、自由民主主義的国家の内部で「アイデンティティ・ポリティクス」的問いをめぐって行われるコンフリクトの道徳的文法は、本質的には、法的平等の承認原理によって規定されている。ところで要求が、文化に危険をもたらす介入の防御、集団に固有の差別の除去、もしくは特殊な生活形式の維持を扶助する措置のいずれに関係しようが、つねに、その公共的基礎づけにおいては、何らかの仕方で、そしてしばしば追加措置を用いることで、平等原則にもとづく道徳的論拠が動員されねばならない。(73) もちろん、そうした論拠を用いることでどのような文化的マイノリティがどのような要求を提起することが正統として許されるのかという規範に関する興味をそそる問いに対しては、依然として何も答えられてはいない。(74) しかし、この点に関しては、経験的な論拠にもとづくならば必要となるであろう多様な区別を行うことは、ここでは必要ではない。というのも、現代社会の規範的地平における「アイデンティティ・ポリティクス」的要求の位置づけだけが問題とされるからである。ナンシー・フレイザーが用いるような「文化的」承認の概念は、文化的コンフリクトの戦線の解明よりもむしろその混乱に拍車をかける。なぜなら、その概念は、あらゆるアイデンティティ・ポリティクス的要求の大半は、法的承認をめぐる拡張された闘争の表現形式としてのみ有意味に理解されうる、という点を誤解させるからである。

2　承認論的正義概念のパースペクティヴ

ナンシー・フレイザーに対する返答のなかで、私はこれまで純粋に記述的な言語を用いてきた。それを用いることで、私は、十分に分化された承認概念を使用することによってのみ社会的コンフリクトの道徳的内容に近づきうるということを示そうとした。この目的には、第一歩目として、正統と見なされる承認を受けていないその程度に応じてつねに社会的不正の経験が評価されるということを一連の新たな研究に関連させつつ明らかにするという試みが対応することになろう。その限り、経済的冷遇と文化的剝奪の区別は、現象学的には、二次的性格のものであり、それはむしろ、主体が社会的承認拒否もしくは侮辱をこうむる際の観点の相違を示している。こうしてスケッチされた直観を、社会理論のもくろみに役立てることができるようにするために、私は第二歩目として、自由資本主義的社会秩序の確立を三つの承認圏域の分化のプロセスとして記述するという試みをした。それに従うならば、われわれは現代社会において道徳的な内容を持つ闘争ないしコンフリクトのさまざまなタイプを考慮に入れることができる。そのタイプの違いは、愛・法的平等・業績原理という承認原理のうち、どの原理の「正しい」適用が求められているのか、ということを基準にして測定されることになる。こうした考察から直ちに導かれる結論は、「再配分をめぐる闘争」と「承認コンフリクト」の対置はほとんど役に立たないということに自ずとなろう。というのも、その対置は、経済的再配分を求める要求がいかなる社会的承認拒否の経験からも独立であると理解されるような印象を与えるからである。私は、それとは逆に、配分をめぐるコンフリクトを、個人または集団の社会的貢献の適切な価値づけをめぐって争われる特殊な承認闘争として解釈するほうがはるかに説得的であると考える。しかし、こうした結論に至るまで、私はナンシー・フレイザーに対する返答において、何らかの仕方で規範的性格を持つと考えられる議論を一度もすることはなかった。むしろ私は、純粋に記述的な見地に立って、資本主義的な体制を持つ法治国家のインフラ構造を、承認をめぐる闘争の範囲全体を視野に収めうるような仕方で説明することで我慢したのである。

さて、ナンシー・フレイザーはその「再配分」と「文化的承認」という二分法を社会理論的考察だけではなく、規範的考察によっても正当化する。この点でのフレイザーの中心となる議論は、経済的正義と文化的正義の結合だけが自由社会の道徳的に最高の原理として把握されるべき「参加の平等」の形式を保障できるということである。そして、フレイザーはさらにまた、そうした正義概念の展開を承認論の批判に結びつける。承認論は個人の自己実現という倫理的発想にあまりに強く結びつきすぎていると咎めるのである。議論を規範的に転回することで投げかけられる複合的な問いに対して、私がこれまで展開してきたアプローチでは、依然として何の解答も用意していないように思われる。たしかに、承認の用語を分化するという構想全体は、言うまでもなく、一定の道徳的直感によって支えられてはいる。しかしその直感それ自体は、依然として完全には分節化されていないままである。私はよりよい見通しを得るために、まず、懸案の問題を体系的序列のなかへ置き入れようと思う。それは、私が考察を続けてゆくなかでその問題を一歩一歩議論してゆくためである。

われわれが、現代の社会的闘争は理論的に適切にはどのように分析されるべきなのかという問いをもはや議論するのではなく、それの道徳的価値づけの問いに取り組むや否や、規範的なものへの転回は必然的となる。われわれがあらゆる政治的変動それ自体を是認できるわけではないということ、あらゆる承認の要求を道徳的に見て正統である、もしくは道徳的に見て支持できると見なすわけではないということは明白である。むしろわれわれは、一般的にはそうした闘争の目標設定を、その目標がわれわれが善い社会あるいは正しい社会について持つイメージへの接近として把握することができる社会の発展方向を指し示す場合にのみ、ポジティヴなものと判定する(75)。もちろんこの点について、原理的には、社会的効率ないし社会的安定性という目標に関連する別の基準が決定的役割を果たすことも可能であろう。しかしそれらの基準もまた、社会秩序の規範的意味と規範的目的のより高次の段階に見られる価値決定を映し出すにすぎない。その限り、社会的コンフリクトの状態のあらゆる価値づけは、社会的コンフリクトの状態を隠された形で導いてゆく社会道徳または政治倫理が係留している規範的原理がどのようなものであるのかということに依存せざるをえない。こうした予備的考察から、ナンシー・フレイザーと私が、二人の差異を規範的なレベルで解明しようとする場合にわれわれが合意しなければならない課題が個別的にはどのようなものであるのかが判明する。まず、正しく善い社会の理念を形成するものの規範的総括としてわれわれそれぞれが捉える原理を説明することが必要である。対決は次のような問いに帰着する。道徳的観点からすると「承認」の概念に含まれている規範的考えに対して、参加の平等の原則はどのような関係にあるのかという問いである（a）。われわれがその相違をはっきりさせたならば、その次の問いは、善い社会秩序もしくは正しい社会秩序についてのそれぞれの異なった構想をどのようにすれば基礎づけることができるとわれわれそれぞれが考えているのかという問いになるだろう。この関連においては、ナンシー・フレイザーがテーマ化した問題が焦眉のものとなるだろう。その問題とは、そうした正当化が善き生という倫理的考えを省みることを必須のものとするのか、あるいはその種の一切の係留なしでやってゆくことができるのか、という問題である（b）。そして、最後の問題として、別様に把握された基本原理はそれぞれ、それが社会的コンフリクトの状態の道徳的判定に資することができるためには、どのように社会的現実に適用されねばならないのかという問いが取り出される。私は、われわれ二人のアプローチの違いは、この点をたよりにすることではじめて完全に明らかになると推測する（c）。もちろん、いま述べた三つの問題領域について十分詳細に論じるには、この返答の最後の部分で費やすことができる以上のスペースが要求されるだろう。したがって私は、解決されるべき問題が困難であることについては少なくともわれわれは一致するという希望を持ちつつ、われわれの間の差異についての簡単な説明で我慢しなければならない。

a）すでに述べたように、返答のあちこちで、私はこれまで承認の規範的理念をたんに記述的意味で用いてきた。その場合にたえず問題であったのは、主体が社会に対して持つ規範的期待は多様な仕方で一般化されている他者に自らの能力を社会的に承認してもらうことに定位しているというテーゼの擁護にほかならない。こうした道徳社会学的診断が含意することは、二つの方向へとさらに展開される。その一つ目は主体の道徳的社会化に関わり、二つ目は社会の道徳的統合に関わる。主体論的側面に関して、われわれが十分な根拠を持って想定しているのは、個人的アイデンティティ形成は、一般的に、社会的に標準化された承認のリアクションを内面化する段階で行われるということである。個人は、相互に働きかけ合うパートナーの一般化された肯定的なリアクションのパターンを手掛かりに、個人を人格性として成り立たせる特殊な能力と欲求とを確認することで、社会的共同体において十分に価値を備えた成員であると同時に、特殊な成員として自己自身を把握するようになる。[76] その限り、あらゆる人間主体は、根本的には、相互承認の規範的原理によって規制されている社会的交通形式に即したコンテクストに頼らざるをえない。そしてそうした承認関係を中断すると、個人のアイデンティティ形成にとって有害な帰結なしにはありえない承認拒否または侮辱の経験が結果として生じる。ところでしかし、こうした承認と社会化の緊密な接合を見るなら、適切な社会の概念という対置された見解においては、明らかにわれわれは社会的統合をただ規制された承認形式による包括のプロセスとしてのみ考えることができる。社会の成員の視点から見るなら、社会が信頼するに足る相互承認の関係をさまざまなレベルで保障できるのと同程度にのみ、社会は正統な秩序構造を意味する。その限りで社会の規範的統合はまた、承認原理の制度化の途上でのみ行われる。その制度化が、成員が社会的生活連関へと組み込まれるのはどのような相互承認の形式を通してなのかということを理解できるように規制するのである。[77]

われわれがこうした社会についての理論的前提に導かれるのならば、私が見るところ、政治倫理もしくは社会道徳は、社会的に保障された承認関係の質に合わせて分節されていなければならないという結論が生じる。そして相互承認の条件は、人格的アイデンティティ形成およびそれと同時に個人的自己実現が十分有効に進行することを可能とするが、社会の正義あるいは安寧は、そうした条件を保障する社会の持つ力の程度に応じて評価される。もちろんわれわれは、そうした規範的なものへの転回を、客体的機能の要求から社会的共生の理想へというたんなる推論として考えてはならない。むしろ、社会的統合の要求は政治倫理の規範的原理を示すものとして理解されうる。ただし、その規範的原理が社会化された主体自身の社会的期待のうちに映し出されているという理由によってのみであり、またその場合に限ってのことである。しかし、私の信じるところでは、多くの徴候――私は本章第1節でそのうちのいくつかを取り上げた――が支持している前提が正しいならば、このような移行は私には正当であるように思われる。われわれが政治倫理を方向づける際の指針としようとする根本原理の選択において、われわれは、経験的に与えられる関心に従うのではなく、社会的統合の命令が主体のうちに沈殿したものとして理解できるような比較的安定した期待に従う。ここで人類の「超越論的関心のようなもの」について語ることは、おそらく完全に間違いというわけではないだろう。[78] 場合によってはさらに、この特殊な場所で、社会的非対称と社会的排除を取り払うことに向けられている「解放を目指した」関心について語ることも正当であるだろう。

さて、そうした社会的承認の期待は社会の構造転換を通してその内容をも変えうるということも、すでに同様に示された。形式という点だけなら、そうした期待は、人間学的に変わらないものを表わす。その一方で、それの特殊な方向づけは、そのつど確立されている社会の社会的統合のタイプに依存する。社会の規範的構造転換がそれ自体再び承認をめぐる闘争を推進するものへと還元されるというさらに進んだテーゼをも擁護するには、ここは適当な場所ではない。全体として私は徹頭徹尾、われわれは社会的展開に目を配りながら、社会的承認の要求がつねにその妥当性を問うという余剰構造を持っている限り、少なくとも道徳的進展について語るべきだろうと考えている。その妥当性の構造が、拒否し難い根拠や議論を動員するよう気を配ることで、長期にわたって社会的統合の質の向上を実現させるのである。しかし、私のナンシー・フレイザーへの返答の目的にとってここで必要とされるのは、社会的承認の根本的関心は内容的にはつねに所与の社会編成の内部において相互承認の基本的構造を確立する規範的原理を通して形成されるという主張だけである。というのも、われわれは今日政治倫理または社会道徳を三つの承認原理に定位させるべきであろうという結論がここから生じるからである。その三つの承認原理とは、今日ほかの社会成員からの承認に対して抱くことが可能である正統な期待がどのようなものであるのかを、われわれの社会において規制するものである。したがって現在、社会正義の理念において何が理解されるべきであるのかを総合的に規定するのは、まさに愛・平等・業績という三つの原則である。私がこれら複数の正義構想の根本特徴をさらに開陳する前にまず、それとナンシー・フレイザーがスケッチした考えとはどのような関係にあるのかということを明らかにすべきである。

フレイザーも、一見したところ異なった原理ないし異なったアスペクトという複数主義の特徴を備えた社会正義の概念を好んでいるようである。というのも、規範的レベルでのフレイザーの中心的考えは、経済的不平等と文化的誹謗とをまとめて除去することだけが正しい社会の確立に寄与しうるということだからである。ただし、よく見ると、そこで問題とされるべきは、本来、原理の複数主義ではなくて、一つの同じ根本原理を適用する際の二つの異なる領域であることが直ちに明らかとなる。経済的再配分と文化的承認は、それらが「参加の平等」という目的の達成のための二つの手段を意味しているという事実によって、その規範的正当化が可能となる手続きである。ナンシー・フレイザーのアプローチにおいて最高の根本原理の役割を果たすのは、まさに参加の平等という目標である。二つのタイプの不正義の規定は、われわれの社会の制度事情へその根本原理が適用された結果であるにすぎない。われわれがこうして二人の議論の構造上の違いを理解したならば、まず二人のアプローチの規範的直感は相互にどのような関係にあるのかという問いが立てられる。一方では、主体には社会生活において同等の参加のチャンスが与えられるべきであるという考えがあるようであり、他方ではその反対に、主体はみな同じようにアイデンティティ形成の成就を可能とする社会的承認を受けるに値するという考えがあるようである。一つの点においては、この二つの直感はとてもよく似ている。なぜなら、承認の概念においてもまた、アイデンティティ形成の可能性は社会的相互行為への参加という前提に結びつけられ、したがって参加に高い重要性が認められるからである。社会的環境からの承認のリアクションを通して「臆面もなく公共空間に登場すること」[79]を身に付けた主体だけが、自己自身の人格性のポテンシャルをのびのびと展開することができるのであり、それとともに、人格的アイデンティティを育成することができる。しかし、さしあたり「社会的参加」の概念の多義性によってのみ成り立っているこうした一致によって、より深いところにある差異が存在しないと考えてはならない。どちらの直感の場合でも公共的生活への強制のない参加という考えが重要な役割を担うとしても、その考えはナンシー・フレイザーにおいてはとりわけ、今日社会的平等について語ることが何を意味するのかという点の解明に役立ち、逆に私においては、アイデンティティ形成の成就には社会的「公共的」側面が備わっているという事情の説明に役立つ。

おそらくは、第一にこの際立った差異をただ間接的に明らかにするのが最もよいだろう。たしかにナンシー・フレイザーと私は、近代社会の条件のもとでは、あらゆる社会成員を相互に同等の権利が与えられているものと見なし、したがって成員すべてに同等の自律を認めるという意味で、各々の正義構想ははじめから平等を目指す特徴を持たなければならない、という考えから出発する点では共通している。しかし、われわれのアプローチの違いは、本質的には次の点に存する。フレイザーにおいては、個人的自律における出発点が、直ちに社会参加の方向で乗り越えられる。それに対して私は、個人的自律からまずできる限り完全なアイデンティティ形成という目標へと議論を進めるのであり、そしてアイデンティティ形成の必然的前提として私は相互承認という関係を持ち出す。その限り、規範に関する二人の構想の根底には、われわれは全国民の平等に関してどの点を問題にするべきなのかという問いに対する異なった答えがある。財倫理の用語で表現するなら、ナンシー・フレイザーは平等の理由もしくは目的を、参加という財を参照することによって規定する。それに対して私は、その目的を人格的アイデンティティ形成という財として把握する。私はもちろん人格的アイデンティティ形成の実現を相互承認関係に依存するものと見なしている。平等の目標規定のこうした違いから出発することで、第二歩目において、平等の源泉や資源に関するわれわれのアプローチの間に現れる差異がはっきりしてくるのはいまや容易に推測できるであろう。なぜなら、そうすることで、私がナンシー・フレイザーと異なり、今日社会正義の複数の構想から出発することを正しいと見なす理由が示さるはずであろうからである。しかし、私が以上から示唆される問いへと進む前にまず、われわれはわれわれの異なる出発点をそれぞれどのように正当化できるのかという問題を扱わなければならない。ナンシー・フレイザーはまさにこの点に即して、社会正義の理念を善き生の概念に結びつけようとする試みに対して強い異議を唱えるのである。

b) 社会正義の概念の準拠点を社会的承認関係の質が形成すべきであるというアイディアの規範的正当化に関する考えを、私はこれまでにすでに間接的に示唆してきた。その際に私は、近代社会にとって社会的平等の主旨は社会成員全員の人格的アイデンティティ形成を可能にするものでなければならないという前提から出発している。私にとってこの定式は、われわれの社会においてあらゆる主体が平等に取り扱われるという本来の目的が個人的自己実現を可能にするという言明と同じ意味を持つ。問題はいまや、そのような（自由主義的な）出発点から、社会的承認関係の質こそが政治倫理もしくは社会道徳の核であるべきだといった規範的結論へとどのようにすれば達しうるのかということにほかならない。この点について指摘できるのは、われわれは人格的アイデンティティ形成の社会的前提に関する知識を平等を目指す人倫性の理論という性格を持つ構想のうちで一般化すべきであるというすでに私がスケッチした考えである。こうした構想においては示されているのは、あらゆる個人に人格性の実現の同等のチャンスを与えるためにどのような条件が不可欠なものと明確に想定されるのかということにほかならない。この種の（倫理的）想定は、初期ロールズにおいては「基本財」のリストのなかに、ジョセフ・ラズにおいては人間的幸福の前提の説明において、最後に「法哲学」のヘーゲルにおいては自由意志の存在条件のコミュニケーション論的規定の中に見出される。(80) 三人とも、それぞれの社会正義の構想の正当化をある倫理的理論へと結びつけているが、それは、個別的主体の自律の実現に際してその主体がうまく利用できるのでなければならない社会的に有効な前提はどのようなものであるのかを規定するような理論である。倫理的前提条件とのそうした結びつきのゆえに、こうしたアプローチは今日また、よく「目的論的自由主義」の伝統に数え入れられる。私は次のことをこうした構想の長所と見なす。すなわち、手続き主義に定位する自由主義のさまざまなヴァージョンの基礎にたいていの場合隠蔽された前提条件として置かれているものをそうした構想が説明すると同時に、それを基礎づけようと試みるという長所である。その前提として置かれているものとは目的の規範的理念であって、その目的のゆえに、社会的平等の確立と達成は、われわれが倫理的に十分によく基礎づけられていると見なす政治的課題なのである。

ナンシー・フレイザーの提案は、私の信じるところによれば、二つの選択肢の曖昧な中間地点を占めている。一方では、フレイザー自身が、社会的平等の理念を、みずからが「参加」の概念によって書き換えた目的規定に結びつけたいようである。それに従い、平等の達成の成果は、社会の全成員が冷遇されることなく社会に参加できるようにするという目標に即して評価される。しかしながら他方でナンシー・フレイザーは、この目的規定が、善き生の構想の結果としてではなく、個人的自律の理念の持つ社会的含意の説明としてのみ理解されるものであると、そう考えようとする。したがってフレイザーは、倫理のエレメントを要求するよう強いられることなく、過度に倫理的な意味を担う承認論に対抗することができる。このようにスケッチされた戦略に関してはっきりしないのは、自律的主体が個人的自由の調和を公正な仕方で実現するために取られる公共的な手続きを「参加」の理念は指し示すものであるという意味において、その戦略が手続き主義的に把握されるべきかどうかということだけではない。つまり、フレイザーの念頭にある参加の理念は公共性において人格が登場してくるあらゆる次元を含んでいると考えられるけれども、しかしそのようなハーバーマスに定位した構想には、フレイザーの念頭にあると思われるよりも明らかに、はるかに内容がなく形式的な公共的生の概念が求められるだろう。——ハーバーマスが「国民主権」の概念によって考えている民主主義的な意志形成が包括している内容は、ナンシー・フレイザーの規範に関する直観にとって好都合であると考えられる内容よりも少ない[81]。しかし、社会的参加の構想が、民主的な意志形成の手続き主義的概念に含まれている最低限のことより包括的であるとするならば、その考えが倫理的考察の力を借りることなくいかにして確立されることになるのかという問いがはじめて正しく立てられる。というのも、たとえどれほど断片的であろうとも人格的幸福を論じる構想だけが、個人的自律の実現にとって有意味な公共的生のアスペクトについてわれわれに教えるところがあるからである。

ナンシー・フレイザーはこの内的交差に気づかないので、参加の平等というその構想には一貫して恣意的なものがまとわりついている。同等の権利を与えられた公共的生への参加がなぜ経済的不平等および文化的侮辱の除去だけを前提とすべきであって、個人的業績つまり社会的に獲得される自我の強さに関わる自尊心を前提とすべきでないのかがよくわからない。そして同様に、ただ経済および文化だけが取り上げられて、なぜ社会化の圏域または権利が、社会的相互行為への参加に対する可能的障害の次元として取り上げられないのかという点についてもはっきりしない。これらすべての問い返しはおのずと生じてくる。なぜなら、ナンシー・フレイザーは、個人的自律の社会的前提条件との関連で果たさなければならない「参加」の概念の機能を考慮することなく、その概念を導入しているからである。しかし、自律の実現と社会的相互行為の形式との関係の綿密な分析をしていれば、フレイザーは、規範的な基本概念の規定不足に陥らずにすんだであろう。ナンシー・フレイザーが拒否するようなアイデンティティ理論あるいは人格性理論の担保に、規範的理論は頼らざるをえないということの全容を明らかにするためには、ジョン・ロールズが『正義論』で「自尊心」という基本財を導入した際になした道徳心理学的な議論をただ簡単に思い出すことで十分である(82)。個人的自律という平等を求める理念を起点としつつ、実質的原理をも取り入れる正義論が展開されるべきであるなら、われわれは直ちに、目標の基準もしくは条件関係を体系的に基礎づけることを可能とするような議論、また同時に理念と実質的原理とを橋渡しすることになるような議論に依存せざるをえず、しかも、それに対応する解決が社会的参加の理念に帰されるならば、社会的相互行為への参加はどの程度、そしてどのような形式で個人的自律の役に立つのか、あるいは必須とされるのかということについての一般化された想定が必要である。

もっとも初期ロールズとは異なって私は、いくら理論的所見を集めても、それは、われわれの知識をつねに先取りされる善き生の構想へと普遍化する点に本質を持たねばならないような、そうしたステップの代用とはなりえないと確信している。われわれはたしかに、そうした理論をわれわれの意のままになる知見を用いることで構想する。しかし、その理論が経験的所見ないし理論的想定によっていつか完全なものとなるということを期待することはできない。この点では、承認論もまた、それが社会正義の目的論的構想として理解される限り、仮説として一般化された善き生の構想という身分を持つにすぎない。蓄積される知見のストックを用いることで、アイデンティティを可能な限り完全に展開することができるために主体がどのような相互承認の形式を必要とするのかという点について展開される議論もこうした身分を持つのである。

c）以上の考察によって、正義に関する問いを考慮に入れたうえで承認論の規範的身分がスケッチされたとしても、社会正義の基本原理の規定といういまだ考察されていない課題は依然として未解決のままである。そして、その当該の原理は社会闘争の判定に際してどのように使用されうるのかという問いもまた、少なくとも解答の端緒のスケッチを必要としている。経済的平等および文化的誹謗の回避という二つの原則を、参加の平等の達成の手段として理解するナンシー・フレイザーとは異なり、私は社会正義の三つの同等の原理という複数性から出発する。この三分法は、近代社会において主体がアイデンティティ形成に際して社会的承認の三つの形式を必要とするという考察から生じる。その三分法は、愛・法的平等・社会的価値評価という三つの圏域に固有の原理に対応している。私は、そうした三極の正義論の理念をアクチュアルなコンフリクトの場面に適用するという問題に取り組む前に、まずその理念を説明しようと思う。

これまで私は、なぜ社会道徳が社会的承認関係の質に関連することになるのかという問いを明らかにするところまでしか考察を進めてこなかった。私は、その問いに対する決定的な論拠とは、次のような十分に基礎づけられたテーゼであると考える。すなわち、個別的主体が個人的自律を実現する可能性は、社会的承認の経験を経ることで完全な自己理解を展開することができるという前提条件に依拠するといったテーゼである。前提条件となる承認関係の構造が歴史的プロセスとともに絶えることなく変化する限り、社会道徳の構想に時代的要素を組み込ませるものはまさにこうした倫理的想定との結合である。正統な仕方で社会的承認を期待することが許される人格性の次元として各主体が見なすことができるものは、主体を社会へと取り込む規範的様相および承認圏域の分化の程度に即して評価される。それゆえに、当該の社会道徳は所与の社会形態において主体がどのようにして相互に承認し合わなければないのかを規制する原理を規範的に分節する形式としても理解されうる。[83] このさしあたりただ肯定的もしくはおそらくその上に保守的な課題に対応するのは、われわれすべてが承認原理として理解することのできる三つの同等の価値を持つ原則を今日では正義論が包括しなければならないという考えである。個人的自律を実際に使用することができるために、欲求・権利の平等・社会的貢献という社会関係のあり方に従って承認される権利が、個別的主体には同等に認められている。こうした定式がはっきりさせているように、ここでは、われわれが「正しい」と呼ぶものの内容は、主体が一緒になって維持し合う社会関係のあり方に従ってそのたびごとに評価される。愛を引き合いに出すことによって作り出された関係が問題であるならば、欲求原理が優位を持つ。それに対して法的に作り出された関係においては平等原則が優位を持つ。そして協力的関係においては業績原理が重きをなす。同じように三つの正義原理（欲求・平等・業績）の複数主義を考えているディヴィッド・ミラーとはもちろん異なり、[84] 私が提案する三分法は正義の探求の経験的結果とのたんなる一致からでも、また関係モデルの社会存在論的区別からでもなく、歴史的に生み出された人格的アイデンティティ形成の条件から引き出されている。われわれは、個人の完全なアイデンティティの可能性の基礎を情念的なケア・法的平等・社会的価値評価に置く社会秩序の中で生きているのだから、対応する三つの承認原理を社会正義の構想の規範的核心とすることは、個人的自律を目的としている以上、私には適当なことであると思われる。ディヴィッド・ミラーのアプローチとのさらなる違いは次のことに関わる。すなわち、三つの原理は社会的にそのつど価値評価されている財がどのように配分されるべきかを各圏域に固有の仕方で規制する配分原則としてのみ理解されるとミラーが望んでいるということに関わる。それに対して私は、三つの原理をまずもってその三つそれぞれに特殊な態度ならびに道徳的考慮が結びつくことになる承認形式として把握しようとする。道徳的尊敬のこれらのタイプにもとづきつつも、同時に特定の財の配分に関する帰結が生じる場合にはじめて、私は間接的に配分原理についても問題にするであろう。

こうした違いにもかかわらず、もちろん二つのアプローチの間にある本質的共通性もまた忘れられてはならない。目的論的もしくは倫理的想定に手を出すことなしに、ディヴィッド・ミラーも社会正義の近代的理念は三つの側面に分けられるだろうという前提から出発する。その三つの側面それぞれは、そこからみると個人が平等に扱われなければならないことになる観点の一つ一つを指定する。それに対応して、ミラーは、私が以前に、愛・法的平等・社会的価値評価という三つの承認原理への分割について語ったのと同じように、欲求・平等・業績の三つの原理を区別する。ミラーと私のいずれにおいても、「平等」という言葉が二つの場所で同時に現われていることは驚くべきことではない。なぜなら、それによって正義概念の二つの段階の違いが語られているからである。高次の段階では、あらゆる主体は欲求・法的自律・業績における社会的関係様式に従って同等に承認されるに値するということが重要になる。そして法的自律の原理については、その原理が相互的平等という理念を含意し、したがって狭義の平等を求める性格を持つということが下位の段階で言えなければならない(85)。そこで、逆説的に定式化するならば、高次の平等という目的のもとでは、考察されるべき圏域に応じて、法的平等原則の適用もしくは狭義には平等を目指すのではない二つの別の承認原理の適用に訴えることができるのである。

しかし決定的な問いは、正義についてのそうした承認論的構想が、たんに肯定的な課題を超えて、批判的なそれどころか進歩的な役割をもいかにして果たすことが可能であるのか、という問題に関係するにちがいない。というのは、ナンシー・フレイザーと私との間で特に問題とされているのは、それぞれの理論を用いることで、現在の社会的対立が可能な限り取るべきであると考えられる展開方向について規範的なことをどの程度まで言い表せるのかということだからである。これまで私はただ、スケッチした正義構想がそれ以上還元不可能な正義原理の複数性の意識を現代において維持することを試みる限りで、それが果たすことができなければならない肯定的な役割についてのみ語った。私がはっきりさせたかったことだが、あらゆる主体の人格的統合の相互主観的条件が同じように守られるべきである場合に、正義の明確な基準として主張されねばならないのは、まさにここでは承認の三つの独立な圏域に固有の原理なのである。もちろん、マイケル・ウォルツァーが正義内在的な「分割の技巧（Art of Separation）」として示すような区分能力を用いるとしても、社会闘争の道徳的価値づけが議論の対象となる場合に、そうした正義構想が担うことができなければならない批判的役割については依然として何も語られてはいない。第二の場合においては、すでに存在し社会に係留している正義原理をその複数性において説明するという課題はもはやまったく問題とはなりえない。そうではなく、アクチュアルな展開を未来の可能性に照らしたうえで批判する際の助けとなる規範的基準を、複数の正義概念から展開するというはるかに困難な試みが問題とならなければならない。その際に一時的に影響力を持つ社会運動の目標設定から出発するという近視眼的な現実主義に陥らないようにするには、そうした基準を社会全体の道徳的進展に関する言明との結びつけて展開しなければならない。というのも、アクチュアルな対立の価値づけは、ごく最近ふたたびマーヴ・クックが明確に示したように、近視眼的な改善を約束するだけでなく、社会的統合の道徳的水準の持続的上昇を期待させる変化を顧慮した特定の要求を含むような規範的ポテンシャルの判定をも求めるからである[88]。その限り、これまでたんに素描してきた正義論を、社会の道徳的あり方の展開する方向を指し示しうる進展構想の包括的枠組みへと埋め込むことが求められる。ここからはじめて、何らかの社会的要求を規範的に正当なものとしてどの程度まで認めうるのかということを、たんに相対主義的ではない基礎づけ要求によって示すことができるのである[89]。

ところで、この最後の点についてはこうした進展構想の素描すらも示すことはできない。たしかに私は返答において、これまでくりかえしさまざまな箇所で、社会的承認関係の方向づけられた展開の構想の必要性と同時に可能性について指摘してきた。しかしここでは、私は次のような機能を本質的には持つと考えられるような箇条書き的な要約以上のことを与えることはできない。それは、現代の社会的な対立について規範的に正当である判断を提供することができるものへと、正義の承認論的概念を置き換えるという機能である。

自由資本主義社会の承認関係についての概観を与えた場所ですでに、私はもちろんはっきりとではないが、社会展開の道徳的方向について一連の想定を立てねばならなかった。というのも、新たな秩序においては道徳的にすぐれた社会統合の形が問題となるという前提のもとでのみ、それに続いてその内的原理が政治倫理学の構想のための正統かつ正当な出発点として見なされることができたからである。ヘーゲルであれマルクスであれデュルケムであれ、近代社会秩序の正統性から出発してその内部から考察しはじめるあらゆる社会理論家と同様に、私もまたさしあたり現代の規範的体制を過去において方向づけられた展開の結果として前提することによって近代の道徳的優位を仮定しなければならなかった。その際に私は、三つの明確な承認圏域の分化を道徳的進展として記述することを可能にする基準を付随的に考察したにすぎなかった。三つの区別された圏域が形成されることで、前に言ったように、新たなタイプの社会の全成員にとってより高次の個人性を達成するチャンスが生じる。なぜなら、各成員は異なる承認のパターンに従ってそれぞれに独自の人格性以上のことを知りうるからである。こうした背景となる確信があとからはっきりとさせられるならば、結果的には承認関係における進展について語ることを正当化できる二つの基準が生じる。われわれは一方では個人化のプロセス、すなわち、人格性の参加を正統に分節するチャンスを改善するプロセスを問題にしなければならない。他方で、社会的包括のプロセス、つまり主体を同等な社会成員のサークルにますます組み込んでいくことが問題とならなければならない。どの点においてこれら二つの基準が、それらが社会承認の改善の二つの可能性をスケッチするという仕方で、承認論の社会理論的な出発点となる前提条件と内的に結びついているのかということを理解するのは容易である。主体が、人格性のアスペクトにおいて社会的な確認を受け取りそれとともに社会の成員となる（本訳書一九八ページを参照のこと）ことを可能とするような、そうした承認関係を創り出すことを介して社会の社会的統合が遂行されるならば、社会的統合の道徳的質は、「承認された」人格性の参加かもしくは個人の組み込みの増大によって改善されるだろう。――言い換えるならば、個人化か増大する包括かによって改善されるのである。ここから、近代の自由資本主義社会秩序の出現を道徳的進展として捉えることは正当であるように思われる。なぜなら、愛・法的平等・業績原理という三つの承認圏域の分化と並行して、社会的な個人化の可能性の上昇が社会的はめ込みの増大としても現われるからである。こうした質的改善にとって本質的なことは、法的承認と社会的価値評価とを基礎的レベルで切り離すのと同時に、今後主体が同等に承認関係に参加することを通して個人的自己実現の同等のチャンスを受け取らなければならないという構想が出現するという事実である。

以上、わずかなキーワードで、なぜ近代の自由資本主義社会の道徳的インフラ構造が政治倫理の基礎的レベルでの正統な出発点として見なされるのかということが基礎づけられるならば、続いては、そうした社会の内部で道徳的進展をどのようにして価値づけることができるのかという問いが立てられる。この問題の解答は三つの承認圏域の分化とともに規範的現実として生じた三つの正義モデルの枠組みのなかでのみ見出されるであろうということは明らかである。これからは、「正義」と名づけられるべきものは各圏域により欲求・法的平等・業績いずれかの理念に即して評価されるので、道徳的進展のパラメーターも新たな社会秩序の内部では三つの原理に関してのみ定められうる。これが意味しうることは第一に、私が三つの承認圏域の導入に関連してすでに言及した「妥当性の過剰」の思考を手掛かりとして解明できる。それに続いてはじめて、私は第二に次のことを示すことができる。すなわち、承認論的正義構想の批判的課題は、各圏域に固有の妥当性の余剰を当事者に代わって訴えることに制限されねばならないのではなく、妥当圏域間の限界設定の刷新をもたらす審査をも包括できるということである。もっとも、私はここでも簡単な説明で満足しなければならない。

社会的承認関係の内部での進展は、個人化と社会的包括との二つの次元に沿って遂行されるということを私はこれまで述べてきた。新たな人格性の参加が相互承認関係に開かれることで社会的に確認される個人性の尺度が上がるか、もしくは前より多くの人々がすでに存在する承認関係に組み込まれることで相互に承認し合う主体のサークルが増大する。もっとも、近代の資本主義社会を成立させている新しい三分割された承認秩序を用いても、この（二重の）進展基準がそもそも適用できるかどうかということは、はっきりとはしない。というのも、三つの承認圏域はそれぞれ、何を「正しい」もしくは「正しくない」ものとして見なしうるかということに関する内的に独自な尺度を与えるような、そうした規範的基準を通して特徴づけられるからである。この点については、私の信じるところでは、その三つの承認原理はそれぞれに固有な妥当性の過剰を持つというすでにスケッチした構想だけがさらに役に立つ。その妥当性の過剰の規範的意味は、その適切な適用と解釈とをめぐる絶え間ない闘争という事実において現われるものである。普遍的承認原理（愛・権利・業績）を引き合いに出して、これまでに施された適用の条件のもとではまだきちんと配慮されていなかった特殊な観点（欲求・生活状態・貢献）が要求されることによって（本訳書一六二—一六三ページ）、普遍的なものと特殊的なものの道徳的弁証法を新たにはじめることは、それぞれの圏域においてつねに可能である。批判の課題を解決するためにスケッチされた正義論が引き合いに出すことができるのは、まさに承認原理の社会的解釈の事実性に対するその妥当性のあり方なのである。その正義論は、支配的な解釈に対抗して、これまでなおざりにされた特殊な状態が存在することを主張する。そうした状態を道徳的に考慮することで、それぞれの承認圏域の拡張が求められるだろう。もちろんこうした批判は、その批判がまえもってスケッチした普遍的な進展基準をそれぞれの承認圏域の意味論へと翻訳した場合にのみ、特殊化の基礎づけられた形式と基礎づけられていない形式との区別を可能にする観点を獲得できる。ここで理性的であると同時に正統な要求と見なされうるものは、その要求を履行できた場合に生じる帰結を個人性の獲得または包括の獲得として理解できる可能性に沿って示される。

この定式がさらにヘーゲル歴史哲学を想起させることがありうるとしても、それによって挙げられるべきは、正義の承認論的概念が今日批判的役割を担うことが可能となるような理論的条件だけである。この課題のために必要と思われる道徳的に正当な要求を同定することは、まず第一に、それを引き合いに出すことで一般に正統な仕方で要求が提起できるような、そうした正義原理が挙げられる場合にのみ可能である。こうしたことに適合するのは、私のモデルにおける次のような構想である。すなわち、われわれは社会において三つの根本的な承認原理を問題にしなければならないという構想にほかならない。それらの承認原理それぞれは、これまで考慮されないままであった差異もしくは状態を訴えることを可能にするようなそれに固有で規範的な妥当性の過剰を持つ。しかし、承認をめぐる社会的闘争において典型的に訴えられる多くの特殊事例から道徳的に正当な特殊事例を取り出すためには、第二にその明瞭さはいずれにしろ、定式化された進展基準の適用が必要である。というのも、潜在的に社会的承認関係の拡張に寄与するような要求だけが、実際には規範的に基礎づけられていると見なすことが可能だからである。その理由は、それが社会的統合の道徳的レベルの上昇の方向を示すからである。私が前にスケッチした個人化と包括の増加という二つの尺度は、そうした吟味が行われる際の基準を意味する。

さて、たしかに前述の進展基準が三つの承認圏域の内部で一般にどのように適用されうるのかということをはっきりさせるためには、何らかの納得のゆく理由が必要である。なぜなら、近代法の圏域についてのみ、平等原則の適用における進展について語ることがどういうことであるのかがある程度は明確であると思われる[90]一方で、「愛」と「業績」の承認原理については、比較そのものが成り立たないからである。多くの規範的関係においてそうであるように、ここでもまたポジティヴな基準をネガティヴに再定式化し、それに応じて該当する障害の除去という理念を出発点にすることは、さしあたりは有効であり続ける[91]。愛の圏域における道徳的進展は、他者の要求に相互的に適応する可能性を構造的に妨害する役割固定・ステレオタイプ・文化的決め付けの段階的な除去を意味するだろう。社会的価値評価の承認圏域では、それに応じて、道徳的進展は過去の産業資本主義の時代に、「生業」という肩書きの小さな仕事サークルの出現をもたらした文化的構造の背景をラディカルに探るということを意味するだろう[92]。もっとも、そうしたセクトごとに分化された進展モデルの前には、解決されるべき課題の複雑さを全体として示すがゆえに私が最後に話題にしたい新たな困難が立ちふさがる。

社会福祉国家の構築によって法的平等の原理が業績に関わる価値評価の圏域に浸透するという事情を解明した際にすでに、近代の社会秩序における道徳的進展は個々の承認圏域間に新たな境界を引きつつも、どの程度まで実現可能なのかということは明確化された。というのも、社会的地位を確保する部分を業績原理から解き放し、その代わりにそれを法的承認の命令にするということがつねに経済的困窮によって脅かされている階層の関心事であったということは、確実だからである。個々の集団もしくは個々の階級に属する成員にとっての人格的アイデンティティ形成の社会的条件が、新たな原理への部分的な置き換えによって持続的に改善されるような、そうした境界の変更を行う場合に、われわれは道徳的進展について語ることができる。ポテンシャルが内在している法的平等の原理の拡張傾向を別の承認圏域で訂正しつつ取り入れ、最低限のアイデンティティ条件の保障を配慮することは特に法化のプロセスであるように思われる。まさにこうした事態こそが、法の圏域から二つの別の承認圏域へと混じり込んでゆくという境界の変更に関する限りで、どのような道徳的論理がそうした境界の変更の基礎にあるのかを教えてくれる。自律的人格の間での相互尊敬の原則として理解される近代法の規範的原理は本来条件的性格を持たないのであるから、あれゆる当事者が個人的自律の条件をほかの圏域ではもはや十分には保障されていないと考える瞬間に、当事者たちはその規範的原理に拠り所を求めることができる。そうした「下から」はじめられた法化のプロセスの実例を、社会的権利の獲得を目指すすでに言及された闘争だけではなく、今日、夫婦や家族における相互の平等の法的保障について行われる広範に枝分かれした議論も表わしている。このとき、中心的論拠は以下のとおりである。それは、私的圏域における男性の構造的優位を前にした女性の自己決定のための条件は、ただそれが契約によって保護された権利の形をとって保障されるとともに法的承認の命令が下される場合にのみ、確保されるということである(93)。

これらの考察から、引き出されねばならない結論は、正義の承認論的概念が批判的課題を引き受けるのは、それぞれの承認圏域における道徳的進展を当事者に代わって防御することが問題とされる場合に限られるのではないということである。むしろ、異なる承認圏域の領土の間にそのつど確定される境界の反省的検証をもつねに必要とする。なぜなら、道徳的圏域間の所与の分業が個人的アイデンティティ形成のチャンスを損なうかもしれないという疑いが除去されることは決してないからである。このように疑問を投げかけることで、個人の権利の拡大が必要であるという結論が得られるということは何もおかしなことではない。なぜなら、「愛」もしくは「業績」という規範的原理の支配のもとでは、尊敬と自律の条件は十分には保証されてはいないからである。もっともこの点で、こうした正義概念の批判的精神は、繰り返し正義概念自身の保持機能に反することになろう。なぜなら、境界の変更の道徳的正統化にもかかわらず、圏域の区分を維持し続けることもまたつねに必要だからである。――というのも、われわれがすでに見たように、主体が人格的自律の相互主観的承認だけでなく、それぞれの特殊な欲求と特殊な能力との相互主観的承認を経験することが可能であるならば、個人的自己実現の条件は近代社会においてはただ社会的にのみ保障されているからである。

第3章

承認できぬほどゆがめられた承認[1]

――アクセル・ホネットへの応答

ナンシー・フレイザー

今日、批判理論の企てをヴァージョン・アップしようとする人たちは、一つの困難な課題に直面する。(1) すなわち、初期フランクフルト学派の思想家たちとは異なって、今日の批判理論家たちは解放への希望が社会主義に焦点を合わせ、労働者たちが社会運動の中に身を置くことに誇りを抱き、社会的平等主義が幅広い支持を享受するような政治文化を想定することはできないのである。それどころか、彼らは社会運動における「(左翼) ユートピア的エネルギーの枯渇」と社会運動の脱中心的拡大という事態に直面さえしている。というのも、そうした社会運動の多くは、集団の差異の承認は求めても経済的平等は求めないからである。(2) 先達者たちとは異なり、今日の批判理論の支持者たちは、文化や心理学の要求を擁護するための有力な引き立て役として正統派マルクス主義を取り上げることはできない。むしろ、新自由主義と「文化論的転回 (die kulturelle Wende)」とが合流したおかげで、彼らは政治経済の批判を抑圧しようとする思潮のなかで文化と資本主義の関係を理論化しなければならない。さらに、初期ヘーゲル左派とは異なり、彼らは社会を、文化的な同質性によって境界づけられた一つの全体として考えることはできない、つまり、共有された単一な価値地平に訴えることを通して倫理的観点から政治的要求に対する解決を図ることができる一つの全体として想定することはできない。それどころか、「グローバリゼーション」という簡潔な言い回しで表現される状況のもとで進行するような複雑なプロセスのために、彼らは、価値地平が複数化され引き裂かれ折り重なってゆく状況と取り組まなければならない。最後に、先達者たちとは異なって、今日の批判理論家は、規範的に正当化された要求は単一の制度変革プログラムに収斂していくだろうと想定することはできない。その代わりに、彼らは困難な事例（たとえばそれは、マイノリティによる文化承認の要求がジェンダーの平等を求める要求と対立する事例である）を相手にしなければならない。そして彼らはそうした事例を解決する方法をわれわれに示さなければならないのである。

アクセル・ホネットと私の論争の背景をなすのはこうした状況である。われわれはそれぞれ批判理論の概念的基盤を再構築するための提案を行ったが、それは時代状況が課す難問に応答しようとするためなのである。またわれわれは、承認というカテゴリーが主要な役割を演じる議論の枠組みを考案したが、それはこのカテゴリーによって時代の要請に応えることができるであろうと期待したためである。われわれの理論のいずれにおいてもこのカテゴリーは複数の要求に呼応している。すなわち、このカテゴリーは第一のレベルにおいて現代の社会闘争と批判とを関係づけるために役立ち、また第二のレベルにおいて今日の資本主義における文化の位置づけを理論化するのに役立つ。さらに第三のレベルにおいて、現在掲げられているさまざまな要求を裁定できる正義の基準を提供することを約束する。それゆえにわれわれ二人にとって、承認は、批判理論を現在の状況に対して十分対応できる形態に再構築しようとする試みの中心をなすのである。

それにもかかわらず、ホネットと私では承認の位置づけが非常に異なっている。ホネットはこの概念が独占的な力をふるう一元論的枠組みを提案している。ホネットの見解に従えば、承認を適切に「差異化」して説明することが、批判理論において求められる事柄のすべてであって、配分的不正義に対応し、またグローバル化する資本主義の経済論理に対応した第二のカテゴリー軸はまったく必要がない。承認概念が一つあれば、現代社会に見られる規範の欠如の全貌を、またこの欠如を生み出す社会過程の全容を、そして解放への変革を目指す人々が直面している政治的難問の全体を、捉えるには十分なのである。

私自身の承認概念の理解はまったく異なっている。私にとって承認とは、社会正義の重要だが限界を持った一つの次元なのであって、道徳的生活の全体を包括するものではまったくない。また資本主義社会における「承認秩序」は、市場メカニズムを含む、より大きな複合体の一側面にすぎず、すべての社会的従属を単独で統合するものではまったくない。したがって、もっぱら承認を中心とするアプローチは私にとって満足できないものである。むしろ、批判理論は承認をカテゴリー軸の一つと見なして配分を含む枠組みの中に位置づけなければならない。したがって私は、ホネットの一元論の代替案として再配分および承認の「パースペクティヴ的二元論」的枠組みを提案した。

批判理論家はこうしたアプローチのいずれを選ぶべきなのだろうか。どちらを選ぶのかは、目下の論争の中心を占めるようになった三つの問題の扱いにかかっている。第一の問題は、批判理論のいわゆる「経験的準拠点」に関係する。マルクス主義者のメタ物語がすっかり信頼を失った時代に、解放の主体が誰であるのかを形而上学的に指定したり、批判の対象をア・プリオリに特定することは不可能である。本質主義者の与えるそうした保証は当てにできないので、批判は脱中心化された一群の社会運動に向き合うことになる。だが、そうした社会運動の掲げる要求の多くはアイデンティティの問題に関わり、かつその基準が曖昧である。こうした状況においては、以下の差し迫った問題から逃れることはできない。つまり、批判理論は現在の政治的危機、特に承認を求めるさまざまな運動とどのように関係するべきなのか。経験世界に足場を持ちつつ、批判的スタンスを保つという二つの課題を、批判理論はどのように両立させるのかという問題である。

第二の問題は、資本主義社会に出現しつつある新しい局面のなかで、文化をどう位置づけるのかに関係する。この局面は、あるいはポスト・フォード主義、あるいはグローバリゼーション、またあるいは情報化時代という言葉で特徴づけられるが、その中で、文化は新しい突出した性格を帯びるようになっている。たとえば、社会的アイデンティティを構成する要素の中で、宗教と民族性の比重は増大しつつある。また、文化的差異についての意識は強まるばかりであるし、メディアは地球規模で拡大している。そして、文化をめぐる論争は白熱し、承認をめぐる今日の闘争がいかに重要であるのかを示している。こうした状況の中で、文化を優先させるアプローチは多くの人々を引きつけ、経済的要因を優先させる知のパラダイムはまったく無力であるかのように見える。こうして批判理論には、答えるべき新しい一群の問題が以下のように現れる。すなわち、批判理論は、眼前に展開する資本主義の新たな局面を、言い換えれば、文化をめぐる論争がきわめて重要な役割を演じているこの舞台を、どのように理解するべきなのか。批判理論は、社会理論における文化論的転回とどのように関係するべきなのかという問題である。

第三の問題は、批判の基礎をなす規範の基準に関係する。この問題の背景は、またしても加速したグローバリゼーションである。グローバリゼーションにおいては、経済的相互依存が高まると同時に、文化横断的な相互作用が増大しているが、こうした状況のなかでは、人間が繁栄するとはどのようなことなのかについて、人々に共有された権威のある理想というものはもはや存在していない。それどころか誰もが、善き生に関するビジョンを異にする「他者」と密接な結びつきを保ちつつ生活しているのである。こうした状況では、批判理論は特定の一つの倫理的理想に依拠することはできない。しかしまた、最近ポスト構造主義者のサークルで流行しているようなお気楽な反規範主義――どの場合も、たいていは秘密の規範を隠しているのだが――を決め込むこともできない。こうした条件下で、批判理論は規範となるいかなる基準を所有していると主張できるのだろうか。また、どのような正当化にもとづいてそう主張できるのだろうか。

以下で私は、これら三つの問題に即してホネットと私との違いを検討する。そして、そのいずれの検討においても私は、ホネットの承認一元論と私の再配分および承認のパースペクティヴ的二元論の利点を比較して査定する。またいずれの検討においても私は、ホネットのアプローチは私のそれと比べて欠点があると論じる。その際私は、最初にホネットのアプローチは批判理論にとって信頼できる経験的準拠点を確保することができないと主張し、第二にホネットのアプローチは現代の資本主義における文化の位置づけに関して異論に耐えうる説明を与えることができないと主張してから、最後に第三に、ホネットのアプローチは承認を求める今日の要求を裁定するための規範となるような一連の基準を提供できないと主張することになるだろう。私はまたいずれの検討においても、問題の根は同じであって、ホネットは承認というカテゴリーを乱用し、それが批判力を失う地点まで過度に拡張していると論じるだろう。すなわち、ホネットは承認という概念をまったく承認できなくなるほど膨らませることで、使う範囲は限られているが切れ味のある社会批判の道具を、われわれが生きる時代の難問に対応することのできないようななまくらな鈍器へと変質させてしまうのである。

第1節　批判理論における経験の位置について
――政治社会学を道徳心理学に還元することに対する反論

この論争では「経験的準拠点」の問題が浮かび上がってきた。なぜなら、ホネットと私はともに、批判理論の本質的な特徴である内在と超越との間に展開される特色ある弁証法を支持しているからである。われわれはともに、古典的理論に見られる外在主義的スタンスを拒否する。この立場は、当の社会からはまったく独立した神の視点があると主張し、その高みから社会制度に審判を下すのだが、われわれが考えるところでは、むしろ、批判理論はある意味で地上の状況に内在していると言える緊張関係とその解決の見通しを露わにする限りでのみ、人々を引きつける力を発揮する。そしてわれわれはともに、われわれが啓蒙しようとしている社会的主体に対して語りかけることのできるような、そうした批判のための言語を作り出そうとしている。しかしながら同時に、ホネットと私は歴史主義者の解釈学に見られる強い内在主義を拒否する。われわれはともに、所与の伝統の中に沈殿した意味をたんに解明するだけの仕事には満足せず、かえって、所与と規範が一致しない場合にのみ批判はラディカルな能力を発揮する可能性を持つと考えるのである。またわれわれは二人とも、効力のある規範はその規範の生みの親となった状況を超越していく力を持つと考えている。かくして、われわれは二人とも、厳密に内在的な批判に止まることでよしとするどころか、「余剰効力」を持つ概念を求めるのである。

そういうわけで大筋では、ホネットと私はともに、内在と超越とを同時に包摂するという批判理論のサインの入った目標を支持している。実証主義者の外在主義と歴史主義者の内在主義との間を行く中道を求めて、われわれは二人とも、社会的世界のなかに存在し、同時にこの世界の彼方を指し示す足場を探すのである。

それにもかかわらず、ホネットと私は共有されたこの目標を達成する最善の方法について意見を異にする。内在と超越とを包摂するために、ホネットは、前政治的な苦難経験をめぐる道徳心理学のなかに批判理論を基礎づけるという戦術を採る。ホネットは内在性を主体の経験と同一視しながら、社会的主体の苦難経験・動機づけ・期待から規範的な概念を導出することによって、批判と社会的コンテクストとを結びつけようと試みる。しかしながら、この戦術には危険が伴う。なぜなら、それは規範性を所与性に貶める恐れがあるからである。この危険をあらかじめ封じ込めるために、ホネットは現在の政治論争から距離を置こうとする。かくして、ホネットは公共圏の要求提起から影響を受けない「独立した」道徳的経験の層を設定して、超越性を確保しようとするのである。経験的準拠点が現代の社会運動と過度に同一視されることを恐れながら、しかもなお経験的準拠点を求めるホネットは、政治化されていない初期段階の平凡な苦難経験のなかに汚染されていない経験の核心があると明言する。そして、そのような経験を復元してみると述べた後でホネットは、ただ一つの基本的な道徳的期待――人格のアイデンティティは適切に承認されるべきである――があらゆる社会的不満の根底にあるということが明らかになったと主張する。その結果として彼の考えでは、アイデンティティの承認を確保するという衝動によって、あらゆる道徳的経験の核心ならびにあらゆる規範の深層文法が説明されることになる。批判理論は、したがって、そのカテゴリー枠の中心をなすものとしてこの命法を刻みつけなければならないのである。

こうしてホネットは、大枠のところで、前政治的な苦難経験という道徳心理学によってみずからの承認一元論を基礎づける。しかしこの戦術は、内在と超越との間に真の弁証法を打ち立てるどころか、あらゆる点において困難に突き当たる。まず第一に、前政治的経験に関するホネットの解釈は疑わしい。ホネットは社会調査を引き合いに出しているが、日常的な不満がつねに承認の拒否に関わるものかどうかは決して明らかではない。実際、ただ一つの動機がそうした不満すべての根底にあるという考えは一見して受け入れがたい。情報源となる調査の範囲をさらに広げ、より偏りのない解釈を施すならば、不満の動機が数多く見出されるだろうことは疑いない。そしてそうした動機には、不労所得を得る特権に対する腹立ち・無慈悲な行為に対する嫌悪・専制的な権力行使に対する憎悪・所得と財産に現れる甚だしい不平等に対する反感・搾取に対する敵意・管理への悪感情・排斥されたり排除されたりすることへの憤りが含まれているだろう（自己自身と異なった点を持つ他者への憎しみも日常的な不満の一つであり、こうしたあまり褒められない動機をすべて含めるならば、不満のリストはもちろんもっと長くなるだろう）。仮にこれらの動機を包括的規範集成のようなものに組み込むことが可能だとしても、そうした規範は、人格のアイデンティティは承認されるべしという期待のように限定されたものではありえないだろう。むしろそうした規範は、もっと一般的な何か、たとえば、人は公正に扱われるべしという期待のようなものでなければならないだろう。このテーゼは、ホネットが扱うことのできない経験、たとえば、ある人々には剝き出しの剝奪状態、他の人々には信じられないほどの富の享受を運命づける社会構造についての極端な不公正感――マイケル・ハリントンの『もう一つのアメリカ』では、こうした経験が記録されている[3]――といった経験を包括することができるだろう。たしかにそうした社会構造は、人間には平等な道徳的価値があるという基本的な観念（私はこの見解を第3節で検討する）に背くものである。また、社会生活における参加の平等を妨げるものである。しかし、それらを、人格のアイデンティティの毀損として理解することは最善の方法とは言えない。そのような解釈を強く主張することは、問題の焦点を社会から自我へとそらし、毀損の意味を過度に人格化することにつながる。(4) そうした主張は問題の所在を明らかにするどころか、最終的に承認概念を限界まで拡張する結果をもたらすことになる。かくして、承認を拒否されるという経験は、日常的な苦難経験すべてを理解するための規範的核心ではなく、数ある不公正感のうちの一つなのだと見なす方がより適切であると思われる。

しかし、前政治的受難についての誤解がホネットの戦術の唯一の難点というわけではない。ホネットはそうした苦難経験に批判理論の特権的な準拠点という役割を与えており、こちらの方が問題はさらに大きい。こうした役割分担が疑わしい理由は、いくつかのレベルに分けられる。経験的レベルで見るならば、こうした苦難経験がある種の語彙――規範的判断において使用され、公共的に流通している語彙――によって汚染されていないと本当に言えるかどうかは決して明らかではない。民主主義社会では、公共圏における政治論議から日常生活を隔離する防火壁は存在しない。これは明確である。その結果ホネットが政治的に無垢なるものとして位置づける、日常生活の中の不正義の経験は、実際は公共的な要求提起のイディオムによって媒介されているのである。たとえば、ジェーン・マンスブリッジの『日常のフェミニズム』というエスノグラフィーを見てもらいたい。アメリカ人女性の日常的な受難経験は一見すると非政治的であるように見えるが、実は政治的フェミニズムのもたらした解釈図式によって覆い尽くされているという実態がそのなかで明らかにされている。(5) さらに概念的レベルで見ると、現実的かつ根源的な経験の層に訴える方法は首尾一貫性を欠いている。規範的言説が、社会的行為主体の経験だけでなく、そうした経験を研究する者のパースペクティヴにも浸透してくることは避けられないので、規範的言説に媒介されていない道徳的経験にアクセスすることは決してできないのだが、「所与の神話」のヴァリエーションであることの方法はそのことを認識できないのである。[6] リチャード・ローティーの言葉を借りれば、「道徳固有の言語」を表現する「独立した」道徳心理学などありえないのだ。[7] 最後に規範的レベルで見ると、前政治的経験がホネットの退ける社会運動の要求よりも、実際により適切な準拠点となるかどうかは疑わしい。何と言っても、社会運動の要求には開かれた論争の場で批判的な検討を加えることができるという利点があるが、それと対照的に分節化されていない苦難経験はその定義上、公共的な論議を受けつけないからである。したがって、批判理論の準拠点が規範的観点から見て信頼に足るべきものならば——言葉を換えて言えば、批判理論の準拠点が不正義なものとして経験されるたんなる体験ではなく、不正義の名に値する事態を概念化するための拠り所だとするならば——、社会運動の要求は、検証されていない前政治的不満と比べて、少なくとも同程度の資格を持つ準拠点候補だと言える。[8]

とはいえ——ホネットは私の立場を誤解しているが——私は社会運動の要求を二者択一的に批判理論の基盤として擁護しようと考えているのではない。そうではなく、私は特権的な一群の経験の上に規範的枠組みの基盤を据えようとするいかなる提案に対しても、原理的に異議を唱える。この戦術は、一つの原理にすべてをかけており、その点で欠陥がある。この戦術は、一つの、それも、ただ一つの特権的な準拠点が必要だと主張することで、当の準拠点に過大な権限を与えてしまい、事実上それを誤りようのない基盤と見なしてしまう。しかし実のところ、前政治的であれ何であれ、いかなる種類の経験も批判的検討から切り離されるべきではない。社会の現実を分析するために複数の観点を設定し、その観点のいずれにも絶対的な特権を与えることなく、それぞれの観点を他の観点に照らして修正できるようにするというのがより賢明な方法なのである。そうしたクロスチェックは主観的経験の事例においては特に急を要するものなのだが、残念なことにホネットはそうした事例を額面通りに受けとめるのである。しかし、主観的経験が頼りにならないのは周知のことであって、われわれはそうした経験をより客観的で経験から距離を置いたさまざまな基準――たとえば、社会的従属に関する構造分析や社会運動の政治社会学によって与えられる基準――と関係づける必要がある。たしかにこれらの準拠点も現実の経験に依拠しているが、しかしそれらは主観的経験から直接生じたものではない。反対に、これらの準拠点はさまざまな経験の要求が妥当であるのかどうかを評価するための必要不可欠な評価基準として機能してくれるのである。

しかしながら、ホネットは経験を吟味することには消極的である。それどころか、ホネットにとって道徳心理学はあらゆることについて事前に解決策を提供してくれるのである。ホネットの枠組みでは、主観的動機づけに関する道徳心理学的問題は社会的説明や規範的正当化の問題に対して優先権を持つことが前提とされている。したがって、主観的経験としての不正義に動機を与える要因をめぐる議論が、批判に課せられた他の重要な仕事――たとえば、政治的要求提起のへゲモニー的文法・不公正を制度化する社会過程・主張を裁定するための規範となる規準を特定するといった仕事――に着手するためのパラメーターを与えるのである。別の言い方をすれば、承認拒否は唯一本物の不正義の経験であるということが道徳心理学によって確立されたことになれば、ホネットにとってはすべての準備が完了したことになる。すなわち、すべての政治的要求は承認要求へと翻訳されねばならず、またすべての従属様式は承認拒否として解釈され、したがって従属様式は社会の承認秩序にまで遡って解明されねばならないことになる。さらに、正義の規準もすべて承認の変数として理解されねばならない。その結果生まれてくるのは驚くほど伝統的な理論体系である。そして、この基礎づけ主義者の構造物の中では、土台をなす道徳心理学が政治社会学・社会理論・道徳哲学を不当に拘束してこれらの学問の探求領域を矮小化し、学問相互の自律性を侵害するのである。

総じて、こうした問題があるために、内在と超越との弁証法を発展可能な形態で構築しようとするホネットの試みの先行きは暗い。前政治的苦難経験への訴えは純粋に内在的な経験的準拠点を与えるものではなく、準超越論的道徳心理学――道徳心理学は、「承認は、いつの時代にどの社会においても唯一の充分な道徳カテゴリーである」ことを決定的に証明する学問であると見なされている――を導入するための口実なのである。こうしたやり方によって、人類学的観点から見た承認の卓越性は歴史的偶然性の作用するレベルよりも深い場所にあるものとして位置づけられ、こうして内在の外見を装うことになる。たしかにホネットも、承認が社会の進展とともに「差異化される」ことに同意し、そこに歴史的展開の余地があることを認めている。しかし、ホネットのアプローチは純粋に歴史的な思考に行き着くのではなく、歴史の流れをあらかじめ規定する方向に向かう。歴史的展開は承認をさまざまな「領域」に差異化することができるだけであって、承認のヴァリアントでないような新しい道徳カテゴリーを生み出すことは決してできないというのである。歴史化の身振りはしてみるものの、ホネットは最終的に内在の契機を超越の契機に従属させてしまう。そしてその超越なるものもつまるところまた錯覚なのである。結局、承認一元論は現代の政治文化を批判するために役立つ視点を与えてはくれない。反対に、承認一元論は今日見られる承認の政治学への偏愛を無批判に反映しているのであって、その結果として今はやりの流儀が適切かどうかを検証するどころか、むしろそれを追認する装置として機能するのである。以上をこのように総括すれば、結論は明らかである。すなわち、ホネットは、現在の社会世界の中に存在し、なおかつ、この世界を超える方向をも指し示すことができるような足場を確立することに失敗しているのである。

それでは、ホネットの戦術に代わるものは何か。私が提案したアプローチでは、出発点となるのは主観的経験ではなく、脱中心化された社会批判の言説である。したがって、私のアプローチは、個人的であれ集団的であれ、また前政治的であれ政治的であれ、何らかの社会的主体のパースペクティヴをそのまま反映しようとするものではない。かえって、私は、ある社会の討議や熟議のヘゲモニー的文法を構成している社会正義の日常パラダイムにまず最初に焦点を当て、これによって批判を社会的コンテクストと結びつける。この日常パラダイムは直接的な経験の反映ではない。それどころか、このパラダイムは脱人格化された討議形態を構成し、この討議形態を通じて、道徳をめぐる意見の相違や社会的不満が調停されるのである。そのような存在として、日常パラダイムは批判理論にとって非主観的な準拠点の役割を演じることになる。こうして、批判理論はホネットの考える主観中心主義的な哲学から切り離され、言語論的転回の圏域に再び場所を見いだすのである。

さらに詳しく説明を加えよう。正義に関する日常パラダイムが表現しているのは、ある特定の社会的主体からなる集団のパースペクティヴではない。また、このパラダイムは一つの社会領域に排他的に所属しているわけでもない。むしろそれは、民主主義社会の中に広く行き渡ったトランス・パーソナルな規範的言説であって、政治的公共圏だけでなく、職場・家庭・市民社会といったさまざまな組織に広く浸透しているものである。したがってこうしたパラダイムは、あらゆる領域において社会的行為主体が社会構造を評価するときに利用できる（そして実際、利用している）ような、そうした道徳の文法の骨格をなしている。第1章の「アイデンティティ・ポリティクスの時代の社会正義――再配分、承認、そして参加」論文で説明したように、今日において正義に関する日常パラダイムの主軸をなす概念は承認および再配分である。ホネットの解釈にもかかわらず、承認および再配分に訴えるのは組織的な運動だけではない。組織化されていない個人もまた日常のコンテクストのなかで、承認と再配分を口にするのである。(9)

私のアプローチでは、日常パラダイムは最初の経験的準拠点の役割を果たす。しかしそれにはいかなる絶対的な特権も与えられていない。ホネットの前政治的苦難経験とは異なり、こうしたパラダイムは批判理論の規範的枠組みを導き出す誤りようのない基盤を提供するものではない。反対に、批判理論家は少なくとも二つの独立したパースペクティヴからパラダイムの妥当性を評価しなければならない。まず第一に、社会理論のパースペクティヴからある社会における論議のヘゲモニー的文法がその社会構造にとって妥当なものかどうかを判断しなければならない。そして第二に、道徳哲学のパースペクティヴから日常パラダイムの依拠する規範が道徳的に正当かどうかを判断しなくてはならない。

こうした方法で検討されることによって、正義に関する今日の日常パラダイムには複眼的な評価が与えられることになる。まず、社会－理論的な検討がなされる場合には、再配分および承認の両者が現代社会に不可欠な社会統合および社会的従属の様式に呼応していることが明らかになり、両者は現在の状況を批判的に考察するためのカテゴリーとしてふさわしいという一応の証拠が得られることになる。また、社会理論によって配分と承認が社会的現実のなかでは解きがたく絡み合っていることも明らかになり、そのため、両者を切り離して相互に両立不可能なカテゴリーとして扱う政治文化の無能さも暴かれることになる。同様に、道徳－哲学的な検討がなされる場合にも複眼的な結果が生じる。まずそうした検討によって、配分と承認がともに唯一本物の正義の問題であることが明らかになり、その結果、この両者から規範的妥当性を伴うさまざまな原則を生み出すことができるという確証が得られる。またこの検討によって、両者は互いに還元不可能でありながら不可分の関係にあることが確認され、したがって配分か承認のいずれかに与する一元論が妥当でないことはもとより、この二つの問題をより包括的な道徳の枠組みのなかで統合することのできない政治文化には欠陥があることもまた明らかとなる。要するに、正義に関する今日の日常パラダイムはまったく方向を誤っているわけではないが、まったく申し分のないものでもないということである。このように、それなりに信用はおけるが再構築の必要もある現在の論議の文法が経験的準拠点の役割を担う以上、経験的準拠点は、その能力のすべてを適切に展開させることができる場合に、現在の状況を超える方向を指し示すものとなるのである。

総じて私のアプローチはホネットとは違って、基礎づけ主義的ではない（*non foundational*）。その結果、私のアプローチの内部構造はホネットのそれとは異なるものとなる。特に、議論の焦点が経験から言説へ移動するために、道徳心理学は脱中心化されて政治文化を研究するための余地が生まれ、次にこの研究が批判理論を構成する要素である社会理論・道徳哲学・政治理論を結びつけることになる。しかしその際、これらの学問的探求のいずれかが、ホネット的な意味で他の探求の根拠になることはない。いかなるものも改訂を免れることはできないのである。より正確に言えば、どの探求も他の探求と応答関係にあり、これによって必要な場合にチェックや調整が行われるのである。こうしたプロセスの結果、二つの局面が生まれる。まず承認を重視する現在の思潮は、社会理論や道徳哲学が文化に根ざした社会的地位をめぐる不正義を無視する場合、そのような社会理論や道徳哲学を批判的に検討する動きに勢いを与える。他方、先ほど私が注意したように、承認の重視そのものも社会理論や道徳哲学の俎上に載せられて修正を受ける。その結果、二つの局面の間に解釈学的循環が生まれ、この循環のなかで、基礎づけ主義的な根拠とはならない複数の要素が脱中心化されたプロセスへともたらされ、反省的均衡に到達するべく相互に修正を行うことになる。こうして、私のアプローチにおいては、批判理論は現代の政治文化から学ぶと同時に、この理論が持つ批判的独立性を保持するのである。

以上のように、批判理論に関する私の構想はホネットとは別ものである。先に見たように、ホネットは、道徳心理学を土台とする基礎づけ主義的な一大体系を仮定して、社会理論や道徳哲学を拘束した。対照的に、私の場合、批判理論は多中心的かつ多角的である。つまるところ、経験は批判理論の基盤たりうるという想定を一度捨ててしまえば、道徳心理学は特権的な座を失うのである。そして、主観的動機づけをめぐる問題は社会的説明や規範的正当化をめぐる問題に対する優越性を失い、不正義の原因は何か、要求を正当化する規準は何かといった問いの探求に際して制限を課すことを止め、それに代わってこれら二つの探求はともに相対的な自律性を取り戻すのである。すなわち、社会理論においてわれわれは、不正義のタイプ・原因・是正策といった論点を、それらが経験とどのように関わるのかという問いとは独立に自由に概念規定する。同様に、道徳哲学においてもわれわれは、正義の要求を裁定する規範とは何かという問題を欠陥のある心理学の命令に縛られることなく考察することができる。また政治社会学においてわれわれは、コンフリクトと論議の枠組みをなすヘゲモニー的規範文法を分析することができる。ア・プリオリな一元論は、承認というアイディアを承認できなくなるほど膨らませ、かえってこのアイディアの持つ批判の力を奪ってしまうのだが、批判理論は、以上のようにして、この一元論による不自然な制約から解放されるのである。

また同時に、私が代替案として提案した多中心的アプローチは、内在と超越との要求を満たすことのできる理論構造を提供する。正義に関する日常パラダイムは、パラダイムのなかに組み込まれた日常規範がそうであるように、社会世界において内在という位置を占めている。しかし、これらのパラダイムは不動の規範性を蓄えている不変の貯蔵庫ではない。こうしたパラダイムは所与のぬかるみにはまりこむ運命にあるどころか、現代という条件のもとで歴史的展望を拡大しつつラディカル化を図り構造を変化させることが可能なのである。日常文法のなかに埋め込まれた規範は、新しい問題に直面してそれに対応するべく創造的に再活用されることで、みずからを生んだ社会世界を超えてゆく。参加の平等という思想が、その適例である。平等という思想がカバーする範囲と実体は歴史の進展において大いに拡大したが、第3節で説明するように、参加の平等は平等という広く受け入れられた日常規範をラディカル化した思想である。したがって、参加の平等という原理は現在の社会世界の中に足場を持つ。しかしながら同時に、この原則はこの社会世界を超える方向を指し示す。なぜなら、この原理を貫徹するためには、社会構造の大規模な改革が必要とされるからである。こうして、参加の平等は、その源である日常規範と同様、批判理論にとって重要な準拠点——内在と超越の要求が収斂する非主観的準拠点——の役割を演じるのである。以上から、この節における結論もまた明らかである。すなわち、ホネットの主張に反して、道徳心理学という「独立した」基礎がなければ、私のアプローチは所与のぬかるみにはまりこんでしまうという指摘は誤っている。それとは反対に、私のアプローチは現代社会についてのラディカルな批判を視野に入れている——はっきり言えば、そうした批判を促進している——のである。

アクセル・ホネットは暗に、みずからのアプローチが哲学的な深みのある問題に向かっているのに対して、私のアプローチは政治的ご都合主義に動機づけられており、ここに二人の立場の違いの核心があると語っていた。こうして、彼は、私のアプローチは一種の「近視眼的現在中心主義」であって、現代の社会運動の要求を忠実に反映することのみを目的としていると貶すのである。今や明らかだと思うが、これほど真実からかけ離れたことはない。そうした要求を批判的吟味から遠ざけるどころか、私の議論の趣旨は全体として、そうした要求の妥当性を問うところにある。さらに皮肉なことに、ホネットの非難はホネット自身に当てはまり、それは痛々しいほどである。というのも、ホネットの承認一元論は現在の言説を問題として対象化することができず、そのため無意識のうちにヘゲモニー的パラダイムに頼ってしまい、結果的に、現在の時代精神を批判的に映し出す力は私の再配分および承認のパースペクティヴ的二元論と比べて、かなり弱まっているからである。

第2節　社会理論における文化論的転回について
――資本主義社会を承認秩序に還元することに対する反論

論争の第二の主要な焦点は現代社会における文化の位置づけにあり、批判理論家は現代資本主義の社会構造をどのように理解するべきなのかという問題がここでの争点となる。すなわち、この社会構造において文化的秩序づけはどの程度の深さまで及んでいるのか。文化的秩序と市場メカニズムはどのように関係しているのか。また、文化的秩序と配分結果はどのように関係しているのか。資本主義社会における従属はすべて、承認拒否[2]を根本原因としているのか。また、それを正すためには、承認だけで十分なのか。批判理論は「文化論的転回」を無条件に容認すべきなのか。批判理論は、生産を特権化した経済主義的パラダイムを、文化を特権化するパラダイムに置き換えるべきなのか。

こうした問題は決して新しいものではない。それらははじめから批判理論の中心問題であり続け、フランクフルト学派の思想家は経済に対する文化の自律性を理論化し、正統派マルクス主義を難しい立場に追い込もうとしたのである。しかしながら今日、問題の装いは新たになっている。まず第一に、グローバル化する資本主義は文化の存在をこれまでになく際立たせ、資本のみならずイメージ・記号・人間が国境を越えて移動する流れを加速させている。またそのため、「差異」の意識が高まり、差異の政治化が促されるという結果が生じている。第二に、政治においても学問の世界においても、マルクス主義はもはや無視できぬ力を持つ存在ではなく、それに代わって文化主義的パラダイムがかつてのマルクス主義の位置を占めるようになってきている。このような状況において批判理論が陥りやすい罠は、伝統的な経済主義への屈服ではなく、政治経済批判の記憶を抑圧する新自由主義的健忘症である。こうして批判理論にとって新しい課題が生まれる。すなわち、批判理論はグローバル化する資本主義社会において際立つ文化の価値をどのように理解するべきなのか、特に文化論的転回が秘めている批判の力をどのように評価するべきなのかという課題である。

アクセル・ホネットと私はともに、これらの課題に答えようと努力している。われわれはともに、文化は政治経済のたんなる反映ではなく、固有の権利を持つ社会秩序の媒体であると考えている。またわれわれはともに、文化はしばしば支配の手段として機能することがあり、したがって社会が内包する不正義の最も深い根は政治経済の中にではなく、制度化されたパターンの中に横たわっているという立場をとっている。最後にホネットと私はともに、承認という観点からこうした問題を理論化し、このカテゴリーを用いて現代資本主義における文化の社会的重みと道徳的な意義とを概念化しようとしている。かくしてわれわれはいずれも、文化論的転回というきわめてすぐれた洞察を取り込もうとしている批判理論に一つの枠組みを提案しているのである。

それにもかかわらず、われわれの歩む道は異なっている。ホネットは社会を承認関係のネットワークとして理解する。ホネットは社会理論を道徳心理学に従属させ、社会理論の仕事は、対象となる社会において承認の期待が制度化される具体的な仕組みを特定することにあると規定する。そして、社会の「承認秩序」を構造分析した後に批判理論のすべき仕事は、承認秩序の中で、どのようにして承認拒否が生じるのか、また承認拒否はどのようにして社会的対立の原因となるのかを示すこととなる。ホネットは、この方法を資本主義社会に適用する際、それぞれ異なる規範原理が支配する制度化された三つの「承認領域」を区別する。「愛」の領域で承認を統制するのは、かけがえのない個人が有する特別な要求への配慮という原理である。それとは対照的に、法の領域で承認を統制するのは、人格の自律性に対する平等な尊重という原理である[3]。最後に、労働の領域で承認を規制するのは、社会への貢献度に応じて賃金の水準を決定する業績という原理である。それゆえにホネットの観点からすると、配分をめぐる闘争とは実は業績に関する文化的解釈の変換を目指した承認をめぐる闘争なのである。ホネットにとって、承認は社会のあらゆる領域に広がっているといっても過言ではない。承認をめぐる解釈は、社会統合の最も重要な手段としてあらゆる領域の社会過程に影響を与え、親密性や法の形態を規定するだけでなく、所得や富の配分をも規定する。したがって、市場に媒介された社会的相互作用には独自の役割は与えられない。なぜなら、この相互作用は、他の相互作用と同様、文化的評価図式によって統制されているからである。こうして、資本主義社会における経済メカニズムに焦点をあてて理論化する仕事には重要性はなく、また理論化の見込みもないことになる。資本主義社会の理解には、配分を重視する別個の分析が不必要であるどころか、資本主義社会とは事実上、資本主義的承認秩序にほかならないのである。

一般的に言って、ホネットの社会理論は、その道徳心理学と同様一元論的である。その社会理論はすべての社会過程を対人心理学の単眼レンズを通して眺め、共有された理解および解釈図式によって社会的行為を調和させる「道徳的統合の最優先」を旨とする。その結果、資本主義はもっぱら承認のパースペクティヴから考察され、それゆえに資本主義社会の社会過程はすべて文化的評価図式によって、直接的に統制されるものと見なされる。また、従属はすべて文化に根ざした社会的地位序列から生み出され、そのためにすべての問題は文化の変換によって是正されると考えられるのである。しかしながら、こうした想定のいずれについても疑問の余地がある。

まず第一に、どんな社会であれ、それがたんなる承認秩序にすぎないという想定は疑わしい。どの社会を見ても、実際には二種類以上の社会統合が保持されている。どの社会を見ても、実際はホネットが特別扱いする道徳的統合以外にも、システム統合の形式が存在している。そして、そうした統合においては、個人が用いる無数の戦略が意図せざる結果を生み出すものの、その結果が効果的に絡み合って相互作用の調節が行われるのである。したがって、すべての社会をもっぱら承認秩序として分析するやり方は、統合の一様式を不当に全体化し、社会過程の領域全体を矮小化するものであり、そのために肝心な問題——対象となる社会において承認秩序と他の様式の社会秩序が相互に作用して従属関係が生み出される仕組みをいかに正確に捉えるのかという問題——が曖昧にされてしまう。

付け加えて言えば、どの社会にも当てはまることは、資本主義社会の場合、特に当てはまる。資本主義社会を際立たせている特徴は、何といっても、この社会が特殊な市場秩序——固有の論理に従って形成され、擬似客観性・匿名性・非人間性という性格を持つ秩序——を生み出したという点にある。たしかにこの市場秩序は文化の中に埋め込まれているが、しかし文化的評価図式によって、直接コントロールされているわけではない。むしろこう言った方がよい。市場に見られる経済の論理は、承認という文化の論理と複雑な仕方で相互作用し、ときに既存の社会的地位の差を道具として用い、ときに、この差を解消させるような、あるいは、この差に触れないような方法を用い、またときに新しい社会的地位の差を創り出すのである。その結果、市場メカニズムは社会的地位序列のたんなる反映ではないような経済的階級関係を生み出す。こうした関係も、またこの関係を生み出すメカニズムも、承認一元論からは理解できない。それらを理解する適切なアプローチがあるとすれば、それは、資本主義経済特有の力学を理論化すると同時に、資本主義経済と社会的地位秩序の相互作用をも理論化するものでなければならない。

以上の考察は、明らかに資本主義社会の労働市場に当てはまる。労働市場のアリーナでは、労働報酬は業績原理によって決定されるのではない。たしかに資本主義社会にはさまざまなイデオロギーが浸透しており、そのなかには共同体の幸福に寄与する活動とはしかじかでありその貢献度はしかじかであるといったイデオロギー、この職業は男性向きであるあるいは女性向きである、またはある「人種」向きであるといったイデオロギー、さらには、そもそも労働とはしかじかのものでありしかじかのものは労働ではないといったイデオロギーが含まれている。そして、こうしたイデオロギーは現実的な効力も持ち合わせている。しかし、それらが賃金レートに影響を与える唯一の要因であると考えることはほぼ不可能である。政治−経済的要因もまた重要なのであって、そうした要因にはたとえば、さまざまなタイプの労働の需給バランス・労働と資本のパワーバランス・(最低賃金の問題を含む)社会統制の逼迫度・技術向上を促す生産コストと生産性のレベル・会社が賃金レートの低い地域に事業を移す際の移動のしやすさ・クレジットの価格・通商条件・国際通貨の為替相場といったものが挙げられる。考慮すべき関連事項が広範囲に入り交じる中では、業績イデオロギーは最高の位置を占める項目では決してない。むしろ評価の持つさまざまな効力は、法人組織の利益の最大化を優先する非人間的システムのメカニズムによって調整されるのである。しかしながら承認一元論は盲目の状態にあり、このメカニズムに目を向けることができない。このメカニズムは文化的評価図式に還元できないからである。その結果、承認一元論は資本主義社会における配分的不正義を生み出すプロセスを理解することができなくなっている。こうしたプロセスを適切に理論化できるのは、鱗状に積み重なる承認と配分とのありかたを理論化するアプローチ以外にはない。

こうして実際には、配分をめぐるすべての闘争が承認をめぐる闘争——それは、要求を掲げる労働者にしかるべき尊敬を与えることを目指している——であるわけではないということが帰結する。たしかに業績の解釈に対する影響力を手に入れようとする再配分の運動もいくつか存在する——たとえば、第1節で私が論じた「同等な価値」を見よ。[10] しかし、ホネットの解釈とは異なり、すべての配分闘争が「同等な価値」と同じ性格を持つわけではない。新自由主義的グローバリゼーションに対抗する今日の闘争を考えてみよう。こうした闘争は、巨大法人株主と通貨投機家の利益に奉仕する多国籍貿易と投資形態をターゲットに据えて組織的な不均衡配分を終わらせることを目指しているが、この不均衡配分の根は業績に関するイデオロギーのなかにあるのではなく、グローバル化する資本主義のシステム命令と統御構造のなかにある。[4] ホネットの考えとは反対に、この種の不均衡配分は、女性のケアワークを承認拒否することから生ずる不均衡配分に劣らず、現代資本主義の典型となっている——たとえば、サハラ砂漠以南に位置する多数のアフリカ諸国・東ドイツ・サウスブロンクスの辿る運命を見よ。それに現れた途方もない貧困は、労働貢献の過小評価から生じているのではなく、多くの人々を労働市場から完全に排除してしまう経済システムのメカニズムから生じているのである。たしかに利益を最大化すべしという至上命令が、社会的地位の差や過去の収奪がもたらした負の遺産と相互作用を起こし、そのために人種差別主義がこうした排除を促進していることは否定できない。しかし、たんにヨーロッパ中心主義的な業績基準を変換するだけでは排除という事態を是正することはできない。むしろ必要なのは、財政・貿易・生産をめぐるグローバルなシステムを大規模に再構築するという仕事である。しかしながら、こうした事柄は承認一元論の概念の網目をすり抜けてしまう。それを捕まえることができるのは、グローバル化する資本主義のシステム力学と社会的地位の力学との両者を包括する二次元的な枠組みのみである。

一般的に言って、ホネットは、資本主義社会における承認の役割をあまりに過大視している。ホネットは、もっぱら価値関係的な相互作用に焦点を当て、文化の偏在性と還元不可能性については正しい洞察を行うものの、そうした洞察を承認できなくなるほど肥大化させる。彼は、市場はつねに文化の中に埋め込まれているという正しい前提から出発しながら、市場の振る舞いは承認の力学によって完全にコントロールされているという誤った結論に行き着く。同様にホネットは、資本主義経済は純粋に技術的なシステムというわけではなく、また文化の影響を受けないシステムでもないという正しい洞察から出発しながら、資本主義経済の領域には、文化の問題とは区別して解明する価値のあるような経済力学が入り込む余地はないという受け入れがたいテーゼに行き着く。最後にホネットは、社会闘争にはすべて文化的次元があるという正しい洞察から出発しながら、すべての闘争は全面的に文化的であって、しかもその構造はまったく同じであるという支持できない結論に行き着く。このようにしてホネットは、文化論的転回の最善の洞察を取り込むことに成功するどころか、文化論的転回を過剰に推し進める誘惑に屈するのである。ホネットは、経済主義を乗り越えて配分と承認をともに包括するより豊かな理論に到達するのではなく、矮小化した理論枠組みを別の枠組みと取り替えてしまった、つまり、矮小化した経済主義と矮小化した文化主義とを取り替えてしまったのである。

では、どのようなものがよりよいアプローチの手本となるのだろうか。ここにまとめた考察はすべて一つの方向、すなわち、承認と配分をともに包括する二次元的枠組みを指示している。この枠組みのなかでは、俗流経済主義だけでなく、文化還元主義も退けられるので、資本主義社会を承認関係のネットワークに還元するようなことは生じないだろう。むしろこの枠組みにおいては、相互に還元不可能だが現実には絡み合っている二つの異なる秩序づけの次元——一方は経済的次元であり自由市場化された相互作用と関連し、他方は文化的次元であり価値‐統制的相互作用と関連する——が相互作用するあり方が分析され、それによって資本主義の理解が図られることになるだろう。このようなアプローチにはいくつかの利点がある。このアプローチは、道徳的統合にのみ焦点を合わせるのではなく、システム統合にも注意を払い、この二つの相互作用を研究する。さらにこのアプローチは、唯一承認の力のみが社会行為を直接コントロールすると想定するのではなく、自由市場化された相互作用の中では、評価に関する文化図式は経済論理を通じて屈折させられると考えるのである。同様にこのアプローチは、社会的従属のすべてを文化価値の序列に根ざす承認拒否に還元する代わりに、配分的不正義はたんに社会的地位序列を反映しているのではなく、社会的地位序列と因果的に相互作用していると考える。最後にこのアプローチは、資本主義社会の不正義はすべて文化の変換によって是正することができると想定するのではなく、承認をめぐる闘争は平等主義的再配分をめぐる闘争と結びつく必要があると考える。

これは、まさしく私が提案したアプローチである。私は、このアプローチをパースペクティヴ的二元論と名づけることによって、配分および承認を理解するには直感的にわかりにくい特殊な方法が必要であることを示そうとした。この二つのカテゴリーを社会的領域と同一視する空間的かつ実体的解釈の代わりに、私は、それらをパースペクティヴ的に、つまり、制度的な区別とは重ならないが分析的に区別される秩序づけの次元として説明した。したがって、私にとって配分および承認は異なる領域を占めるものではない。むしろそれらは相互浸透して、複雑な従属パターンを生み出している。そのため、制度化された価値パターンはたえず市場化された相互作用の中に浸透し続けるが、しかしそれが市場を直接コントロールすることはない。また、道具主義的思考もたえず価値関係的なアリーナの中に浸透し続けるが、しかしそれが自由勝手に振る舞うことはない。こうして、配分と承認の結びつきが完全に解けることは不可能であり、すべての相互作用は、関わる比重は異なるとしても、同時に二つの次元に関わるのである。それゆえにすべては二焦点的に分析され二つのパースペクティヴから評価されなければならない。したがって、ホネットには、パースペクティヴ的二元論は、「物質的なものと象徴的なものとの間に架橋できない亀裂」をもたらすことはない。反対に、文化価値に関する制度化されたパターンと資本主義経済の力学とがどのように相互作用して不均衡配分と承認拒否が生まれるのか、その仕組みをきちんと研究してゆくことが、この二元論を先導する目的となっている。しかしそうするためには、配分と承認とを区別したうえで、これら二つが重なり合っている現実を追跡することが必要となる。文化がすべてであるとし、経済を視野から隠して、専断的に文化と経済の区別を否定しても、それで事が済むわけではないのである。

こうしたアプローチをとる理論的動機は、資本主義社会の二次元的な捉え方にある。私の考えでは、この社会は分析的に区別される二つの従属関係を含んでいる。それは、主に経済システムのメカニズムに根ざす階級層と、主に文化価値に関する制度化されたパターンに基盤を持つ社会的地位序列である。これら二つの秩序は、互いに因果的に相互作用しているが、それぞれをもう一方の上にぴったり重なるように書き写すことはできない。したがって、資本主義社会においては社会的地位と階級との間にギャップが存在している。さらに、こうした従属秩序の各々は分析的に区別される不正義のタイプに対応している。階級層は不均衡配分に対応し、社会的地位序列は承認拒否に対応しているのである。しかしながら、道徳的な観点から言えば、これら両者の持つ効果は同じである。すなわち、社会の成員のなかに、他者と同等に社会的相互作用に参加することを妨げられる人たちが生まれるのである。こうして、従属の秩序は二つとも、何よりも大切なただ一つの原理である正義ないし参加の平等を毀損する。ただし、毀損の仕方はそれぞれ異なる。階級従属の場合には、他者と同等に相互作用するために必要な資源が与えられない行為者が生まれ、社会的地位序列の場合には、必要な地位が与えられない行為者が生まれる。したがって、どちらの場合も、不正義を是正するためには、参加の平等に対する障害を取り除くことが必要になる。不均衡配分の是正には、経済システムを再構築して、資源の不平等をなくすことが求められ、承認拒否の是正には、文化価値に関する制度化されたパターンを変換することが求められる。どちらの場合も、やはり、その目的はすべての人々に対して同等な参加を許す社会制度を確立することにある。

こうしてホネットとは違って、私の枠組みでは資本主義社会における承認の次元は配分の次元と関係づけられる。また、承認の次元も、ホネットとは異なる仕方で理解される。私にとって、この次元は社会的地位の平等に関係するのであって、アイデンティティの健全性に関わるのではない。そのため、承認の次元の制度的対応物は社会的地位秩序全体ということになる。さらに、社会的地位秩序は広く現代の社会制度の領域全体に及ぶものとして理解される。さまざまな価値パターンがさまざまな場所で相互作用を統制しており、そうした価値パターンを構成する要素は、家族や法だけではなく――さらに二つだけ挙げれば――コミュニケーション・メディアや宗教などさまざまに存在する。それゆえにホネットとは異なり、私は承認の次元を三つの独立した領域に区分し、その各々を異なる社会制度・異なる心的傷害・異なる規範原理に結びつけることはしない。むしろ私は、現代社会の社会的地位秩序は非常に動的で浸透力を持ち、また多数存在しているため、そのようなア・プリオリな区分を重視することはできないと考える。しかし同時にまた、私は、どのように複雑な文化でもその下にはただ一つの道徳命法があると主張する。それは、参加の平等という原理である。

その理由は何か。結婚と結びついたジェンダーの不正義について考えてみよう。このような不正義の事例として、女性は夫婦間レイプやドメスティック・バイオレンスの犠牲になりやすいという現状がある。また、女性はケアワークの主要な責任を担っていて、そのために男性と同じ条件で有給労働や政治に参加することが難しくなっているという現実がある。さらに、社会福祉の援助を受ける権利が制約されていたり、亡命者に対する外国大使館の収容保護権や帰化の権利が制限されていたり、その他多くの面で法的に不利な状況に置かれているなどの実情がある。こうした不正義を心理学的な観点から考察し、人格のアイデンティティの毀損として捉え、こうした毀損はケアの原理が統制する親密性の領域において個人的なニーズに対する感受性が欠如しているために生じるのだと考えるのは、ホネットの主張に反して、最善の策とはいえない。むしろ、そうした不正義を社会的観点から考察して従属の多様な現れとして捉え、こうした従属は経済構造と重なり合って社会に蔓延する男性中心的な社会的地位秩序から生じ、この秩序があらゆる局面において女性を不利な立場に追いやるのだと考える方がより適切である。さらに言えば、ホネットの考えとは反対に、結婚を統制してきたのはケアの原理では決してない。歴史の大部分において、結婚とはむしろ法的に統制された経済関係であり、ケアとの結びつきよりも財の蓄積・労働の構造・資源の配分との結びつきの方がより深かった(11)。実際、ホネットが情動的ケアと呼ぶものは、イデオロギー的に神話化され不可視化されてはいるが、実は女性労働なのである。したがって、より個別的なケアを行っても、婚姻関係において妻たちが置かれる社会的地位の従属は是正されない。必要なのは、むしろ、男性中心主義的価値パターンの脱制度化を社会のすみずみまで行きわたらせ、ジェンダーの同等を推進する価値パターンへと転換〔5〕してゆくことにある。ケアではなく、参加の平等が、婚姻制度を改革する鍵なのである。

また、文化的差異をめぐる今日の闘争を引き起こしている不正義についても考えてみよう。たとえば、バイエルン州の十字架論争〔6〕・アメリカの警察による人種差別的捜査の慣行・障害のある人にとって不便な建物の構造などを思い浮かべてほしい(12)。ホネットとは反対に、そうした不正義を「法の領域」に属するものとして理解することは最上の策ではない。これらの不正義と法とが本質的な関係を持つとしても、それは、先ほど論じた夫婦間の不正義のような社会的地位序列と法との関係程度のものでしかない[13]。夫婦間の不正義と同様、これらの不正義を生み出している社会的地位秩序を一つの領域に局在化することはできない――この事例で問題になるのは、マジョリティー集団の文化規範を制度化する自文化中心主義的な社会的地位秩序であり、この秩序が、マイノリティーの成員が参加の平等を手にすることを拒んでいるのである。夫婦間不正義と同様、こうした不正義は、そうした価値パターンの脱制度化を社会のすみずみまで行きわたらせることによってのみ是正できるのであって、たんに法に則り法を通じて処理すれば是正できるというものではない。最後に、夫婦間不正義の場合と同様、ここでも主導原理となるのは参加の平等である。というのも、参加の平等は平等な自律という理念に民主的で具体的な内実を与えるからである（この点については、最終節で詳述する）。

私のアプローチは法的平等をめぐる闘争を見落としているというホネットの主張を考慮すると、法に関する問題を論じておくことには意味がある。はっきり言って、パースペクティヴ的二元論は、そうした闘争の原因に関する説明を怠ってはいない。もっとも、この二元論は、法を一つの領域としては扱っておらず、むしろ正義の二つの次元である配分および承認の付属物として捉える。そして、法はこの二つの次元のなかで、従属を媒介するものであるとともに、従属を是正する手段ともなりうると考える。承認の側に生じる闘争には、明確に法制化された社会的地位序列の取り消しを求める法的闘争がある――たとえば、同性愛者の婚姻の合法化を求める運動を見よ。また、法制化されていない社会的地位序列の是正を法に求める闘争もある――たとえば、人種差別的捜査の非合法化を目指す運動や、障害者に利用しやすい環境の整備を求める運動を見よ。そうした闘争は、一つの特定領域に局在化されるどころか、同等化を妨げる規範がどこかに現れれば、場所を選ばずその規範をターゲットとしてその活動が開始され、そしてそうした規範が現れる場所は、家族・職場の慣行・建築環境と社会的地位序列のスケール全体にまで及ぶのである。これに対して配分の側では、法的に是認された経済的不平等を緩和しようとして、階級偏向的な税法や相続法を変えようとする努力がなされると同時に、より根本的な構造変革を求めて団体財産権を縮小し国際的な通貨投機を統制して、全世界的な無条件のベーシック・インカム[7]を確立する新しい法律の制定に向けた闘争が生まれる。こうした闘争は、政治経済の再構築を目指す運動であるため、法を区画化しようとする試みをやはりまごつかせる。

法の問題はさておき、ここでの主要な結論は次のようになる。すなわち、パースペクティヴ的二元論は資本主義社会の承認の次元と配分の次元とを対面させるだけでなく、ホネットよりも巧みに承認の次元に光をあてるのである。ホネットは承認拒否を心理学的に分析するのに対して、私は社会的地位に由来する差別の問題という承認拒否の社会的性格を前景化する。そうすることで私は、アイデンティティが被る毀損のタイプに応じて承認拒否の種類分けをする代わりに、承認拒否のすべてに共通する重要な社会的要因——ある人々の属するある階級を社会の正規の成員よりも劣るものと見なし、そうした人々が同等な存在として参加することを妨げるような社会構造——を強調する。その結果として必要になるのが、現代のグローバル化する資本主義を適切に分析できる承認の批判社会学であり、この社会学において私は文化秩序を三つの承認領域に分割する代わりに、あらゆる領域に延び広がる横断的社会的地位秩序を理論化する。それと同時に、私のパースペクティヴ的二元論は社会的観点から見て適切な道徳理論も提供する。つまり、パースペクティヴ的二元論は異なる規範原理をそれぞれに対応する精神的ダメージのカテゴリーそれぞれに指定する代わりに、不正義と呼びうる問題の本質はすべて参加の平等というただ一つの原理を毀損している点にあるという事態を明らかにする。最後に、このアプローチは、政治的に責任ある実践的な帰結を導き出す。すなわち、指定された原理を微調整して、それに対応するタイプの承認拒否を是正するのではなく、承認拒否すべてに共通する社会的是正方法を明らかにする。それは、参加の平等を妨げる文化価値のパターンを脱制度化し、参加の平等を促進するパターンに置き換えるという方法である。

アクセル・ホネットは、配分および承認という私のカテゴリーの区別は社会的再生産の理論が十分でないために恣意的であり、正当な根拠を欠いていると暗に論じていた。これが正しい指摘でないことは今や明らかだろう。考察の視点を二つのレベルに置くパースペクティヴ的二元論の想定するところでは、資本主義社会において、システム的に統合された市場秩序と価値関係的社会秩序とは区別されており、その結果としてシステム統合と社会統合はこの社会を構成する本質的な要素となっている。これに呼応して、ホネットのアプローチとは異なり、私のアプローチはこれら二つの次元に注目しその相互作用を解明する。[14]このようにして、パースペクティヴ的二元論は、道徳的統合にしかるべき重要性を認め、しかもその際、この統合を「最も主要」な目的と見なしてそれを承認できなくなるほど肥大化させるという受け入れがたい想定をしなくてもよいのである。こうして、文化論的転回というこの上なく優れた洞察にふさわしい社会理論的枠組みが現れる。現在流行の文化主義から距離を置くこのアプローチによって、現代資本主義社会における文化の位置と承認の位置を議論できる批判理論が可能になる。

第3節　リベラルな平等について
——正義を健全なアイデンティティの倫理に還元することに対する反論

論争の第三の焦点となるのは、批判理論の規範的要素——つまり、正義についての理解およびさまざまな要求を裁定する道徳的規準——である。これらは、長い間、道徳哲学の核心をなす関心事だったとはいえ、現代では新しい緊急性を帯びた問題となっている。今日グローバリゼーションは、人の流れとボーダレスなコミュニケーションの流れとを加速させ、これによって異なる価値地平が衝突を起こし、これまで考えられなかった出来事が生じている。誰もが、新しい形で「他者」との近さを経験し、アイデンティティと差異性の問題が新たに突出しつつあることを実感している。自閉的な社会的地位秩序の破壊と、承認を求めてエスカレートする闘争の爆発はその結果である。そうした闘争はたしかに新しいものではないが、しかしこれらの闘争はケインズ主義的フォード主義の時代に配分政策を優先させていた国家の体制の中に突然押し入ってきたという意味で、新たに注目すべき特徴を帯びている。承認をめぐる闘争と国や宗教との結びつきは、今日の状況に呼応して次第に弱まっており、経済的不平等は世界的に悪化しているにもかかわらず、この闘争と再配分を求める闘争との関係も次第に薄れつつある。このため、われわれの規範的判断にも新たなプレッシャーがかけられ、われわれは承認を求めて競合する要求にもみくちゃにされながら、対立する価値図式の只中で決断するよう求められる。真の意味で解放を実現してくれるのはどちらの要求なのか。そうでないのはどちらか。承認をめぐる闘争の中で正義を促進するのはどちらの闘争なのか。そうでないのはどちらか。われわれが支持するに値するのはどちらなのか。そうでないのはどちらか。

問題は、こうした判断を下すための足場をどうやって確保するのかである。社会を、文化的に均質で緊密に結びついた全体と見なすことができれば、承認の問題は共有されたただ一つの価値地平に訴えることによって倫理的に裁定することができるだろう。しかし、目下のコンテクストでは社会をそのようなものと見なすことはほぼ不可能である。むしろわれわれは、さまざまな価値地平を横断する種々の要求を評価しなければならず、しかもそうした価値地平のどれ一つとっても、他のすべてに勝っていると言いうるものはないのである。したがって、批判理論にはどのようなセクト主義的正義論も必要ではない。批判理論は、倫理的価値に関する特定の図式を素朴に前提するどころか、道理にかなった仕方で善き生を構想するさまざまな立場と共存できなければならないのである。しかしながら、一見して考察するに値すると思われる要求ならば、それらはすべて黙っていても一つの方向に収斂してゆくだろうと想定することも同様に受け入れがたい。われわれはかえって、困難なケースにぶつかる覚悟をしておかなければならない——たとえば、文化的承認を求める要求が男女平等を求める要求と対立する場合がそれである。したがって、批判理論は決定力を持つ正義論を必要とする。正義論は、「相互に干渉せずに共存する」ことを勧めるどころか、対立を裁定してジレンマを解決する規準を提供するものでなければならないのである。

一般的に見て、必要とされるものが何かは明らかである。批判理論は、二つの条件を同時に満たす正義論を組み込まなければならないのである。一つは、セクト主義に陥らないだけの十分な一般性を備えているという条件、もう一つは、対立を裁定できるだけの十分な決定性を備えているという条件である。一般的かつ決定的な正義論のみが、グローバリゼーションという難問に応えることができるのである。

アクセル・ホネットと私はともに、そうした理論を発展させようとしてきた。その過程でわれわれはともに、リベラルな伝統の核心をなす概念、すなわち、人間の平等な自律と平等な道徳的価値とに立ち戻ってきた。そして、われわれは二人とも、これらの理念を再分節化し、目下の難問に対応できるだけの十分な一般性と決定性とを備えた形に整理しなおそうとした。そして最終的に、われわれ二人にとって承認のカテゴリーが平等な道徳的価値の意味と正義の条件とを同時に説明するための主要な役割を演じることになった。

しかしながら、もう一度言うが、われわれの進む道は異なる。ホネットは、善き生についての理論なしには、リベラルな理念を十分明確に説明することは不可能だと論ずる。さらに言えば、道徳心理学の優位を手放さないという点で、ホネットが提案する構想は心理学的である。そのため、ホネットにとって、人間らしさを涵養するための主要な要素は、「健全なアイデンティティ」なのである。[15] したがって、リベラリズムを再構築するホネットの試みにおいては、ある社会が公正であると言いうるのはその社会の成員が健全なアイデンティティを展開させることが可能である場合に限られることになる。こうした前提から次に、三つの異なる種類の承認に根拠を持つ三タイプの健全な自己関係が求められるようになる。それは、愛情に満ちたケアを通じて確信された自己信頼（Selbsrvertrauen）・法的権利に基盤を持つ自己尊重（Selbstrespekt）・その人の労働の価値に関する社会的評価に根ざした自己尊敬（Selbstachtung）である。それゆえにホネットにとって、正義は善き生が求めるケア・尊重・尊敬を個人に提供するような承認秩序を要求する。[16] さらに、すでに見たように、ホネットはこの三分法的承認理解が正義の担う領域をすべてカバーしていると主張する。こうして、本物の正義の要求はいずれも承認を求める要求であり、健全なアイデンティティを堅固にすることを目指している。そして、承認要求は——ホネットが理解する限りでの——

善き生を実現する手段として目的論的に正当化される。

このアプローチは一元論であり、心理学を重視するという二つの点でホネットのプロジェクトに忠実に従っている。しかし、正義論としては欠点がある。特に、無党派性と決定性という必要条件を、このアプローチは満足できていないのである。あるいは、こう言った方がよいかもしれない。このアプローチでは、二つの条件のうち一方を犠牲にしなければ、他方を満たすことができないのである。

よく考えてもらいたいのだが、セクト主義を回避するためには、ホネットは人間らしさの涵養という観念に実質的な内容を与えてはならないだろう。というのも、ホネットがこの観念に内容を与えるようなことがあれば、この観念は、事実上ほかならぬ一つの具体的な倫理的理念に転じてしまうと思われるからである。その場合、他の倫理的理念に賛意を示す人々をさまざまな義務で拘束することになり、そうした人たちの自律を毀損することになるのだが、ホネットの正義論は、それがなぜ正当なのかを示すことができないだろう。内容に関する同様な非難は、ホネットの重要な規範カテゴリーのすべてに対して当てはまる。そして、そのカテゴリーの中には、承認とアイデンティティの健全さ、またケア・尊重・尊敬が含まれる。これらのカテゴリーはすべて人間らしさの涵養を構成する要素として説明されているので、それらもまた、内容を与えられないままにしておかなければならない。というのも、繰り返しになるが、このうちのどれか一つにでも具体的な実質が与えられれば、概念構造全体が特定の善き生に与するセクト主義的立場へ滑り落ちてしまうからである。この場合、ホネットの正義論が受け入れる妥協策は致命傷となるだろう。また、異なる価値地平が交差して生じる対立を公平に調停することは不可能になるだろう。

それゆえ無党派性という条件を満たすために、ホネットはその規範カテゴリーを純粋に形式的なカテゴリーとして説明しなければならない。つまり、ホネットは、ケア・尊重・尊敬はすべての善き生——道理にかなうすべての倫理的地平から眺めて、善きものと見なすことが妥当であるすべての生――にとって必要な形式的条件であると主張しなければならない。しかし、そこから別種の困難が生まれてくる。一度、承認の原理から内容が奪われてしまうと、ホネットの正義論は対立するさまざまな要求を裁定するための十分な決定性を失ってしまうのである。

業績原理を取り上げてみよう。先に見たように、ホネットはこの原理に訴えて、再配分をめぐる要求を裁定しようとする。というのも、再配分の要求とは、要求する人の労働を適切に評価して欲しいという訴えであると、ホネットは解釈するからである。しかしながら、業績原理を具体的に解釈し、労働の社会的価値を査定するための実質的な倫理的地平を含意する原理として捉えることはできない。というのも、もしそうだとすると、倫理的多元主義のコンテクスト――そこでは、社会的行為主体たちが共有された唯一の価値地平に与することはないと想定されている――では、配分をめぐる対立を公平に裁定することが不可能になると思われるからである。したがって、業績原理は形式的なものとして理解されなければならない。しかし、その場合に業績原理は何を求めるのだろうか。正義は、あらゆる人の社会貢献を適切に評価するよう命じる。こうホネットはわれわれに語る。しかし、実質的な評価尺度について意見の一致が見られないのに、どうやってそのような評価に辿り着けばよいのか。ホネットはその方法をわれわれに語らない。何らかの評価が提示されたとき、それが公正な評価なのかどうか、またどのような場合に公正な評価と見なされるのかをどのようにして知ればよいのか。ホネットはこれについても語らない。最後に、新自由主義者は、正しい評価とはまさに規制のない市場が与えてくれる評価にほかならないと主張しているが、こうした主張にどのように応えるべきなのか。これについてもホネットは語らない。ホネットの「業績原理」はこうした問題については落胆させるほど沈黙を守り、正当な理由のある要求とそうでない要求とを区別する基準を与えてくれない。この原理は規範的な基準という見せかけを装ってはいるが、決定性を犠牲にしてしかセクト主義を回避できないのである。

　同様な問題がホネットのケア原理を蝕んでいる。この原理が割り当てられている「親密圏」は、その構造が文化によって異なり、その差異に応じた仕方で政治の議論の対象となっている。そのためにこの原理もまた倫理的セクト主義を免れるためには形式的に解釈されなければならない。しかしながら、やはりその場合、この原理は対立する要求を裁定するための十分な決定性を欠くことになる。結局、ケアを純粋に形式的に理解したところで、伝統的なフルタイムの母親業のメリットと脱ジェンダー化された子育てというフェミニストモデルのメリットとを比較評価する方法を見つけることはできないのである。

　たしかに業績とケアは、セクト主義と決定不能とのジレンマに特に陥りやすい領域である。しかし、ホネットの説明では、平等な尊重を求める尊重原理ですら困難にぶつかってしまう。先に見たように、ホネットはこの原理を「法の領域」と結びつけ、この原理に訴えて法的平等をめぐる闘争を裁定する。さらに、こうしたマニュアルに従って、ホネットは第1章で論じたスカーフをめぐる論争のような文化宗教的な議論を位置づける。したがって、ホネットにとって、そうした論争は自律的な人間性に対する平等な尊重の原理に訴えることで決着が図られるべきものなのである。このアプローチは、論じられている習慣の倫理的評価を控えるので、セクト主義を回避できるかのように思われる。しかし、このアプローチにははっきりとした決着をつける能力があるかどうかは相変わらず疑わしい。思い出してほしいのだが、ホネットにとって尊重は健全なアイデンティティにとってきわめて重要な要素であり、そのことには十分な根拠があるとされている。そのためにホネットは、この原理を心理学的に解釈し、要求する人が主観的に尊厳を感じるために不可欠な習慣であればどんな習慣でも、法はそれを許可すべきであると主張しようとしているのかもしれない。しかしながら、その場合、一方の集団にとって尊厳を感じる経験が、他方の集団にとっては屈辱を感じる経験となっていて、そのために対立が生じている事例では、この原理は対立に裁定を下すことができないだろう。それゆえに平等な尊重もまた形式的に理解されなければならないと考えることにしよう。しかし、そうすると、平等な尊重はそもそも何を求めるのだろう。それが求めるのは、保守主義者が強調するような、形式的な平等や表面的な中立性を法が表明することにすぎないのだろうか。それとも、平等な尊重は、自由主義者が主張するような機会均等原理という比較的要求の多い原理を含んでいるのだろうか。あるいはまた、私が力説する参加の平等という原理のように、さらに厳しい、結果重視の基準を求めるものなのだろうか。この重大な案件に関して、またしてもホネットは沈黙している(17)。そのため、平等な尊重というホネットの承認原理は正当な理由のある要求とそうでない要求とを十分に決定することができない。彼の承認原理は、ある集団の承認要求と他の集団の承認要求とが対立する場合に裁定を下すことができないので、セクト主義を回避しようとすれば、やはり決定性を犠牲にするしかないのである。

一般的に言って、ホネットの三原理はどれも、これら二つの条件を同時に満足させることができない。また、三原理が重なると、さらなる難題が生じてくる。先に見たように、ホネットは、承認原理同士が対立しないことを担保するためであるかのように、承認原理の各々に独自の社会領域を割り当てている。しかしながら、実際には、承認領域は分離した状態を維持していないし、また維持することは不可能である。たとえば、所得配分の事例がそれを示している。さきほど私が指摘したように、ホネットは、この分野の論争の扱いを、功績を重視する業績原理に託している。しかし、ホネットはまた、見たところ肯定的な語り口で、民主的な社会福祉国家では平等な尊重という原理から導かれた別の基準が生み出されていると述べている。この第二の「社会市民権」という基準は、所得の不平等を強いられ平等な市民としての地位を脅かされる人々が生まれることを防ぐ働きをする[18]。さて、ここには、配分的正義に関する二つの異なる規範が適用されることになるが、それらは相互に対立する傾向を持ち、一方の業績規範は個人の功績を特別扱いし、他方の尊重規範は社会的連帯を優先するのである[19]。かくして、二つの原理に優先順位をつけるのでなければ、配分的正義論は両者を取り込むことはできないことになる。しかしながら、ホネットはこの問題を解決できていない。むしろこう言った方がよいかもしれない。ホネットは、「等しく重要」な三つの承認原理について論じるものの、ある人の労働貢献について評価しようとすると不可避的に他の人の平等な市民権を否定することになってしまうような事例に対処するための方法については何も語らず放置しておく。三タイプからなるホネットの承認一元論はこうした対立を解決する方法を欠いているため、決定不能という別次元の難問に捕まってしまうのである。

要するに、ホネットは実践可能な正義論を与えることができないのである。問題の根は、ホネットの出発点の目的論的性格にあると私は言いたい。正義の根拠を善き生の理論の中に位置づけようとしたため、ホネットは、法外な手段を講じなければ、倫理的セクト主義を回避できない。また、規範原理は形式的に解釈せざるをえないため、それらの原理から実質的な内容を――したがって、規範の持つ効力を――排除しなければならない。目的論に固有なセクト主義への誘惑に抵抗しようとして、ホネットは結局のところ決定不能という罠に捉えられるのである。こうして皮肉なことに、ほかならぬ空虚な形式主義を克服しようとして企てられた倫理的出発点は、道徳的な空虚へ転落してゆくことになる。

では、成功の見込みのあるアプローチを示してくれるものは何か。セクト主義の回避と決定性という条件を同時に満足させてくれるのは、どのような種類の正義論なのか。私が提案したアプローチの出発点は、善き生の理論ではなく、現代リベラリズムの中心的な道徳理念、すなわち、人間の平等な自律と平等な道徳的価値である。私の理解では、この理念は自己実現の倫理に根拠を置くものではない。というのも、この理念こそが、道徳の主体がそうした倫理を自己自身で作り上げてゆくことを可能にさせるものだからである。しかし、この理念の持つ意味を十分に伝えるためには説明が必要であり、この理念の持つ規範的な含意を伝えるためには詳細な解説を加える必要がある。私にとって、平等な自律の持つ意味は、義務論的観点から、ある種の正義論——道理に適った仕方で善き生を考える立場が複数ある場合、それらと共存することのできる正義論——を媒介とする場合にのみ、明確に表現することができる。そのような正義論を構成する規範原理は、はじめから無党派的であり、しかも内容を失う必要はない。反対に、それらの規範原理は、対立する要求を裁定できる十分に豊かな道徳的実質を兼ね備えている。そのことを、これから説明しよう。

私のアプローチでは、平等な自律の意味は参加の平等を中核原理とする正義論において明らかにされる。この原理は、無党派的でありながら義務論的性格を持ち、倫理に関して見解の相違があることは不合理なことではないという考えを受け入れながら同時に、人間には平等な道徳的価値があるという考えをも引き受ける。そして、この原理は——たとえ、尊重の対象となる人々が善き生に関して特定の立場を取る人々であれそうでない人々であれ——善き生とは平等な自律を尊重する生であると考えるすべての立場と原則的に両立する。しかしながら同時に、参加の平等の原理はそうした尊重が何を求めているのかについて具体的に語る。この原理は、形式的な平等概念は不十分なものだとして拒否し、その一方で他者の平等な自律と平等な道徳的価値を尊重するためには、社会的相互作用の対等なパートナーとしての社会的地位を人々に与えなければならないと主張する。そして、ここからさらに、すべての人が、参加の平等を実現するための制度的必要条件——特に他者と同等に参加できるために必要な経済資源と社会的地位——にアクセスできるように保証すべきであるという主張が導かれる。この観点からすると、参加の平等以外のいかなる原理も平等な尊重を実現することはできない。したがって、ある社会が平等な自律を約束すると公言していても、同等化を可能にする社会的必要条件へのアクセスが否定されているならば、その公言は偽りなのである。

平等な自律をラディカル・デモクラシーの観点から解釈する場合、参加の平等は、平等な自律の本質部分を構成するものとして理解される。この原理は、リベラルな観点から施される標準的な解釈と比べて求めるものがかなり多く、義務論的性格を持つだけでなく、実質的性格も兼ね備えている。この原理は一方で、完全な社会参加を阻む経済的な障壁の撤去を命じ、そのために配分をめぐる要求を裁定する基準を提供する。そして、経済的不平等を縮小させる要求のみが正当な根拠を持つと見なされる。またこの原理は他方で、制度化された文化的障壁の解体を命じ、そのために先と同様、承認をめぐる要求を裁定する基準を提供する。そして、社会的地位の平等を推進する要求のみが正当化される。その際いずれの場合でも、予期せぬ結果が生じることに対して用心しておくことはもちろん必要である。そのため、われわれは同等化基準を二焦点的に適応して危険を予防し、階級における不平等の縮小化をねらった改革が社会的地位の不平等を悪化させるような結果に終わることのないように、またその逆の事態も生じることがないようにしておかねばならない。同様にわれわれは、この基準を適応する際に、横断するさまざまな従属軸に注意を払うことで危険を予防し、たとえばジェンダーの同等性を促進することを目ざす改革が、セクシュアリティ・宗教・「人種」といった他の軸に沿った不平等を悪化させることのないようにしておかねばならない。最後につけ加えるならば、こうした事柄は大きな議論を呼び起こすので、同等化基準の適応が適切であると言えるのは、公共的論争という民主的なプロセスを通じて対話的に行われる場合に限られることになる。しかし、第1章で説明したように、イアン・シャピロの議論に従えば、この条件は民主的正義を語る場合には欠くことのできない要件なのであって、[20]公共的理性にとっての最も重要な語彙と見なされる、参加の平等という原理は、対立するさまざまな要求――承認と配分という正義の次元をともに求めるさまざまな要求――に裁定を下すことができるだけの、十分に豊かな道徳的実質を備えているのである。

　以上のように理解した場合、参加の平等という正義の観点は義務論的であると同時に実質的でもある。ホネットは道徳哲学の理論として採用可能な選択肢を挙げているが、これまで述べたことからわかるように、この正義の観点はホネットの選択肢の範囲を突き破るものである。ホネットの説明では可能性は二つしかない。ホネットが肩入れする厚い「目的論的リベラリズム」と、ハーバーマスとロールズの名前と結びついた薄い「手続き主義的リベラリズム」である。しかしながら、参加の平等という正義はこれら二つの理念型のいずれにも当てはまらない。それは、倫理的基礎づけ主義を回避するという点で目的論的リベラリズムと袂を分かち、正義の実質的な必要条件について説明するという点でリベラルな手続き主義と意見を異にするからである。こうして、このアプローチは、ホネットが見逃した理論の可能性を証明する。参加の平等としての正義は、目的論的セクト主義と手続き主義的形式主義をともに拒否することで、道徳哲学の第三の類型の実例となる。そして、この第三の類型を、われわれは、厚い義務論的リベラリズムと呼ぶことができるだろう。

　しかしながら、残された課題がある。厚い義務論的リベラリズムを正当化できる根拠は何かという問題である。より正確に言えば、参加の平等という正義に関するラディカル・デモクラシー的観点を正当化する根拠は何かという問題である。思い出して欲しい。ホネットにとってそのような観点は、善き生に関する理論のうちに倫理的基盤を持たない場合には、恣意的なものとしかなり得なかった。しかし実のところ、参加の平等は倫理的性格を持たない二つの相補的な議論のなかに正当な哲学的支柱を見いだすのである。第一の議論の性格は概念分析的であり、その基本論旨は平等な自律という概念は——適切に理解されるならば——他者と同等な資格で社会生活に参加する現実的な自由を含意するというものである。これは、人間には平等な道徳的価値があるという主張の意味を十分に理解するための必要最低条件を表している。この主張に具体的な肉付けを与えようとして、たとえば平等に関する形式的権利を持ち出しても、それだけでは十分ではない。「公正な価値」とは何かを語らない形式的権利は、権利を行使するための前提条件を教えてくれないからである。そのような形式的権利は、シンボリックなものとしては重要だが、純粋に観念的な存在にとどまる。個人の平等な道徳的価値が尊重されるのは、すべての条件がきちんとそろい実際にすべての人が同等な相互作用を行うことができるという保証がなされる場合だけである。したがってまさに、参加の平等は、社会的行為主体としての人間に関して、その平等な自律を平等に尊重するということがいかなることであるのかを現実的な形で示していることになる。たしかにこの概念分析レベルの議論は、平等な尊重というリベラルな規範の核心部分は規範として妥当であるということを前提としており、それゆえにこの理念を拒否している人に対しては説得力を持たないだろう。それにもかかわらず、この議論は、平等な自律をラディカル・デモクラシー的に解釈する立場に対して厚い義務論的リベラリズムにふさわしい方法で基盤を与えるのである。

第二の議論は歴史的であり、歴史的考察に依拠して平等な自律のラディカル・デモクラシー的解釈に基盤を与える。この観点からすると、参加の平等は時の流れのなかでリベラルな平等の意味を豊かにさせてきた広範で多面的な歴史過程の成果として浮かび上がる。西洋に限定されるわけでは決してないこの歴史過程の中で、平等な道徳的価値という概念はその範囲と実質とを拡大してきた。近代の始まりにおいては、リベラルな平等の範囲は宗教的自由と法の前での平等とに制限されていた。しかしながらその後、その範囲は多様な社会的相互作用の闘争の場に拡大され、政治（参政権をめぐる闘争によって）・労働（労働組合と社会主義政党によって）・家族と個人生活（フェミニストと同性愛者擁護運動によって）・市民社会（マルチカルチュラリズムをめぐる闘争によって）を包括するようになった。実質についても同様であり、平等の意味はやはり拡大してきた。以前は、形式的権利が、平等な道徳的価値の要求を満たすものだと考えられていた。しかしながら、現実的な社会的相互作用において平等の実質が明示されるべきだという期待の声は、今日ますます高まっている。こうしてたとえば、法廷で訴訟を起こす権利は、顧問弁護士を依頼する権利を含意するのである。これと類比的に、現在「一人一票制」は選挙運動資金の公的援助を含意するものとして広く受け入れられている。(21) 同様に、才能ある人々に開かれた立身出世の道は、長い間、平等な公教育によって与えられると考えられてきたが、次第にそうした道ゆきにはケアワークをジェンダーによって割り振る慣習の廃止も含意されると考えられるようになってきた。これらの事例は、平等という規範に実質が与えられるようになってきていることを示唆するものである。平等とは、形式的権利にとどまるものではもはやなく、さらにそうした権利を行使するための社会的条件を含むものとして、参加の平等を意味するものとなりつつある。こうして参加の平等は、人間存在の平等な自律と平等な道徳的価値というリベラルな規範が歴史的な展開を経て露わにした「真理」なのである。

これら二つの議論が結びつくことによって、参加の平等としての正義という観点は堅固な基盤を手に入れる。これらの議論は、しかし、善き生の理論に訴えるものではない。したがって、ホネットとは反対に、私のアプローチでは人間の涵養のためにどのような種類の参加形態が必要なのかを論じる倫理的説明は要求されない。より正確に言えば、私のアプローチでは、「参加者は自分自身のために自分自身の権利によって決定を下す」ことが想定されている。参加の平等としての正義は、参加者の選択を先取りするどころか、参加者が支配関係によって強制されることなく自由に決定する機会を保証しようと努め、かくして政治・労働市場・家族・市民社会を含む社会の主要なアリーナのすべてにおいて参加にとっての障壁を除去しようとする。このように、参加の平等としての正義は、どのようなアリーナであれ、社会的行為主体がその一員になろうと決めたアリーナにその主体が同等な資格で参加できるようにすることを目指すのである。このなかには、「討議的メタアリーナ」とでも言いうるものが含まれる。それは、批判的言説空間のことであり、そこでは対話者が、さまざまなタイプの社会参加に関してそのメリットを討論し、その中で現存するアリーナは改革ないし廃止すべきであるとか、新たなアリーナを設置すべきであるといった議題が取り上げられる。[8]

一般的に言って、私が提案するアプローチは倫理的論拠に訴えるやり方を避ける。またこのアプローチは、目的論のくびきから解放されているので、規範原理から決定能力を持つ実質を抜き取る必要がない。こうして、私のアプローチはリベラルな理念に関する実質的かつラディカル・デモクラシー的な解釈を明確に表現する自由を手にしている。そしてこのアプローチは、平等な自律を参加の平等として解釈することにより、この理念の範囲と実質とを拡大し、この理念に秘められた真の解放を実現する力を高める。その結果として生まれてくるのが、厚い義務論的正義論であり、この正義論はセクト主義と決定不能をともに回避する。かくしてこのアプローチは、ホネットのそれとは異なり、グローバリゼーションの時代にふさわしい正義の批判理論の条件を満たすのである。

要点をもう一度まとめて、この議論を締めることにしよう。批判理論に活力を与えたいと願うわれわれの行く手にはさまざまな難問が待ちかまえている。批判理論の伝統が時代に対して引き続き妥当性を持つことを証明するために、われわれは、経済的不平等が拡大して社会的地位をめぐる闘争が激増している世界の状況に批判理論を適応させねばならない。承認という概念には、そうした闘争を分析する能力があり、そのためにこの概念は加速するグローバリゼーションの時代に批判理論を再構築するための有力な手段となる。

とはいえ、承認だけで批判理論を構築する仕事の全責任を担うことはできない。現代社会において規範の力が弱体化している状況、この状況を生み出している社会過程、そして解放を目指す変革を求める人々が直面している政治的難問に対応するには、承認概念に依拠するだけでは不十分である。その仕事の完遂を承認に求めることは、この概念を過度に拡張することにつながり、その結果としてこの概念を承認できぬほどゆがめてこの概念から批判力を奪い取ってしまうことになる。これまで私が論じてきたように、そうしたアプローチは、適切な準拠点も文化に関する有効な説明も、また擁護可能な正義論も提供することができない。これを反面教師とすれば、批判理論に求められることは明らかである。すなわち、批判理論は、配分をも視野に収めるパースペクティヴ的二元論の枠組みの中の一次元として承認を位置づけるべきなのである。

私はここでさまざまなことを書き記したが、そのいずれも承認を重視するアクセル・ホネットの力強く道徳的で情熱的な理論の価値を貶めるものではない。しかし、ある概念の意義を情熱的に訴えることと、その概念に手を入れて実行可能な批判理論の枠組みに組み込むこととの間には距離がある。ただ一つの枠組みの中で配分と承認とを統合する私の議論によってこの距離が狭められたことを私は期待する。

第4章

承認ということの核心
——返答に対する再返答*

アクセル・ホネット

先に私は、ナンシー・フレイザーからの反論について論議するなかで、承認論にもとづいた批判理論の構想を展開しようと試みたが、この試みに対してフレイザーは綿密な批判を寄せてきた。フレイザー自身の前提があらためて定式化され、反論が明瞭になされていることは、この論争の継続を容易にしてくれてはいる。ただし、切り出されたテーマの数が多く、提出された反論が相当の分量に上るので、相当込み入った議論が求められることになり、とりわけ弁明の形で返答しようとすると、長々とした訂正や修正、説明を必要とするように思われる。これは読者のほとんどをうんざりさせることであろう。たいていの場合には、ナンシー・フレイザーの考察を追跡し、われわれ二人の意見の相違の核心が何であるのかを理解することはたやすい。しかし、特に批判が激しいいくつかの箇所では、私自身がそうしたばかげた響きのする推論に責任があると受け取られているのだと実際に自分自身に念を押すためには、幾度も目をこすらなければならならなかった。こうした状況で最も賢明と思われるのは、フレイザーの反論に防衛的にではなく攻撃的に返答することである。それは、これまで明瞭に描写してきた三つの水準で承認「一元論」と結びついていると思われるいくつかの論点を、いま一度より明確な形で際立たせることを通じて行われよう。私の印象では、フレイザーは中心となる論点についてはニュアンスに富んだ明晰な分析を行っているにもかかわらず、われわれの間の議論の本来の領域については誤った規定ないし不十分な規定しか行っていないない。したがって、批判理論をいま一度現代的なものにするためのこの問題圏をより厳密にスケッチしようとする試みは、フレイザーの反対意見に一つ一つ分け入るような論争的な企てよりも、実り豊かでかつ有益なのである。

批判理論を継続させようとする試みが今日直面しているさまざまな本質的困難を挙げるために最初の手掛かりとしてきわめて好都合なのは、フレイザーが私自身の提案に関連して区別した三つの相違点である。フレイザーが掲げた問いはそれぞれ、この間の歴史的で理論的な変化を前にして、どのようにしたらフランクフルト学派の古色蒼然とした複雑な要求をいま一度再活性化させうるかについて実際に論争されてきた領域の一つをスケッチしている。すなわち第一の論点は、さまざまな道徳的要求に内在的な正当化を与えるような社会的現実への理論的アプローチは、そもそもいかにして可能であるのかという問題に関係している。フレイザーはここで正当にも、「内在と超越の弁証法」という定式化を用いているが、しかし私の見るところ、このコンテクストにおいて「超越」として何を考えることができるのかについて完全に正しい評価を下しているわけではない（第1節）。第二の、おそらく最も込み入った相違点は、新たな資本主義の社会的秩序が正義論の観点からどのようにして適切に概念化されねばならないのかという社会批判的な問いに関係している。この問題は「社会統合」と「システム統合」の関係に関わる考察と――完全に明瞭な仕方でというわけではないにせよ――結びついているように思われる。ただし、「パースペクティヴ的二元論」においてフレイザーが行っているこの二つの概念の使用法は、私にはまったく不明瞭であるように思われる（第2節）。われわれ二人の間にある調停しがたい意見の相違がはっきり現れる最後の論点は、批判的社会理論の規範的基礎づけに関する問いと新たな仕方で関わっている。これまでの疑問に加えてこの点に関して不可解なのは、いかにして純粋に義務論的なアプローチがナンシー・フレイザーの想定するあらゆる課題を克服することになるのか、とりわけフレイザー自身が規範的な進歩の歴史過程を考慮に入れる場合にはどうなのかということである（第3節）。

第1節　批判的社会理論と内在的超越〔1〕

批判的社会分析は超越を世界内在的な審級に引き戻して考察する必要があるという理念は、批判理論が受け継いだヘーゲル左派的伝統を反映している(1)。一般にこの主張は、批判への要求を今なお掲げるごくわずかなアプローチにとってはいまだに有意味な大胆な試みを言い表しているのだが、今後もこの伝統とつながってゆくと自覚している人々にとっては、そこに一連の解決しがたい問題が含まれている。フランクフルト学派の旧世代にとって、批判が拠り所とする社会内在的立場を明示する必然性は、革命主体への問いときわめて緊密に結びついており、そのために、旧世代はこうした主張の方法論的な構造を独自の問題として扱わなければならないとはほとんど考えていなかった。プロレタリア階級は資本主義的諸関係の転覆への関心をいわば本来的に持ち合わせていなければならない社会階級である、とかつては前学問的に見なすことができた。したがって、その間は、いかなる経験やいかなる行為の仕方が既成の社会秩序を超越する可能性を保証できるのかについて、さらなる説明が必要だとは思われなかったのである。経験的理由から産業労働者に革命への用意が備わっている主張に対する疑念がふくらむと直ちに、そうした永続的な超越を保証するものがもはや労働主体自身ではなく、社会的労働の構造であると解明され、その結果として一般的に、この保証に対応する審級が一次元だけ深いところに移された。しかし、この解決法は、歴史哲学的形態で西欧マルクス主義の核心を形作りはしたものの、長続きするものではなかった。すでにナチスの崩壊の二年後に公刊された『啓蒙の弁証法』において別の変化が見られる。つまり、社会的労働のプロセスそれ自身に次なる段階への物象化や支配の原因が見いだされ、このプロセスがもはや超越の可能性の社会的保証とは見なされえなかったという意味での変化が見られるのである。[2]このようにして生じた状況は、一九五〇年代にフランスでコルネリュウス・カストリアディスと、[3]一九六〇年代に西ドイツでユルゲン・ハーバーマスとの[4]両者がそれぞれに著したマルクス主義批判の著作において、きわめて高い水準で整理し直された。それ以来、他のどの審級や経験ないし方法が既存の秩序の超越可能性を前学問的に確保しうるのかということが、批判的社会理論の領域における新たな試みの中心的源泉になったのである。

こうした問いとともに現れる特に大きな困難は、たしかにアドルノやホルクハイマーに至るヘーゲル左派の遺産のうちでつねに暗黙裏に前提されていた仮定が明示的になった後になって、はじめて明らかになる。すでにマルクスにとって疑問の余地なく明らかだったのは、みずからの理論の裏づけとなりうると彼が考えていた実践、すなわち、使用価値を目指す労働や革命活動といった実践が、まさしく規範構造をすでに含んでいなければならないということや、さらにまた転覆によって生じた社会形態がこの規範構造によって刻印されていなければならないということにほかならない。既存の秩序を超越する可能性に対する社会的保証と見なすことのできた審級ないし実践は、このかぎりで、「理性性」ないし規範性を持つものでなければならず、[5]それはのちに概して理論的に予想される変容によって社会全体に出現することになるであろう「理性性」ないし「規範性」と同じであろう。もちろんこれらの概念的な制約はマルクスの場合にのみ生じるものではなく、マルクスを継承して批判的社会理論というプロジェクトを理性の社会的脱超越化の試みの継続と理解する試みすべてに共通するものである。つまりその場合に、社会的に体現された理性という一要素——すなわち、それが、それ自身の実現を強く求める過剰な合理的規範や組織原理を持つ限りで——として妥当しうるような、そうした実践ないし経験の要素が、既存の関係のうちにつねに認められなければならない。ハーバーマスが初期の著作の中で練り上げた「解放的利害関心」の概念は、こうしたヘーゲル左派的な考え方とまだきわめて近い位置にある。この概念は、人間という類は、自生的ではあるがこれまで見透されてこなかった支配と対象化という経験に対して、支配から自由な関係の樹立を目指す自己反省的な努力によって応えることに深い関心を持つことができるかもしれないというような構想と結びついていたが、たしかにそれはあまりにも野心的であろう[6]。

批判理論の内部で生産パラダイムないし労働パラダイムの崩壊への反応がなされた際に採られた別の戦略について、手短にかつ——やむを得ないことだが——図式的に概観しておくことは、フレイザーとの議論にとっておそらく有益であろう。社会的労働の実践形態が自動的に解放的利害関心を生み出しうるのではないことが理解されるようになったのちに、さまざまな論争の中で、そうした社会内在的に生じる超越化の審級を別の場所に定めようとする——四つとは言わないまでも——三つのアプローチが示された。以下のようにそれらを列挙するが、やむを得ずいくぶん過度に単純化されていることはお断りしておく。

a) 生産パラダイムが時代遅れになったのに対して、コルネリュウス・カストリアディスは次のような試みによって応えた。それは、たえず繰り返される革命活動の生成を、個人の心理に映し出された前社会的現実の衝迫それ自身の表現として捉えることによって、この生成を存在論的により深い次元に移すという試みである。この「マグマ」という理念においては、精神分析学的説明のアプローチがある本質的な役割を果たしている。すなわち、たえざる新たな創造の有機的流れがより高次の段階に反映するような、そうした衝動的・力動的に保持される「完全な統一への願望」によって、人間主体は支配されていると言われる限りにおいて、本質的な役割を果たしているのである。[7] ハンス・ヨアスは、一方でアメリカのプラグマティズムの遺産を引き継ぎつつ、他方でハーバーマスの行為理論や討議理論とたえず対決しながら創造的行為の概念を発展させることにより、カストリアディスにおいてはその衝動理論的な考察の延長線上で「実践」の概念において見出される行為理論的要素を受け継ごうとした。新たな価値の解放を通じて個人に開かれる超日常的な状況が、既存の価値や社会秩序をたえず超え出る意味創出の源泉として理解される。[8]

b) カストリアディスと大きく異なるわけではないが、ヘルベルト・マルクーゼも『エロス的文明』において、社会秩序からの超越の必然性を人間の衝動本性のうちに遡って根拠づけることで、生産パラダイムの崩壊に対応した。しかし、マルクーゼの場合には、小さな子供が抱く全能性幻想がのちに被る「屈折」のうちに、その後のすべての革命的な観念や情緒に関わる成果の源泉がはじめて見いだされるというわけではない。そうした源泉は快楽原理という自然的素質のうちにすでに存在しているのであり、そしてこの快楽原理こそ制度的に具体化された現実の原理をたえず超え出てゆくように駆り立てるものにほかならない。[9] さらにもう一つの相違がある。マルクーゼでは、衝動理論から出発して社会秩序に関する規範的問いとどのようにして内的に結合してゆけるのかをよく理解することができないのに対し、カストリアディスではそうした媒介は、新たな創造が抑圧されるのではなく、再帰的に加工されるような社会形態を際立たせるような、そうした自律の概念によってなされ、そしてこれに対応するような橋渡しはマルクーゼにはまったく見られないのである。フロイトの衝動理論の遺産を守ろうとするマルクーゼとカストリアディスに共通する試みは、今日ではジョエル・ホワイトブックの著作に見て取られる。この著作では、相互主観主義に対する限界設定を行い、最近の発達心理学を注意深く摂取するなかで、リビドーによって供給される全能性幻想の昇華のうちに既成の社会秩序を超出することへの社会的保証を見つけ出そうとする試みが行われている。[10]

c）　第三のアプローチであり、社会的労働を社会的超越可能性の保証とするのとは異なる審級として理解できるのが、もちろんユルゲン・ハーバーマスの相互主観主義である。六〇年代からのハーバーマスの著作は、言語的に伝達される相互行為によって批判理論に対し、規範的妥当性の過剰がシステムを破砕するエネルギーや動機づけのたえざる再生をもたらすとされる社会的領域を切り開くという目標にはっきりと向けられている。[11]このようなコミュニケーション理論の提案は、前に挙げたカストリアディスとマルクーゼの二人のアプローチに社会学的な説明力の側面でだけ勝っているのではないと私には思われる。コミュニケーションの道徳的潜在性が同時に社会の進歩の衝動的源泉であり、また方向指示でもなければならないわけだから、私の見るところ、ハーバーマスの理論は、そのつど特権化された審級がどの程度規範的な力を持ちうるのかという問いに関しても、非常に大きな優位性を持っている。時代診断的にであれ、基礎づけ論的にであれ、社会的相互行為の規範的内実を具体的に規定しようとすることによって批判理論のコミュニケーション論的転回を推し進めようとする人々の範囲は、セイラ・ベンハビブからトーマス・マッカーシー、さらにマーヴ・クックにまでおよぶ。[12]また、ヘーゲルの「承認をめぐる闘争」のモチーフを社会理論として実り多いものにしようとする私自身の仕事も、差しあたりハーバーマスの独創的な着想を社会的現実の中で力強く支えようとする試みとして理解できる。この点については、今日生産パラダイムの崩壊からの出口としてある程度正当に理解できる第四のアプローチに触れた後で立ち戻ることになろう。

d) 第四のアプローチとはフーコーのものである。すなわち、いかなる別の形態の実践が批判的な社会分析の枠内で労働の超越化的役割の代替物となりうるのかという問いに対する回答としてミシェル・フーコーの後期の著作全体を理解することは、おそらく有意味であろう。というのも、フーコーはカントに関するいくつかの論文のなかで、ある破壊的で脱コード化的な行為実践は批判の遂行と必然的に結びついている条件を表しているという見解を述べているのだが、この見解はいかなる社会形態にあっても現にある秩序の規則を新たに転覆させうるような経験の種類を示唆するものと理解できるからである(13)。こうした「超越論的」解釈は、今日ではとりわけジュディス・バトラーの著作によって支持されており、フーコーによって各所で提起された問題は、それらの著作のなかで、バトラーはフーコーが各所で提起した問題をさらに発展させており、しかも、大雑把に言えば権力とその転覆をはかる実践との連関に関する社会存在論的な理論を明確化する方向で発展させている。つまり、そうした理論によれば、いかなるものであれ社会的承認秩序の確立は、たえず繰り返し何らかの必然性をもってこうした既存の形態をこじ開けるような行為様式を生み出す。なぜなら、既成の社会的現存の形態はあらかじめ方向づけられてない人間の主体性にとってはあまりにも狭くまたあまりにも束縛的だからである(14)。しかしながら、以上のことから示唆される考察はまた、カストリアディスとマルクーゼとにおいて精神分析が役割を果たしたのと同じように、こうしたアプローチが精神分析学的な仮説から何ものかを借用することなしには存続できないということをも示している。なぜなら、超出する実践の必然性について語りうるのは、社会秩序とその転覆との連関に、不当な社会的要求に対して構造的に向けられた人間の精神的生を加えて考える場合のみだからである。

以上の四つのアプローチを枚挙することは、この議論のコンテクストでは差しあたり、批判理論が受け継いだヘーゲル左派的伝統の置かれた困難を際立たせる働きしか持っていない。その際、批判理論が内的正当化をはかるために定める経験的準拠点を社会的実在の中に見つけ出すことで満足してしまってはならない。もしこの点に課題が限定されてしまうならば、現在の満たされない要求を指し示し、それを批判の必然性に対する社会的証拠として役立てることでまさに十分だということになろう。しかし、われわれが共有する伝統にとっての本当の挑戦は、本来そうした座標軸ないしそうした要求が偶然的な対立状況のもたらす結果ではなく、人間という類のいまだ清算済みではない要求の表現であるということを示しうることにある。「社会的内在における超越」という言い回しはたしかに宗教を起源とするものであるが、それは社会的実在の内にいまだ満たされず、その限りで社会を超越するような目標表象がある一定の時点で見出されうるという内容より多くのことを意味するものでなければならない。むしろこの「内在における超越」という言い回しで想定されているのは、人間の関心状況の構造ときわめてかたく融合し合っているために、あらゆる社会的現実のなかで繰り返し新たに効果を発揮するような規範的潜在性のことなのである。これと同じ発想で、先の「超越」は、一方で社会のあらゆる再生産にとって不可欠だが、他方ではその規範的過剰さゆえに社会のあらゆる既成の組織形態を超え出るような、そうした実践ないし経験の形態に伴っていなければならないという定式化がなされうる。したがって、こうした言い回しにおいて「超越」と「内在」との間に確立される連関は、ナンシー・フレイザーが想定していると思われるよりも強いのである。言い換えれば、「超越」は「内在」自身の一つの性質をなさなければならず、それゆえに社会的関係の事実性には過剰なる要求の次元がつねに含まれているのである。

さて、私は、内在と超越の連関このように構想することが現在の条件のもとではまさに場違いに映るにちがいないことをよくわかっている。それゆえ冒頭で、今日では批判理論のうちのごくわずかなアプローーチだけがおそらくまだヘーゲル左派のプログラムに従っているだろうことを指摘しておいたのである。他方、カストリアディス・マルクーゼ・ハーバーマス・フーコーの名前と結びつけられた先の四つの立場を挙げることで、一連の有意義なアプローチが、生産パラダイムの崩壊で生じた穴を別の提案によって埋める試みをなお続けていることも明らかになったであろうし、またたとえばエルンスト・ブロッホの著作ではユートピア的な傾向を持つ社会現象学が問題になっているのだとするヒンリッヒ・フィンク＝アイテルの提案にしたがって、この一覧をさらに拡大できることも明確になったであろう(15)。

しかし、ここでのわれわれの論争にとって決定的な意味を持つのは、こうした指摘ではなく、二つのまったく異なった構想体系が批判の「経験的準拠点」を求めるわれわれのそのつどの努力を導いているということにほかならない。つまり、フレイザーが一般の人々の正義感とのつながりを主張することで社会的現在のうちに理論の根拠を求めるという目標を追求するのに対し、私の道徳心理学的な考察では事実上、社会的現実の構造の内部から批判の疑似‐超越論的な正当性を求めようとしているのである。こうした手短な概観で明確化できたことを期待したいのだが、そうしたプログラムを再び受け入れることは、社会過程の事実性に即して、つねに同時に再び既成の社会秩序を超出するような審級を挙げるということを意味している。それゆえ、こうした場所を侮辱や承認拒否の感情によって埋め合わせるという私の提案は、社会存在論的ないし社会心理学的に十分な説得力を持つのかどうかに即して判定されなければならない。本質的に言って私の提案は、結局のところあらゆる社会的統合は秩序ある相互承認の形態に依存するのであり、そうした承認の不十分さや欠如が尊重の欠如という感覚とつねに繰り返し結びつき、しかもこの感覚こそが社会変革の衝動的源泉と見なされうるのだという仮説に至る。こうした定式化はまた、ナンシー・フレイザーが想定している内容をはるかに超えた説明意図がいかなる点で同時にヘーゲル左派のプログラムと結びついているのかということも明らかにしてくれる。言い換えれば、社会的現実の内部で既成の秩序からの原理的な超越可能性を保証するとされる同じ審級が、いかにして社会の組織形態における規範的な変革・改革に至るのかを歴史的に説明することもできなければならないのである。ここで次の二点の説明を通じて、私の道徳心理学的な考察に対してフレイザーが本書で唱えた異論に立ち向かうことにしたい。

a) 私はもともと、あらゆる歴史的構成を経ることなく承認拒否の感情が直接にわれわれに与えられると見なす傾向と私自身の立場とは明確にかけ離れていると考えていた。テクストではまず第1節で社会秩序の規範的正当性に対するその位置価を一般に概観するが、それは続いて第2節でそのつど確立された承認の原理を通じてそうした感情の意味論的特徴を説明する前に行われる。そして第3節の段階ではじめて、この承認の原理が、歴史によって浸透された承認拒否の感情から生じる社会的要求に対していかに立ち向かうのかという、道徳的正当化の可能性への問いを扱うのだが、これらはたんに叙述の論理に関わるにすぎない。さてしかし、「所与の神話」という非難――それは汎用性は高くてもいともたやすくなまくらな武器になってしまうのだが――には、ナンシー・フレイザーの使用法では明らかに二つの異なる攻撃方向が含まれている。一方ではこの言葉によって、私が侮辱という道徳感情を非歴史的に与えられるものだと考えているといういま扱ったばかりの異論が唱えられ、他方ではまた、私がそもそも人間の正義感の基礎的構造について論議しているのだという批判が述べられるのである。実際に私は、フレイザー（やローティ）とは反対に、現在の経験の地平を普遍化することの結果は当然のごとく反証可能であり、したがってそこにはリスクがあるという問題をわれわれが意識し続けるという限定つきで、社会的不正に関するあらゆる感情に共通する根本的経験を規定しようとすることが絶対に可能だと確信している。そうした不正の感情の核心を正統と見なされる承認期待が毀損されたとする感情に見いだすという私の提案は、他のやはり社会理論的な仮定の編み目にすでに織り込まれている。すなわち、そうした私の提案は今日特に際だって目につく経験を経験にもとづいて一般化したものにほかならない仮定の編み目にすでに織り込まれているのである。しかしその限りで、私の試みに対する異論は、ナンシー・フレイザーが別の形態の社会的不正感情（残虐行為への嫌悪・労せずして得た（！）特権に対する不満・監視に対する反感など）を持ち出すときにさえそう宣言していると思われるように、経験的に方向づけられた反証という形態をとるであろう。その場合、この点に関するわれわれの論争は、そうした不満の表現が多数あるなかで、不正な承認拒否に関する感情の統一的な構造を一体どのようにして発見できるのかという問いに先鋭化するであろう。

b）　私自身の提案がどの程度までハーバーマスの理論的プロジェクトの発展と理解されうるのかについてごく手短に概略を述べてみることは、フレイザーと私それぞれの立場を互いに明確化するうえでもおそらく有益であろう。私はすでにこれまで行ってきた抜き書き風の概観の中で、ハーバーマスは、解放的・超越化的なポテンシャルを労働という実践形態から引き離し、言語的に媒介される相互行為という行為モデルに移し替えるという点で、批判理論の伝統に決定的な転回を与えたということを明らかにしてきた。それゆえに、先に挙げた四人の著作者の中でハーバーマスは、生産パラダイムの挫折からの出口を人間の心理や衝動性格に規範的に負担させることのうちにではなく、ある別の行為類型の復権に求めることを最も明確な仕方で行った。しかし、私の理解では、ハーバーマスの努力にはいまに至るまである両義性が内在しているように思われる。それは、超出するポテンシャルが人間の言語の規範的前提に根ざすものなのか、それとも社会的相互行為に根ざすものなのかがまったく不明確だからである。そして、人間と人間との間のあらゆる複雑な行為は言語的に媒介されているのだから、こうした対立がたとえ作為的なものに見えるにしても、社会的相互行為自身が規範的期待に担われているのか、それとも言語のおかげでコミュニケーションのなかに規範的要素が移り住むのかということは、最終的には非常に大きな違いとなろう[16]。社会的地位を認めるためにも、言語的になされる妥当性請求を擁護するためにも、ハーバーマスで「承認」という概念が用いられ、その際この二つの積極的な行為の間につねに十分な区別がなされているとは限らない場合に、右と同じ両義性が含まれていると私は思う。ハーバーマスの承認概念がいかなるものであるにせよ、私は私自身の提案について、主体が社会的相互行為において相互に示し合う承認期待のある核心部分から「社会人類学的」な出発を企てることにより、第一の意味を優位にする仕方でこのような未決問題を解決できると理解していた。承認はしばしばとりわけ純粋に身体的な身振りや表情と結びつくのであるから、このような仕方で人間のコミュニケーションの基礎に規範的にあるものすべてが、言語的形態を取りうるわけではないのである[17]。たしかにそうした承認「一元論」の本来の眼目は何よりも、社会における根本的な承認期待は歴史的に変化するという主張、すなわちいかなる観点で構成員は社会的に相互的同意を頼りにしうるのかを社会の中で秩序づけている原理とともに歴史的に変化するという主張にある。私は、承認の概念においてはその基底にある「承認欲求（Anerkennungsbedürfnis）」という不変的命題から出発するある種の人類学化された道徳が問題になるにすぎないとする疑いに対して、こうした歴史化をはかることで立ち向かおうとしたのである。しかしながら私の印象では、ナンシー・フレイザーはこのように企てられた規範的理論と社会分析との橋渡しの試みにそもそも気づかなかったのである。そしてこのことがまた第二の相違点に関するわれわれの議論を必ずしも容易でないものにしている。

第2節　資本主義と文化――社会統合・システム統合・パースペクティヴ的二元論[2]

少し距離を取って眺めて、第二の論点に関する論争で考慮しなければならない多面的な問題をはっきり認識すると、ひどく過大な要求をされているという不快感を抱かされる。現在の資本主義の発展過程に関する社会学的説明の課題に伴って生じる問いはきわめて複雑であって、われわれ二人の手で片手間にわずかなページを割くだけで明らかにすることなどできるわけがない。ここでは社会統合とシステム統合との関係とともに、現在の構造変動における経済・法・文化の役割を規定することがまさに求められているように思われる。私の観点からすると、事柄としての問題に加えて相互了解の困難さが実り多い議論に入ることをさらに難しくしている。この困難さは、ナンシー・フレイザーがこの対決をかなりのところ「文化論的転回」の帰結に関する論争として捉えようとしたことに始まり、さらにそれは「文化的」承認という用語だけで市場プロセスの分析を行っていると見なして私を中傷することで継続し、そして私が経済的な効用からの命令や利潤追求の態度をいっさい考慮しないで現在の資本主義の発展を説明しようとしているとする主張で頂点に達している。私のこのテクストによって示すことができたであろうが、以上のことはすべてまったく根本的に間違っている。私は自分が社会科学における文化論的転回の代表者だとは思ってもいないし、市場プロセスの決定因子について自ら発言しようとしたこともなく、いまやグローバル化しつつある資本主義の分析の際に、収益性や効用といった企業の視点を等閑にすることが適切だとはなおさら思われない。フレイザーの応答から総じて現れるのは、まったく素朴で経済的な命令にはまだほとんど無知な人という人物像であるが、自分がこの人物にほかならないと再認識することは私にとって夢にも思い及ばないことであろう。しかし、こうした度を越した誇張こそ、われわれの論争がこの点で個別的で容易に取り除けるような相互了解の問題によってではなく、根本的な誤解によって苦しんでいるという印象を私に生じさせたものなのである。つまり、われわれのコンテクストでの社会理論的考察の発展に関わる課題について、フレイザーと私はきわめて異なる捉え方をしているように思われる。それゆえに、私はまず、われわれの論争の個別の論点について簡単に述べる前に、社会の承認論的概念の要点についていま一度説明を試みることにする。

私は、近代の資本主義社会の承認秩序を再構成する試みと説明的な意図とを結びつけようとしたことはない。したがって、近代資本主義社会の内部での発展過程を適切に説明する手助けとなるカテゴリー的な基本枠組みをつくることが問題ではなかった。むしろ私が目指したのは、まず近代資本主義社会の組織形態における社会的相互行為がさまざまな次元で支配されるような道徳的「強制」を顕らかにしようというだけのかなり控え目なものであった。その際に私は、社会的成員はつねに相互承認のメカニズムを介して社会に組み込まれるのであり、したがってこのことを通じて個人は人格性の一定の観点ないし側面で自己自身を相互主観的に確認することを学ぶのだという普遍的理念に導かれていた。私の観点から見ると、デイヴィッド・ロックウッド以来われわれが「システム統合」に対して「社会統合」と呼んできたものは、(18) 承認プロセスの結果として理解されるのであり、さまざまな主体はこの承認プロセスを通じて一定の性質に関して相互に社会的に承認された成員として了解し合うことを学ぶことにより、規範的に社会の内部に組み込まれるのである。さて、私は別のところで、この包摂プロセスもが、個人が公共的な「可視性」に到達するための、身振り・言語・メディアによって媒介されたメカニズムとして把握できることを示そうと試みた[19]。もしこうして示唆される考察に導かれるならば、社会統合がそのときどきの社会の承認秩序に現われる一定の規範的強制によってつねに支配されているということが明らかになる。すなわち、いかなる側面で個人は社会的承認を頼りにすることができ、あるいは「社会的実存」(ジュディス・バトラー)に達しうるのかということをそのつど全体的に定めている制度化された原理は、社会成員の間の社会的相互行為が支配されている道徳的な価値観点や指導理念を表すのである。この限りで私は、近代の資本主義社会の承認秩序を再構成する試みに、社会のコミュニケーション過程を内側からかなりの程度構造化する規範原理を顕わにするという意図のみを結びつけたのである。

しかし、私がこうした仕方で差しあたり目指した本来の論点をナンシー・フレイザーはまったく理解していなかったように思われる。フレイザーと同様に私も、社会的不正の感覚はつねに公共の言説の働きで形づくられるのであり、したがってある社会の意味論的な活動空間から影響されずに現れるわけではないと確信している。しかし私はフレイザーとは異なって、そうした言説はたんに任意に移り変わるのではなく、一定の社会形態に対してそのつど社会道徳的な思考や感情の言語的地平を定めている規範原理のある根底的な範囲とそれ自身において結びついていると考えている。私は近代資本主義における社会統合に関する叙述の基礎に「承認秩序」の概念をおいたが、それは、社会的正・不正のおりなす、時代に特有なこの文法の層を目指しているのである。つまり、すべての社会形態についてと同様にこうした秩序構造にも、社会道徳的観念の活動空間は、そのつど社会的承認への要求の正統性をつかさどる原理によって限定されているということが当てはまる。こうした概念は、当然のことながら、現代の資本主義における発展過程のダイナミズムを説明するのに十分なものではない。しかし、この概念はまた、さまざまな主体が一定の承認期待を持って直面するがゆえにそうした発展過程に枠をはめる規範的な制約を明らかにする以上のことを担うべきではない。就業労働における最近の構造変動が引き起こしたとも思われる不正感情は、「意味論的」には、歴史的に勝ち取られた説明や解釈という形式で社会的分業の領域を規制する承認原理によって作り出されているのである。

引き続きデイヴィッド・ロックウッドの概念表現を用いるならば、以上の考察によって私が「システム統合」に比べて社会統合に一定の優位性を認めたことはいうまでもない。さらに私は、経済的領域における構造変動であっても当事者たちの規範的期待から独立のものだったのではなく、そうした当事者たちの少なくとも暗黙の同意に依拠していたということから出発する。他のあらゆる領域における統合と同様に、資本主義的市場プロセスの発展もシンボル的に媒介された交渉プロセスという形態をとってのみ生じるのであり、したがってその交渉プロセスは基礎にある規範的原理の解釈に向けられることになる。しかし、まさにここでフレイザーのもう一つの深刻な誤解が始まっている。資本主義の労働市場を業績主義という規範原理のみに還元し、この原理と一体化するものと見なしているという見解を、フレイザーは私に擦りつけているように思われる。この点に関して私はこう考えていた。すなわち、今日では参加者の観点からすると市場プロセスの正統性は独特の業績原理の達成という基準とともに、その大部分が歴史的に勝ち取られたある種の法規範との一致という基準とによって、少なくとも同程度にきちんと評価されなければならないということを、社会福祉国家的な規制の発展について述べた補論を通じて完全に明らかにしたと考えていたのである。まさに今日の就業労働の構造変動、すなわち、流動性の増大や規制緩和こそは、法的取り決めが労働領域のシステム統合ではなく社会統合にいかに大きく貢献してきたのかを強力に示している。つまり、当事者の観点からすれば労働契約に関する社会的・法的制約はみずからの労働力確保に対する機能的保証ではなく、自らの尊厳および地位の社会的承認に対する道徳的保証を意味しているのである。[20]経済的領域にそうした規範的要素が存在することに気づくのは、たしかに総じて主体の権利に対する国家的保証が社会的承認の固有の源泉となることが明らかな場合に限られる。そしてこの点に関してもフレイザーと私ではまったく話がかみ合っていないように思われる。

フレイザーは論争のこの第二ラウンドでそのアプローチの修正版〔訳者注・第3章のフレイザーの論文〕を提示したが、その理解では、法は少なくとも分析にとってのカテゴリー的基準項として現れる。この法という概念は『タナー講義』に収められた論文にはまったく登場していなかったのだが、まさにその法とは異なるところで勝ち取られた要求に対する第二次的な保証者というわずかばかりの役割を今やようやく保持することになった。フレイザーは、近代の平等主義的な法体系の中心的構成要素をなす主体の権利に、理論的プログラムにとって独立した意味を相変わらず認めようとはしない。その代わりに、国家によって認められた権利は、すでに前もって勝ち取られた文化的承認や経済的配分への権利に後づけ的にある種の実行力を与える純粋に道具的な機能を持つにすぎないとされる。これに対して私にとっては、このような道具主義はまったく納得がゆくものではない。なぜならこの立場は、権利は基本的には行為者同士の間の関係を調整するものであり、したがって社会の相互行為的関係に対するたんなる機能的意味以上のものであることを忘却させるからである。むしろ、今日われわれが法治国家による認定のおかげで相互に認め合っている主体の権利には、それぞれ個人の個人的自律を保証するためにどの要求をわれわれは一致して国家的に保証されたものと見なすのかということが反映している。こうした権利の相互行為的性格こそ、なぜ近代社会においてそうした権利が社会的承認の独立した本来的な源泉と捉えられることになっているのかをも説明できる。つまり、われわれはどのような観点でお互いを民主主義的な法社会の成員として自律に値するものと見なしているのかを、主体の権利が表現しているとすれば、その承諾ないし留保は社会内部での自己の地位を主観的に感じ取る際に決定的な役割を果たすのである。私の考えでは、ヘーゲルを継承し、こうして示唆される平等な権利と社会的承認との間の連関を追求する社会理論のみが、近代社会の規範的特徴を正当に評価することができる。しかし、承認論の構造に関するそうした問いに、したがって社会的承認のどの形態をそのつどの社会秩序に即して区別するべきだろうかという問題に、ナンシー・フレイザーはこれ以上まったく関心を持っていないように思われる。フレイザーは最初から最後まで、社会的承認に関してそれぞれの社会に特有のさらに別のタイプはあり得ないのかをカテゴリー的に吟味することもなく、あらかじめ抱いていた文化的承認と経済的配分という二元論を使って議論している。それゆえにフレイザーは、法的平等の原理と現実の不平等との間の緊張関係に、法的承認をめぐる闘争という独自の性格を持つ社会的対立の起源を見出すことができないのである。

これまで近代的法の承認内実についての考察を差し挟んできたが、この考察はとりわけ次のことを明らかにするために、すなわち、現在の資本主義の拡大における経済的過程の場合にもたんに規範的な媒介を欠いた過程が問題なのではないことを明らかにするために必要であった。評価の命令が純粋で、文化に影響されない形態をとるとする疑問のある仮定をする場合でさえ、勝ち取られた法的保証から由来する規範的な制約の影響を少なくとも認めなければならない。一見すると匿名的で、規範から自由な市場プロセスには、つねにたえず下から期待姿勢が介入しているのであり、当事者たちは、そのつどの法的規定や報酬システムの中で社会的承認への要求をすでに何らかの形で内的に制度化したがゆえに、この期待姿勢の効果を発揮させることができるのである。こうした法や業績に関係する承認期待を考慮せずに労働市場の発展を分析することは、私の観点からすると、「経済人」という経済理論上のフィクションの典型的な産物であるように思われる[21]。

この点でナンシー・フレイザーには一つのジレンマが生じている。このジレンマは批判的社会理論の構築という問題にとって重要なため、より詳細な考察に値する。「パースペクティヴ的二元論」の立場にとどまるという断言とは反対に、フレイザーは多くの箇所で、「社会統合」と「システム統合」とについて本質主義的な意味で語る傾向にある。この場合、同一の発展過程が二つの分析視点の下で同じような比重で記述されうるということが意味されているのであろうが、社会的実在における「非人格的なシステムのメカニズム」がどういうわけか「文化的評価図式」と混合されてしまっていることが問題なのである。こうしてその意図が逆転してしまったのは、おそらくフレイザーが私とは反対に、経済に固有の法則性、つまり、これを等閑にしているとしてフレイザーが私自身のアプローチをまさに非難する当の固有法則性の持つ経験的重みを主張したいがためなのであろう。こうした意図に間違って導かれて、フレイザーは二つの異なった仕方でなされる社会的行為の調整というイメージを描き出す。その一つはシステム統合であり、もう一つは価値による統合であるが、両者はたしかに相互に影響し合うはずであるものの、差しあたりは別々の実在領域を表すのである。しかし、こうした思考モデルは、二つの本来はたんに分析的に区別される領域が、経済的正義と文化的正義という二つの規範原理を反映しなければならないというフレイザーの出発点とまたしても矛盾してしまう。なぜなら、この原則は「システム統合」の過程をも、配分的正義の原理がすでに表れた、ないし表れうるような社会過程というある一定の種類の規範原理として分析することを要求するだろうからである。したがって、その規範的二元論を社会理論の根本概念に至るまで貫徹させるためには、フレイザーは規範性を欠いた統合過程に関するシステム論的概念をまったく用いるべきではなかったであろう。このことによって、経済的過程を規範的構造変革に対して十分に開かれたものとして記述することが妨げられるからである。これと対応して、フレイザーは次のようなジレンマに陥っているように私には思われる。すなわち、一方でマルクス主義を受け継いだために社会理論としては経済的価値評価という匿名性のプロセスについて述べたいのだが、他方同時に、フレイザーはこの評価プロセスの内部に配分に対する道徳的要求を内在的に確保できるように、同一のプロセスを価値に媒介されたコミュニケーションに強く依存したものとして把握しなければならないのである。

私の考えでは、これまで概略を述べてきたジレンマから、フレイザーや私が求めるような規範的な目標設定を十分に満たすことのできる社会理論のカテゴリー的構成に関して、一つの帰結を導き出すことができる。ジョン・ロールズの表現を用いるならば、「社会の根本構造」[22]はできる限り規範的改善への潜在的な出発点を予定できるような社会理論的な概念体系において分析されなければならず、そのためには制度化されたさまざまな領域に関して、規範を媒介して伝達されるコミュニケーションの結果の表現として理解できるような層をそのつど際立たせることは避けられない。こうした指導理念に依拠するならば、ナンシー・フレイザーがシステム統合的なプロセスという概念によって大きな恩恵を得たわけでないことはたちどころに明らかとなる。というのも、このことによって、地位秩序の起源を特有の形態をした文化的承認の表出にまで遡ろうとするのと同じ仕方で、経済的領域を配分的正義に関する一定の解釈の制度化として捉えるという、フレイザー自身が可能性として考えていた企てを断念することになるからである。ヨーロッパ社会にいる当事者たちが今日、就業労働に関する規制緩和をたいてい「権利の剥奪」として経験し、そしてこれに応じて内部修正への圧力をかけることができるという事実は、見かけ上「匿名的」な価値評価プロセスですらさまざまな規範的な規則によってすでに浸透されているということをきわめて明らかに認識させてくれる。それどころか、「規制緩和」という表現自体、労働市場自身が関係者の道徳的利害関係を明らかにする法的規範によって組織されているという事態を直接に指示しているのである[23]。このような理由で、私は第2章でのフレイザーへの反論のなかで、「文化主義的」一元論ではないが「道徳的」一元論によって支配される必然性について述べた。つまり、規範内容を含む社会理論という理念を守り続ける限り、われわれは制度化された社会領域のうちで、望ましい改善への展望に開かれた規範的統合の原理をたえず視野に収めようとしなければならないのである。

たしかにこうした理論戦略に関わる考察は、先の道徳的統合の原理それ自体を相互承認の道徳的規範に立ち戻らせるというさらに広範囲の提案に対する根拠としては、まだ十分なものではない。この論点には、本章の第1節で社会的統合と承認との内的連関に触れた際に述べた議論が関わっている。それに加えて、制度化された領域はつねにただ一つの承認原理に従うのだと私が主張しているという、フレイザーによって繰り返しなされている誤解を生じさせてもならない。すなわち、今日たとえば公教育のシステムが社会的承認に関する二つの競合する理念によって規範的に統合されているのとまったく同様に[24]、当然ながら家族もこの間すでに久しくしかるべき理由があって愛という規範的原理のみによっては支配されなくなり、ますます承認の法的形態を通しても組織される場合が増大している[25]。しかしながら、これらの但し書きも、私が規範的統合の優位という構想を、説明という目的のために――たとえば、現在の資本主義社会における市場化の加速のプロセスを説明するために――どのように書き換えるつもりなのかをまだ十分に知らせてくれるものではない。ナンシー・フレイザーは市場化のプロセスでは社会的なものの再構成をいわば一方的に強いる資本の価値評価の「非人格的なシステム・メカニズム」だけが働いているものと見なしているが、その戦略を、私はいま挙げた理由で誤りだと考えている。他方で私は、規範的統合の必要要件を適切に考慮するような別の説明のアプローチをどのように考えたらよいのかについて、実際に十分に概略を述べることはできない。それゆえに、限られたスペースで本節の最後に言及することで満足することにしよう。

おそらくまず重要なのは、社会統合とシステム統合とが全面的に対立しているという理解が疑わしいことを明らかにすることであろう。貨幣や政治権力といった社会的に一般化したメディアは実際に社会的相互行為を比較的円滑に調整できるが、しかしそうしたメディアも、いつでも力を失ったり崩れ去ったりしうるある種の「正当性への信頼」に依拠しているのである。これに応じて、差しあたり資本主義的企業が成立する前提を規定する資本の価値評価原理も、社会領域全体を生じさせる機能的必要条件として捉えられては絶対にならない。この原理がそうした社会的行為の「サブシステム」になるのは、次のような規範的同意に到達してからである。それは、複雑にネットワークされた個人の行為がたんなる効用に関する考慮の相互作用を通じて見かけ上自動的に調整されるような制度を、法的規則に支持されながら形成するのに十分なだけの規範的同意にほかならない。しかし、価値評価に関する企業の観点が他のすべての利害関心や意図よりも優勢であったように思われるときでさえ、経済プロセス自体は規範的に構造化された社会秩序に依然として「組み込まれ」続けているのである。それは、たんに規範的にのみそうであるばかりでなく、事実的に言ってもそうなのである。というのも、一般化された規範・既成の行為習慣・社会的ネットワークに遡及して関わることなしには、経済的手段の効率的配分に必要とされる協同・安全保障・技術革新に関する基準を保証することはまったく不可能だからである[26]。そうした市場の社会的限定に関わる要素は、経済的発展過程を説明する試みの際には必然的に独立変数の役割を果たさなければならない。それゆえに、規範的期待や行為習慣における変化が価値評価の観点の活動空間に関する社会的交渉の前提をどの程度まで変化させるのかに考慮を払わないままである場合は、資本主義的な価値評価の命令が持つ意味にだけ依拠しても、あまり役に立たないのである。ここで現在の変化のプロセスに関するそうした説明について概略を述べるのは冒険がすぎるであろう。しかし、そうした試みが実り多いのは、その際に考慮されるべき多くの変数の中で社会的承認秩序それ自体がきわめて決定的な役割を果たすときにのみであろうことはおそらく明確化されたであろう。

第3節　歴史と規範性——義務論の限界について[3]

さて、ナンシー・フレイザーと私がこうした社会理論的な根本概念を構想する際に直面している問題の多くは、われわれ二人があくまでも規範的内実を持った社会理論を目指そうとしているという特別な事情から生じている。私はこの企図によって、さまざまな社会状態を評価する規範的基準への要求がなされる場合に現在ふつう考えられている以上のことを理解している。すなわち、それ自体としてよく基礎づけられていると見なされる規範的原理がたんに既存の社会秩序に対して適用され、道徳的に見て正当な修正や改善に関する判断に到達するというのでは決してない。むしろ、社会的現実それ自体の記述がすでに、正当と見なされる規範ないし原理がこの点ですでにどれ程度の社会的な妥当性を得られていたのかが明らかになるように行なわれなければならない。「規範的内実を持った」ということをこうした強い意味で理解するならば、社会理論の根本概念に関しても、基礎にあって基準として用いられる原理に関しても、そこから方法論的な制約が生じる。つまり、社会的現実の記述においては、つねに道徳的な経験や洞察の具体化として捉えうるような次元がカテゴリー的に考慮されなければならないのである。逆から言えばそれは、対応する社会における制度的秩序の中ですでに何らかの仕方で表現された規範や原理のみが引き合いに出されうるのとちょうど同じなのである。こうしたメタ理論的な考察はすでにこの反論のはじめの二節で中心的な役割を果たしていたわけだが、この論争の第三の論点にとっても決定的な意味を持っているので、ここでいま一度はっきりと述べておくことにする。「社会的承認秩序」の概念をめぐる第一の反論ですでに多くの労力を割いたことは、私が社会理論とそれに対応する正義概念との間をカテゴリー的に繋ぐものを探求しているということによってのみ説明される。正義論に関する問いに関してナンシー・フレイザーと私との間にいまだに残っている差異について述べるに先立って、私の提案に関わるとされるいくつかの特筆すべき論点についてまずもう一度明らかにすることにしたい。

もちろん今日では、われわれの社会に決定的な意味のある個人の平等な扱いの原則により立ち入った区別を設けるさまざまな規範理論が、広くかつ印象的な仕方で提案されている。社会的平等はどちらかといえば個人に対して使用される資源に関して確保されるのか、それともそれと対応する選択肢に関して確保されるのか。またその場合、限定的とはいえ功績原理（Verdienstprinzip）が有効なのか、それとも平等原則は業績のあらゆる差異とは無関係に適用されるのか。こうしたことすべてがこれらのアプローチの間できわめて激しく議論されている問題なのである。このように述べてきた論争をただ引き継ぐことを私が思いとどまっているのは、まず第一に私は近代社会の道徳的基盤から出発したいと考えているからである。言い換えれば、理論に批判力を与える規範的原理は、可能性としては、すでに今日われわれの社会秩序の内部で社会的な妥当性が認められている道徳的要求の表現として理解できなければならない。しかし、そうした社会的妥当性と規範的妥当性との交叉は、すでに妥当しているさまざまな原理が規範的意味に関する根本的な「過剰」を伴っていることを十分な根拠をもって示しうる場合にのみ、そのつどの現状維持に向かわないですむ。つまり、これらの原理が生活関係の公正な形成に関して含んでいる道徳的要求は、現在すでに社会的現実において実現されているよりもより広範囲であり、またより高い水準の要求を持っているのである。このメタ理論的考察に従うならば、差しあたり単に記述的に再構成される近代社会の承認秩序を規範的な正義概念の出発点と見なすことがきわめて当然であることがわかる。したがって、デイヴィット・ミラーの理論とある程度一致しながら、平等な扱いを通じた正義という近代的理念が、個人的欲求・個人の自律・個人の業績について順次考慮することを要求する三つの異なる仕方で実際に「制度化」されていることが示される。その限りで、私が批判的社会理論の基礎に置こうと考えている正義概念は複数主義の形態をとる。ここには一つではなく三つの原理がある。そして、これらが社会的な闘争や変革過程の分析にあたってどの道徳的要求が正当化されたものと見なしうるのかについて教えてくれるのである。この複数主義的な概念が含意することについてより立ち入って考察する前に、まずこの概念によって私がナンシー・フレイザーとどれほどの距離にあるのかを明らかにしておきたい。

私の見立てでは、フレイザーは、私自身が行った提案に関して道徳心理学の位置価とともに倫理的出発点の意義をも過度に誇張している。承認の機能に対する道徳心理学的考察が、たんに相互承認の形式を通じて社会統合という社会理論的テーゼを指示するという限りで正義概念に関与するのだということは、フレイザーにははっきりと理解できたはずであろう。さまざまな主体は人格的アイデンティティを発達させる際に承認に関する規則立てられた類型に依拠するのであるから、主体にとって社会の正統性と質とはそうした承認関係に対する社会的保証に即して評価されると推測することは、説得力を欠いたものではない。私にとっては道徳心理学それ自体ではなく、こうした社会理論的テーゼこそが、社会正義の目的に関する規定に到達する手がかりである。われわれが正しい社会関係を想像することに関心を持つ理由として私が理解しているのは、主体ができるだけ無傷な自己関係にしたがって個人の自律に到達できるための社会的条件を可能にすることである。ジョン・ロールズが理論の基礎に置いた概念的区別の枠組みのうち、それなしには規範的な正義概念は目標を持たないと思われる、善に関するあの弱い観念がここでは問題である。(27)

しかし、主体が社会的承認を期待する相手である他者の自由についても関心を持っていると想定される限りで、いましがた概略を述べた倫理的理念にはすでにさまざまな相互主観的な規定が入り込んでいる。ロールズの場合とは違って、正義に関する承認論的概念を基礎とする善の観念は、根本的に人間の生活関係の相互主観性に合わせて調整されている。というのも、その関心のために正しい社会関係が創造されるべきものである主体にとっては、みずからの自律は相互行為のパートナーの自律に依存するという意識が支配的だからである(28)。

まさにこうした相互主観的方向こそ、少なくともフレイザーと私との間の一致点を表すものと私が考えていたものである。フレイザーが、参加の平等の理念それ自体を善の一種と捉えることなしに、その理念をどのようにして導入しようとするのか、私はいまだに正確に理解していない。しかし、フレイザーの考察には何箇所にもわたって、「民主政治への政治参加は善き生にとって格別の地位を占めると見なされる」のだから、真に実体的な善の理念が問題なのだというような印象を起こさせうるような定式化すら見いだされる(29)。しかし、フレイザーの議論の内部に見られる不明確な点はさておくとして、われわれ二人の間には次のような一致点がある。すなわち、社会正義の目標は、さまざまな主体が恥や屈辱を感じることなく自分の生の目標を公共的に表して実践できるという意味において、完全な価値を持つ成員として加わっているような社会関係の創造にあると理解されなければならないという一致点である。この点では承認の核心は「参加の平等」の核心と同一である。つまり、個人の自律を発展させて実践することは、いわばあらゆる主体にとって正当化されていない不利益を被ることなく、かつ最大限可能な自由を伴ってみずからの生の目標を実現するという社会的前提を意のままにしうる場合にのみ可能なのである。

しかし、すぐ右の文章において決定的な役目を引き受けることになった平等原則は、私の場合、そもそも《ま》ず歴史的発展の結果として関わってくる。フレイザーは「参加の平等」は人間的人格の概念から義務論的に導き出すことが可能であると明らかに考えているが、これに対して私は差しあたり、近代に伴って社会的承認がヒエラルヒーから平等に変換し、排他性から一体性に変換したという歴史的事実の確定で満足する。いまや社会のあらゆる成員は、社会が全体として社会統合されるための承認関係のネットワークに同じように組み入れまれているのである。しかし、社会的事実からさらに道徳的に正当化された出発点を形づくるためにはたんなる調査結果では不足であろうから、正当化の歩みはいま一歩進められる必要がある。そして、平等原則の事実にもとづいて社会統合の質によって定められる基準で判断した場合に、この事実が道徳的に卓越した承認秩序を表していることが示されえなければならない。このために、私は相互承認によって進捗する社会統合の構造からいわば内的に生じる道徳的進歩の基準を編み出すという、おそらく奇妙に映る試みを行ったのである。私は他の多くの社会理論とともに、そうした基準は社会的承認秩序によって可能になる社会的一体化および個人化の程度に応じて考えられねばならないという結論に達した。いま挙げた二つの基準から判断すると、平等原則によって特徴づけられる近代の社会統合が一つの道徳的に卓越した承認秩序であり、それゆえに私の考えるところでは正義概念を構成するうえでの正統な出発点として扱いうるということが示される。これと対応して、私は、愛・法的平等・業績の公正という三つの原理の地位的同等性から出発する理念が、基礎にある社会理論と正義概念との間に内的結合をもたらすための最も適切な方法であると考えている。

これとは反対に、参加の平等の理念が義務論的に正当化できるとフレイザーが考える場合いかなる困難に巻き込まれるのかは、フレイザー自身が突然、道徳的進歩に関する基準を持ち出そうとする箇所で示される。私は、正義概念を規範的に正当化するというフレイザーの戦略を適切に理解するのが、今のところ私自身にとってそもそも困難であることを認めなければならない。一方でフレイザーは、みずからのアプローチを義務論的手続き論のモデルで理解しようとする。この場合、各人の自律の平等性にもとづいて社会のあらゆる成員が参加できなければならない公共的な討論から社会正義の義務が導き出される。たしかにこのようなプログラムによる基礎づけには、個人の自律の行使がなぜ公共的な討論への参加と結びつくのかという問いについての考察が欠けている。しかし、ここでフレイザーはハーバーマスのそれに対応する考察に暗黙のうちに依拠しているのかもしれない[30]。しかし、フレイザーの手続きをそう理解する際の実際の問題は、みずから社会正義の実質的内実がどこになければならないのかについて述べることにより、フレイザーは手続き論的に理解された討論それ自体を繰り返し先取りしているように思われる点に見いだされる。しかし、内実の規定はまさに手続きの遂行に委ねられなければならないのであるから、厳密な意味での手続き論はそうした先取りとは相容れない。おそらくここで一つの抜け道を与えるかもしれないのは、実質的な正義原則自体を、社会のすべての成員が公共的な手続きでの討論に強制なしに参加しうるために与えられていなければならないような、そうした社会的な前提を含意するものとして理解するという構想であろう[31]。しかし、フレイザーは対等な参加という概念を民主主義的な討議への参加だけでなく、「社会的生」あるいは「社会的現実」全体への参加に関係づけようとしているのだから、そうした解決をフレイザーが志向しているようには思われない。したがって、私にとってナンシー・フレイザーの正義論のアプローチを正確に理解するという問題がすでに存在し、それゆえにまた、なぜフレイザーの中心概念である「参加の平等」が目的論的観点を含まなければならないのかを私が実際には理解していないとすれば、フレイザーが突然さらなる基礎づけを行うことなく歴史的変革を正当化プログラムに一緒に組み込むとき、こうしたすべての困難がふたたび一段と増大することになる（本訳書二六〇ページを参照のこと）。

そうした歴史的考察と義務論的な前提との両立がきわめて困難であることはまったく度外視するにしても、フレイザーがリベラルな平等の理念の歴史的な「充実化」という問題をどのようにしてその理論的前提のもとで正当化しようとしているのかが、私にとって特に不明瞭なのである。

たしかにこの二百年間の平等概念の発展を社会闘争の圧力の下で拒みがたい新たな内実を一歩ずつ引き受ける学習過程として捉えることは、紛れもなく有意味だと思われる。このように今日われわれは、文化的なマイノリティの成員であることもまた社会的平等の名の下に法的な支持および支援をされるべきでないのかどうかという問いがはじめて押し開かれるかに見える境界上に立っているのである[32]。しかし、この学習過程がもたらす結果をわれわれの正義概念の前提として受け入れる場合、この歴史的事実から、義務論的前提とは反対に、期せずしてある規範的事態が生まれるだけではない。とりわけ、ナンシー・フレイザーは先の平等概念の事実的発展を一つの道徳的進歩とする主張を正当化できるような議論をする責任がいまだにある。私の観点から見ると、こうした不明瞭さは、フレイザーが基礎づけの二つの形式をきちんと区別する仕方を知らないことを明らかに意味している。つまり、一方でフレイザーは討議倫理学的な手続き論に傾くが、しかしその際に実質的な正義に対する主張を断念するという犠牲を払おうとはしていない。そのため他方でフレイザーは再三、目的論的な倫理学に傾くが、フレイザーは善の観念については留保しているがゆえにこの倫理学の実質的な残滓に対する基礎づけの義務を引き受けようとはしないのである。しかし、社会参加という実体的な理念と可能な限り簡素で手続き主義的な正当化プログラムとの二つは、私の考えでは、同時に一つの理論に糾合することができないものなのである。

それゆえ、私ははじめから正義概念を善についての弱い観念に立ち戻って結びつけることにしたのである。この観念はさらに社会統合の構造的条件とも調和している。こうした意図から、相互承認の形式による統合という事実を同時に目標として扱うという提案が生まれ、そしてわれわれはこの目標のために社会正義の達成に興味を抱くのだとされたのである。それは、先の社会統合がそれぞれの個人をより強く承認関係に組み入れ、その個人の人格性の表現により力を貸すようになるにつれ、この統合はそれだけ社会成員の規範的期待を正当に評価し、またそれに応じて「より善く」遂行されるからである。さて、このような前提のもとでは、現在の変革プロセスを評価する基準を導き出すことを目的として、歴史的に生じた近代社会の承認秩序を平等主義的な正義概念の規範的前提として受け入れることは、正当化されるように考えられる。しかしその場合、われわれの社会では主体の社会的承認は三つの潜在的性質（欲求・自律・業績）から見て評価されるのであるから、われわれが正義に関する一つではなく三つの原理から出発しなければならないことが示される。もちろん、このことに関しては、規範的問題がたとえばすでに解決されているのではなく、ようやく何らかの仕方で始まるのだとする点でフレイザーは正しい。すなわち、こうした複数主義で捉えられた正義概念から、現在との社会的対決を少なくとも暫定的に評価するうえでの手助けになりうる尺度を獲得できる、ということが示されなければならないのである。私にとってこのように概観してきた課題を解決するための手がかりとなっているのは、すでに述べたように、道徳的な規範ないし原理の「妥当性の過剰」である。フレイザーは第3章の反論のなかでこの提案にはっきりと言及してはいない。しかし、フレイザーは平等原則が継続的に「充実」するという構想のなかで自分でもこれを用いているのであるから、この提案はフレイザーとまったく無縁のものではない。というのも、この提案が意味しうるのは、社会的平等という理念がいわば意味論的過剰を伴っていて、この過剰が完全にあるいは決定的な仕方で規定されうるものではないにせよ、革新をもたらすような解釈によって一歩ずつ明らかになってきたということにほかならないからである。私はこの間よく確かめられてきたこのような観念モデルをわがものとし、これを「愛」と「業績」という他の二つの承認原則にも転用する。したがって、われわれは近代社会に関して、平等原理のみならず、相互人格的な愛の理念や個人的業績の原理の持つ意義内容までもが、経験にもとづく議論の圧力で継続的に充実してきた、そうした規範的な発展過程から出発しなければならないであろう。このことから私の正義概念の予期される適用に何がもたらされなければならないのかは、私のこの反論の末尾において大まかに示そうと試みておいた。先の意味論的拡大——それは今日ではそれぞれの原理に特有の基準に従って三つの承認原理の規範的充実化と見なされうるのだが——は、われわれに社会変革のプロセスにおける望ましさについて教えてくれるという意味で、道徳的進歩の指標と解釈できるであろう。

おそらくもっとも困難なのは、こうした思想を、私が「業績」の概念によって社会の再生産に対する個人の寄与の度合いと関連づけた承認原理に関して跡づけることであろう。個人の業績という規範原理は何がどの程度社会的再生産への寄与と見なされねばならないのかを定める価値と無関係に考えることができないということ、そのことを私自身はっきり理解するために、まずナンシー・フレイザーによる忠告が必要だったというわけではない。根本的にいって、そもそも業績原理が問題になる箇所に関する私の反論は、こうした倫理学的目標設定との絡み合いによってもたらされる困難とまさに関わっているのである。したがって、問題は、規範的な中心原理（業績）が価値にもとづく解釈によってのみ一般に社会的に適用されうる場合にも、一歩ずつ現実化されるべき妥当性の過剰について議論することができるのかどうかである。もし積極的な学習過程（「充実化」）からではなく、一面的な解釈の克服という消極的なプロセスから出発するならば、そうした構想は可能であるように私には思われる。その場合、われわれが断片的に期待できるものは、きわめて個別的な承認を実際にもたらすような再生産への寄与を認めるような倫理的価値設定について、その根拠を真摯な仕方で論証的に問うことを本質とする道徳的な進歩である。もちろん、アンゲーリカ・クレプスの著書が典型的に示しているように、(33) こうした批判は、これまで無視されてきた何らかの活動がなぜ「労働」として評価され、それに応じて社会的承認を与えられるのだろうかということを示しうる手段となるような、そうしたカテゴリー的想像力の投入を要求する。しかし、そうした概念的な改良をたんに哲学の仕事と見なし、当事者たち自身もたえずどれほど概念的批判の手段を改良して用いてきたかを理解しないのは誤った結論であろう。業績原理に関してもまた、社会的承認拒否に根ざし、論証的に媒介される「差異」の主張を通じて進歩するような、そうした道徳的に動機づけられた闘争について議論することができる。批判的社会理論は、この経験をどの程度代弁し表現できるのかに応じて、そのつどの現在において規範力を発揮するのである。

以上で、ナンシー・フレイザーと私が論争のこの第二ラウンドでいま一度全体にわたって逐一検討を重ねてきた輪が閉じることになる。批判的社会理論の正義概念は理論を受け取る側の人々の、基礎づけ可能な目標設定に対する一つの表現として捉えることができなければならないというテーゼによって、結局私は、われわれの出発点にあった問いに立ち戻ることになる。なぜなら、ある一定の時間、解放の進捗の指標と見なされうる規範的な規定は、前もって社会的再生産の連関における一時的な実践の源泉についてなされる考察と無関係なものではないからである。フレイザーと私が共通して組み込まれている伝統においては、今日リベラルな理論の領域で目指されるよりも、正義概念と社会理論との間に密接な結びつきが見られる。理論とは無関係に存在している現実に規範的な基準が適用されるという外的な関係ではなく、それ自体すでに「社会学的」ないし「社会理論的」内実を持っていなければならない規範的カテゴリーを導きの糸にした、こうした現実の開示が問題なのである。ここでいま一度はっきりさせておきたいのだが、

「承認」のカテゴリーの三重の「要点」は、まさしくそうした内的な結合を作り出すところにある。つまり、社会的実在は、基本概念としては、同一の概念を用いて開示されるのであるが（社会理論）、そうした概念の規範的内実にもとづいて最終的には社会変革のプロセスに対する評価もが先取りされうるのであり（正義概念）、さらに、それは当事者の見方がその際に生産的に表現されるような仕方においてなされる（道徳心理学）というわけである。そうした計画が少なくとも発端に関して有意味なものと見なされるのかどうかという問いは、ナンシー・フレイザーと私が、古くからの威厳に満ちた一切の意義にもかかわらず、いつでも間接的に触れるだけだった問題の解決におそらく関連しているのである。すなわち、それは、マルクスからルカーチをへてハーバーマスに至るまで理論の創始者たちが絶え間なく論議の対象としてきた理論と実践との連関は、どのようにしたら異なった条件の下でいま一度新たに構想されうるのかという問題にほかならない。

承認論の未来?——監訳者あとがきに代えて

1　フレイザーとホネットの略歴と業績

ナンシー・フレイザー（Nancy Fraser）は、一九四七年五月二〇日にアメリカのボルティモアで生まれ、一九八〇年にニューヨーク市立大学大学院で哲学の博士号を取得してノースウエスタン大学で哲学の教鞭を数年間にわたって執ったのち、現在はニューヨークのニュー・スクール・フォー・ソーシャル・リサーチの哲学科で政治学および社会科学講座の教授を務めている。アメリカ批判理論の代表者の一人であるとともに、フェミニズの理論家としても著名である。ハーバーマスの理論を積極的にアメリカに導入した一人でもあるが、のちにフェミニズの立場からハーバーマスのコミュニケーション的行為理論が提示した「システム」と「生活世界」といったカテゴリー区分を、「家族と表の経済、家事と賃金労働という、男性支配の、資本主義的社会体制における分離を忠実に転写している、と考えられる。なるほどそれは、経験的な社会的現実にいくつかのそれらしい手がかりを持っている。しかし、家族を社会的に統合される、シンボル的再生産分域として特定化すること、他方、賃金労働の現場をシステム統合される物質的再生産分域として特定化することは、それらの間の差異を拡大し、類似点を閉め出す傾向がある、とも考えられる。（…）結局それは、女性が両分域において男性に従属している事実に焦点をしぼることができない」(1)と分析し、このカテゴリー区分が男女の間の伝統的な役割分担を暗黙のうちに前提しているとして批判するに至る。これを要約すれば、ハーバーマスの強調する「批判的公共性」にひそむ「排除」の構造の暴露にほかならない。こうした論点は「公共的領域と私的領域」の区別そのものが「排除」の論理として機能しているとするベンハビブのハーバーマス批判とも共通するが、やがてホネットの議論とも交差することになる。このことからもわかるように、フレイザーは（ベンハビブとともに）フェミニズム的観点から批判理論の再構築を目指す代表的な一人と言えよう。ここではまず、社会理論および政治理論・フェミニズム理論・現代ドイツ思想と現代フランス思想を研究領域としているフレイザーの最近の業績をフレイザー自身のＨＰを参考にして簡単にまとめておきたい。

著書（共著を含む）

・*Unruly Practices: Power, Discourse and Gender in Contemporary Social Theory*, 1989.（ドイツ語訳）
・*Feminist Contentions: A Philosophical Exchange*, 1994, co-authored with Seyla Benhabib, Judith Butler, and Drucilla Cornell.（ドイツ語訳・トルコ語訳）
・*Justice Interruptus: Critical Reflections on the "Postsocialist" Condition*, 1997.（ドイツ語訳・スペイン語訳・中国語訳・イタリア語訳・日本語訳『中断された正義』［仲正昌樹監訳、御茶の水書房、二〇〇三年］）
・*The Tanner Lectures on Human Values*, 1998.
・*Mapping the Radical Imagination: Between Redistribution and Recognition*, 2003.（スウェーデン語訳・チェコ語訳・デンマーク語訳）
・*Redistribution or Recognition? A Political-Philosophical Exchange*（2003）, co-authored with Axel Honneth.（スペイン語訳・ポーランド語訳・イタリア語訳・中国語訳・トルコ語訳・チェコ語訳に加えてズーアカンプ社から出版されたドイツ語原版と本訳書『再配分か承認か？』）
・*Adding Insult to Injury: Nancy Fraser Debates Her Critics*（2008）, edited by Kevin Olson.（中国語訳・韓国語訳・イ

タリア語訳）

・*Scales of Justice: Reimagining Political Space in a Globalizing World*（2008）.（スペイン語訳・中国語訳。邦訳は法政大学出版局より『正義の秤《スケール》』［仮題］で近刊予定）

それ以外には、“Feminism, Capitalism and the Cunning of History,” in: *New Left Review* 56（2009）などの論文が多数と、*Revaluing French Feminism: Critical Essays on Difference, Agency, and Culture*, co-edited with Sandra Bartky（1992）や *Pragmatism, Critique, Judgment: Essays for Richard J. Bernstein*, co-edited with Seyla Benhabib（2004）などの編著、さらに『九・一一とアメリカ知識人』（エリ・ザレツキーと共著、仲正昌樹訳、御茶の水書房、二〇〇二年）や *Qu'est-ce que la justice sociale? Reconnaissance et redistribution*.Édition établie et introduction par Estelle Ferrarese（Paris: La Découverte, 2005）といった日本とフランスで独自に編集された講演集ないし論文集などがある。これまでの業績の多くがすでに翻訳されていることからも明らかなように、批判理論とフェミニズム理論に関して現在も注目され続けている政治哲学者と言えよう。

次にアクセル・ホネット（Axel Honneth）に移ろう。ホネットは、一九四九年七月一八日にドイツのエッセンで生まれ、一九六九年から八三年にかけてボン大学・ボッフム大学・ベルリン自由大学とさらにマックス・プランク研究所のハーバーマスのもとで哲学・社会学・ドイツ文学を学び、一九八三年にベルリン自由大学のイェギのもとに Foucault und die Kritische Theorie（「フーコーと批判理論」）を提出して哲学博士号を取得した。この博士論文は *Kritik der Macht*（『権力の批判』）と改題されて一九八五年にズーアカンプ社から出版されることになる。一九九〇年にはフランクフルト大学に Kampf um Anerkennung（「承認をめぐる闘争」）を提出して教授資格を得た。一九九一年から一九九二年までコンスタンツ大学教授を、そして一九九二年から一九九六年までベルリン自由大学政治哲学講座正教授を歴任して、一九九六年にフランクフルト大学社会哲学講座正教授に就任し現在に至っている。この間さらに二〇〇一年からはフランクフルト大学の社会研究所所長に着任し、二〇一一年からはアメリカ・ニューヨークのコロンビア大学哲学科教授も兼務している。ここにもう一つ付け加えるならば、二〇〇七年には国際ヘーゲル学会で会長に選出されてもいる。まさに八面六臂の大活躍である。フランクフルト大学哲学部所属の哲学教授と議論をしていると、フランクフルト学派が現在でも存続しているのかどうかに関して（きわめて微妙でしかもニュアンスに富んだ表現を使って）疑問を呈する人も少なからず存在するものの、しかし一般的には、ホネットはフランクフルト学派の第三世代の代表的存在と見なされている。ホネットが加わった論争としては本訳書でのフレイザーとの論争やスローターダイクとの「社会福祉国家」をめぐる論争などが有名である。以下にホネットの業績に関して著書を中心に紹介したい。

著書（共著を含む）

・*Kritik der Macht*, Frankfurt am Main, 1985.（『権力の批判』、法政大学出版局、一九九二年）
・*Kampf um Anerkennung*, Frankfurt am Main, 1992（neue Auflage 2003).（『承認をめぐる闘争』、法政大学出版局、二〇〇三年）
・*Desintegration. Bruchstücke einer soziologischen Zeitdiagnose*, Frankfurt am Main, 1994.
・*Das Andere der Gerechtigkeit. Aufsätze zur praktischen Philosophie*, Frankfurt am Main, 2000.（『正義の他者』、法政大学出版局、二〇〇五年）
・*Leiden an Unbestimmtheit. Eine Reaktualisierung der Hegelschen Rechtsphilosophie*, Stuttgart, 2001.（『自由であることの苦しみ』、未來社、二〇〇九年）
・*Umverteilung oder Anerkennung?*（mit Nancy Fraser), Frankfurt am Main, 2003.（本訳書）
・*Dialektik der Freiheit*. Frankfurter Adorno-Konferenz 2003, Frankfurt am Main, 2005.

・*Verdinglichung. Eine anerkennungstheoretische Studie*, Frankfurt am Main, 2005.（『物象化』、法政大学出版局、二〇一一年）
・*The Tanner Lectures on Human Values*, 2005.
・*Pathologien der Vernunft. Geschichte und Gegenwart der Kritischen Theorie*, Frankfurt am Main, 2007.
・*Erneuerung der Kritik. Axel Honneth im Gespräch*, Hrsg. von Mauro Basaure, Jan Philip Reemtsma, Rasmus Willig, Frankfurt am Main, 2009.
・*Das Recht der Freiheit. Grundriss einer demokratischen Sittlichkeit*, Suhrkamp, Frankfurt am Main, 2011.

以上のほかに、"Das Werk der Negativität. Eine psychoanalytische Revision der Anerkennungstheorie," in: Werner Bohleber, Sibylle Drews（Hrsg.）: *Die Gegenwart der Psychoanalyse-Die Psychoanalyse der Gegenwart*. Stuttgart 2001 など論文が多数あるとともに、さらに編著（共編著も含む）として、*Kommunikatives Handeln*,（mit Hans Joas）, Frankfurt am Main, 2002, *Michel Foucault. Zwischenbilanz einer Rezeption / Frankfurter Foucault-Konferenz* 2001, Frankfurt am Main, 2003, *Schlüsseltexte der Kritischen Theorie*, Wiesbaden, 2005 や *Bob Dylan. Ein Kongress*（mit Peter Kemper und Richard Klein）, Frankfurt am Main, 2007 が挙げられる。これらの業績を一瞥すると、ホネットがフランクフルト学派の中心的存在として「承認論」を高く掲げ、いわゆる第三世代を主導していることは容易に理解できよう。しかも、ボブ・ディランに関する編著そのものや最近のコロンビア大学教授就任といった事実が如実に示しているように、ホネットは個人的にもアメリカに親近感を抱き、それを強く志向していると言える。この点で明らかにホルクハイマーおよびアドルノといった第一世代やハーバーマスなどの第二世代とは異なっている。

2　フレイザー／ホネット論争の背景

フレイザー／ホネット論争は第一義的には批判理論における「承認」概念の哲学的射程とその方法論的位置づけをめぐる論争にほかならない。フレイザーは『中断された正義』（一九九七年）の第一部第一章「再配分から承認へ？」において「承認」概念を本格的に取り上げ、「ヘテロセクシズム・誤承認・資本主義」（一九九八年）においてバトラーの批判論文「単に文化的な」（一九九八年）に応答するという形をとって論点を整理したうえで、さらに『タナー講義』（一九九八年）で全面的に展開している。本訳書第1章「アイデンティティ・ポリティクスの時代の社会正義」はこの『タナー講義』を基礎にして修正・加筆したものであるが、『タナー講義』そのものに関して言えば、それは一九九六年四月三〇日から五月二日までスタンフォード大学で行われている。執筆の順序を軽々しく断定することはできないものの、一九九七年に一度『ソーシャル・テキスト』誌上で公表されて『ニュー・レフト・レビュー』第二二七号に再録されたバトラーの「単に文化的な」では『中断された正義』しか参照されていないという事実と、さらには「再配分」と「承認」の区分をめぐる方法論的捉え返しおよびそれを踏まえた議論の内容的な充実の程度などから判断すると、フレイザーの一連の論考は差し当たり前述した順序で展開されているとしてもよいであろう。そうだとすると、この区分の方法論的捉え返しは『中断された正義』で「再配分／承認のジレンマ」を整理するために採用されたマトリックス的四分割から「ヘテロセクシズム・誤承認・資本主義」の「ヴェーバー的二元論」をへて『タナー講義』および本訳書第1章の「パースペクティヴ的二元論」に至るという仕方で洗練されてきたと評価できる。したがって、ここで重要な意味を持つのはやはりそうした方法論的洗練化を促したバトラーとの論争ということになる。

バトラーの「単に文化的な」はフレイザーの『中断された正義』、とりわけその「再配分から承認へ？」の議論を標的にしているので、まずはそこでのフレイザーの論点を簡潔にまとめておきたい。

(i)「文化的優位性が基本的な不公正＝不正義(injustice)として、搾取に取って代わられ、不公正に対する治癒策あるいは政治的闘争の目標として、文化的承認が社会経済的な再配分に置き換えられつつある。(…)それでは私たちは『利害』『搾取』『再配分』といった用語に集約されるような社会主義的構想の失墜をどのように捉えるべきなのだろうか」(フレイザー『中断された正義』、一九頁)という現状認識と問題意識から明らかなように、増大するアイデンティティ・ポリティクスを無批判的に許容するのではなく、「再配分」と「承認」の区分および両者の相互連動性を適切に理論化することを通して、社会的平等への闘争と親和的であるとともに人権を擁護できるようなアイデンティティ・ポリティクスを確定するための「承認」の批判理論を構築することがフレイザーの理論的目標である。つまり、フレイザーの場合、経済的再配分を基盤としながら、それに接続可能な「承認」概念の構築が課題となるのであって、組み立て方は決して逆ではない。この順序はやがてバトラーやホネットとの論争において隠れた係争点ともなる。

(ii) 経済的不公正と文化的不公正を区別した上で、前者の治癒策ないし改善策を「再配分」と名づけ後者のそれを「承認」と呼ぶとしても、「再配分」のポリティクスは集団の差異化を阻止するのに対して、「承認」のそれはむしろ集団の差異化を促進する。したがって、ここに「再配分/承認のジレンマ」とも呼ぶべき深刻な問題が横たわり、それはとりわけ「ジェンダー」や「人種」に関して当てはまる。「承認」の批判理論はこのジレンマを適切に解決する中で適切なアイデンティティ・ポリティクスを確立しなければならない。

(iii) こうした「再配分/承認のジレンマ」を克服するために、フレイザーはマトリックス的四分割にもとづいて改善策ないし治癒策の組み合わせを考察する。見込みのある組み合わせとして「肯定的是正的再配分と肯定的是正的承認」と「構造変革的再配分と構造変革的承認」が考察され、後者の組み合わせ、すなわち、「経済における社会主義と文化における脱構築の組み合わせ」が選択される（なお、本訳書では、この組み合わせの実現困難性という限界に突き当たり、それに対してフレイザーは、肯定的是正的改善策と構造変革的改善策とを組み合わせた「非改革主義的改革」という中道的戦略を提案している）。

以上のようにフレイザーの論点をまとめるとすると、ゲイ／レズビアンといった「侮蔑されているセクシュアリティ」の場合にも、「クィア・ポリティックス」と結びつき、ホモセクシズム／ヘテロセクシズムの二元論そのものを脱構築すると同時に、性的差異を普遍的人間のアイデンティティに還元しないような「構造変革的改善策ないし治癒策」が妥当となろう。

フレイザーのこうした議論をバトラーは、「セクシュアリティ」を「単に文化的な」ものと見なす「無思慮で軽率な反応」として全面的に批判する。バトラーによれば、「再生産と結びつけられた経済は、必然的にヘテロセクシズムの再生産とも結びつけられているが、これは単に非ヘテロセクシズム的セクシュアリティの排除ということのみを意味するのではなく、優先されるべきこの［ヘテロセクシズムという］規範性を機能させるためには、非ヘテロセクシズムの抑圧が不可欠であるということを意味している」（バトラー「単に文化的な」、一二三六頁）。すなわち、「セクシュアリティ」は生産様式の一部であり社会経済的な「再配分」の問題において決定的に重要な意味を持ち、したがって「ヘテロセクシズム的セクシュアリティ」は資本主義的生産様式と本質的に連関しているので、その意味で「非ヘテロセクシズム的セクシュアリティの排除」は労働者搾取と同じように資本主義社会の経済構造を直接的に反映したものにほかならず、そうした「排除」に対抗するゲイやレズビアンの「新しい社会運動」は原理的に資本主義的生産様式を射程に入れている点できわめてラディカルな役割を担っているのである。バトラーからすれば、フレイザーはこの「新しい社会運動」を支持してはいるものの、しかしそれを「文化的承認」の問題と見なして「セクシュアリティ」と文化的なものを結びつけることで、生産様式および再配分の秩序を変革する場合に担っている「新しい社会運動」のラディカルな役割および哲学的意義を放棄すると同時に、それを「単に文化的な」ものに矮小化してしまうわけである。この点でフレイザーは「左翼の中の新保守主義」(バトラー、前掲論文、二三九頁)にほかならない。

これに対してフレイザーは同じ『ニュー・レフト・レビュー』第二二八号で比較的ていねいにバトラーに応答している。フレイザーとバトラーの両者が最も鋭く対立するのは、ゲイやレズビアンといった同性愛者たちの被る経済的不利益の解釈をめぐってである。バトラーによれば、こうした不利益を改善するためには資本主義的生産関係そのものを変える必要があり、ゲイやレズビアンといった同性愛者たちの「新しい社会運動」にはそうした変革力が見いだされ、その意味でラディカルであると同時に、セクシュアリティをめぐる闘争は基本的に経済的な闘争なのである。しかし、フレイザーはそれは事実認識として間違っていると反論する。つまり、ゲイやレズビアンといった同性愛者たちは「たとえばアフリカ系アメリカ人たちがそうであった(そして今もそうである)ように、卑しい仕事に従事させられる、下層の、だが有用な階級として」構築されてきたわけではなく、しかも「今日、ゲイやレズビアンの権利に対する主な対立者が、多国籍企業ではなく、利益よりも社会的地位に執着する、宗教的/文化的保守主義者たちである」という事実や、さらには多国籍企業のなかにはこうした保守主義者たちの激しい反発を受けながらもゲイ援護策を実施しているといった事実を踏まえると、ゲイやレズビアンであるがゆえに経済的不利益を被っているとするバトラーの事実認識は疑わしくなる(フレイザー「ヘテロセクシズム・誤承認・資本主義」、二四七頁を参照のこと)。したがって、セクシュアリティをめぐる闘争は生産様式の変革をめぐる経済的闘争というよりはむしろ文化的承認をめぐる闘争と位置づけられるべきなのである。こうした観点から、フレイザーは経済的配分の不平等と文化的承認の不平等を区分し、しかも再配分と承認のこの区別は規範的であるとともに、概念的に相互に還元不可能であってその意味で再配分と承認の両者は等根源的であるとしたうえで、さらにこの区分を「ヴェーバー的二元論」と規定している。フレイザーによれば、バトラーは基本的にこの点を完全に捉え損ない、誤読している。すなわち、「[バトラーは、]承認と再配分を区別して考えれば、それは即、承認の価値を一段劣ったものと見なすことになるという誤った思い込みにもとづいて、私の立てたこの規範的な区分を、ゲイやレズビアンたちの闘いを過小評価し、新たな『正統的通説』を押しつけようとするための『戦術』であるかのように扱っている」(フレイザー、前掲論文、二四三頁)ということになるわけである。ここには、「再配分」と「承認」を区別し両者と等根源的だと位置づけながらも前者の「再配分」を基盤にして問題を組み立ててきたフレイザーと、「承認」の全面的妥当性を主張するバトラーとの差異が、フレイザーの観点からバトラー批判として展開されていると言えよう。階級などの問題はあくまでも「再配分」の対象として存続するのであって、そうした経済的問題を「承認」概念によって解決できるわけではないとするフレイザーの確信が伝わってくる。

セクシュアリティをめぐる闘争が同性愛者たちの置かれた現状認識および現状分析に依拠するならば、フレイザーの議論に一定の妥当性を認めざるをえないであろう。それゆえに、「この[ヘテロセクシズム規範的な]セクシュアリティ規制が、資本主義社会における、社会的分業も、労働の搾取の様式も構造づけてはいないという事実にもかかわらず」、不当にもバトラーは「ヘテロセクシズム規範的なセクシュアリティ規制は、定義上、経済構造の一部であるという結論を引き出す」(フレイザー、前掲論文、二四六頁)といったフレイザーのバトラー批判は一定程度説得的だと評価できる。たしかにバトラーの場合、「承認」に関して、原理的考察が不十分なまま、その主題をあまりにも性急に「セクシュアリティ規制」の問題に限定したため、フレイザーに足元を簡単にすくわれることになってしまったが、しかしもちろんバトラーの批判が無意味であったわけではない。それは特にフレイザーに方法論的反省を促して自己自身の立場を「ヴェーバー的二元論」と規定するに至らせたと同時に、キーワードである「承認」概念そのものについてもその内容把握をより明確化させたと言ってよい。前者に関しては、本訳書の「パースペクティヴ的二元論」の一歩手前までたどり着いているし、後者については明らかにホネットとの距離が明確に意識されるに至った。

とはいえ、問題もまた同時に残されている。前者についてフレイザーは、「再配分」と「承認」の区分を、バトラーが誤解しているような「存在論的」区分ではなく、「規範的」で「社会理論的」な区分だと強調している。「存在論的」ではないということがさしあたり二世界論ないし二領域論ではないということを意味するとして、「社会理論的」についてはそれ以上の説明が欠けているので判然としないが、おそらくそれは「認識方法的」ということであり、したがって存在論的に一元論で認識論的には二元論という「方法論的」立場を表明していると理解できよう。しかし、そこからこの区分の「規範性」が直ちに導出されうるわけではない。「規範性」を確保するためには、フレイザーが拒否している「正当化」の手続きそのものを導入する必要があろう。そうした観点からはフレイザーのいう「歴史化」の手続きがむしろ重要な役割を担っている。つまり、「私の考えでは、歴史化は脱安定化や脱構築よりもすぐれた社会理論の研究方法となりうる。私たちは歴史化という手続きによって、社会構造的に区分された、歴史的に特異なものとしての現代資本主義社会の性質を正しく認識することができるようになる」、その結果として「今日の社会的公正には再配分と承認の両方が必要であり、どちらか一方だけでも十分ではないのだ」（フレイザー、前掲論文、二五〇頁）ということが明らかになる。この「歴史化」では、たとえ「非基礎づけ主義的」であるにせよ、少なくとも一定の「正当化」が試みられていると解釈できるが、それにもかかわらず「規範性」の導出に成功しているとは言い難い。フレイザーが「再配分」と「承認」の区分を「規範的」であると強調すればするほどこの問題は課題として残り続ける。

それに比して、後者の「承認」概念の解釈は興味深い。フレイザーは本訳書でホネットの「承認」概念を「社会心理学的」として批判するに至るが、その論点がバトラーとの論争ですでに明示されているからである。この論争では、直接的に「承認」概念そのものではなく「誤承認（misrecognition）」に関してではあるが、フレイザーは「私は、『誤承認』という概念を心理的な問題としてではなく、制度化された社会関係の問題として捉えている」と主張し、それは「むしろ社会的相互作用にふさわしい相手としての資格を否定され、社会的生活への仲間としての参加を禁じられること」であり、「ある種の人間を他の人間たちと同等の敬意や尊重には値しない存在として構築する、制度化された解釈／評価様式」と位置づける。この「解釈／評価様式」はさらに「法律・社会福祉・医療そして／あるいは大衆文化において制度化されているこのような軽視や軽蔑の様式」と敷衍されるが（フレイザー、前掲論文、二四二頁を参照のこと）、ここでは明らかにホネットの承認論が意識されており、それとの差異化が意図されている。つまり、フレイザー自身の「承認」（この場合には「誤承認」）概念をできる限り社会的次元ないし客観化可能な次元に定位させることによって、ホネットの構想をできる限り心理学的次元ないし主観的次元に追いやろうとする戦略が透けて見えてくる。とはいえ、バトラーによって「左翼の中の新保守主義」といったレッテルを貼られたフレイザーはそれを払拭するためにもテイラーではなくホネットを論争の相手に据える必要があったのであり、その布石をたくみに打っていたとともに、「誤承認」をめぐる定義から明らかなように、「正義の日常パラダイム」にもとづきながら「再配分」と「承認」の両者を包括する正義概念を「参加の平等」として明確化する——このこと自体は本訳書で果たされる——ための視座を確保しつつあったと言えよう。

次にホネットの背景を探ってみよう。ホネットは相互主観性理論にもとづく承認論を独自に展開してきたので、いずれフレイザーの議論には直面せざるをえなかったであろうが、ホネットの場合にはその哲学的背景としてまずハーバーマスのコミュニケーション的行為理論ないし討議倫理学との関係を指摘しなければならない。ただし、ここでアーペルやハーバーマスの討議倫理学構想を詳述する必要はなかろう。そうした哲学的構想そのものの限界に関してはすでにシェーンリッヒが的確に指摘しており、その批判によって討議倫理学は理論的には息の根を止められているからである(3)。とはいえ、とりあえずホネットの承認論との関係では、討議倫理学における「討議拒否」といった限界状況、すなわち、「理想的コミュニケーション共同体」や「理想的発話状況」の存立が問われるような限界状況の問題が重要な意味を持つ(4)。アーペルにとって「討議拒否」は根源的な承認の欠如であると同時に「人間であることを放棄すること」でもある。つまり、アーペルによれば、われわれは「（…）理想的コミュニケーション共同体に自己自身を同化し、暗黙のうちにコミュニケーションの超越論的遂行論的な規則を受け入れている者として、必然的に構成されている」ので、われわれが超越論的言語ゲームに恣意的な仕方で参加したり離脱したりすることは不可能であり、超越論的言語ゲームから離脱して討議を拒否する者は「人間であることを放棄すること」になるのである。ハーバーマスの場合、討議を拒否する懐疑論者は「自殺」か「重度の精神の病い」に陥ることになる。したがって、討議倫理学において「討議拒否」は人格の自己解体に行き着くのであり、この点で「討議拒否」といった限界状況では討議倫理学はむしろ「排除」の論理として機能することがわかる。別言すれば、それはアーペルやハーバーマスの場合に「排除」の問題に対してあまりに感受性が原理的に貧困であることと、特にハーバーマスの場合にはさらに隠されたエリート主義をも意味するのである。まさにホネットがハーバーマスを高く評価しながらもハーバーマスの理論が言語行為に狭く限定されているのを批判して人間の多様な実践領域を「承認論」として再編成すると同時に、討議倫理学の構想も「承認論」の観点から捉え返して継承する所以である。そして、この地点でホネットはフレイザーやベンハビブのハーバーマス批判に理論的に接近する。

ホネットの場合、アイデンティティ形成がその問題意識の中心に位置する。人格のアイデンティティを構成するのは「積極的自己関係」であるが、この「積極的自己関係」は「他者によって承認されること」によりはじめて成立するので、人格は「他者によって承認される」という仕方ではじめて相互主観的に確立されることになる。このとき、「人間的主体が対人関係において道徳的に毀損されるという事態は、主体が積極的自己関係を形成し維持するためには自分に賛成し肯定してくれる他の主体のリアクションが必要であるという事情にもとづいている」ので、他者によって承認が保留されたり拒否されたりすると「積極的自己関係」は破壊されて人格のアイデンティティ形成は歪められ、人格の根本的毀損という深刻な「道徳的毀損」に至る。これはまた「排除」にほかならない。しかしながら、このように他者による「承認拒否」によって人格のアイデンティティ形成は深刻な危機に陥るものの、「道徳的毀損」によってその人格的アイデンティティが毀損され歪められた人はそこから反転してみずからの人格的アイデンティティを確立してそれを完成に導くために「承認をめぐる闘争」を開始することになる。ここでホネットの承認論は、現代の多様な社会運動や政治運動とリンクできると同時に、アーペルやハーバーマスの理論にとって躓きの石となった「排除」の問題を「道徳的毀損」として理論的にうまく取り込み「承認をめぐる闘争」への起点として積極的に位置づけ直してもいるわけである。このときさらに、ハーバーマスがリベラリズムの立場を擁護するとともに、脱超越論化およびヘーゲルのカント批判を重視しながらも基本的にカント哲学を言語哲学的に変換して継承しようとするのに対して、ホネットは（弱い意味での）コミュニタリアニズムに近い立場をとってヘーゲル哲学、特に初期ヘーゲルの承認論を発展的に引き継ぎながら「愛」・「法」・「連帯」といった三つの承認形式（本訳書である『再配分か承認か？』では、「愛」・「法的尊重」・「社会的評価」ないし「愛」・「法」・「業績」と敷衍されている）のなかに「ケア」の原理をうまく取り込もうとする。それゆえにホネットの承認論は、この「ケア」の原理を「正義の他者」と位置づけながらも討議倫理学との接続に失敗した（と言わざるをえないであろう）ハーバーマスの試みに対する批判も含意しており、ある意味では別の角度からフレイザーやベンハビブのハーバーマス批判に接近したとも言えよう。

3 論争のなかの『再配分か承認か？』

本訳書の『再配分か承認か？』の論争における係争点に関しては「序文」が適切な見通しを与えてくれている。それによれば、「承認」が時代のキーワードになっている政治状況のなかでは「承認」と「再配分」との関係を理論的に吟味することが時代の要求する喫緊の課題となっており、その場合にフレイザーとホネットの両者は「承認をめぐる闘争が配分をめぐるコンフリクトの単なる副産物あるいは付随現象だと見なす経済主義的パースペクティヴ」を不適切な説明と共通して認めたうえで、資本主義社会を一つの「全体」として把握可能にする「大きな理論」を志向する。この「大きな理論」を構成する二つの根本的で規範的なカテゴリーが「承認」と「再配分」であり、したがって資本主義社会とそこで起きている現在進行形のさまざまなコンフリクトおよびそれらをめぐる闘争を有効に分析して適切に批判するには両カテゴリーの関係をどのように理解し解釈すべきなのかが根本的な理論的課題となる。

フレイザーは本訳書の第1章で、『中断された正義』の「再配分から承認へ？」から「ヘテロセクシズム・誤承認・資本主義」をへて『タナー講義』にいたるまでの自らの議論を取りまとめながら、具体的には『タナー講義』の議論をさらに拡大するとともに方法論的に整理して「承認」と「再配分」を等根源的とする「パースペクティヴ的二元論」を展開している。つまり、先述の根本的課題に関してフレイザーの場合には「承認」と「再配分」とは相互に還元不可能なのである。水上英徳の要約を借りるならば、(5)「再配分」は搾取などの経済構造に起因する不均衡配分といった経済的不正義およびそうした不正義を被る集団としての階級などに焦点を当て、この不正義を経済構造の再編成によって解決しようとする。他方、「承認」は文化的支配や蔑視などの制度化された文化的価値パターンに起因する誤承認ないし承認拒否およびそうした不正義を被る集団として文化的あるいは性的マイノリティなどに焦点を定め、この不正義を適切なアイデンティティ・ポリティクスなどを通して解体してゆくことにより解決しようとする。ただし、すでに指摘したように、この両者の間には集団の差異化をめぐる「再配分／承認のジレンマ」が横たわっている。「再配分」と「承認」とのこうした相互還元不可能性は当然のことながら「再配分」を「承認」に包摂しようとするホネットの「承認」の「規範的一元論」に対する根本的な疑念を意味することになる。「再配分」から「承認」へと移行して前者を後者に包摂しようとするホネットの試みは、フレイザーからすると、「再配分」の政治を周縁化してさらには隠蔽してしまい、ここには「承認」の政治が経済的不平等を助長しかねない危険性すら潜んでいるからである。

それに対して第2章でホネットは、『承認をめぐる闘争』から『正義の他者』までの議論を踏まえながら、フレイザーの議論に言及して両者の同一性と差異を詳細に検討してゆく。まずホネットが指摘するのは、フレイザーが「承認」をめぐる闘争を現代の新しい現象と見なすとともに、アメリカの社会現象を過剰に一般化してアメリカですでに「承認」された社会運動にのみ依拠しているという問題点である。アイデンティティ・ポリティクスには当然のことながらその前史があるとともに、アメリカの不正義経験だけが不正義経験としての普遍性を持つわけではない。それに対してホネットの場合は、いまだ「承認」されていない社会運動を「承認」しようとする点に力点が置かれる。すなわち、既存の「承認」の毀損にも定位するにせよ、むしろそれ以上にいまだ「承認」されていない毀損を新たに発見することに焦点が当てられると同時に、それを可能にする理論的枠組みの構築が目指されることになる。したがって、フレイザーとは異なり、ホネットにおいては現実の社会運動へのコミットは希薄となろう。

ホネットの「承認」の「規範的一元論」は、「承認」というカテゴリーを基礎的で決定的な道徳概念と位置づけ、そこから「再配分」に関する目標設定も導出しようとする。すなわち、「再配分」は「承認」をめぐる闘争において従属的意味しか持たないのである。このときへーゲルの『法哲学』が参照され、ホネットの三つの承認形式（「愛」・「法」・「業績」）とその社会的分化という発想がへーゲルの「家族」・「市民社会」・「国家」という三つの制度的複合体に関する哲学的試みに依拠していることが明らかにされる。もちろんホネットは「愛」という承認形式をブルジョワの小家族という制度と同一視するなどといったへーゲルの制度主義を徹底的に批判し退ける。すなわち、一つの制度が一つの承認原理を具体化したものにほかならないというへーゲルの想定するような事例はほとんどありえず、むしろ制度は原理的に複数の承認原理が交差した結果なのである。たとえば、「近代的な『ブルジョワ』小家族は、家族内の相互行為の関係が徐々に法的に規制されることで愛という承認原理が補完されてきた制度にほかならない。法的な承認原理の導入、つまり家族の成員相互を法的に尊重することへの外的な強制の導入は、ここでは典型的に、相互的な愛やいつくしみという唯一の原理だけを『純粋』に実践することから帰結する危険を、予防する機能を持っている」というように、ブルジョワの小家族という制度では「愛」と「法的尊重」といった複数の承認原理が交差しているわけである。ここで重要なのは、しかし、ホネットの導入した三つの承認形式の社会的分化が資本主義社会の成立と同時的であるということ、換言すれば、近代資本主義社会の社会統合の基盤に三つの承認原理が置かれて道徳的正当化のための規範的資源として機能しているという主張である。したがって、第2章を構成するホネットの論文タイトルが「承認としての再配分」とされていることからも直ちに理解できるように、問題の焦点は「業績原理」となる。つまり、「業績」という承認原理でもって「再配分」をめぐる闘争をどの程度まで適切に説明できるのかという問題である。この場合も「法」的承認と個人主義的な「業績原理」が交差する。そのため「再配分」をめぐる闘争も「法」と「業績」といった二重の形態をとり、前者は社会権という形式で社会的財を保証するが、それはごく一部にすぎず、「大部分は相変わらず規範的には資本主義的な業績原理に従って配分されることになる」として、ホネットは配分のコンフリクトも「承認」をめぐる闘争に包摂できると主張する。この場合、「社会のあらゆる成員の活動による貢献は、その業績によって適切に価値評価せよ」と要求する「業績原理」はそもそも身分制にもとづく封建主義的な社会的価値評価を解体させたという解放力を潜在的に持っており、その点で近代資本主義社会における「配分」をめぐる闘争にとってすでに規範的であると同時に、業績が承認拒否されるという不正義経験に反応して「配分」をめぐる闘争を開始するときにも規範的に機能する。したがって、フレイザーが「再配分」の問題として主題化する不均衡配分は、ホネットからすると「承認」の毀損にほかならないわけである。

第1章と第2章は論争の第一ラウンドを構成するのに対して、第3章と第4章が第二ラウンドとなる。第3章の「承認できぬほど歪められた承認」でフレイザーは、「パースペクティヴ的二元論」を「厚い義務論的リベラリズム」と特徴づけ、その核心部分には「参加の平等」を原理とする包括的正義概念があるとする。したがって、それは「不正義と呼びうる問題の本質はすべて参加の平等というただ一つの原理を毀損している点にある」と主張するに至る。フレイザーにとって「再配分」と「承認」はこうした「参加の平等」としての包括的正義の二つの次元であって、「再配分」をめぐる闘争も「承認」をめぐる闘争も「どちらの場合も、やはり、その目的はすべての人々に対して同等な参加を許す社会制度を確立することにある」。このときフレイザーのホネット批判として特徴的なのは、次の三点である。

(i) ホネットのアプローチが「心理学的」であって社会理論を社会心理学に従属させていると何度も強調することで、ホネットが問題の焦点を「社会から自我へとそらし、毀損の意味を過度に人格化」してしまっている、これを別言すれば、ホネットの承認論は主観的にすぎず規範的および客観的妥当性に欠け、それゆえに社会理論としては問題であるとフレイザーは批判する。それとは対照的に、社会制度ないし制度化に繰り返し言及することで、フレイザーはみずからの「パースペクティヴ的二元論」が規範的および客観的に妥当であって社会理論として適切に機能することを印象づけようとしている。

(ii) ホネットが人格のアイデンティティの毀損として言語化されていない苦難経験までを射程に収めようとしているのに対して、興味深いことにフレイザーは、「この［日常］パラダイムは脱人格化された討議形態を構成し、この討議形態を通じて、道徳をめぐる意見の相違や社会的不満が調停される」としてハーバーマスのコミュニケーション的行為理論、すなわち、批判理論の言語論的転回に公然と連帯を表明したうえで、「社会運動の要求には開かれた論争の場で批判的な検討を加えることができるという利点があるが、それとは対照的に分節化されていない苦難経験はその定義上、公共的な論議を受けつけない」としてホネットを批判する。しかし、このときハーバーマス的な普遍主義ではなく、多角的な多中心的アプローチを採用する。それは普遍的な画一性に回収されないような普遍的多元主義とでも呼ぶべき立場であろう。これはやがて、ホネットを基礎づけ主義と認定して批判する論点に連関してゆく。

(iii) フレイザーによれば、ホネットの「業績原理」だけでは新自由主義的グローバリゼーションに対抗してそれを変革することはできない、すなわち、現代の貧困は「労働貢献の過小評価から生じているのではなく、多くの人々を労働市場から完全に排除してしまう経済システムのメカニズムから生じている」のであり、したがってホネットのいう「業績原理」を変換するだけではこうした「排除」を是正することはできず、「むしろ必要なのは、財政・貿易・生産をめぐるグローバルなシステムを大規模に再構築するという仕事である」ということになる。すなわち、「業績原理」にもとづく「社会的価値評価」はかえって「法人組織の利益の最大化を優先する非人間的システムのメカニズムによって調整される」ので、ホネットの言う「業績原理」だけではこのようなグローバルな経済システムのメカニズムを変革できるだけの解放力ないし批判力は確保できないからである。フレイザーからすれば、「ホネットは、資本主義社会における承認の役割をあまりに過大視している」ということになろう。

フレイザーは論争のなかでみずからの論点を整理しながら、しかし同時に新たな論点もすでに取り上げたかのように加筆的に提示するといった傾向があるように見受けられるが、それはこの論争でも「法」をめぐって指摘できる。このことに関して、第4章の「承認ということの核心」でホネットは一種の後出しジャンケンだとして非難しているが、それはその通りであろう。ともあれ、最後にホネットの反論に触れておきたい。これまでの議論の繰返しが多いものの、その分だけわかり易くもなっている。ここでは便宜上、フレイザーの論点に対応させてまとめてみよう。

(i') ホネットによれば、その承認論は、「まず近代資本主義社会の組織形態における社会的相互行為がさまざまな次元で支配されるような道徳的『強制』を顕らかにしよう」とする試みにほかならず、その際にそれは、「社会的成員はつねに相互承認のメカニズムを介して社会に組み込まれ」、このメカニズムを通して個人は自己自身の人格性を相互主観的に確認することを学習するといった理念に導かれている。したがって、こうした承認プロセスの結果はロックウッドの言う「社会統合」として理解できると言う。これを別言するならば、承認拒否や承認保留といった社会的不正義に関する感情の社会心理学的考察はすでに社会理論のネットワークに組み込まれているので、社会心理学的に考察するからといってそれが直ちに問題の焦点を「社会から自我にそらす」わけではない。つまり、ホネットにとってあらゆる社会統合は相互承認の形態に依存するので、承認拒否といった不正義感覚が社会変革の源泉なのである。

(ii') ホネットもハーバーマスの理論を引き継ごうとする。しかしこのとき、ホネットは、ハーバーマスの場合に「超出するポテンシャルが人間の言語の規範的前提に根ざすものなのか、それとも社会的相互行為に根ざすものなのかがまったく不明確」であると問題点を指摘したうえで、人間のコミュニケーションがすべて言語的形態をとるわけではなく、そこには身体的身振りや表情も重要な要素として含まれる、すなわち、人間のコミュニケーションには前言語的形態ないし言語化されない形態も含まれるとしてハーバーマスの限界を明らかにする。そこには承認がしばしば身体的身振りや表情と結びつき、したがって承認の毀損も言語化されない経験として立ち現れるという洞察がある。こうしてみると、ハーバーマスを引き継ぐといっても批判理論の言語論的転回を評価して引き受けるわけではなく、この点でフレイザーとは大きく異なる。すでに指摘したように、ハーバーマスのコミュニケーション的行為理論がその限界状況で一転して「排除」の論理に転化するようなエリート主義であることを考え合わせると、ホネットの承認論の方が射程は長いとともに、ケア倫理学ともうまく接合できると評価できよう。

(iii') 「業績原理」に関するフレイザーの評価に対してホネットは、市場プロセスの正統性を「業績」と「法」という二つの基準で評価する必要のあることを再確認すると同時に、そうした経済プロセス自体が社会秩序のなかに埋め込まれていることを強調する。ホネットからすれば、フレイザーは「法」の問題を看過しているとともに、資本の「非人格的なシステム・メカニズム」だけが社会と切り離されて機能していると誤って想定していることになる。前者については、新自由主義的なグローバリゼーションとの関連で言われている「規制緩和」という表現自体が経済市場のプロセスにおける「法」の重要性を裏書きしているのは明らかであり、他方後者に関しては、「『経済人』という経済理論上のフィクションの典型的な産物」だとする。そして結局のところ、「今日、自由民主主義的国家の内部で『アイデンティティ・ポィティクス』的問いをめぐって行われるコンフリクトの道徳的文法は、本質的には、法的平等の承認原理によって規定されている」というように、ホネットは「法」的承認を承認論の中心に位置づける。それが自由な民主主義的法治国家の内部に限定されるにしても、パウアー＝シュトゥーダーなどはこうした「法」の重視に着目してホネットの承認論が意外と「カント主義的」だと評している。

以上のような反論とともに、ホネットはフレイザーの「パースペクティヴ的」二元論が「本質主義的」二元論、すなわち、「再配分」と「承認」という二つの実在領域を想定する二元論に陥っていると批判する。それと同時に、なぜ「再配分」と「承認」の「二元論」であってそれ以上ではないのかに関して十分に説得的ではないとも指摘している。たしかにこの点はその通りであって、基礎づけ主義をとらないというだけでは何の理由にもならないであろう。しかしながら、義務論をめぐる両者のやりとりは理論的にいただけない。フレイザーが「パースペクティヴ的二元論」を義務論的と特徴づけたことも唐突である以上に理論的に不十分であり、とりわけフレイザーの強調した「歴史化」の手続きとの整合性が疑問視されるが、ホネットの義務論批判も「歴史的発展の結果」を持ち出すだけでは説得的ではない。義務論をめぐるさらなる考察は両者の今後の哲学的課題と言えよう。

課題と言えば、フレイザーとホネットの両者に根本的に欠如しているのは「承認」概念の価値論的考察である。シェーンリッヒはすでに「承認」概念を価値論的観点から検討してその根本的限界を指摘しているが[6]、そうした限界を原理的に克服できなければ、いかなるタイプの承認論にも理論的な未来は開かれまい。

ここでこの論争に関連する文献をいくつか紹介しておきたい。

(1)山森亮「福祉国家の規範理論に向けて――再分配と承認」(大原社会問題研究所編『大原社会問題研究所雑誌』

第四七三号、一九九八年）
（2）アクセル・ホネット（インタヴュアー：日暮雅夫・岩崎稔）「第八章　批判的社会理論の承認論的転回――アクセル・ホネットへのインタヴュー」（永井彰・日暮雅夫編『批判的社会理論の現在』、晃洋書房、二〇〇三年）
（3）水上英徳「再分配とめぐる闘争と承認をめぐる闘争――フレイザー／ホネット論争の問題提起」（東北社会学研究会編『社会学研究』第七十六号、二〇〇四年）
（4）日暮雅夫『討議と承認の社会理論――ハーバーマスとホネット』（勁草書房、二〇〇八年）
（5）大河内泰樹「アクセル・ホネット――承認・物象化・労働」（『POSSE』vol.9、二〇一〇年）
（6）加藤泰史「承認と排除――相互承認論の構造と限界」（入江幸男・霜田求編『コミュニケーション理論の射程』、ナカニシヤ出版、二〇〇〇年）
（7）加藤泰史「現代社会における『尊厳の毀損』としての貧困――格差・平等・国家へのカント的アプローチ」（日本哲学会編『哲学』、第六〇号、二〇〇九年）

日本ではどちらかというとホネットの側からこの論争を考察した論文の方が多い。その中で、（1）はこの論争そのものを扱っているわけではないが、フレイザーの「再配分／承認のジレンマ」を福祉国家の規範理論という枠組みのなかで手際よくまとめて位置づけたうえで、ヤングの議論を参照しながらこのジレンマを乗り越える社会政策の可能性をフレイザーの規範理論のなかに見いだそうとする。（2）はホネットにインタヴューしたものである。したがって、この論争についてホネット自身がどのように捉えたり位置づけたりしているのかを知るには貴重な資料となっている。特に冒頭部分のフレイザーに対する批判はホネットの主張そのものを理解するうえでも入門的でわかりやすい。（3）は、この論争の論点をフレイザーとホネットの両者の議論に即して丁寧に分析したものであり、両者の差異を理解するには大変役に立つと評価できる。（4）は第10章の一部でフレイザーとの論争に簡単に言及されており、両者の進むべき方向性の近さが強調されている。（5）はホネットの議論が見通しよく整理され、とりわけヘーゲルとの関係について重要な論点が示されて参考になる。(6)と(7)は私自身のものであるが、(6)はハーバーマスとホネットとの差異を、特に「討議拒否」という限界状況の問題に即して分析したものであり、ハーバーマスの討議倫理学がこの限界状況で突き当たる「排除」の問題をホネットがどのように理論的に乗り越えようとしているのかを論じた。(7)は、現代的貧困と「尊厳の毀損」という観点から社会福祉国家の再評価を可能にする規範理論をいかに構築できるかという問いのなかで(したがって、新カント学派的問題構制を現代的に問い直そうという試みでもある)この論争を分析したうえで、「再配分」の問題としての現代的貧困をホネットの「承認の毀損」に関する議論を援用しながら「尊厳の毀損」として論じた(その意味で、フレイザーよりホネットを評価することになった)。その際に「法的承認」の枠組みをカント的に拡張した(この点で、ホネット批判も含意することになった)。

ほかにもこの論争に関する論文、とりわけフレイザーに関連する論文もあろうと思われるし、その意味で漏れてしまった論文の著者には申し訳ないが、今回はここまでにとどめた。読者にはお許し願いたい。

最後に担当を記しておきたい。第1章は高畑祐人(名古屋大学非常勤講師)と菊地夏野(名古屋市立大学准教授)の両氏、第2章は舟場保之(大阪大学大学院准教授)と中村修一(大阪大学大学院博士課程修了/翻訳業)の両氏、第3章は遠藤寿一(岩手医科大学准教授)、そして第4章は直江清隆(東北大学大学院教授)の各氏が担当した。また、長澤麻子(立命館大学准教授)と山口宏氏(南山大学非常勤講師)にも協力をお願いし、さらに高畑氏にはドイツ語版にはない索引を英語版を参考にして作成していただいた。記して三氏には感謝したい。

なお、訳語に関して一言触れておきたい。本訳書は基本的にドイツ語版に依拠して英語版は参考にとどめている。ただし、フレイザー論文のドイツ語への翻訳者は一人であるが、ホネット論文の英語への翻訳者は複数であり、第2章と第4章で異なっているので、同一の英語/ドイツ語に複数のドイツ語/英語が対応しており、ドイツ語版でも英語版でも必ずしも統一されているわけではない。そこで、第1章と第3章のフレイザー論文については英語の、第2章と第4章のホネット論文に関してはドイツ語の語義やニュアンスを基本としつつ、同一のドイツ語／英語に複数の英語／ドイツ語が対応している場合は、その訳し分けの意図を尊重し、コンテクストも考慮に入れて異なった訳語を振り分けるとともに、必要に応じて訳注を付した。たとえば、英語の「transform」の場合、ドイツ語訳で「auf die zugrundeliegenden Strukturen einwirken」となっていることを踏まえて基本的に「構造を変革する」とし、したがって「transformation」は「構造変革」としたが（ドイツ語の「Transformation」も同じ訳語である）、「umgestalten」や「umbilden」あるいは「Wandel」となっているところはコンテクストの内容に応じて「変革（する）」などとした場合もある。また、これら訳語の選定に当たっては多くの訳書を参考にしたが、特にフレイザーに関して『中断された正義』のギブソン松井佳子氏訳「再配分から承認へ？」からは学ぶところが多かった。さらに、本訳書のタイトルの一部でもある「再配分（Umverteilung / redistribution）」は、「再分配」とも訳されるが、「Verteilungsgerechtigkeit / distributive justice」が「配分的正義」と訳されるのに依拠して「再配分」とするとともに、「承認」に関しては、第1章ではフレイザーの「misrecognition」と「nonrecognition」がそれぞれ「mangelnde Anerkennung /unzureichende Anerkennung/ Verkennung」と「verweigerte Anerkennung / Nicht-Anerkennung」と独訳されていることを踏まえ、「誤承認」と「承認拒否」という訳語を当て、前者については内容を考慮して「不十分な承認」とした場合もあるのに対して、第3章では「misrcognition」はおもに「Mißachtung」と独訳されているので基本的に「承認拒否」とした。ホネットの「Mißachtung」は第2章でも第4章でも「承認拒否」とし、「verkannt」には「誤承認された」という訳語を当てた。

監訳者の転出にともなう多忙により作業が大幅に遅れた。ここに深くお詫び申し上げる次第である。そして、法政大学出版局編集部の前田晃一氏には大変お世話になったことを記してあらためて感謝したい。氏の献身的な協力がなければ、刊行はさらに先に引き延ばされたかもしれない。研究室での氏との打ち合わせはとても知的刺激に富む得がたいひとときであったことも最後に記しておこう。

二〇一二年七月　父親の一周忌をすませ、玉川上水を眺めながら

加藤泰史

（1）N・フレイザー「批判理論を批判する」（M・ジェイ編『ハーバーマスとアメリカのフランクフルト学派』、青木書店、一九九七年、一三二頁以下）。

（2）『中断された正義』に関してはフレイザーの業績表に記した仲正昌樹監訳版から引用した。また、バトラーとフレイザーの論争論文については『批評空間』Ⅱ－23所収の大脇美智子訳（ジュディス・バトラー「単に文化的な」／ナンシー・フレイザー「ヘテロセクシズム、誤認、そして資本主義」から引用したが、フレイザーの論文題名は一部修正して「ヘテロセクシズム・誤承認・資本主義」とした。

（3）Vgl. G. Schönrich, *Bei Gelegenheit Diskurs*, Frankfurt am Main, 1994.（ゲアハルト・シェーンリッヒ『カントと討議倫理学の問題』、晃洋書房、二〇一〇年）

（4）加藤泰史「承認と排除」（入江幸男／霜田求編『コミュニケーション理論の射程』、ナカニシヤ出版、二〇〇〇年、一二〇頁以下）を参照のこと。

（5）水上英徳「再分配とめぐる闘争と承認をめぐる闘争――フレイザー／ホネット論争の問題提起」（東北社会学研究会編『社会学研究』第七十六号、二〇〇四）を参照のこと。

（6）Vgl. G. Schönrich, *Kants Werttheorie? Versuch einer Rekonstruktion*, Ms., 2012.

訳者紹介：

加藤泰史（かとう・やすし）　監訳者
1956年生まれ．椙山女学園大学国際コミュニケーション学部教授，一橋大学名誉教授。哲学、倫理学。主な著作に，『東アジアの尊厳概念』（共編著，法政大学出版局，2021年），『尊厳と社会』（共編著，法政大学出版局，2020年），„Watsuji und Herder über Kultur und Übersetzung — Eine Zwischenbetrachtung“, *Hitotsubashi Journal of Social Sciences*, Vol. 51 No. 1, 2020, *Kant's Concept of Dignity* (Berlin/Boston: De Gruyter, 2019, Gerhard Schönrich との共編著)．

高畑祐人（たかはた・ゆうと）
1961年生まれ．名古屋大学非常勤講師．哲学，倫理学．主な著作に，「カントにおける自然美と芸術美」（中部哲学会編『中部哲学会紀要』第51号，2020年），マルティン・ゼール『幸福の形式に関する試論——倫理学研究』（法政大学出版局，2018年），アクセル・ホネット『正義の他者——実践哲学論集』（共訳，法政大学出版局，2005年）．

菊地夏野（きくち・なつの）
1973年生まれ．名古屋市立大学教員．社会学，ジェンダー・セクシュアリティ研究，ポストコロニアル・スタディーズ．主な著作に，『日本のポストフェミニズム——「女子力」とネオリベラリズム』（大月書店，2019年），『ポストコロニアリズムとジェンダー』（青弓社，2010年），ナンシー・フレイザー『中断された正義——「ポスト社会主義的」条件をめぐる批判的省察』（共訳，御茶の水書房，2003年）．

舟場保之（ふなば・やすゆき）
1962年生まれ．大阪大学大学院文学研究科准教授．哲学．主な著作に，『グローバルエシックスを考える』（共編著，梓出版社，2008年），「ジェンダーは哲学の問題とはなりえないのか」（『哲学』第58号，法政大学出版局，2007年），マティアス・ルッツ＝バッハマン／アンドレアス・ニーダーベルガー編著『平和構築の思想——グローバル化の途上で考える』（共同監訳，梓出版社，2011年）．

中村修一（なかむら・しゅういち）
1976年生まれ．翻訳業．ドイツ思想．主な著作に，「自殺をめぐる倫理学的考察——カント自殺論に即して」（『医療・生命と倫理・社会』第6号，大阪大学大学院医学研究科・医の倫理学教室，2007年），「『視霊者の夢』における方法の転換——概念の分析の放棄」（『メタフュシカ』第40号，大阪大学大学院文学研究科・哲学講座，2009年）．

遠藤寿一（えんどう・としかず）
1958年生まれ．岩手医科大学教養教育センター教授．哲学．主な著作に，『教養としての生命倫理』（共著，丸善出版，2016年），「死の多元論とインテグリティ」（『岩手医科大学教養教育研究年報』第54号，2019年），ディーター・ビルンバッハー『生命倫理学——自然と利害関心の間』（共訳，法政大学出版局，2018年）．

直江清隆（なおえ・きよたか）
1960年生まれ．東北大学大学院文学研究科教授．哲学専攻．主な著作に，『岩波講座哲学9 科学／技術の哲学』（共著，2008年），A・フィーンバーグ『技術への問い』（岩波書店，2004年），A・ホネット『承認をめぐる闘争』（共訳，法政大学出版局，2003年）．

著者紹介：

ナンシー・フレイザー（Nancy Fraser）
1947年アメリカのボルティモア生まれ．ニューヨークのニュー・スクール・フォー・ソーシャル・リサーチの哲学科で政治学および社会科学講座の教授を務める．アメリカのジェンダー理論，批判理論の第一人者．主な著作に，『正義の秤《スケール》――グローバル化する世界で政治空間を再創造すること』（法政大学出版局），『中断された正義――「ポスト社会主義的」条件をめぐる批判的省察』（御茶の水書房），『99%のためのフェミニズム宣言』（共著，人文書院）など．

アクセル・ホネット（Axel Honneth）
1949年ドイツのエッセン生まれ．フランクフルト大学社会研究所所長などを経て，コロンビア大学人文学部哲学科教授を務める．フランクフルト学派第三世代の代表的存在．主な著作に，『承認をめぐる闘争――社会的コンフリクトの道徳的文法〔増補版〕』，『社会主義の理念――現代化の試み』，『理性の病理――批判理論の歴史と現在』，『私たちのなかの私――承認論研究』，『正義の他者――実践哲学論集』（以上，法政大学出版局）など．

《叢書・ウニベルシタス　983》
再配分か承認か？
政治・哲学論争

2012年10月30日　初版第1刷発行
2021年 8 月30日　　　第3刷発行

ナンシー・フレイザー／アクセル・ホネット
加藤泰史 監訳
高畑祐人・菊地夏野・舟場保之・中村修一・遠藤寿一・直江清隆 訳

発行所　一般財団法人　法政大学出版局
〒102-0071 東京都千代田区富士見2-17-1
電話03(5214)5540 振替00160-6-95814
組版・印刷：三和印刷　製本：積信堂

ISBN 978-4-588-00983-9

索　引

ア　行

アイデンティティ形成　Identitätsbildung / identity formation　216
　〜と社会構造　198, 202-203
　すべての人のアイデンティティの変更　91
　三つの承認原理　207-208
アイデンティティ・ポリティクス　Identitätspolitik / identity politics　119-120
　共同体の構成　185-188
　再配分と〜　10
　〜と脱構築　15
　闘争の脱神話化　127-137
　排除的〜　132
　〜とマルチカルチュラリズム　124
　歴史的連続　historische Abfolge / historical sequence　135
アドルノ，テオドール　Adorno, Theodor
　『啓蒙の弁証法』（ホルクハイマーと共著）270
アリストテレス　Aristoteles / Aristotle　84-86
イグナティエフ，マイケル　Ignatieff, Michael　147
イスラム　Muslim / Islam
　学校でのスカーフ着用　49-50, 99, 255
ヴェーバー，マックス　Weber, Max　17-20,（11）
ウォルツァー，マイケル　Walzer, Michael　209
エコロジー運動　Ökologiebewegung / environmental movements　124
エスニシティと人種　Ethnizität und Rasse / ethnicity and race　13-14
　経済的構造と〜　16
　〜と新自由主義的グローバリゼーション　241
　脱構築的戦略　91
　奴隷制　70
　ナショナリズム　132
　二次元的　zweidimensional / two-dimensional　26-30
『エロス的文明』（マルクーゼ）　*Triebstruktur und Gesellschaft* / *Eros and Civilization*　272
エンゲルス，フリードリッヒ　Engels, Friedrich　70

カ　行

階級　Klasse / class
　〜の概念　58-60
　下層階級　121
　〜と再配分　13-14, 19-20
　搾取と抑圧　19-20, 81
　〜と社会的地位　61-65, 244
　二次元的　27, 30
　不正として感じ取る　146
　不平等　4
　マルクス主義的な概念　（11）
カストリアディス・コルネリュウス　Castoriadis, Cornelius　270-273
家族　Familien / families
　〜と承認　156
　ヘーゲルにおける〜　164-165
ガダマー，ハンス＝ゲオルク　Gadamer, Hans-Georg　192
カント，イマヌエル　Kant, Immanuel

274
道徳性　*Moralität*　33, 40
ギトリン，トッド　Gitlin, Todd　18
キムリッカ，ウィル　Kymlicka, Will　184, (15), (19)
キャルホーン，クレイグ　Calhoun, Craig　132, 135
共産主義　Kommunismus / communism　111
業績　Leistung / achievement　285, 295
共同体　Gemeinschaft / Communities
アイデンティティの把握　185-190
クック，マーヴ　Cooke, Maeve　209, 273
グラムシ，アントニオ　Gramsci, Antonio　142
クレッケル，ラインハルト　Kreckel, Reinhard　175
クレプス，アンゲーリカ　Krebs, Angelika　300
グローバリゼーション　Globalisierung / globalization
現在の闘争　109-114
正義　107
〜と配分　241
倫理的セクト主義　251-263
経験　Erfahrung / experience
経験的準拠点と批判理論　220, 223-235
経済　Ökonomik / economy
〜と階級　19-20, 63-65
再構築　15
〜とジェンダー　23-26
〜と社会的地位　63-64, 68-69
不正義　15-17
〜と文化　22-26, 177-178
ベーシック・インカム　95-96
『啓蒙の弁証法』 *Dialektik der Aufklärung / The Dialectic of Enlightenment*（アドルノ，ホルクハイマーの共著）　270
結婚　Ehe / marriage
〜とジェンダーに関する不正義　245-246
〜とセクシュアリティ　46-48
言語　Sprache / language　151
現象学　Phänomenologie / phenomenology
社会的不正の経験の〜　124-127
コーエン，ジョシュア　Cohen, Joshua　143
国籍　Staatsgehörigkeit / nationality
→「エスニシティと人種」の項を参照のこと
個人　Individuum / individuals
〜の自律　201, 252, 257
→「参加の平等」の項も参照のこと
コミュニタリアニズム［共同体主義］
マジョリティの共同体主義　48
抑圧的　93

サ　行

差異　Differenz / difference　300
〜とグローバルな無党派性　253-264
存在の問題　17-18
財産権　Besitzrechte / property rights　248
再配分　Umverteilung / redistribution
〜と階級　13-14, 19-20
〜の概念　2, 11-13, (10)
規範的承認　194-196
経済構造　15
現代のグローバルな闘争　112
〜をめぐるコンフリクト　170-181
〜と社会正義　8-10
社会的地位と階級　244
社会福祉　77-78, 169
〜と承認　3-4, 32
〜と新自由主義的グローバリゼーション　241
正義の三つの原理　207

バトラー，ジュディス　Butler, Judith　72, 274, 282
ハーバーマス，ユルゲン　Habermas, Jürgen　142, 177-178, 260, 276, (38)
行為理論と討議理論　272
国民主権　204
コミュニケーション理論　273
承認　279
超越　270
配分　159
ハリントン，マイケル　Harrington, Michael『もう一つのアメリカ』225
被植民地のグループ　kolonialisierte Gruppe / colonized people　146
ピータース，バーナード　Peters, Bernhard　186-189
批判的社会理論　kritische Gesellschaftstheorie / critical social theory
概念的基盤　219
規範に関する目標設定と～　140-150
経験的準拠点　220, 223-235
さまざまなアプローチ　71-72
実体的二元論　73-74
～と社会的地位　71
～と内在的超越　269-279
批判理論の更新　119-123
プラグマティズム　56-57　→「パースペクティヴ的二元論」も参照のこと
平等　Gleichheit / equality　3
～の意味　297-298
～と階級　4-5
～の原則　294
～をめぐる闘争　247-249
～と道徳的進歩　297-299
法的～　rechtlich / legal　172, 179, 193, 208, 255
平等志向の新自由主義　Liberalismus, egalitär / liberalism, egalitarian　3
ヒルシュマン，アルバート　Hirschman, Albert　131
貧困　Armut / poverty
下層階級　121
～の女性化　129
ファラカーン，ルイス　Farrakhan, Louis　132
フィンク＝アイテル，ヒンリッヒ　Fink-Eitel, Hinrich　276
フェミニズム　Feminismus / feminism　9
女性性　97-100
女性の特徴　55
脱構築的戦略　90-91
フォースト，ライナー　Forst, Rainer　(15)
福祉国家　Wohlfahrtsstaat / welfare state　256
フーコー，ミシェル　Foucault, Michel　274, 276
プラグマティズム　Pragmatismus / pragmatism　54-57
プラトン　Platon / Plato　84-86
フランクフルト学派　Frankfurter Schule / Frankfurt School　149, 236, 267, 269
社会研究所　118, 122
フランス　France
学校でのスカーフ着用　49-50, 99, 255
フレイザー，ナンシー　Fraser, Nancy
パースペクティヴ的二元論　5
ホネットによる議論の要約　118-123
ブルデュー，ピエール　Bourdieu, Pierre『世界の惨状』129
ブロッホ，エルンスト　Bloch, Ernst　276
文化　Kultur / culture
価値パターン　20-21, 24
境界性　(19)
～の構造　15-16
差異　247
資本主義社会の～　280

社会的地位と階級　60-65
～と承認　180, 182-183
親族関係が支配する社会における～　66
文化による支配　237
ヘーゲル，ゲオルク・W・F　Hegel, Georg W. F.　210, 269-271
承認　2, 11-12, 147
人倫性　33, 40, 164
～と批判的社会理論　273-276
「法哲学」　162-166, 203
ベンハビブ，セイラ　Benhabib, Seyla　273
法　Recht / law
財産権　248
自律の保証　284
同性婚　46-47
～と平等　193, 208, 255-256
～とヘテロセクシュアリティ　21
ポスト構造主義　Poststrukturalismus / poststructuralism　反二元論　72, 74
ホルクハイマー，マックス　Horkheimer, Max　『啓蒙の弁証法』（アドルノと共著）　270
ホワイトブック，ジョエル　Whitebook, Joel　272

マ　行

マッカーシー，トーマス　McCarthy, Thomas　273
マルガリット，アビシャイ　Margalit, Avishai　147
マルクス，カール　Marx, Karl　210
社会的地位の蒸発　70
超越　270
配分をめぐるコンフリクト　170
歴史哲学的想定　136, 138
マルクス主義　Marxismus / Marxism
階級抑圧　16, 81
功利主義的な人間学　141
超越　270
マルクーゼ，ヘルベルト　Marcuse, Herbert　274
『エロス的文明』　272
マルチカルチュラリズム　Multikulturalismus / multiculturalism　90, (23)
～とアイデンティティ・ポリティクス　124
ポスト社会主義的～　116
マンスブリッジ，ジェーン　Mansbridge, Jane　226
『日常のフェミニズム』　226
ミュンヒ，リヒャルト　Münch, Richard　159
ミラー，デイヴィッド　Miller, David　207-208, 293
民主主義　Demokratie / democracy
参加の平等　54-57
～と正義　84-87
ムーア，バリントン　Moore, Barrington　148
『もう一つのアメリカ』（ハリントン）　*The Other America*　225

ヤ　行

ヤング，アイリス・マリオン　Young, Iris Marion　18, 72
唯物論　Materialismus / materialism
配分の政治　10
ユダヤ教　Judentum / Judaism　48
ヨアス，ハンス　Joas, Hans　272
欲求　Bedürfnisse / needs　293, (39)

ラ　行

ライト，エリック・オーリン　Wright, Eric

Olin (18), (23)
ラズ，ジョセフ Raz, Joseph 203
ルカーチ，ジョルジ Lukács, Georg 140
ルーマン，ニクラス Luhmann, Niklas 159
ロックウッド，デイヴィッド Lockwood, David 177, 283
ローティ，リチャード Rorty, Richard 18, 227, 277
歴史 Historie, Geschichte / history
～と参加の平等 261-263
～と社会的地位 80
社会的なコンフリクト 153
承認拒否の感情 270-271
～と社会の進展 229
歴史主義 223-224
労働 Arbeit / labor
業績の尊重 158-161, 166-167
ジェンダー化された分業 23
～に対する承認 238
女性～ 167, 173-175
ベーシック・インカムの交付 95-96
ロールズ，ジョン Rawls, John 260, (15)
基本財 basic goods 203
自尊心 Selbstachtung / self-respect 205
社会の根本構造 287
『正義論』 205
『政治的リベラリズム』 *Politischer Liberalismus / Political Liberalism* (22)
人間の生活関係 294
配分的正義 11

原　注

第1章

1.　本章は，1996年4月および5月にスタンフォード大学で行われ，『人間の価値観に関するタナー講義』第19巻（*The Tanner Lectures on Human Values*, vol. 19, Grethe B. Peterson, Salt Lake City 1998）の1ページから67ページに掲載された「人間の価値観に関するタナー講義」に加筆修正したものである．オリジナルのテクストの一部分は許可を得て再版されている．私は，この研究を支援してもらったことに対して，タナー財団とスタンフォード大学に，そして特に〈社会と倫理研究プログラム〉，哲学研究所，スーザン・モラー・オーキン教授に感謝する．スタンフォード大学でエリザベス・アンダーソン教授とアクセル・ホネット教授のコメントに私は必ずしもつねに十分に応えられたわけではなかったが，両氏からのコメントから大いに恩恵を受けた．元の講義を準備している間，リチャード・バーンスタインやライナー・フォルスト，アクセル・ホネット，セオドア・コディチェク，エリック・オーキン・ライト，エリ・ザレツキとの対話は，重要なポイントについての考察に決定的な影響を与えた．セイラ・ベンハビブ，ジュディス・バトラー，ライナー・フォルスト，アン・フィリップス，エリック・オーリン・ライト，エリ・ザレツキーからの補足的コメントやライナー・フォルスト，アクセル・ホネット，エリ・ザレツキーとの議論は加筆修正にとって計り知れない価値を持っていた．

2.　再配分と承認との政治的分離は，他のどこよりもアメリカ合衆国で進んでいるかもしれない．しかし，その問題はけっしてアメリカだけのものではない．むしろ，再配分と承認とを分離して考える同様の傾向は，程度の差こそあれ世界中の広い地域で見られる．それは社会民主主義政党の力が依然として強い国々でも同じことである．社会民主主義政党の内部に新自由主義的な動向が見られるようになってきたことは，そうした政党も長らく続けられてきた再配分政策を放棄し，その代わりに承認が関係する分野において比較的限定された形だが，解放的改革を実行する気になっていることを示唆している．

3.　国連の開発プログラム *Human Development Report 1996*, Oxford 1996を参照のこと．その調査結果のハイライトは，Barbara Crossetteによって報告されている．Barbara Crossette, »UN Survey Finds World Rich-Poor Gap Widening«, in: *New York Times*, 15 Juli, 1996, 4 A. 最新のHDR（2003）のデータはそれほど劇的ではないものの，それでも警告を発している．［訳注：英語版には以下の注も付いている．「“HDR 2003 Charts Decade-Long Income Drop in 54 Countries,” July 8, 2003を参照のこと．http//www.undp.org/hdr 2003/も参照可能であ

る.」]

4. 特に John Rawls, *Eine Theorie der Gerechtigkeit*, Frankfurt am Main, 1975［矢島鈞次監訳『正義論』紀伊國屋書店，1979 年］と Ronald Dworkin, »What is Equality? Part 2: Equality of Resources«, in: *Philosophy and Public Affairs*, 10/4 (Herbst 1981), S. 283-345 を参照のこと.

5. ヘーゲルの「承認」概念については，『精神現象学』の「自己意識の自立性と非自立性　主と僕」を参照のこと．ヘーゲルを踏まえた研究として重要なのは，Alexandre Kojève, *Hegel. Eine Vergegenwärtigung seines Denkens. Kommentar zur Phänomenologie des Geistes, Mit einem Anhang: Hegel, Marx und das Christentum*, 4. Auflage, Frankfurt am Main 1996［上妻精／今野雅方訳『ヘーゲル読解入門——「精神現象学」を読む』国文社，1987 年］, v.a. der erste Abschnitt, und Axel Honneth, *Kampf um Anerkennung. Zur moralischen Grammatik sozialer Konflikte*, Frankfurt am Main 1992, v.a. Teil I: »Historische Vergegenwärtigung: Hegels ursprüngliche Idee«, S. 11-106.［山本啓／直江清隆訳『承認をめぐる闘争』，法政大学出版局，2003 年，「第 I 部　歴史的な想起——ヘーゲルの本来の理念」.］実存主義的な視点については，Jean-Paul Sartre, *Das Sein und das Nichts. Versuch einer phänomenologischen Ontologie*, hg. v. Traugott König, Reinbek 1993, v.a. das Kapitel »Der Blick«［松浪信三郎訳『存在と無』，ちくま学芸文庫，2007-2008 年，「まなざし」]；Frantz Fanon, *Peau Noire, Masques Blancs*, Paris 1952, v.a. »L'experiénce vécue du Noir«, S. 108-134［海老坂武／加藤晴久訳『黒い皮膚・白い仮面』みすずライブラリー，1998 年，「黒人の生体験」]；さらに Simone de Beauvoir, *Das andere Geschlecht. Sitte und Sexus der Frau*, Reinbek 1995.［『第二の性』を原文で読み直す会訳『決定版　第二の性』新潮文庫，2001 年.］承認に関する現代の議論としては，Honneth, *Kampf um Anerkennung*, a. a. O., und Charles Taylor, »Die Politik der Anerkennung«, in: ders., *Multikulturalismus und die Politik der Anerkennung*, mit Kommentaren von Amy Gutmann (Hg.), Steven C. Rockefeller, Michael Walzer und Susan Wolf, mit einem Beitrag von Jürgen Habermas, Frankfurt am Main 1993, S. 13-78.［佐々木毅／辻康夫／向山恭一訳『マルチカルチュラリズム』岩波モダンクラシックス，2007 年.］テイラーはケベック州のナショナリストが掲げる承認要求を再構成し，その要求は文化的生き残りという共同体としての目標を目指しているとして擁護している.

6. エリ・ザレツキーとモイシェ・ポストンが私との対話のなかでこの点を強調していたことに感謝する.

7. この点を強く訴えるように指摘したことに関して私はサイモン・ホリスとサイモン・クリッチリーに感謝する.

8. 「再配分」のこうした用語法はリベラルな福祉国家と結び付けられるような，最終的な状態としての財の再配分に限定されはしない．むしろ，「再配

分」のこうした用語法は歴史的に見れば社会主義と結び付けられるような，下部構造におけるある種の経済的変化をも包含している．したがって，この用語法での再配分は，経済的な成果の基盤にあってその結果を生み出しているメカニズムは変えないで，成果だけを変えようとする「肯定的是正的 affirmative」アプローチと基礎にあるメカニズムそのものを変えようとする「構造変革的 transforamtive」アプローチを包括している（肯定的是正的再配分と転換的再配分の区別については，Fraser, »From Redistribution to Recognition? Dilemmas of Justice in a ›Postsocialist‹ Age«, *New Left Review*, 212/Juli/August 1995, S. 68-93. Wiederabdruck in Nancy Fraser, *Justice Interruptus. Critical reflections on the ›Postsocialist‹ Condition*, New York 1997.［仲正昌樹監訳『中断された正義——「ポスト社会主義的」条件をめぐる批判的省察』御茶の水書房，2003 年．］のちに本章で私はこの対立を詳しく論じる．さしあたりは，「再配分」のこうした用語法はラディカルな経済の再構築とも一致することによって，資本主義的な不正義の核心を捉え損なっているのではないかというマルクス主義的な疑念をも弱めてくれるはずだと言うにとどめておく．

9. 「承認」のこうした用語法においても，マルチカルチュラリズムの主流はその語を集団の差異を評価することに結び付けるが，私はそれだけに限定しない．むしろ，「承認」も脱構築と結び付けられるような象徴的秩序の深層におけるある種の再構築を包含している．したがって，「承認」も現存の承認の在り方の基礎的条件を変えないで，その成果だけを変えようとする構造容認的アプローチと基礎的条件そのものを変えようとする構造変革的アプローチとを包括している．この対立ものちに本章で詳しく論じられる．とりあえず，「承認」のこの用語法が脱構築とも一致することでもって，この語が呼び起こすであろうポスト構造主義的陣営からの異論も弱められるはずだとだけ言っておこう．

10. このさしあたりの定式化は，階級を理論的に整合的に定義するという問題を避けている．この定式化は「階級」が伝統的なマルクス主義的意味で，生産手段への関係の仕方として理解されるべきか，市場に対する関係というヴェーバーの意味で理解されるべきかに関しては未決定である．本節では議論を簡潔にするためにマルクス主義的な定義が前提されている．しかし後の節ではそこで説明されるべき事柄を考慮して，ヴェーバーの定義が採用されるだろう．

11. マルクス主義的な階級の簡潔で的確な定義に関しては，Karl Marx, »Lohnarbeit und Kapital«, in: Karl Marx/Friedrich Engels, *Werke*, Bd.6, Berlin/Ost 1982, S. 397-423［長谷部文雄訳『賃労働と資本』岩波文庫，1935 年］を参照のこと．

12. 地位のヴェーバーによる定義に関しては，Max Weber, »Parteien und Stände und Klassen«, in: *Wirtschaft und Gesellschaft. Grundriß der verstehenden Soziologie*, Tübingen 1972, 1. Halbband, S. 167-169, S. 177-180［世良晃志郎訳

『支配の諸類型　経済と社会　第1部第3章―第4章』創文社，1970年］を参照のこと．［訳注：原書の文献名を訂正．英語版では “Class, Status, Party” となっている．］

13.　Todd Gitlin, *The Twilight of Common Dreams. Why America is Wracked by Culture Wars*, New York 1995, さらに Richard Rorty, *Stolz auf unser Land. Die amerikanische Linke und der Patriotismus*, Frankfurt am Main 1999［小澤照彦訳『アメリカ未完のプロジェクト――20世紀アメリカにおける左翼思想』晃洋書房，2000年］，ならびに »Is ›Cultural Recognition‹ a Useful Notion for Left Politics?« in Nancy Fraser, *Adding Insult to Injury: Social Justice and the Politics of Recognition*, hg. v. Kevin Olson, London（im Erscheinen）．［訳注：英語版には以下の文献も挙げられている．Brian Barry, *Culture and Equality: An Egalitarian Critique of Multiculturalism*, Cambridge MA 2001.］

14.　Iris Marion Young, *Justice and the Politics of Difference*, Princeton 1990. もちろん，ヤングは「承認」というよう語を使用していないし，文化的転換を特権化することを認めもしない．それにもかかわらず，ヤングの考えの深層に潜む論理はこうした性格づけと解釈を支持すると私には思われる．この点についてさらに詳しくは Nancy Fraser, »Culture, Political Economy and Difference: On Iris Young's Justice and the Politics of Difference«, in: Fraser, *Justice Interruptus*, a. a. O. を参照のこと．

15.　以下の議論は私の論文 »From Redistribution to Recognition« の一節を手直ししたものである．

16.　議論を進めるために私は階級をさしあたり経済に関わるオーソドックスな意味で理解する．それは，以下で論じられる集団化のほかの理念型との対立を際立たせるためである．それゆえ，階級秩序は――社会的地位とは異なって――完全に社会の経済構造に由来すると私は考える．もちろん，これはマルクス主義的な階級理解の唯一正統な解釈ではない．後の議論ではさほど経済的な意味を持たない解釈を示すだろう．それは（E・P・トンプソンやジョーン・ウォラック・スコットが論じているような）階級の文化的・歴史的また討議的な次元を重視する解釈である．E. P. Tompson, *The Making of the English Working Class*, New York 1963 と，Joan Wallach Scott, *Gender and the Politics of History*, New York 1988 を参照のこと．

17.　Richard Senett und Jonathan Cobb, *The Hidden Injuries of Class*, New York 1973. を参照のこと．

18.　帰結するのは，プロレタリア階級の撤廃ではなく，その普遍化ではないのかという反論が予想される．しかし，帰結するのが普遍化であるとしても，プロレタリア階級として集団化することの固有性は消失するであろう．

19.　ここでもまたやはり階級との対立関係を際立たせるために，私はセクシュアリティをさしあたり，文化的要因に重きを置いた定型の意味で理解する．

したがって，私は性的差異が政治経済にではなく社会的地位秩序に由来すると想定する．もちろん，これはセクシュアリティの唯一可能な解釈ではない．のちに政治経済の役割に重きを置く解釈を示すであろう．

20.　基本的にこうした見直しはいくつかの仕方で，たとえば，ホモセクシュアルの固有性を認めることによって，あるいは異性愛／同性愛という対立を脱構築することによってなされうる．ホモセクシュアルの固有性を認める戦略では，ホモセクシュアル集団の特殊性を承認することによってその集団の特徴を評価するというのが見直しの論理である．それとは対照的に，二元対立を脱構築する戦略では，ホモセクシュアル集団を集団として認めないことが見直しの論理である．この点については本章の後のほうで再度言及する．

21.　承認の与えられ方は複数ありうることを今一度言及しておく．たとえば，女性の固有性を積極的に承認することであり，また男性性／女性性という二元対立を脱構築することである．女性の固有性を積極的に承認する場合は，やはり女性の特殊性を承認することによってその集団の特徴を評価するという論理であり，脱構築の場合のポイントはやはり，女性という集団を集団として認めないことである．この点についてものちに触れる．

22.　例えば封建領主と一般民衆といった生まれる前から決まっている社会的地位の違いが資本主義システムの成立をも特徴づけているというのは正しい．それもやはり，資本家と労働者の階級分化を可能にしたのは，封建制とは区別された，そして相対的に自立性を持った経済秩序の成立であった．

23.　このパラグラフでの定式化の多くはエリック・オーリン・ライトとの個人的対話（1997年）から生まれた．ライトに感謝を表したい．

24.　じっさいにE・P・トンプソンのような歴史家は，労働者は搾取を弱めあるいは無くすためだけに闘ったのではなく労働者の階級文化を守り労働の尊厳を打ち立てるためにも闘ったのだから，現実に歴史的に生じた階級闘争はつねに承認の次元を含んでいたということをはっきりと示している．そうした闘争の過程で労働者は階級のアイデンティティを作り上げていったのであった．しかしそれは，男性性・異性愛・「白人中心」や多数派のナショナリティということを何より大事にするような仕方であったために，女性や性的・「人種的」・民族的少数派にとっては問題を孕んだものにならざるをえなかった．こうした事例では，階級闘争内部の承認の次元が，つねに社会正義を求める闘いのために信頼できる同盟を結ぶ力となったわけではなかった．むしろ，それは，ジェンダーや性，「人種」，ナショナリティといった面での誤承認をみずからが生み出したわけではないとしても，そうした誤承認を具体化しより強めることになったのである．もちろん同じことは，ジェンダー・「人種」・セクシュアリティに照準を定めながらも，エリートや中産階級や高収入の人々（当該集団内部の白人・男性であり，そして異性愛者）を優遇する仕方で典型的に行なわれるような承認をめぐる闘争にも当てはまる．階級闘争における承認の次元につ

いては Tompson, *The Making of the English Working Class*, a. a. O., 階級闘争における承認の欠如の次元については David R. Roedinger, *The Wages of Whiteness: Race and the Making of the American Working Class*, London 1991, さらに Scott, *Gender and the Politics of History*, a. a. O., フェミニズム闘争と反人種闘争における承認の欠如の次元についてはたとえば Evelyn Brooks Higginbotham, »African American Women's History and the Metalanguage of Race«, in: Signs 17/2 (1993), S. 251-274 および Elizabeth Spelman, *Inessential Woman. Problems of Exclusion in Feminist Thought*, Boston 1988 を参照のこと.

25.　資本主義社会ではセクシュアリティの規制は相対的に経済構造から分離している．そのことは血縁関係から区別され剰余価値の増大を志向する経済的関係という一つの秩序を生じさせる．現在，資本主義は「ポストフォーディズム」の局面あるが，その局面では特にセクシュアリティは比較的新しい後期モダンの私的生活という領域に位置づけられ，そこでは親密な関係はもはや家族という形態だけに限定されえず，したがって産めよ増やせよという命令から切り離されている．それに応じて今日では，異性愛を基準にしてセクシュアリティを規制することは資本主義の経済秩序ではますます見られなくなりまた機能的ではなくなっている．その結果として，同性愛への偏見から生まれる経済的損害は経済構造から直接的に生じるのではない．むしろ，その損害は同性愛への偏見によって構成された地位秩序にその根を持つのであり，そうした地位秩序はますます経済の秩序と一致しなくなっているのである．この問題についてのより詳細な議論としては，Nancy Fraser, »Heterosexism, Misrecognition, and Capitalism: A Response to Judith Butler,«［大脇美智子訳「ヘテロセクシズム，誤認，そして資本主義 —— ジュディス・バトラーへの返答」『批評空間』II-23, 1999 年］，またそれに反対の立場を取る Judith Butler, »Merely Cultural«," in: *Social Text*, 53/54（Winter/Frühjahr 1998）.［大脇美智子訳「単に文化的な」『批評空間』II-23, 1999 年.］どちらの論文も Nancy Fraser, *Adding Insuit to Injury*, a. a. O. に再録されている.

26.　ここでもこれらの定式的表現の多くを私はエリック・オーリン・ライトとの個人的対話に負っている.［訳注：英語版ではこの対話も「1997 年」となっている］.

27.　Taylor, »Die Politik der Anerkennung«, a. a. O., S,14 f.

28.　Axel Honneth, »Integrity and Disrespect: Principles of a Conception of Morality Based on the Theory of Recognition«, in: *Political Theory*, 20/2（Mai 1992）, S. 188 f.

29.　Axel Honneth, *Kamps um Anerkennung*, a. a. O. および »Integrity and Disrespect«, a. a. O. を参照のこと.

30.　地位モデルについてのより詳しい議論としては，Nancy Fraser, »Rethinking Recognition: Overcoming Displacement and Reification in Cultural Poli-

tics«, in: *New Left Review* 3（Mai/Juni 2000）, S. 107-120 を参照のこと．

31.　以下の議論を定式化するさいにアドヴァイスをくれたライナー・フォルストに感謝する．

32.　ここでは，尊敬（Respekt［respect］）と評価（Achtung［esteem］）の──道徳哲学では今や標準となっている──区別を前提している．この区別によれば，評価はわれわれが人間性を共有しているがゆえにすべての人間から普遍的に義務づけられている．それに対して，はその人間に固有の特徴・功績・貢献度に応じて認められる．したがって，すべての人を平等に尊敬せよという命令はまったく理に適っているけれども，すべての人に平等に評価せよという命令は自己矛盾である．

33.　この点は以下のように言い換えることができる．誰も積極的な意味で社会的な評価への平等な権利など持ってはいないけれども，社会的相互行為のれっきとしたパートナーとしての地位を傷つけるような制度化された集団区分にもとづいて冷遇されない権利を誰もが持っている．このように定式化できたのはライナー・フォルストのおかげである．

34.　たとえば，ジョン・ロールズはときに，自己尊重そのものは特に重要な基本財でありその基本財の配分は正義の問題であると語る一方で，収入や職業といった「基本財」が「自己尊重の社会的基礎」であると理解している．同様にロナルド・ドゥオーキンも，「資源の平等」という考えを「人間の平等な道徳的価値」を配分の観点から表現したものとして擁護している．最後にまたアマルティア・センも，「自己の感情」と「恥をかかずに公衆の中に登場できること」は「機能に達するための潜在能力」にとって重要であり，基本的能力の平等な配分を命じる正義の説明に含まれると見なしている．Rawls, *Eine Theorie der Gerechtigkeit*, a. a. O. §67 および§82，また *Politischer Liberalismus*, Frankfurt am Main, 1998, S. 160, 273, 433 ff.; Dworkin, »What is Equality? Part 2: Equality of Resources«, a. a. O., そして Amartya Sen, *Commodities and Capabilities*, Amsterdam 1985［鈴村興太郎訳『福祉の経済学──財と潜在能力』岩波書店，1988 年］を参照のこと．

35.　文化の問題を配分の枠組みに含めようとした理論家の際立った例外は，ウィル・キムリッカである．キムリッカは，「損なわれていない文化システム」を利用できる権利を公正に配分された基本財として扱うことを提案する．こうしたアプローチは，アメリカのような多民族集団から成る政体ではなく，カナダのような多国籍政体にこそ最適である．したがって，このアプローチは，承認を要求するために集まっている人々が境界の比較的はっきりした明確な文化を持つ集団へと分かれないような事例には適用できない．また差異と不平等が複雑に交叉してできた境界が縦横に走っている政体内部で承認への要求が（何らかのレベルの）主権への要求という形態をとるのではなく，むしろ参加の平等を目指しているような事例にも適用できない．損なわれていない文化システ

ムが基本財であるという議論については，Will Kymlicka, *Liberalism, Community and Culture*, Oxford 1989 を参照のこと．多国籍政体と多民族集団から成る政体との区別については，Will Kymlicka, »Three Forms of Group-Differentiated Citizenship in Canada«, in: Seyla Benhabib（Hg.）, *Democracy and Difference, Princeton* 1996 を参照のこと．

36.　Vgl. Honneth, *Kampf um Anerkennung*, a. a. O.

37.　もちろん，こうした状況は変わることも考えられうる．私がここで述べたことは，配分のパラダイムが文化の問題を包含するように拡張される可能性も，承認のパラダイムが資本主義の構造を包含するように拡張される可能性をも――ただしこれは私にはありそうにないことに思われるが――排除しない．どちらの場合も，いくつかの本質的な必要条件を同時に充たす必要がある．第一に，文化と文化的差異の実体化を避けなければならない．第二に，現代の価値多元主義という条件のもとで，中立的で義務論的な道徳的正当化に対する必要性を尊重しなければならない．第三に，資本主義社会といってもその性格はさまざまであり，地位と階級が分岐しうることを認めなければならない．第四に，あまりにも統一志向なあるいはデュルケム的な文化統合の考え方は避けなければならない．そうした考え方は，すべての人に共有されあらゆる制度や社会的実践に浸透している単一の文化的価値パターンというものを前提しているからである．私は以下でこれらの点を一つ一つ論じるつもりである．

38.　実際に，このように明確に限定された「還元」はこれらの問題解決を妨げることになるかもしれない．一方を他方に還元しているというミスリーディングな印象が生み出されることによって，こうしたアプローチは，再配分に対する要求と承認に対する要求の間に起こりうる緊張関係とコンフリクトを理解困難にし，ましてや解決困難にしてしまうかもしれない．のちにこうした緊張とコンフリクトについて検討するであろう．

39.　「平等 Parität［parity］」という用語は，私がそれを 1990 年に使用してから，フランスのフェミニズムにもとづく政治の中で中心的な役割を担うようになった．その場合この用語には，議会やその他の代議制政治組織で女性が議席のきっちり 50 パーセントを占めるべきだという要求が込められている．したがって，フランスにおける「平等」は代議制におけるジェンダーの厳密な数的平等を意味しているのである．それとは対照的に，私にとって「平等」は，他者と同等であり，平等な土台の上に立っていることの条件を意味している．そうした平等を保証するためにどの程度のどのレベルの平等が厳密に必要であるのかという問いについては回答を保留する．そのうえ，私の定式化では道徳の必要条件は，社会の構成員が特定の活動あるいは相互行為に参加することを選択するときには，平等な参加の可能性が保証されているべきであるということである．すべての人が何らかの活動に実際に参加する必要はない．［訳注：英語版には以下の注も付けられていた．「参加の平等に関する私の初期の議論

については，Nancy Fraser, "Rethinking the Public Sphere: A Contribution to the Critique of Actually Existing Democracy," *Social Text* 25/26（Fall 1990）: 56-80; reprinted in Fraser, *Justice Interruptus* を参照のこと．フランスでの平等という言葉の用法と私の用法との違いについては，Nancy Fraser, "Pour une plitique féministe à la de la reconnaisance," *Actual Marx* 30（September 2001）を参照のこと．」]

40. 私は「少なくとも二つの条件が充たされなければならない」と言ったが，それは二つ以上の条件が充たされる可能性を考慮に入れてのことである．私は参加の平等の可能性の条件として，経済的条件や文化的条件に対置される第三の「政治的」と呼びうる条件を念頭に置いている．この第三の条件については本章の後の節で言及する．

41. 経済的不平等が参加の平等とどれほど両立するかという問いは未解決である．経済的不平等はある程度まで避けられず，それに意義を唱えても仕方がない．しかし，参加の平等を妨げるほどまで資源の不平等が大きくなる限界点が存在する．その限界点は正確にどこに見出されるのかについては今後の研究課題としよう．

42. Honneth, *Kampf um Anerkennung*, a. a. O..

43. 私自身が男性同性愛に倫理的価値があるという考えを受け容れているという誤解が考えられうるので，その誤解を解いておこう．そうした同性愛に倫理的価値を認める考えは，市民が善き生に対してさまざまな考えを持っており同性愛の倫理的価値に関して意見の不一致が見られる社会においては承認への要求を十分に根拠づけられないと私はあくまで主張する．

44. 実際にここにはおそらく慎重な解決が求められるいくつかの異なる問題が含まれている．第一に，承認の欠如という不正義が存在することへの要求が正当化されるのか，すなわち，制度化された文化的価値パターンは本当に地位従属を強化するのかどうか，次に，そうした不正義が存在するとして，要求されている改革は，それによって当該の不平等が弱められることにより本当に不正義を修正することができるのか，最後に，修正できるとして，要求されている改革自体が正当化されない方法や程度において参加に関する他の不平等を生み出したり悪化させたりしないのか，これらのことを決定しなければならない．第三の定式化によって「欠点のない解決」は望めないことが認められている．言い換えると，与えられた条件のもとでは他の不平等を生み出したり強化しなければ現に存在する不平等を修正することができないという場合もありうるということである．しかし，そうした場合にいかなる改善策にも正当性がないと言うとすると，それはあまりにも厳しすぎるであろう．なぜなら，それは修正を要求する人が多くを求めすぎているからである．むしろ，そうした場合には原理的にトレードオフが正当化されうることを認めるべきであろう．そうであればいかなるトレードオフでも正当化されうるのかという問いはさらに慎

重な解決を要する問題である．このことを明確にできたのはエリック・オーリン．ライト（との個人的な会話）のおかげである．

45.　この有名な表現は歴史的にルソーならびにカントと関係づけられる．この種の民主的アプローチを近年になって練り上げ擁護している研究として，Ian Shapiro, *Democratic Justice*, New Heaven 1999 を参照のこと．

46.　私が言ったのは，この改善策は差異を承認しうるかもしれないということであって，差異を承認しなければならないということではない．後に説明するように，特殊性の否定に対する他の改善策もありうるのであり，今現在において差異を作り上げている言葉の脱構築を含む他の改善策も考えられうるのである．

47.　テイラーとホネットもこうした見解を支持している．Taylor, »Die Politik der Anerkennung«, a. a. O., ならびに Honneth, *Kampf um Anerkennung*, a. a. O..

48.　Linda Nicolson, »To Be or Not To Be: Charles Taylor and the Politics of Recognition«, in: *Constellations: An International Journal of Critical and Democratic Theory*, 3-1（1996）, S. 1-16.

49.　もちろん，こうした経済的対立関係をマルクス主義の用語で理論化することは可能である．しかし，私がここで強調したいのは，搾取の構造よりもその構造から導き出される規範的帰結のほうである．私はその帰結を配分の結果が社会参加に及ぼす影響という観点から理解する．

50.　完全に市場化された社会といったものは不可能であるという議論については，Karl Polanyi, *The Great Transformation*, Boston 1957［吉沢英成ほか訳『大転換 ── 市場社会の形成と崩壊』東洋経済新報社，1975 年］を参照のこと．

51.　文化中心主義ということで私が考えているのは，政治経済は文化に還元され階級は地位に還元されうると主張する一元論的な社会理論である．私には，アクセル・ホネットがそうした社会理論を支持しているように理解される．ホネット『承認をめぐる闘争』を参照のこと．

52.　経済中心主義ということで私が考えているのは，文化は政治経済に還元され地位は階級に還元されうると主張する一元論的な社会理論である．カール・マルクスはそうした社会理論を支持しているとしばしば（誤）解されている．

53.　文化内部の差異化は先に論じられた差異化と同じではない．先に論じられたのは，市場に規制された社会領域を価値に規制された社会領域から差異化するという問題であった．いま論じているのは，価値に規制された社会領域の多元性の内部で差異化を図ることである，それによって異なった評価基準の多元性が制度化されるであろう．

54.　もちろん，どちらの価値タイプも反事実的である．それにもかかわらず，どちらの価値タイプも現代資本主義社会の社会的地位秩序に深く影響を及ぼしている．固定された社会的地位序列が非合法的だと想定されているときで

さえ，そうした想定は新たな形の従属的地位関係を覆い隠すのに役立ちうるのである．この点についてはさらに以下の注 57 を参照のこと．

55. Karl Marx/Friedrich Engels, *Manifest der kommunistischen Partei*, in: *MEW*, Bd. 4, Berlin/Ost 1980, S. 465.［大内兵衛／向坂逸郎訳『共産党宣言』岩波文庫，1951 年.］

56. この一点については，少なくともヘーゲルの議論のほうがマルクスの議論より優れている．『法の哲学 ── 自然法と国家学の要綱』でヘーゲルは「契約」が社会統合の唯一の原理ではありえないことを論じている．契約にもとづいた相互行為領域（「欲求の体系」）の機能は，家族や国家という契約にもとづかない制度の存在を前提かつ必要とするのである．G. W. F. Hegel, *Grundlinien der Philosophie des Rechts*, §§189 ff.［上妻精／山田忠彰／佐藤康邦訳『法の哲学 ── 自然法と国家学の要綱』，『ヘーゲル全集』第九巻，上（2000 年）・下（2001 年），岩波書店.］

57. そうだからといって，地位の区別がすべて，より伝統的な仕方で機能しなくなるわけではない．アメリカ合衆国の犯罪司法制度を見てみると，そこでは，昔のリンチによる裁きを想い起こさせる取調べの中で黒人は過度に警察の残虐行為・監禁・死刑に晒されていた．さらに皮肉なことにリベラルな平等という現代の規範は新しい従属的地位関係を覆い隠すのに役立つ可能性もある．たとえば，最近のアメリカ合衆国の議論では，人種差別は黒人差別の撤廃によって終わったのだから，アファーマティヴ・アクションは不必要かつ不公正であり，少数者の尊厳を傷つけていると論じる保守派の人々が存在する．そうした人々は，新たな人種差別を覆い隠しそれを正すことを狙った施策の評価を落とすために，法的に成文化された人種がらみの固定された地位序列が存在しないことを引き合いに出す．これと類似した事例においては，リベラルで平等主義的な理想が資本主義社会の中で現代の従属的地位関係を精緻化し再生産するプロセスにとっての要件となる．アメリカ合衆国における人種やジェンダーによる地位序列の現代的な形成の解明については，Reva Siegel, “Why Equal Protection No Longer Protects: The Evolving Forms of Status-Enforcing State Action,” *Stanford Law Review* 49. no. 5（May 1977）: 1111-48 を参照のこと．また Nancy Fraser und Linda Gordon, »A Genealogy of ›Dependency‹. Tracing A Keyword of the U.S. Welfare State«, in: *Signs* 19/2（Winter 1994）, S. 309-336, wiederabgedruckt in Fraser, *Justice Interruptus*, a. a. O.

58. こうしたデュルケム学派の想定を保ったままであることがホネットの理論のもう一つの弱点である．ホネット『承認をめぐる闘争』を参照のこと．

59. こうした仮定はチャールズ・テイラーとウィル・キムリッカの承認理論で前提されている．そのどちらも文化が境界づけられたものであるという時代遅れの観念を支持している．テイラーとキムリッカは，少数派文化の「生き残り」と「自律」を保証することを意図した政策を擁護して，「固有の特徴を

持った社会集団」あるいは「社会の中で棲み分けしている諸文化」を相互にはっきりと区別することが可能であると想定している．テイラーとキムリッカはまた，ある文化に内在的である慣習や信念と固有でなく外来のものである慣習や信念を区別することは議論の余地なく可能であるという想定もしている．さらに，この二人は諸国民の文化がその内部では同質的であると見なすことによって，文化的差異にはジェンダーや性といったナショナリティに内在もしあるいは民族を越えてもいる他の様式があることを十分に評価できていない．したがって，テイラーもキムリッカも，自分たちが保証しようとしている少数民族「文化」の「生き残り」と「自律」を不安定化するトランスナショナルな文化あるいはサブナショナルな文化の受容力を十分に評価していない．一般的に言ってテーラーもキムリッカも文化を物象化し，現代社会においては評価尺度が多様であり文化が混合することは避けられないことを無視してしまっている．Charles Taylor, »Die Politik der Anerkennung«, a. a. O.; Will Kymlicka, *Multicultural Citizenship: A Liberal Theory of Minority Rights*, Oxford 1995［角田猛之／石山文彦／山崎康仕監訳『多文化時代の市民権――マイノリティの権利と自由主義』晃洋書房，1998年］を参照のこと．テイラーの著作の中における文化の物象化に対する批判としてしては，Amelie Rorty, »The Hidden Politics of Cultural Identification«, in: *Political Theory* 22/1（1994）, S. 152-166. を参照のこと．キムリッカの著作の中における文化の物象化化に対する批判としてしては，Seyla Benhabib, »The New Politics of Recognition in Global Context. Against Reifying Cultural Identities«（unveröffentlichte Vorlesung an der University of Virginia, Charlottesville, im April 1998）［訳注：英語版では「“Nous et ’les autre’: The Politics of Complex Cultural Dialogue in a Global Civilization,” in *Multicultural Questions*, ed. Christian Joppke and Steven Lukes（Oxford 1999）」と記されている］を参照のこと．文化を物象化する承認概念に対する一般的な批判については，Fraser, »Rethinking Recognition«, a. a. O. を参照のこと．

60.　承認の標準的な「同一性モデル」がこの問題解決にとって不十分であるという議論については，Fraser, »Rethinking Recognition«, a. a. O. を参照のこと．

61.　Iris Marion Young, »Unruly Categories: A Critique of Nancy Fraser’s Dual System Theory«, in: *New Left Review* 222（März/April 1997）; ならびに Butler, »Merely Cultural«, a. a. O.

62.　ポスト構造主義的なアンチ二元論に対するより詳細な論駁については，Fraser, »A Rejoinder to Iris Young«, in: *New Left Review*, 223（Mai/Juni 1997）, S. 126-129, ならびに Fraser, »Heterosexism, Misrecognition, and Capitalism. A Response to Judith Butler«, a. a. O. を参照のこと．

63.　本質主義的二元論の有力な事例に対するより詳細な批判については，Nancy Fraser, »Was ist kritisch an der Kritischen Theorie? Habermas und die

Geschlechterfrage«, in: dies., *Widerspenstigen Praktiken. Macht, Diskurs, Geschlecht*, Frankfurt am Main 1994, S. 173-221 を参照のこと．［訳注：英訳では，“What's Critical About Critical Theory? The Case of Habermas and Gender,” in *Unruly Practicies: Power, Discource, and Gender in Contemporary Social Theory*（Mineapolis 1989）が挙げられている．］

64. »Die Frauen, die Wohlfahrt und die Politik der Bedürfnisinterpretation« und »Der Kampf um die Bedürfnisse: Entwurf für eine sozialistisch-feministische kritische Theorie der politischen Theorie im Spätkapitalismus«, beide in: ebd., S. 222-291.［訳注：英語版では，「“Women, Welfare, and the Politics of Need Interpretation” と “Struggle Over Needs” で私はこの問題を論じたことがある．どちらの論文も *Unruly Practicies* に収められている」とある．］また，Fraser und Gordon, »A Genealogy of ›Dependency?‹«, a. a. O. を参照のこと．

65. Jeffrey Escoffier が優れた洞察力でもってこの問題を論じている．»The Political Economy of the Closet: Toward an Economic History of Gay and Lesbian Life before Stonewall«, in: ders., *American Homo. Community and Perversity*, Berkeley 1998, S. 65-78 を参照のこと．

66. 私がこのように表現できるのはエリザベス・アンダーソン（1996 年 4 月 30 日から 5 月 2 日までスタンフォード大学で行なわれた私のタナー講義に対する応答）のおかげである．

67. Nancy Fraser, »Clintonism, Welfare, and the Antisocial Wage: The Emergence of a Neoliberal Political Imaginary«, in: *Rethinking Marxism* 6/1（1993）, S. 9-23 を参照のこと．

68. これは，要児童扶養家族扶助（AFDC）に関する事例である．AFDC はアメリカ合衆国における資産調査に基づいた福祉プログラムのうちの主要なものである．貧困線以下で生活している母子家庭が圧倒的に要求したことによって，AFDC は 1990 年代に人種差別主義者や性差別主義者のアンチ福祉感情をそらす避雷針の役割を担った．1997 年，AFDC は貧困者に対する所得補助を（小額で不十分ではあったが）保証していた連保政府の給付規定を削除した．

69. Lenore Weitzman, *The Divorce Revoltion: The Unexpected Social Consequences for Women and Children in America*, New York 1985.

70. 私はスティーヴン・ルーカスが会話の中でこの点を指摘してくれたことに感謝する．

71. ポスト構造主義的なアンチ二元論にもとづく誤解としては，Butler, »Merely Cultural«, a. a. O. を参照のこと．またそれに対する反論としては，Fraser, »Heterosexism, Misrecognition, and Capitalism. A Response to Judith Butler«, a. a. O. を参照のこと．

72. しかしそれは，こうした区別が資本主義以前の社会形成を論じるために使用することはできないということではない．むしろ，私が先に述べたよう

に，資本主義以前の社会では社会関係の単一の秩序が経済的統合と文化的統合をコントロールしていたが資本主義社会ではその二つが相対的に切り離されたと言うことは可能である．社会理論のカテゴリーを歴史的な視点で論じることが何を意味しいかなる利点を持っているかについてのより厳密な議論については，Fraser, »Heterosexism, Misrecognition, and Capitalism. A Response to Judith Butler«, a. a. O. を参照のこと．

73．この事例を優れた洞察力でもって説明したものとしては，Lani Guinier, *The Tyrrany of the Majority*, New York 1994 を参照のこと．

74．参加の平等に対する障碍物として第三の「政治的なもの」という可能性が考えられることによって，階級と地位を区別する私の用語法にヴェーバーの用語法のねじれがつけ加わる．というのもヴェーバー自身の区別がもともと二分法的ではなく三分法的だからである．ヴェーバーの *Klasse, Status, Partei*, a. a. O. を参照．［訳注：英語版には以下の注もある．「政治的次元について私は "Postnational Democratic Justice: Redistribution, Recogniton, and Representation"（未発表原稿）において展開した．」］

75．「多元主義の事実」という表現を私はジョン・ロールズの『政治的リベラリズム』から借りてきている．しかし，この言葉を私はロールズとは異なった意味で使用する．ロールズは多元主義を（合理的な）「包括的教義」に関係させるが，そうした包括的教義は正義に関する論争では対象外に置かれうる．私は多元主義をそうした除外がつねに可能であるわけではないものという意味で考えている．したがって，善き生だけでなく正義の必要条件をも最もよく解釈する方法についての合理的なパースペクティヴが多元的でありうる可能性を想定しているのである．

76．この地点を正確に特定することが，有名なロールズ＝ハーバーマス論争を形づくる骨格の一つであった．Jürgen Habermas, »Reconciliation through the Public Use of Reason: Remarks on John Rawls's Political Liberalism«, in: *The Journal of Philosophy* 92/3（März 1995），S. 109-131［訳注：以下のロールズによる反論ともに掲載巻号数を「92, no. 3」に訂正した］，wieder abgedruckt als »Versöhnung durch öffentlichen Vernunftgebrauch« in: Jürgen Habermas, *Die Einbeziehung des Anderen Studien zur politischen Theorie*, Frankfurt am Main 1996, S. 65-94［訳注：英語版には以下の英語版が挙げられている．「*The Inclusion of the Other: Studies in Political Theory*, ed. Ciaran Cronin and Pablo De Greiff（Cambridge, MA 1998），49-73」］; vgl. zudem John Rawls, »Reply to Habermas«, in: *The Journal of Philosophy* 92/3（März 1995），S. 132-180; »mit einigen geringfügigen editorischen, aber nicht substantiellen Änderungen«［"with some minor editorial but not substantive changes"］wiederabgedruckt in: John Rawls, *Political Liberalism*, 2. Auflage, New York 1996, S. 372-434 を参照のこと．

77．以下の議論のいくつかの部分は，Fraser, »From Redistribution to Recog-

nition?« から引用した．しかし，議論のいくつかの重要な観点は変更されている．

78. 「リベラルな福祉国家」という言葉で私が意味しているのは，ニューディール政策の結果としてアメリカ合衆国で確立されたようなタイプの体制である．このタイプの福祉国家を社会民主的な福祉国家からも保守主義／コーポラティズム型福祉国家からもうまく区別しているのが，Gøsta Esping-Anderson（ゲスタ・エスピン－アンデルセン）の *The Three Worlds of Welfare Capitalism*, Princeton 1990 である．

79. ラディカルな平等主義者の間でさえ，ほとんど誰もほとんどあるいはまったく市場に役割を与えないような計画経済を擁護しつづける者はいない．さらに，平等主義者の間でも，民主的な平等社会において公的所有がどの領域でどの程度認められるかに関して意見が一致していない．

80. マルチカルチュラリズムのすべてのヴァージョンがここに描かれたモデルに一致するわけではない．ここでのモデルは，マルチカルチュラリズムの多数派が持っていると私が見なしている理解を理念型として再構成したものである．このモデルは，たいてい主流となる公共圏で論じられているヴァージョンであるという意味でやはり主流となるモデルでもある．他のヴァージョンを論じているのは，Linda Nicholson, »To Be or Not To Be. Charles Taylor on The Politics of Recognition«, in: *Constellations. An International Journal of Critical and Democratic Theory*, 3/1（1996）, S. 1-16 そして Michael Warner u. a., »Critical Multiculturalism«, in: *Critical Inquiry* 18/3（Frühjahr 1992）, S. 530-556 である．

81. もちろん，私の「脱構築」の用語法は承認拒否に対する特殊な改善策を意味しているので，その意味ではオーソドックスでない．したがって，ジャック・デリダは私のこの用語法に同意しないであろう．特にデリダが最近になって脱構築を正義と端的に同一視していることを思うとなおさらである．それにもかかわらず，私の用語法はデリダの初期著作での用語法の特徴を何ほどか留めている．というのも，初期デリダの用語法は，移ろいゆく流動的な差異というユートピア主義の文化的理想を示唆しているからである．初期デリダにおける脱構築的文化のユートピア主義的ヴァージョンについては，Jacque Derrida and Christie V. McDonald, »Choreograhies«, in: *Diacritics* 12（1982）, S. 66-76 を参照のこと．後期デリダにおける脱構築と正義の関係の説明については，Jacque Derrida, *Gesetzeskraft. Der ›mystische Grund der Autorität‹*, Frankfurt am Main 1991［堅田賢一訳『法の力』〈新装版〉，法政大学出版局，2011 年］を参照のこと．

82. さらにもう一つのアプローチがあるとすればそれは，同性愛者の権利を認めるヒューマニズムであろう．これは，性別の存在を私事化しようとするものだと言えるであろう．

83. エリック・オーリン・ライトは，いくつかのアプローチを補足的に示

唆している．それには以下の三つが含まれる．すなわち，解体（二分法の選択肢の中で他方のアイデンティティではなく一方のアイデンティティを解体すること，たとえばアイデンティティの源として黒さをではなく白さを解体すること，あるいはアイデンティティの中で特に抑圧的な要素を解体すること，たとえば宗教的アイデンティティにおける女性嫌悪の要素または同性愛恐怖の要素だけを解体すること）：分離（対立する党派を徹底して引き離すことでそうした党派間の社会的相互行為を減少させ抑圧的な行動が行われる機会を最小限にすること）：脱政治化（公的に突出する敵対関係を私的な趣味ないし信念の問題に構造変革すること）である．これらのアプローチのいくつかについて私はこの節で後に考察するつもりである．ライトはまた特定の改善策をそれに対応する誤承認の軸と相互に関係づけることを要求している．そこでライトは以下のように主張する．すなわち，民族に関わる誤承認は多様性を高く評価する容認的アプローチによってもっともよく是正され，性に関わる誤承認は脱政治化を伴う脱構築によってもっともうまく是正され，ジェンダーに関する誤承認は脱構築によってもっともよく是正され，宗教に関する誤承認は脱政治化によってもっともよく是正され，人種に関する誤承認は解体によってもっともよく是正され，国家に関わる誤承認は分離によってもっともよく是正されるというわけである．こうした関係づけのほとんどはたしかに直感的には説得力がある．それにもかかわらず，政治的問題はあまりにも複雑であるから，こうしたレベルのカテゴリー論によっては解決されえないと私は考える．したがって，こうした結論を差し控え，熟議を通してその問題に答えを出すことを民主的な公共圏に委ねることを私は要求する．Erik Olin Wright, »Comments on a General Typology of Emancipatory Projects«（unveröffentlichtes Manuskript vom Februar 1997), 以下では »Comments« と略記する．

84.　こうした困難に関するさらなる議論については，Fraser, »Rethinking Recognition«, a. a. O. を参照のこと．

85.　それとは対照的に，社会的地位秩序に由来する承認拒否を是正するには，経済構造とは無関係な承認のための改善策を追加的に施す必要がある．

86.　この論点を確証することができたのは，エリック・オーリン・ライトのおかげである．この節でのいくつかの定式化は，彼の »Comments«, a. a. O. から借りている．

87.　Phillipe Van Parijs, »Why Surfers Should Be Fed: The Liberal Case for an Unconditional Basic Income«, in: *Philosophy and Public Affairs* 20/2（Frühjahr 1991), S. 101-131 ならびに *Real Freedom for All: What（If Anything）Can Justify Capitalism?*, Oxford 1995.

88.　前掲論文および前掲書を参照のこと．

89.　»Why Surfers Should Be Fed«, a. a. O. で Phillipe Van Parijs（フィリップ・ヴァン・パリース）はサーファーをベーシック・インカム受給者のリトマ

ス試験紙的な存在として想定しているが，ジェンダーという言外に隠れたコンテクストには気づいていない．

90.　Vgl. Fraser, Nancy Fraser, »After the Family Wage: A Postindustrial Thought Experiment«, in: Fraser, *Justice Interruptus*, a. a. O.

91.　非改革主義的改革という概念については，André Gorz, *Zur Strategie der Arbeiterbewgung im Neokapitalismus*, Frankfurt am Main 1967［訳注：英語版では以下のものが挙げられている．*Strategy for Labor: A Radical Proposal*, trans. Martin A. Nicolaus and Victoria Ortiz（Boston 1967）］，特にその付論の *Die Aktualität der Revolution* を参照のこと．ここでゴルツの概念を私自身のものとして使用することを示唆してくれた点で私は Erik Olin Wright に感謝する．

92.　この議論の一つのヴァージョンが Gøsta Esping-Anderson（ゲスタ・エスピン－アンデルセン）の *The Three Worlds of Welfare Capitalism*, a. a. O. に見られる．

93.　「戦略的本質主義」という用語はガヤトリ・スピヴァクが作り出した．Gayatri Spivak und Ellen Rooney, »In a Word: Interview«, in: *differences*, 1-2（Sommer 1989）, S. 124-156 を参照のこと．［訳注：英語版では以下の注も付けられている．「容認的なアイデンティティ政治が文化的転換をもたらしうるという見解はアイリス・マリソン・ヤングがその "Unruly Categories" で擁護している．」］

94.　私は懐疑論者だと自認している．あいにくこの問題に関するフェミニストの議論はかなり抽象的なものに止まっているのが現状である．しかしとにかく文化派フェミニストたちは，女性のアイデンティティの評価がジェンダーの差異の脱構築につながりうるような説得力のある具体的なシナリオを詳しく展開する必要がある．また議論は制度と関係づけた仕方で行われてはいない．そんな中でアンネ・フィリップスだけは例外である．フィリップは，代議員に占める女性の割り当て数に関する構造変革的戦略の展望と物象化の危険を慎重に比較考察している．Anne Phillips, *The Politics of Presence*, Oxford 1995 を参照のこと．

95.　集団の権利を憲法に組み込むことに反対する説得力のある議論ついては，Seyla Benhabib, *Kulturelle Vielfalt und demokratische Partizipation, Politische im Zeitalter der Globalisierung*, Frankfurt am Main 1999, v. a. Kap. III.［訳注：英語版では「"Nous et 'les autres'"」となっている．］

96.　»From Redistribution to Recognition?«　の読者の中には，私がそのように外部から戦略を追加することを要求していると推測した人もいただろう．というのは，紛れもなく私は「経済においては社会主義，文化においては脱構築」と主張したからである．それにもかかわらず，承認に関する政治を再配分に関する政治にたんに上乗せすることが私の意図ではなかった．むしろ，承認と再配分との相互侵害を未然に防ぐとともに，承認か再配分かというトレード

オフもなしに済ましうるような統合的アプローチを私は求めていたのである．ここで私は，外部から戦略を追加するように見える表現を避けることによってこの種の誤解を防いでおきたい．

97. 「改善策の組み換え」という用語は私自身が作ったものである．しかし，その要点を私が把握できたのは Erik Olin Wright, »Comments«, a. a. O. のおかげである．

98. Susan Moller Okin, *Justice, Gender and the Family*, New York 1989; Nancy Fraser, »After the Family Wage«, a. a. O. そして Barbara Hobson, »No Exit, No Voice. Women's Economic Dependency and the Welfare State«, in: *Acta Sociologica* 33/3（Herbst 1990），S. 235-250. 離脱と発言に関する一般的議論については，Albert O. Hirschman, *Exit, Voice, and Loyalty: Responses to Decline in Firms, Organizations, and States*, Cambridge/MA 1970.［矢野修一訳『離脱・発言・忠誠――企業・組織・国家における衰退への反応』ミネルヴァ書房，2005年.］

99. Amartya Sen, »Gender and Cooperative Conflicts«, in: *Persistent Inequalities. Women and World Development*, hg. v. Irene Tinker, New York 1990.

100. Vgl. Wright, »Comments«, a. a. O.

101. 境界がはらんでいるダイナミックな力学に関するさまざまな改革の組み合わせの両立可能性をより詳細に比較して評価することについては，Fraser, »From Redistribution to Recognition?«, a. a. O.

102. このような反主流派連合を構想するには二つの方法がある．第一の（「統一戦線」）シナリオでは，連合を形作っている個別の社会運動体が合流して，不公正配分と承認拒否をともに――従属関係を形作っているすべての軸に沿いながら――是正するために，統合されたプログラムを持つ唯一の戦略を立案する．第二の（より脱中心化された）シナリオでは，連合を形作っている個別の運動体は相対的に独立を保っている．そして，協調関係とは，社会運動体がゆるやかに集合してゆく中でおのおのの運動体が他者を意識しまた配分と承認とを二次元的に考慮しながら，相互に運動を擦り合わせていく進行中のプロセスにほかならない．

103. 枠組みの問題に関する議論については，Nancy Fraser, »Recognition Trouble: The Politics of Status on the Age of Globalization«, in: *Globalization and Ethics*, hg. von John Macormick und Csiano Hacker-Cordon（im Erscheinen）. また同論文集の中の他の論文，特にD・ヘルドの論文も参照のこと．［訳注：英語版では，この注は，「"Postnational Democratic Justice" を参照のこと．」となっている．］

104. グローバリゼーションを，進行中で終わりがなく，経済に限定されない多面性を持ったプロセスと見なす事例は，David Held, Anthony McGrew, David Goldblatt, and Jonathan Perraton, *Global Transformation: Politics, Economics,*

and Culture, Stanford 1999 において説得力をもって論じられている.［訳注：著者名を英語版に合わせて訂正した.］

105. David Held, *Democracy and the Global Order: From the Modern State to Cosmopolitan Governance*, Cambridge, UK 1995; Benhabib, *Kulturelle Vielfalt und demokratische Partizipation*, a. a. O.［訳注：英訳版では，この注 105 は，「Seyla Benhabib, "Citizens, Residents, and Aliens in a Changing World: Political Membership in the Global Era," *Social Research* 66, no.3 (Fall 1999): 709-44.」となっている.］

第２章

＊助言ならびに示唆，そして批判的なコメントに対して，アレッサンドロ・フェラーラ，ライナー・フォルスト，マルティン・フランク，ユルゲン・ハーバーマス，クリストフ・メンケ，ベアテ・レスラーおよびハルムート・ローザに感謝したい.

1. とりわけ，次の文献を参照のこと．Nancy Fraser, »Was ist kritisch an der Kritischen Theorie? Habermas und die Geschlechterfrage«, in:dies., *Widerspenstige Praktiken. Macht, Diskurs, Geschlecht*, Frankfurt am Main 1994, S.173-221; dies., » Der Kampf um die Bedürfnisse. Entwurf für eine sozialistisch-feministische kritische Theorie der politischen Kultur im Spätkapitalismus«, ebd. S. 249-291; dies., »Foucault über die moderne Macht. Empirische Einsichten und normative Unklarheiten«, ebd., S. 31-55; dies., *Justice Interruptus. Critical Reflections on the »Postsocialist« Condition*, New York & London 1997.［前掲，『中断された正義――「ポスト社会主義的」条件をめぐる批判的省察』.］

2. Charles Taylor, *Multikulturalismus und die Politik der Anerkennung*, Frankfurt am Main 1993.［前掲，『マルチカルチュラリズム』.］

3. Axel Honneth, *Kampf um Anerkennung*, Frankfurt am Main 1992［前掲，『承認をめぐる闘争』］; ders., »Eine Gesellschaft ohne Demütigung? Zu Avishai Margalits Entwurf einer ›Politik der Würde‹«, in: ders., *Die zerrissene Welt des Sozialen*, erweiterte Neuausgabe, Frankfurt am Main 1999, S. 248-277.

4. 原則的には異なった目標設定をしているけれども，似たような見解を持っているのはリチャード・ローティである．次の文献を参照のこと．Richard Rorty, *Stolz auf unser Land. Die amerikanische Linke und der Patriotismus*, Frankfurt am Main 1999, Kap. 3.［前掲，『アメリカ未完のプロジェクト――20 世紀アメリカにおける左翼思想』.］

5. 次の文献を参照のこと．Karl-Werner Brand, *Aufbruch in eine andere Gesellschaft: neue soziale Bewegungen in der Bundesrepublik*, Frankfurt am Main 1986; Joachim Raschke, *Soziale Bewegungen: ein historisch-systematischer Grun-*

driß, Frankfurt am Main 1988.

6.　とりわけ次の文献を参照のこと．Taylor, *Multikulturalismus und die Politik der Anerkennung*, a. a. O.; J. Goldsteun/J. Rayner, »The Politics of Identity in late modern society«, in: *Theory and Society*, 23（1994）, S. 367-384; Jean Cohen, » Strategy or Identity: New Theoretical Paradigms and Contemporary Social Movements«, in: *Social Research*, 52, 1985, S. 663-716.

7.　次の文献を参照のこと．Helmut Dubiel, *Wissenschaftsorganisation und politische Erfahrung. Studien zur frühen Kritischen Theorie*, Frankfurt am Main 1978, Teil A.

8.　Pierre Bourdieu, *Das Elend der Welt. Zeugnisse und Diagnosen alltäglichen Leidens an der Gesellschaft*, Konstanz 1997; また，次の文献を参照．*Daedalus*, Vol. 125, 1996 の別冊特集号第 1 巻：»Social Suffering«.

9.　Bourdieu, *Das Elend der Welt*, a. a. O., S. 823 f.

10.　Albert Hirschmann, »Social Conflicts as Pillars of Democratic Market Societies«, in: ders., A Propensity for Self-Subversion, Cambridge/Mass. 1995, S. 231-248.

11.　Craig Calhoun, »The Politics of Identity and Recognition«, in: ders., *Critical Social Theory*, Oxford UK and Cambridge/Mass. 1995, S. 193-230, hier S. 215.

12.　Taylor, *Multikulturalismus und die Politik der Anerkennung*, a. a. O.

13.　Calhoun, »The Politics of Identity and Recognition«, a. a. O., S. 216. キャルホーンによって主張される連続性のテーゼをさらに裏づけるものとしては，アイザィア・バーリンの多数の著作がある．たとえば，次の文献を参照のこと．ders., »Benjamin Disraeli, Karl Marx und die Suche nach Indentität«, in: ders., *Wider das Geläufige*, Frankfurt am Main 1982, S. 368-409; 簡潔なものとしては次の文献もある．Dieter Senghaas, »Die Wirklichkeiten der Kulturkämpfe«, in: *Leviathan*, 2/1995, S. 197-212.

14.　たとえば，次の文献を参照のこと．Edward. P. Thompson, *Plebejische Kultur und moralische Ökonomie. Aufsätze zur englischen Sozialgeschichte des 18. und 19. Jahrhunderts*, Frankfurt am Main/Berlin/Wien 1980; Berrington Moore, *Ungerechtigkeit. Die sozialen Ursachen von Unterordnung und Widerstand*, Frankfurt am Main 1982.

15.　マルクスの階級理論が持つ歴史哲学的含意に対する説得的な批判は次の文献において示されている．Jean Cohen, *Class and Civil Society, The Limits of Marxian Critical Theory*, Amherst 1982.

16.　この点に関して今なお優れているのは次の文献である．Jeffrey Alexander, *Theoretical Logic in Sociology*, Durkheim, London 1982, とりわけ第 2，3，6 章．また，次の文献も優れている．David Lockwood, »The Weakest Line in the Chain? Some Comments on the Marxist Theory of Action«, in: *Research in the Sociology of Work*, Bd. 1, 1981, S. 435 ff.

17.　このテーゼについてのハーバーマスの比較的初期における理解は，たとえば次の著作の第 4 章に収められた諸論文を参照のこと．*Zur Rekonstruktion des Historischen Materialismus*, Frankfurt am Main 1976［清水多吉監訳，『史的唯物論の再構成』，法政大学出版局，2000 年］；最近の改訂されたヴァージョンは以下に見出される．Jürgen Habermas, *Faktizität und Geltung*, Frankfurt am Main 1992.［河上倫逸／耳野健二訳『事実性と妥当性 —— 法と民主的法治国家の討議理論にかんする研究』上・下，未來社，2002 年.］

18.　次の文献を参照のこと．Joshua Cohen, »The Arc of the Moral Universe«, in: *Philosophy & Public Affairs*, Vol. 26, 1997, No. 2, S. 91-134.

19.　形式的にはこれがおそらくムーアの議論である．*Ungerechtigkeit. Die sozialen Ursachen von Unterordnung und Widerstand*, a. a. O.

20.　Thompson, *Plebejische Kultur und moralische Ökonomie. Aufsätze zur englischen Sozialgeschichte des 18. und 19. Jahrhunderts*, a. a. O.

21.　次の文献がこの件に関して画期的であったことは確実である．Richard Sennett/Jonathan Cobb, *The Hidden Injuries of Class*, Cambridge/Mass. 1972.

22.　Tzvetan Todorov, *Abenteuer des Zusammenlebens. Versuch einer allgemeinen Anthropologie*, Berlin 1996［大谷尚文訳『共同生活 —— 一般人類学的考察』法政大学出版局，1999 年］；Michael Ignatieff, *Wovon lebt der Mensch? Was es heißt, auf menschliche Weise in Gesellschaft zu leben*, Berlin 1993; Avishai Margalit, *Politik der Würde. Über Achtung und Verachtung*, Berlin 1977.

23.　このことについては，Christopher F. Zurn の刺激的な議論を参照のこと．»The Normative Claims of Three Types of Feminist Struggles for Recognition«, in: *Philosophy Today*, Vol. 41, Supplement 1997, S. 73-78; Lawrence Blum, »Recognition. Value and Equality: A Critique of Charles Taylor's and Nancy Fraser's Accounts of Multiculturalism«, in: *Constellations*, Nr. 1, Vol. 5, 1998, S. 51-68.

24.　この「自己関係」概念については，次の文献を参照のこと．Ernst Tugendhat, *Selbstbewußtsein und Selbstbestimmung. Sprachanalytische Interpretationen*, Frankfurt am Main 1979.

25.　次の文献を参照のこと．Jonathan Lear, *Love and its Place in Nature*, New York 1990.

26.　次の文献を参照のこと．Philip Ariès, *Geschichte der Kindheit*, München/Wien 1975.［杉山光信／杉山恵美子訳『「子供」の誕生 —— アンシァン・レジーム期の子供と家族生活』みすず書房，1980 年.］［訳注：原書ではアリエスの典拠が間違って *Die Entstehung der Kindheit*, 1976 と表記されている.］

27.　次の社会学的分析を参照のこと．Tilman Allert, *Die Familie. Fallstudien zur Unverwüstlichkeit einer Lebensform*, Berlin 1997, 特に 4.1/4.2.

28.　次の文献を参照のこと．Honneth, *Kampf um Anerkennung*, a. a. O., S. 179 ff.

29. 次の文献を参照のこと．Heinz Kluth, *Sozialprestige und sozialer Status*, Stuttgart 1957; ders., »Amtsgedanke und Pflichtethos in der Industriegesellschaft«, in: *Hamburger Jahrbuch für Wirtschafts- und Gesellschaftspolitik*, 10/1965, S. 11-22; Claus Offe, *Leistungsprinzip und industrielle Arbeit*, Frankfurt am Main 1970, 特に第二章.

30. 名誉概念の解明については次の文献を参照のこと．Peter Berger/ B. Berger/ H. Kellner, *Das Unbehagen in der Modernität*, Frankfurt am Main 1987, S. 75; Hans Speier, »Honor and Social Structure«, in: ders., Social Structure and the Risks of War, New York 1952, S. 36 ff.

31. 次の文献を参照のこと．Frank Parkin, *Class Inquality and Political Order. Social Stratification in Capitalist and Communist Societies*, New York/Washington 1971, とりわけ第1章および第3章．Reinhard Kreckel, *Politische Soziologie der sozialen Ungleichheit*, Frankfurt/New York 1992, とりわけ第9章.

32. Richard Münch, »Zahlung und Achtung. Die Interpretation von Ökonomie und Moral«, in: *Zeitschrift für Soziologie*, Jg. 23, H. 5, 1994, S. 388-411.

33. たとえば次の文献を参照のこと．Georg Simmel, »Die Groβstädte und das Geistesleben«, in: ders., *Brücke und Tür*, hrsg. von Margarete Susman und Michael Landmann, Stuttgart 1957, S. 227-242［北川東子編訳「橋と扉」,『ジンメル・コレクション』ちくま学芸文庫，1999年］；このような匿名化された相互行為の典型を分析するより一般的なアプローチを，最近ウーヴェ・ザンダーが呈示した．Uwe Sander, *Die Bindung der Unverbindlichkeit*, Frankfurt am Main 1998.

34. 近ごろ私は，ヘーゲルの「法哲学」を再びアクチュアルなものとする試みを呈示した．もちろんこの試みは，人倫性の圏域への移行を自由論によって基礎づけることを中心としている．Axel Honneth, *Leiden an Unbestimmtheit. Eine Reaktualisierung der Hegelschen Rechtsphilosophie*, Stuttgart 2001.［島崎隆，大河内泰樹ほか訳『自由であることの苦しみ —— ヘーゲル「法哲学」の再生』未來社，2009年.］

35. この議論とともに私は，まだ拙著『承認をめぐる闘争』では「規範的な展開がなされる潜在力」が愛には内在しない（*Kampf um Anerkennung*, a. a. O., S. 282）という言い方で主張していたテーゼを訂正する．愛の中にも，（解釈による）コンフリクトと闘争を通じて展開されうる規範的な妥当性の余剰部分が埋め込まれていると私は確信するようになっている.

36. たとえば次の文献を参照のこと．Jürgen Habermas, *Faktizität und Geltung. Beiträge zur Diskurstheorie des Rechts und des domokratischen Rechtsstaates*, Frankfurt am Main 1992, とりわけ第9章．ders., »Kampf um Anerkennung im demokratischen Rechtsstaat«, in: ders., *Die Einbeziehung des Anderen*, Frankfurt am Main 1999, S. 237-276.［高野昌行訳『他者の受容 —— 多文化社会の政治理論に

関する研究』法政大学出版局，2004年，第8章「民主的法治国家における承認をめぐる闘争」.］

37.　ヘーゲルによって容認されているこのような緊張関係について，説得力のある解釈を施すのは次の文献である．Christoph Menke: *Tragödie im Sittlichen. Gerechtigkeit und Freiheit nach Hegel*, Frankfurt am Main 1996.

38.　Honneth, *Kampf um Anerkennung*, a. a. O., 第9章．Honneth, *Leiden an Unbestimmtheit. Eine Reaktualisierung der Hegelschen Rechtsphilosophie*, a. a. O.

39.　これについては次の文献を参照のこと．Axel Honneth, »Zwischen Gerechtigkeit und affektiver Bindung. Die Familie im Brennpunkt moralischer Kontroversen«, in: ders., *Das Andere der Gerechtigkeit. Aufsätze zur praktischen Philosophie*, Frankfurt am Main 2000, S. 193-215.［『正義の他者 —— 実践哲学論集』加藤泰史・日暮雅夫ほか訳，法政大学出版局，2005年，「正義と愛情による結びつきとの間 —— 道徳的論争の焦点としての家族」.］

40.　「生業」と呼ばれるものの社会的な構築については，短いが非常に情報量のあるユルゲン・コッカの次の記事を参照のこと．Jürgen Kocka, »Erwerbsarbeit ist nur ein kulturelles Konstrukt«, in: *Frankfurter Rundschau*, 9. 5. 2000, S. 24（Forum Humanwissenschaften）.

41.（「社会的な階級形成の自然化」としての）このような「自然主義」の作用の仕方について，もっとも説得力のある分析を行っているものの一つで，ドイツ語圏のものとしては次の分析がある．Regine Gildemeister/Angelika Wetterer, »Wie Geschlechter gemacht werden. Die soziale Konstruktion der Zweigeschlechtigkeit und ihre Reifizierung in der Frauenforschung«, in: Gudrun Axeli-Knapp/Angelika Wetterer（Hg.）, *Traditionen Brüche. Entwicklung feministischer Theorie*, Freiburg 1992, S. 201-254. 両著者とも，その分析において，エスノメソドロジー的アプローチ（Garfinkel, Goffman）を取り入れており，とりわけ次の文献に依拠している．Mary Douglas, *Wie Institutionen denken*, Frankfurt am Main 1991.

42.　次の文献を参照のこと．Kreckel, *Politische Soziologie der sozialen Ungleichheit*, a. a. O., S. 92 f.

43.　次の文献を参照のこと．Münch, »Zahlung und Achtung«, a. a. O.; このプロセスに焦点を当てた理論を現在呈示しているのは次の文献である．Frank Nullmeier, *Politische Theorie des Sozialstaats*, Frankfurt am Main/New York 2000.

44.　社会権を導入するためのこうした古典的な議論の論理については，次の文献を参照のこと．Thomas H. Marshall, *Bürgerrechte und soziale Klassen*, Frankfurt am Main 1992.［岩崎信彦／中村健吾訳『シティズンシップと社会的階級 —— 近現代を総括するマニフェスト』法律文化社，1993年.］

45.　このような歴史の「道徳的」解明の方法的な要求については，次の文献を参照．Cohen, *The Arc of the Moral Universe*, a. a. O.

46.　Kark Marx, *Kritik des Gothaer Programms*, in: *MEW*, Bd. 19, Berlin/Ost 1969, S. 11-32，特に S. 18 ff.［望月清司訳『ゴータ綱領批判』岩波文庫，1975 年.］

47.　このようなマルクス批判の枠組みをユルゲン・ハーバーマスが呈示している．Jürgen Habermas, »Einleitung: Historischer Materialismus und die Entwicklung normativer Strukturen«, in: ders., *Zur Rekonstruktion des Historischen Materialismus*, Frankfurt am Main 1976, S. 9-48.［前掲，『史的唯物論の再構成』「序論：史的唯物論と規範構造の発展」.］

48.　アイリス・マリオン・ヤングも，ナンシー・フレイザーに対する反論の中で，支配的な趨勢に反対して承認の局面をいわゆる再配分の闘争そのものへと置き入れようとするとき，類似の留保を出発点としている．次の文献を参照のこと．Iris Marion Young, »Unruly Categories«, in: »A Critique of Nancy Fraser's Dual Systems Theory«, in: *New Left Review*, H. 222, March/April 1997, S. 147-160.

49.　このような社会的闘争の概念を社会理論においても取り戻すもっとも具体的でわかりやすい実例を与えてくれるのは，相変わらず歴史的研究もしくは文化人類学の研究である．その中で画期的であると言えるのは，すでに言及されたエドワード・P・トンプソンあるいはバリントン・ムーアの仕事のほかに，ジェームズ・C・スコットの研究である．Scott, *Weapons of the Weak. Everyday Forms of Peasant Resistance*, New Heaven 1985; Scott, *Domination and the Art of Resistance. Hidden Transcripts*, New Heaven and London 1990. すでに拙著『承認をめぐる闘争』において私は，体系化された承認論の構想をとりわけ次のような試みとしても理解していた．それは，社会的な承認拒否の経験を相応する抵抗活動の本来の動機として視野に収めることによって，この種の研究と道徳理論とを体系的に結びつけようとする試みである（Honneth, *Kampf um Anerkennung*, a. a. O., 第 8 章）．さてこのテクストにおいては，この連関をさらに一歩進めて解明することを試み，この種の経験を道徳的に正当化するという局面も考察に入れる．

50.　この種の事柄を集めたもので印象的なのは，ロバート・C・ソロモンのすばらしい研究である．Robert C. Solomon, *A Passion for Justice. Emotions and the Origins of the Social Contract*, Reading/Mass. 1990; マルクスについては，次の文献を参照．Karl Marx, »Verhandlungen des 6. Rheinischen Landtages. Dritter Artikel: Debatten über das Holzdiebstahlgesetz«, in: *MEW*, Bd. 1, Berlin/Ost 1970, S. 109-147.

51.　次の文献を参照のこと．Habermas, *Faktizität und Geltung. Beiträge zur Diskurstheorie des Rechts und des demokratischen Rechtsstaats*, a. a. O., とりわけ第 9 章.

52.　こうした議論はとりわけ次のような反論に向けられている．たとえば

アレクザンダー・ガルシア・デュットマンが行うような反論である．デュットマンは，私の承認論では「差異」の経験が持つ構成的な役割が和解の哲学によって無視されるということを論拠にして，私の承認論の考察に反論した．次の文献を参照のこと．A. G. Düttmann, *Zwischen den Kulturen. Spannungen im Kampf um Anerkennung*, Frankfurt am Main 1997, S. 141 ff.

53. 規範的な業績原理と「不当」な価値づけとの主観的な緊張関係を経験において証明する，ドイツ語圏においてもっとも説得力のある試みの一つは，ローター・ハックを中心とする研究チームのものである．ders. u. a., *Leistung und Herrschaft. Soziale Strukturzusammenhänge subjektiver Relevanz bei jüngeren Industriearbeitern*, Frankfurt am Main/New York 1979, 特に第 8 章.

54. 概括的なものとして次の文献を参照のこと．Gildemeister/Wetterer, »Wie Geschlechter gemacht werden«, a. a. O.; Angelika Wetterer（Hg.）, *Profession und Geschlecht. Über die Marginalität von Frauen in hochqualifizierten Berufen*, Frankfurt am Main/New York 1992; dies.（Hg.）, *Die soziale Konstruktion von Geschlecht in Professionalisierungsprozessen*, Frankfurt am Main/New York 1995.

55. この事象についてのさまざまな実例は次の文献に見いだすことができる．Anne Witz, *Professions and Patriarchy*, London/New York 1992.

56. このようなパースペクティヴを，いずれにせよ人種間のコンフリクトへ応用したものとしては，ピエール・ブルデューに続いて，たとえば次のような研究がある．Klaus Eder/Oliver Schmidtke, »Ethnische Mobilisierung und die Logik von Identitätskämpfen. Eine situationstheoretische Perspektive jenseits von ›Rational Choice‹«, in: *Zeitschrift für Soziologie*, Jg. 27, H. 6, 1998, S. 418-437.

57. Kreckel, Politische Soziologie der sozialen Ungleichheit, a. a. O., S. 100.

58. たとえば次の文献を参照のこと．Marshall Sahlins, *Kultur und praktische Vernunft*, Frankfurt am Main 1981, 特に第 4 章および第 5 章.［山内昶訳『人類学と文化記号論 ── 文化と実践理性』法政大学出版局，1987 年.］

59. 次の文献を参照のこと．Jürgen Habermas, *»Technik« und »Wissenschaft« als Ideologie*, Frankfurt am Main 1968.［長谷川宏訳『イデオロギーとしての技術と科学』平凡社ライブラリー，2000 年.］

60. Axel Honneth, *Kampf um Anerkennung*, a. a. O. 特に第八章.

61. そうである限り，私はマルティン・フックスの反論（ders., *Kampf um Differenz. Repräsentation, Subjektivität und soziale Bewegungen. Das Beispiel Indiens*, Frankfurt am Main 1999）も正当化されていないと見なしている．その反論によれば，私が社会的な「承認をめぐる闘争」を取り扱う仕方は，あたかもその闘争においては「社会的な価値モデルについての議論」（ebd. S. 323）がいかなる役割も果たしていないかのようであるということになる．いずれにせよ私が出発点とするのは，そのような価値のコンフリクトは，たいていの場合，正当なものと見なされている一定の承認原理と関係づけることによって解決が

図られるということである．

62. Fraser, »Der Kampf um die Bedürfnisse«, a. a. O.

63. Will Kymlicka, *Finding Our Way. Rethinking Ethnocultural Relations in Canada*, Tronto u. a. 1998, bes. Kap. 6. この本を参照することができたのは，マルティン・フランクのおかげである．

64. もっともこのことから，「意図され自己同定化された」集団と，「非－志向的で主体化された」集団との区別がもはや意味をなさないという結論が引き出されるわけではない．――問題は，そうした区別が規範的観点からして，今日依然として意味を持つかどうかということにすぎない．問題状況全般および用語については，Carolin Emcke, *Kollektive Identitäten. Sozialiphilosophische Grundlagen*, Frankfurt am Main 2000 を参照のこと．

65. Vgl. Bernard Peters, »Understanding Multiculturalism«, In: *IIS-Arbeitspapier*, Nr. 14/99, Universität Bremen.

66. 反差別政治と平等原則の関係については，次の大変綿密な博士論文を参照のこと．Rainer Nickel: ders., *Gleichheit und Differenz in der vielfältigen Republik*, Baden-Baden 1999, v. a. Kap. 2.

67. Vgl. Peters, »Understanding Multiculturalism«, a. a. O.

68. これについては次の優れた博士論文を参照のこと．Martin Frank, *Probleme einer interkulturellen Gerechtigkeitstheorie*, Diss., FB 8. J. W. Goethe-Universität, Frankfurt am Main 1999.

69. Vgl. Peters, »Understanding Multiculturalism«, a. a. O.

70. この種の考察は次の文献に見いだされる．Margalit, *Politik der Würde. Über Achtung und Verachtung*, a. a. O., Vierter Teil.

71. こうした差異化については次の文献を参照のこと．Nickel, *Gleichheit und Differnz in der vielfältigen Republik*, a. a. O., Kap. 3. A.

72. この点については，すでにチャールズ・テイラーが注意を喚起している．ders., *Multikulturalismus und die Politik der Anerkennung*, Frankfurt am Main 1993, bes. S. 68 ff. このことについては，Peters, »Understanding Multiculturalism«, a. a. O. も参照のこと．

73. ハーバーマスも同様である．》Kampf um Anerkennung im demokratischen Rechtsstaat«, a. a. O.

74. 例えば次の文献を参照．Frank, *Probleme einer interkulturellen Gerechtigleitstheorie*, a. a. O.

75. アンドレアス・カリヴァスへの私の簡単な返答も参照せよ．Axel Honneth, »Reply to Andreas Kalyvas«, in: *European Journal of Social Theory*, Vol. 2 / No. 2, 1999, S. 249-252.

76. 『承認をめぐる闘争』にすでに見られるこの種の考察（特に第４章および第５章）を，私は次の論文の中でさらに展開した．Axel Honneth, »Ob-

jektbeziehungstheorie und postmoderne Identität. Über das vermeintliche Veralten der Psychoanalyse«, in: ders., *Unsichtbarkeit. Stationen einer Theorie der Intersubjektivität*, Frankfurt am Main 2003, S. 139-162.

77. 社会的法秩序の道徳的受容可能性を社会的承認の経験のチャンスという前提に結びつけるような社会的正統化の概念については，ローレンス・トーマスが興味深い指摘をしている．»Characterizing the Evil of American Slavery and the Holocaust«, in: David Theo Goldberg/Michael Krausz（Hg.）, *Jewish Identity*, Philadelphia 1993, S. 153-176. もちろん，社会契約のアイディアもまた，バリントン・ムーアが関連文献（ders., *Ungereschtigkeit*, a. a. O.）でそれを論じているのとまったく同様の意味で理解されるべきである．

78. もちろんこの点について私は，初期ハーバーマス（ders., *Erkenntnis und Interesse*, Frankfurt am Main 1968［奥山次良／八木橋貢／渡辺佑邦訳『認識と関心』未來社，2001 年］）に見られる同様の概念を念頭に置いている．ハーバーマスとは理解の仕方が異なるものの，その概念は擁護する価値があると私は考えている．私は，人間愛が基本的自然的力をあらわしているというジョナサン・リアの考えの中に私の考えと同様の思考プロセスを見いだす．（ders., *Love and its Place in Nature*, a. a. O., bes. Kap. 7）.

79. Adam Smith, *An Inquiry into the Nature and Causes of the Wealth of Nations*, London 1910, S. 351 f.［水田洋監訳『国富論』岩波書店，2000-2001 年.］

80. Vgl. John Rawls, *Eine Theorie der Gerechtigleit*, Frankfurt am Main 1979, Kap. 2, §15［川本隆史／福間聡／神島裕子訳『正義論』紀伊國屋書店，2010 年］; Joseph Raz, *The Morality of Freedom*, Oxford 1986, Kap. IV; G. W. F. Hegel, *Grundlinien der Philosophie des Rechts, Theorie Werkausgabe*, Frankfurt am Main 1971, Bd. 7.［前掲，『法の哲学――自然法と国家学の要綱』.］

81. Vgl. Jürgen Habermas, *Faktizität und Geltung. Beitraege zur Diskurstheorie des Rechts und des demokratischen Rechtsstaats*, Frankfurt am Main 1992, Kap. III.

82. Rawls, *Eine Theorie der Gerechtigkeit*, a. a. O., Kap. 7, §67.

83. こうした歴史的再定式化に関しては，私はクリストファー・ツルンの反論を少なくとも部分的には考慮に入れることを求める．（ders., »Anthlopology and Normativity: A Critique of Axel Honneths formal conception of ethical life«, in *Philosophy & Social Criticism*, Vol. 26, No. 2000, S. 115-124）

84. David Miller, *Principles of Social Justice*, Cambridge, Mass. 1999.

85. （公平性としての）普遍的正義ということで，たとえばケア倫理学を二つの段階で要求することを可能にするような「一階の正義」と「二階の正義」のこうした違いについては，次の魅力的な考察を参照のこと．Braian Barry, ›*Justice als Impartiality*‹, Oxford 1995, Kap. 9 und 10.

86. Michael Walzer, »Liberalism and the Art of Separation«, in: *Political Theory*, Vol. 12（1984）,（dt. in: ders., *Zivile Gesellschaft und anerkannte Demokratie*,

Berlin 1992, S. 38-63).

87. これはもちろん，私の見るところ，ナンシー・フレイザーが規範に関する政治的提案とともに陥っている危険である．その限り，フレイザーの社会診断の一面性に（本書第1章を参照のこと），その規範的正義理念の適用のレベルにおける一面性もまた対応するだろう．

88. Maeve Cooke, »Between ›objectivism‹ and ›contextualism‹: The Normative Foundations of Social Philosophy», in: *Critical Horizon*, Vol. I, No. 2 (2000), S. 193-227.

89. 承認関係の「拡大」という考えを考慮に入れるような道徳的進展の概念への言及は，すでに次の文献に見られる．Honneth, *Kampf um Anerkennung*, a. a. O., Kap. 9.

90. たとえば次の文献を参照のこと．Habermas, *Faktizität und Geltung*, a. a. O., Kap. IX.

91. こうしたネガティヴなやり方については，好例となるものとして次を参照のこと．Avishai Margalit, *Politik der Würde. Über Achtung und Verachtung*, a. a. O. ジョナサン・アレンが次の論文において一つの議論を提示している．»Decency and the Struggle for Recognition«, in: *Social Theory and Practice*, Vol. 24, Nr. 3, 1998, S. 449-469.

92. Vgl. Kocka, »Erwerbsarbeit ist nur ein historisches Konstrukt«, a. a. O.

93. この種の議論については一般的に次の論文を参照のこと．Susan Moller Okin, *Justice, Gender and the Family*, New York 1989; ジェレミー・ワルドロンがそうした権利の概念を説得的に擁護している．》When Justice replaces Affection; The need for rights«, in: *Liberal Rights. Collected Papers 1981-1991*, Cambridge, UK 1993, S. 370-391.

第3章

1. この章について有益なコメントと議論を提供してくれた多くの同僚に感謝する．またエイミー・エイリアン，セイラ・ベンハビブ，マリア・ピア・ララ，マーティン・サール，エリ・ザレツキーに感謝の意を表する．

2. Jürgen Habermas, »Die Krise des Wohlfahrtsstaates und die Erschöpfung utopischer Energien«, in ders., *Die neue Unübersichtlichkeit*, Frankfurt am Main 1985, S. 141-163.［河上倫逸監訳『新たなる不透明性』松籟社，1995年.］

3. Michael Harrington, *The other America. Poverty in the United States*, New York 1981.

4. この解釈はもう一つの理由からしても疑わしい．それについては第三節で詳述する．傷害を受けた被害者の主観的感情を強調すると，正義の要求を民主的に裁定する可能性が失われる危険が出てくる．民主的裁定は，問題となる要求が妥当するのか否かを明らかにするために，公共的討議を求める．そのた

めに事の順序として，要求する者は，その事例を主観的感情ではなく公共性に関連した根拠を媒介して主張するよう求められることになる．

5. Jane Mansbridge, *Everyday Feminism*, Chicago.（印刷中）

6. Wilfred Sellars, *Empiricism and the Philosophy of Mind*, Cambridge/Mass. 1997.［中才敏郎ほか訳『経験論と心の哲学』勁草書房，2006 年．］

7. 私は「道徳固有の言語」という表現をリチャード・ローティーから借りた．Richard Rorty, *Der Spiegel der Natur: Eine Kritik der Philosophie*, Frankfurt am Main 2000.［*Philosophy and the Mirror of Nature*, Princeton 1980（野家啓一監訳『哲学と自然の鏡』産業図書，1993 年）］面白いことに，ホネット自身もこのことを容認しているように見える．というのも，ホネットは論文の後の方で，道徳的経験が，実際は，社会的かつ歴史的に練り上げられた規範的判断の語法によって形成されたものであることを認めているからである．しかし依然としてホネットは，この論点の重要性と射程とを十分に認識していない．ホネットは，道徳的経験の「形成プロセス」を承認の三つのサブタイプに不当に限定し，そのために承認を中心に置かない道徳の語彙の歴史的練り上げや制度化を考慮することができないのである．

8. 実を言えば，そうした要求は，前もって分節化されていない苦難経験を，分節化した形態に再構築したものと見なすこともできる．さらに言えば，このように苦難経験の自己組織化された表現と見なされる社会運動は，問題となる主観の経験を分節化する能力という点からすると，社会科学者——その解釈をホネットは特権的なものと見なしている——の占める位置と少なくとも同程度の位置を占めることになる．

9. Mansbridge, *Everyday Feminism*, a. a. O.

10. そこで私が論じたように，この事例では男性中心主義的な文化価値パターンの一つが労働市場において制度化されていて，このパターンによって「女性的」なものとしてコード化され，またほとんど技術を要しないと考えられているサービス部門の仕事へと女性を導くルートが作り出されている．こうした仕事の対価は低く見積られる傾向があるので，女性労働者は男性と同等な条件で相互作用するために必要な地位と収入を手に入れることができないという結果が生じる．この不正義を是正するためには，男性中心的価値パターンを脱制度化し同等を推進するパターンに置き換えることが特に必要である．したがって，この事例ではホネットの分析と私の分析とは一部重なり合う．もっともホネットは，文化論的変換がなされればそれで十分であり，変換に際しては女性のアイデンティティを安定させるための施策を行うことが重要だとしている．しかし，私はこの提案はどちらも誤っていると考える．

11. 資本主義が台頭する「無情な世界の中の安息地」として，ブルジョワ社会が友愛結婚（Kameradschaftsehe［companionate marriage］）の理想を供給したことは認めるとしよう．しかしその結果，婚姻制度から経済機能が除去され

るどころか，むしろ婚姻の神秘化によって女性の損害は拡大したのである．たとえば，工業社会において女性の家事労働がますます軽視されていくプロセスを見よ．

12.　現在のような承認論復興の気運は，こうした不正義の存在が主要な刺激となって生じている．しかし，ホネットの著書『承認をめぐる闘争』ではこれらの不公正は完全に無視されていた．Axel Honneth, *Kampf um Anerkennung. Zur moralischen Grammatik sozialer Konflikte*, Frankfurt/M. 1992.［山本啓・直江清隆訳『承認をめぐる闘争——社会的コンフリクトの道徳的文法』法政大学出版局，2003年.］ホネットは本書でこうした不正義を，事実上，追加検討の対象として取り上げている．そして不正義が属する承認領域を問い，それらを法の領域に，つまり平等な自律の原理に割り当てている．

13.　ホネットのやり方ではこうした不正義を取り扱うことは難しいのだが，ホネットの文化一元論はその困難をさらに加速させている．すなわち，ホネットは準デュルケム的な前提を採用し，社会は，労働システムの中心をなしかつ尊敬を配分する単一の包括的な地平を通じて倫理的に統合されているしまた統合されるべきであると考えているのである．このモデルは，労働を，社会的アイデンティティを差異化する唯一の源と見なすので，言語・民俗・宗教に基盤を置く差異，したがって職業区分に対応しない差異を視界から遮断してしまう．文化的差異を承認せよとの要求があっさりと姿を消すならば，このモデルは滑稽な仕方で『ニュルンベルクのマイスタージンガー』を想起させる．その結果，文化的差異の承認を求める要求は不可視化され，かくして今日の最も重要な闘争はホネットの枠組から逃れてしまうのである．

14.　こうした観点からすると，私のアプローチはユルゲン・ハーバーマスのものと類似している．しかしながら，ハーバーマスとは違い，私はシステムと生活世界との区別を実体化しない．むしろ私は，この区別をパースペクティヴ的に論ずることで，鱗状に重なりあう相互作用について「生活世界の植民地化」という一次元的発想よりもより複眼的な説明を行うことができる．ハーバーマスのアプローチについては，Jürgen Habermas, *Theorie des kommunikativen Handelns*, Frankfurt/M. 1981［河上倫逸ほか訳『コミュニケイション的行為の理論（上・中・下）』未來社，1985-87年］を参照のこと．また論評としては，Nancy Fraser, »Was ist kritisch an der Kritischen Theorie? Habermas und die Geschlechtsfrage«, in: dies., *Widerspenstige Praktiken*, a. a. O., S. 173-221 を参照のこと．

15.　実のところ，この論点には曖昧なところがある．ホネットはある箇所では，健全なアイデンティティの強化を人間性涵養のための主要な成分と見なし，十分な承認を享受することと善き生とを実際は同一視している．ところが，ホネットは他の箇所では，健全なアイデンティティを人間性涵養のための主要な必要条件と見なし，承認を善き生のための手段として実際は道具化している．

しかしながら，どちらの場合も，心理学的な健全性は人間性涵養における唯一適切な要素として論じられている．したがって，アイデンティティの観点からの統合は，成分として解釈されようが必要条件として解釈されようが，ホネットにとって自己実現のための必要かつ十分な概念だと考えられているのである．

16.　この論点にもやはり曖昧なところがある．ホネットはある箇所では，正義は必要な承認形式をすべての個人に現実に供給するような承認関係を要求すると主張している．ところが，ホネットは他の箇所では，正義が要求するのは必要な承認形式を手に入れるための平等な機会が承認関係によって個人に提供されることだけだと主張している．最初のアプローチは権利に基礎を置く尊重に対してはうまく当てはまる．なぜなら，公正な社会であれば，そうした尊重は現実に保証されるべきだからである．しかし，業績にもとづく尊敬に対してはそうはいかない．なぜなら，公正な社会は尊敬を保証することができないからである．反対に，二番目のアプローチは自己尊敬に対してはうまく当てはまる．なぜなら，自己尊敬の場合，機会の平等は適切な基準となるからである．しかし，自己尊重に対してはそうではない．なぜなら，自己尊重の場合，現実的な平等が要求されるからである．

17.　ホネットはたしかに，参加の平等とどこかしら似たところがあるかもしれない「普遍と特殊との道徳的弁証法」について示唆的な言及を行っている．しかし，それ以上の説明はなく実用に供しうる基準は論じられていない．

18.　実のところ，この社会市民権という原理は参加の平等という私の考えに沿った形で解釈することが可能だと思われる．その場合，この原理は，すべての社会的行為主体に対して，その主体が他の人々と同等に相互作用するために必要な資源を，その主体の社会貢献度にかかわらず保証するものとなるだろう．

19.　ケアというホネットの概念に訴えて，さらに第三の配分原理を導出することができるかもしれない．ケアに基礎を置くこの原理は，欲求という面から（たとえば，「基本的要求」という特殊なレベルの要求の充足を求める原理として）解釈することもできれば，幸福という面から（たとえば，個人の幸福という特殊なレベルの欲求の充足を求める原理として）解釈することもできるだろう．いずれにせよ，結果的には，さまざまな原理の間にさらなる対立の可能性が生まれ，したがって，決定不能な次元が増殖することになるだろう．

20.　正義を目指すこの種の民主的アプローチを詳細に検討し，擁護している著作として，Ian Shapiro, *Democratic Justice*（New Haven 1999）を参照のこと．

21.　言うまでもなく，「一人一票制」という考えには，投票と集計に関する統一的なシステムの必要性が含まれている．しかし，われわれが2000年12月に学んだ通り，恥ずべきことに，アメリカ合衆国ではこの条件が満たされていない．［訳注：共和党のジョージ・W・ブッシュと民主党のアル・ゴアによる大統領選挙が2000年11月7日に行われたが，投票と集計のトラブルから，開

票結果の信憑性をめぐって司法を巻き込む混乱が一ヶ月以上に渡って生じた.］

第4章

＊私に再反論を勧め助言してくれたライナー・フォルスト，ラーエル・イェッギ，ハンス・ヨアスに感謝したい.

1. Hinrich Fink-Eitel, »Innerweltliche Transzendenz. Zum gegenwärtigen Stand kritischer Gesellschaftstheorie«, in: *Merkur* 528, Heft 3, 47. Jahrgang, 1993, S. 237-45; Axel Honneth, »Die soziale Dynamik von Mißachtung. Zur Ortsbestimmung einer kritischen Gesellschaftstheorie«, in: *Das Andere der Gerechtigkeit. Aufsätze zur praktischen Philosophie*, Frankfurt am Main 2000, S. 88-109［前掲，『正義の他者』「〈存在を否認されること〉が持つ社会的な力」］を参照のこと.

2. Max Horkheimer/Theodor W. Adorno, *Dialektik der Aufklärung*, Frankfurt am Main 1969.［徳永恂訳『啓蒙の弁証法 ―― 哲学的断章』岩波文庫，2007年.］これについては，以下の著作をも参照のこと. Axel Honneth, *Kritik der Macht. Reflexionsstufen einer kritischen Gesellschaftstheorie*, Frankfurt am Main, 1986, Kap. 2.［河上倫逸監訳『権力の批判』，法政大学出版局，1992年.］

3. Cornelius Castoriadis, *Sozialismus oder Barbarei*, Berlin 1980.［江口幹訳『社会主義か野蛮か』法政大学出版局，1990年.］

4. Jürgen Habermas, *Theorie und Praxis. Sozialphilosophische Studien*, Neuwied und Berlin, 1963.［細谷貞雄訳『理論と実践』（新装版）未來社，1999年.］

5. David Brudney, *Marx's Attempt to Leave Philosophy*, Cambridge/Mass. 1998を参照のこと.

6. Jürgen Habermas, *Erkenntnis und Interesse*, Frankfurt am Main 1968.［前掲，『認識と関心』.］

7. Cornelius Castoriadis, *Gesellschaft als imaginäre Institution*, Frankfurt am Main 1983［江口幹訳『想念が社会を創る ―― 社会的想念と制度』法政大学出版局，1994年］；以下の論文における私自身の，とはいえ反論なしに通るわけのない解釈の提案をも参照のこと. Axel Honneth, »Eine ontologische Rettung der Revolution. Zur Gesellschaftstheorie von Cornelius Castoriadis«, in: ders., *Die zerrissene Welt des Sozialen. Soziaphilosophische Aufsätze, erweiterte Neuausgabe*, Frankfurt am Main 1999, S. 1-164.

8. Hans Joas, *Die Entstehung der Werte*, Frankfurt am Main 1997; ders., »Über Artikulation. Überlegungen zu einem Aufsatz von Cornelius Castoriadis«, in: Holger Burckhart/Horst Gronke（Hg.）, *Philosophieren aus dem Diskurs. Beiträge zur Diskurspragmatik*（Festschrift für Dietrich Böhler）, Würzburg 2002, S. 230-240. をも参照のこと.

9. Herbert Marcuse, *Triebstruktur und Gesellschaft. Ein philosophischer Beitrag zu Sigmund Freud*, Schriften, Bd. 5, Frankfurt am Main 1979.［南博訳『エロス的文明』紀伊国屋書店，1958 年.］

10. Joel Whitebook, *Perversion and Utopia. A Study in Psychoanalysis and Critical Theory*, Cambridge, Mass. 1995.［ジョエル・ホワイトブック『倒錯とユートピア』桑子敏雄・鈴木美佐子訳，青土社，1997 年.］以下の論文でなされたわれわれの論争も参照のこと．Joel Whitebook, »Wechselseitige Anerkennung und die Arbeit des Negativen« in: *Psyche*, Bd. 8, 55. Jahrgang, August 2001, S. 755-789; Axel Honneth, »Facetten des vorsozialen Selbst. Eine Erwiderung auf Joel Whitebook«, in: ebd., S. 790-802.

11. Habermas, *Theorie und Praxis*, a. a. O.［ハーバーマス『理論と実践』］

12. Seyla Benhabib, *Selbst im Kontext. Kommunikative Ethik im Spannungsfeld von Feminismus, Kommunitarismus und Postmoderne*, Frankfurt am Main 1995; Thomas McCarthy, *Ideale und Illusionen. Dekonstruktion und Rekonstruktion in der Kritischen Theorie*, Frankfurt am Main 1993; Maeve Cooke, »Between ›Objectivism and‹ and ›Contextualiam‹, Normative Foundations of Social Philosophy«, in: *Critical Horizons*, Vol. I, No. 2（2000）, S. 593-227.

13. Michel Foucault, *Was ist Kritik?*, Berlin 1992; ders. »Was ist Aufklärung«, in: E. Erdmann, R. Forst, A. Honneth（Hg.）, *Ethos der Moderne. Foucaults Kritik der Aufklärung*, Frankfurt am Main/New York 1990, S. 35-54.［石田英敬訳「啓蒙とは何か」，蓮實重彦／渡辺守章監修，小林康夫／石田英敬／松浦寿輝編『ミシェル・フーコー思考集成 X　1984-88　倫理／道徳／啓蒙』，筑摩書房，2002 年.］

14. Vgl. Judith Butler, *Psyche der Macht. Das Subjekt der Unterwerfung*, Frankfurt am Main 2001.

15. Hinrich Fink-Eitel, »Das rote Zimmer. Fragen nach dem Prinzip der Philosophie von Ernst Blochs«, in: *Philosophisches Jahrbuch*, 95. Jahrgang, 1988, 2. Halbband, S. 320-337.

16. Axel Honneth, »Anerkennungsbeziehungen und Moral. Eine Diskussionsbemerkung zur anthropologischen Erweiterung der Diskursethik«, in: Reinhard Brunner/Peter Kelbel（Hg.）, *Anthropologie, Ethik und Gesellschaft*. Für Helmut Fahrenbach, Frankfurt am Main 2000, S. 101-111. を参照のこと.

17. Axel Honneth, »Unsichtbarkeit. Über die moralische Epistemologie von Anerkennung«, in: ders., *Unsichtbarkeit. Stationen einer Theorie der Intersubjektivität*, Frankfurt am Main 2003, S. 10-28. を参照のこと.

18. David Lockwood, »Soziale Integration und Systemintegration«, in: Wolfgang Zapf（Hg.）, *Theorien des sozialen Wandels*, Köln/Berlin 1970, S. 124-140.

19. Honneth, »Unsichtbarkeit«, a. a. O. を参照のこと．また，同じような思

想としては，Hannah Arendt, *Vita Activa oder vom tätigen Leben, Stuttgart* 1960, §§7, 24, 25.

20. Robert Castel, *Die Metamorphosen der sozialen Frage. Eine Chronik der Lohnarbeit*, Konstanz 2000. を参照のこと．

21. Robert Lane, *The Market Experience*, Cambridge, UK 1991; Friedrich Kambartel, *Philosophie und Politische Ökonomie*, Essener Kulturwissenschaftliche Vorträge I, Göttingen 1998. を参照のこと．

22. John Rawls, »Die Grundstruktur als Gegenstand«, in: ders., *Die Idee des politischen Liberalismus. Aufsätze von 1978-1989*, hg. v. Wilfried Hinsch, Frankfurt am Main 1992, Kap. 2., S. 48-71.

23. Castel, *Die Metamorphosen der sozialen Frage*, a. a. O. を参照のこと．

24. Francois Dubet, »L'égalité et le mérite dans l'école democratique de masse«, in: *L'Année Sociologique*, 2000, 50, Nr. 2, S. 383-408. を参照のこと．

25. Axel Honneth, »Zwischen Gerechtigkeit und affektiver Bindung. Die Familie im Brennpunkt moralischer Kontroversen«, in: *Das Andere der Gerechtigkeit. Auflsätze zur praktischen Philosophie*, a. a. O., S. 193-215［ホネット「正義と愛情による結びつきとの間」，『正義の他者』所収］を参照のこと．また，第一の反論に挿入したヘーゲルの法哲学に関する補論は，まさにこの種の誤解を避ける手助けにするつもりのものであった．

26. Jens Beckert, *Grenzen des Marktes. Die sozialen Grundlagen wirtschaftlicher Effizienz*, Frankfurt am Main 1997, S. 403 ff. を参照のこと．

27. John Rawls, »Der Vorrang des Rechten und die Ideen des Guten«, in. ders., *Die Idee des politischen Liberalismus*, a. a. O., S. 364-397. を参照のこと．

28. Axel Honneth, *Leiden an Unbestimmtheit. Eine Reaktualisierung der Hegelschen Rechtsphilosophie*, Stuttgart 2001［前掲，『自由であることの苦しみ――ヘーゲル「法哲学」の再生』］を参照のこと．

29. Rawls, »Der Vorrang des Rechten und die Idee des Guten«, a. a. O., S. 392.

30. Jürgen Habermas, *Faktizität und Geltung*, Frankfurt am Main 1992, u. a. Kap. II, III.［前掲，『事実性と妥当性』］

31. 以下における私のもともとの提案を参照のこと．»Diskursethik und implizites Gerechtigkeitskonzept« in: Emil Angehrn/Georg Lohmann（Hg.）: *Marx und Ethik*, Frankfurt am Main 1986, S. 268-274.

32. Will Kymlicka, *Multicultural Citizenship*, Oxford 1995［前掲，『多文化時代の市民権――マイノリティの権利と自由主義』］を参照のこと．

33. Angelika Krebs, *Arbeit und Liebe. Die philosophischen Grundlagen sozialer Gerechtigkeit*, Frankfurt am Main 2002，特に Kap. VII.

訳　注

第1章

＊ドイツ語版を底本としたが，ナンシー・フレイザーは元々英語で執筆していることを考慮し，英語版も適宜参照した．両者で異同がある場合は訳注で記した．

［1］　英語の Justice がドイツ語版では Rechte と訳されている．

［2］　zweidimensional / two dimensional の訳語．「二次元的」と訳すと，階層的にレベルが上昇する意味合いが強くなるが，本書全体を通してみると，他の文脈では名詞形の dimension を「次元」と訳したほうが適切である箇所も見受けられるので，その点も考慮して，言語の意味が少しでも窺えるこの訳語に決定した．

［3］　ドイツ語版は populäre Auffassung der Gerechtigkeit であるが，それに対して英語版は folk paradigms of justice である．ドイツ語のニュアンスを活かすなら「解釈枠組み」といった訳になるだろうが，ここでは，元の英語のニュアンスを活かして「日常パラダイム」とした．

［4］　英語版ではさらに「国籍」と「エスニシティ」があげられている．

［5］　ドイツ語版は Aspekt を採用しているのに対して，英語版では perspective であるが，ここは後者に従った．

［6］　ここで「承認拒否」の訳語を当てた英語の原語は nonrecognition，ドイツ語の原語は verweigerte　Anerkennung である．この後に頻繁に出てくる misrecognition の訳語としては，「誤承認」という訳語を当てたが，場合によっては，内容的に承認拒否として理解可能なコンテクストもあり，そこでは「承認拒否［誤承認］」とした．その理由は第2章および第3章では misrecognition に訳語としてドイツ語の Mißactung が対応しており，この Mißactung は拒否のニュアンスが強く，日本語訳として一貫して「承認拒否」という訳語を当てたからである．

［7］　原語は change であるが，ここは「構造」という語とのつながりを考慮して「変革」とした．このように内容から判断して change に「変革」の訳語を当てた場合は他のコンテクストでもある．

［8］　具体的には，育児や家庭内での介護などを指す．

［9］　英語版では，ブライアン・バリーの名前も挙げられている．

［10］　小学館『ランダムハウス英和辞典』によは，次のような例文が挙げられている．The strength of a chain is its weakest link いちばん弱い輪をその鎖の

力と考えねばならない（1495ページ）.

［11］　フランスで1999年11月に成立した法律 Pacte civile de solidarité（連帯民事契約）．事実婚カップルや同棲婚カップルにも通常の婚姻と同じ税制面での優遇措置や社会保障給付に対する権利を一定の条件の下で認めている．

［12］　一般の夫婦と同様に同性愛のカップルにも，税制・相続・養育権・育児休暇など婚姻関係にかかわる300以上の社会的利益・権利を認めている．

［13］　黒人・少数民族・女性など歴史的・構造的に差別されてきた集団に対して，雇用・教育などを保障するアメリカの特別優遇政策．ジョンソン大統領の時代に導入．政府機関や連邦政府と雇用関係にある企業，また大学に，その規模に応じて一定の枠内での雇用・入学を義務づけている．レーガン，ブッシュ政権時代には，白人に対する逆差別であり，憲法違反だとする見方が強まり，黒人のなかにも「人種的侮辱」であり，もはや必要ないとの声も出始めた．

［14］「不十分な承認」の原語は英語では misrecognition であり，ドイツ語ではこの節の冒頭では unzureichende Anerkennung，それ以降は mangelnde Anerkennung である．問題にしている事態は同じなので，同じ訳語を使う．

［15］　status は基本的に社会的地位を意味しているので，status も social status も「社会的地位」と訳した．因みに英語の status はドイツ語では Status，英語の social status はドイツ語では gesellschaftliches Status である．

［16］「社会的地位の従属」は英語では status subordinetion, ドイツ語では statusförmige Benachteiligung, すぐ後に出てくる「経済階級の従属」は英語では economic class subordination, ドイツ語では ökonomische Klassenhierarchie と，subordination が訳し分けられている．

［17］　ドイツ語版では，促成栽培室 Treibhaus となっているが英語版にもとづいて訂正した．

［18］　ドイツ語版では「不公平な」の部分が訳されていないので補った．

［19］　1877年から1950年にいたるまでアメリカ南部諸州で施行されたジム・クロウ法にもとづいて行われた黒人差別の制度．

［20］　英語は empty proceduralism，ドイツ語は leere Formalismen　であるが，それが実質的に意味する内容をより正確に言い表わすには，この訳語が適切だと判断した．

［21］　育児と仕事を両立させることができる職場のこと．

［22］　英語は change，ドイツ語は verändern で，「変革」というニュアンスもあるが，ここでは transform と区別するために「変える」とした．

［23］　英語版ではこの部分が「ウェストファリア体制にもとづく国家」となっている．

第2章

［1］　ドイツ語は Umgestaltungen，それに対応する英語は reorganization．ド

イツ語のニュアンスを生かして「変革」と訳した.

［2］ ドイツ語 Transformation，英語 transformation だが，ここでは社会の仕組みや制度ではなく，ヘーゲルの哲学思想について言われているので，「読み換える」と訳した.

［3］ この箇所のドイツ語は Umstrukturierung，それに対応する英語は restructuring. この言葉はここでしか使われていないが，内容上から「構造変革」と訳した.

第3章

［1］ 英語版原題は‘Distorted Beyond All Recognition’.‘beyond all recognition’は「見分けがつかなくなる」という熟語だが，‘recognition’の二つの意味（「承認」と「見分ける」）を掛けてあるので，このように訳出した.

［2］ misrecognition に対応するドイツ語は，フレイザー第一論文では mangelnde Anerkennung であった.

［3］ ドイツ語版では，「愛」の領域と法の領域についての記述が省略されているが英語版を参照して補った.

［4］ ここでは misrecognition ではなく nonrecognition と Mißachtung とが対応させられているが，コンテクストから判断し，承認拒否という同じ訳語を当てた.

［5］ ドイツ語版と英語版とも「転換」に当たる語はないが，コンテクストを考慮して補った.

［6］ ドイツのバイエルン州では学校に十字架像を掛けることが義務づけられていたが，小学校に娘を通わせていたドイツ人と中国人の夫婦が，宗教的に中立的な教育を求めて，1991 年に学校を訴えた事件.

［7］ 所得にかかわらず，すべての市民に年齢に応じて最低限の所得保障をするという，ヴァン・パレース（Van Parijs）などが提唱しているプラン．ただし，『ベーシック・インカムの哲学』（勁草書房，2009 年）では，ヴァン・パリースと表記されている.

［8］ 英語版の“deliberative meta-arenas”を優先した.

第4章

［1］ ドイツ語版には節のタイトルが欠けているが，ここでは英語版のタイトルを採用して書き加えた.

［2］ ドイツ語版には節のタイトルが欠けているが，ここでは英語版のタイトルを採用して書き加えた.

［3］ ドイツ語版には節のタイトルが欠けているが，ここでは英語版のタイトルを採用して書き加えた.